大跨轨道钢-混凝土混合连续刚构桥关键技术

周建庭 杨 俊 马 虎 著

科学出版社

北 京

内 容 简 介

本书以世界上最大跨度城市轨道交通专用连续刚构桥——重庆市嘉华轨道专用桥为依托，采用理论结合实践的形式，开展了大跨轨道连续刚构桥建设关键技术研究，攻克了连续刚构桥常见的主梁跨中下挠、主梁开裂以及轨道桥梁线形控制等技术难题，保障了大跨轨道连续刚构桥梁的建设质量。

本书可供连续刚构桥建设技术人员参考使用，也可供大专院校相关专业师生学习借鉴。

图书在版编目(CIP)数据

大跨轨道钢-混凝土混合连续刚构桥关键技术 / 周建庭，杨俊，马虎著. —北京：科学出版社，2024.3
ISBN 978-7-03-078235-9

Ⅰ.①大⋯　Ⅱ.①周⋯　②杨⋯　③马⋯　Ⅲ.①长跨桥-钢筋混凝土桥-组合梁桥-研究　Ⅳ.①U448.43

中国国家版本馆 CIP 数据核字(2024)第 052815 号

责任编辑：朱小刚 / 责任校对：任苗苗
责任印制：罗　科 / 封面设计：陈　敬

科学出版社 出版
北京东黄城根北街 16 号
邮政编码：100717
http://www.sciencep.com

四川煤田地质制图印务有限责任公司 印刷
科学出版社发行　各地新华书店经销

*

2024 年 3 月第　一　版　开本：B5（720×1000）
2024 年 3 月第一次印刷　印张：18
字数：360 000
定价：228.00 元
(如有印装质量问题，我社负责调换)

前　言

随着市场经济加速推进与产业结构快速升级，我国城市化进程加快。城市轨道交通具有运量大、耗能低、速度快等诸多优点，是解决城市交通拥堵、缓解地面交通压力的关键手段。《中华人民共和国国民经济和社会发展第十四个五年规划和 2035 年远景目标纲要》提及有序推进城市轨道交通发展。以城际铁路和市域(郊)铁路等轨道交通为骨干，打通各类"断头路"、"瓶颈路"，推动市内外交通有效衔接和轨道交通"四网融合"，提高都市圈基础设施连接性贯通性，实现由"轨道大国"向"轨道强国"迈进。重庆是西部大开发的重要战略支点，也是"一带一路"的重要联结点，其轨道交通建设对重庆的发展具有重要意义。重庆市充分贯彻国家"十四五"规划纲要，发展重庆轨道交通，2035 年之前，重庆轨道交通总里程将达到约 6100 公里，重庆正在着力打造"轨道上的都市圈"。

重庆作为山地城市，受限于地形地貌，其轨道交通的发展离不开桥梁的建设，因此大跨桥梁成为重庆城市轨道交通建设中的咽喉工程。大跨连续刚构桥因其刚度大、施工技术成熟等优点成为轨道交通建设的理想桥型，但由于跨度过大，存在混凝土梁体开裂以及跨中下挠过大等难题，钢-混凝土混合梁结构可有效缓解这些问题，因此钢-混凝土混合连续刚构桥是大跨连续刚构桥的首选结构形式。

城市轨道桥梁具有梁活载大、线形要求高等特点，在其设计、施工、运营等阶段对工艺和技术都有更高的要求，如何在全生命周期过程中持续优化结构并改良相应建造技术，将会影响到轨道交通的品质。因此，针对大跨轨道钢-混凝土连续刚构桥开展关键技术研究具有重要的意义。本书以重庆市嘉华轨道专用桥建设为实例，以实际施工过程为依托，结合该桥梁特点、施工技术和模型试验，对大跨轨道连续刚构桥主梁下挠控制、主梁防开裂、合理线形控制等方面关键理论与技术开展研究。全书系统分析了该桥建设中遇到的难点和创新环节，特别是对涉及的钢-混凝土混合结构合理性分析、超高性能混凝土新型齿块构造设计、基于表面辐射的箱梁温控技术、混凝土收缩徐变对桥梁线形的影响机制、列车-轨道-桥梁耦合效应等进行详细阐述，以期为国内外同类型桥梁建设积累经验。

本书的研究工作先后得到了国家自然科学基金项目(U20A20314、52278293)、重庆市技术创新与应用示范项目（cstc2018jscx-mszdX0084）等的大力支持，此外，重庆轨道交通 9 号线建设运营有限公司、林同棪国际工程咨询(中国)有限公司、中国建筑第三工程局有限公司、中国建筑第五工程局有限公司、重庆交通大学、山区桥梁及隧道工程国家重点实验室等单位对本书撰写提供了大量原始素材和帮助，对数年来参与研究的团队教师、博士后、研究生的辛勤付出表示感谢，同时，本书借鉴参考了国内外有关专家的研究成果，在此表示由衷感谢。

本书总结了作者关于大跨轨道钢-混凝土连续刚构桥的相关理论和技术成果，提出了一些较前沿的研究思路和方向，其中部分观点仅代表作者当前对上述问题的认识，有待进一步补充、完善和提高。限于作者水平，书中难免有不足之处，敬请读者批评指正。

目 录

第1章 绪论 ··· 1
   1.1 研究背景及意义 ·· 1
   1.2 连续刚构桥关键问题研究概况 ································ 5
   1.3 大跨轨道连续刚构桥主要研究内容 ························· 13
   参考文献 ·· 17

第2章 钢-混凝土混合连续刚构桥合理体系研究 ····················· 21
   2.1 钢-混凝土结合段的构造形式与特点 ······················· 21
   2.2 钢-混凝土混合梁的理论计算方法 ·························· 26
   2.3 钢-混凝土混合梁连接件基本力学性能 ···················· 30
   2.4 钢-混凝土混合梁的关键控制要点 ·························· 34
   2.5 本章小结 ··· 35
   参考文献 ·· 35

第3章 钢-混凝土结合段局部模型力学行为研究 ····················· 37
   3.1 局部有限元模型建立 ·· 37
   3.2 钢-混凝土结合段应力分析 ·································· 41
   3.3 钢-混凝土结合段应力分布效果分析 ······················· 49
   3.4 钢-混凝土结合段内力分析 ·································· 53
   3.5 本章小结 ··· 56
   参考文献 ·· 57

第4章 主梁钢-混凝土结合段模型试验研究 ··························· 58
   4.1 钢-混凝土结合段试验模型设计 ····························· 58
   4.2 钢-混凝土结合段试验测试方案 ····························· 62
   4.3 钢-混凝土结合段有限元模型 ································ 69
   4.4 $0.4P_u$ 静力循环加载试验结果分析 ····················· 74
   4.5 $0.6P_u$ 静力循环加载试验结果分析 ····················· 82
   4.6 本章小结 ··· 91
   参考文献 ·· 91

第5章 UHPC 预应力锚固齿块机理与试验研究 ··· 92
- 5.1 预应力混凝土连续刚构桥锚下裂缝成因分析 ··· 92
- 5.2 预应力锚固区具体构造与受力特征 ··· 95
- 5.3 UHPC 材料性能介绍 ··· 97
- 5.4 UHPC 预应力锚固齿块受力性能试验研究 ··· 101
- 5.5 UHPC 预应力锚固齿块有限元数值仿真分析 ··· 123
- 5.6 本章小结 ··· 129
- 参考文献 ··· 130

第6章 基于表面辐射的桥梁结构控温机理与试验研究 ··· 132
- 6.1 温度变形裂缝成因分析 ··· 132
- 6.2 混凝土箱梁温度场理论分析 ··· 133
- 6.3 隔热材料分类及相关影响因素分析 ··· 138
- 6.4 基于表面辐射控温涂料原材料优选 ··· 149
- 6.5 反射层模拟降温效果研究 ··· 158
- 6.6 结构控温仿真与实桥验证 ··· 167
- 6.7 本章小结 ··· 174
- 参考文献 ··· 174

第7章 混凝土收缩徐变对大跨轨道连续刚构桥线形控制的影响研究 ··· 176
- 7.1 混凝土收缩徐变机理及影响因素 ··· 176
- 7.2 混凝土收缩徐变预测模型及计算方法 ··· 185
- 7.3 混凝土收缩徐变效应对轨道桥梁线形影响分析 ··· 199
- 7.4 本章小结 ··· 211
- 参考文献 ··· 211

第8章 列车-轨道-桥梁耦合效应对大跨轨道连续刚构桥线形影响研究 ··· 214
- 8.1 列车-轨道-桥梁耦合模型 ··· 214
- 8.2 车桥耦合振动效应试验研究和数值分析 ··· 230
- 8.3 桥梁线形对列车-轨道-桥梁耦合效应的影响分析 ··· 238
- 8.4 本章小结 ··· 242
- 参考文献 ··· 243

第9章 基于混凝土收缩徐变和车桥耦合效应的轨道桥梁线形控制方法研究 ··· 244
- 9.1 线形控制方法研究 ··· 244
- 9.2 基于混凝土收缩徐变和车桥耦合效应的线形控制方法 ··· 262
- 9.3 本章小结 ··· 266
- 参考文献 ··· 266

第 10 章　依托工程实施 ··· 268
　10.1　工程概况 ··· 268
　10.2　技术标准 ··· 268
　10.3　桥梁设计 ··· 271
　10.4　建设历程 ··· 271
第 11 章　结论与展望 ··· 277
　11.1　结论 ··· 277
　11.2　展望 ··· 278

第1章 绪　　论

1.1　研究背景及意义

随着我国社会经济的快速发展和城市化进程的不断增速，迅速推进的城市化以及大城市人口的急剧膨胀使得城市交通需求与交通供给的矛盾日益突出。一旦城市交通基础设施建设跟不上迅速增长的需求，将引发一系列的矛盾。城市轨道交通具有运量大、耗能低、速度快等诸多优点，是解决城市交通拥堵、缓解地面交通压力的关键手段。目前，我国轨道交通运营规模居世界第一，未来我国轨道交通的发展方向主要是加强轨道交通的管理和经营，提高服务质量，另外还将重视关键装备和技术的自主研发，助推我国由"轨道大国"向"轨道强国"迈进。重庆基于国家轨道交通发展战略提出要将重庆主城建设成为"轨道上的都市圈"，通过铁路、轨道交通相互融合，打造以中心城区为核心的"1 小时通勤圈"。由于重庆作为山地城市受限于地形地貌，在城市轨道交通的建设中需要桥梁的加入，连续刚构桥因其刚度大、施工技术成熟等优点成为轨道交通建设的理想桥型，而大跨轨道连续刚构桥由于跨度长、活载大等因素，在桥梁的设计、施工运营等阶段存在一些问题，将会影响到轨道交通的正常运营。因此，针对大跨轨道连续刚构桥开展关键技术研究具有重要意义。

城市轨道交通的建设不但能够有效缓解地面交通拥堵、确保居民正常出行，而且能够带动相关产业的发展，促进轨道沿线土地开发，推动经济社会发展，具有良好的经济效益和社会效益。截至 2023 年 10 月，31 个省（自治区、直辖市）和新疆生产建设兵团开通运营城市轨道交通线路 299 条，运营里程 9862 公里，如表 1-1 所示。

表 1-1　2023 年 10 月城市轨道交通线路及里程数据

序号	城市	至2023年10月运营线路条数	运营里程/km
1	上海	20	825
2	北京	27	807
3	广州	18	609.8
4	深圳	17	558.6

续表

序号	城市	至 2023 年 10 月运营线路条数	运营里程/km
5	成都	13	557.8
6	杭州	12	516
7	武汉	14	504.3
8	重庆	10	455.9
9	南京	14	448.8
10	青岛	8	326.3
11	西安	9	294
12	天津	8	286
13	沈阳	11	262.2
14	郑州	9	261.2
15	苏州	8	258.5
16	大连	6	237.1
17	长沙	7	209.1
18	宁波	6	186
19	合肥	5	173.3
20	昆明	6	165.9
21	福州	5	139
22	南昌	4	128.5
23	南宁	5	128.2
24	佛山	6	127.3
25	长春	5	111.2
26	无锡	4	110.8
27	厦门	3	98.4
28	济南	3	84.1
29	哈尔滨	3	81.4
30	贵阳	2	74.4
31	石家庄	3	74.3
32	徐州	3	64.1
33	绍兴	3	57.8
34	常州	2	54

续表

序号	城市	至2023年10月运营线路条数	运营里程/km
35	温州	1	52.5
36	呼和浩特	2	49
37	芜湖	2	46.2
38	洛阳	2	43.5
39	昆山	2	43
40	南通	1	38.5
41	东莞	1	37.8
42	兰州	2	33.5
43	乌鲁木齐	1	26.8
44	黄石	1	26.8
45	太原	1	23.3
46	淮安	1	20.1
47	句容	1	17.3
48	嘉兴	1	13.8
49	文山	1	13.4
50	红河	1	13.4
51	天水	1	12.9
52	咸阳	1	10.7
53	三亚	1	8.4

注：(1)本表按城市运营里程由大到小排序。运营线路条数中上海地铁11号线(昆山段)、广佛线和广州地铁7号线(佛山段)、宁句线(句容段)、苏州地铁11号线(昆山段)、西安地铁1号线(咸阳段)不重复计算。

(2)本表含北京、广州、成都、武汉、深圳、南京、青岛、苏州、沈阳、佛山、黄石、淮安、嘉兴、文山、红河、天水、三亚等城市有轨电车线路，不含大连201路和202路、长春54路和55路等与社会车辆完全混行的传统电车。

(3)珠海有轨电车1号线自2021年1月22日起暂停运营，以及海宁杭海线，未列入本表。

随着重庆经济的快速发展，重庆城市轨道交通路线网络将会大量修建和完善，规划的城市轨道运营里程达到近2000公里的规模(含远景规划、在建、已建、运营的轨道桥梁多达23座)，轨道桥梁工程也将蓬勃发展，建设数量和规模居国内第一。然而，由于重庆"三山两江"的特殊地貌，轨道交通的发展受到轨道沿线的特大跨、大跨桥梁制约，只有解决好轨道交通建设中的轨道桥梁问题，才能有力推进城市轨道网络的建设。轨道连续刚构桥结构刚度大、后期维护费用低、造型优美、景观匹配性强，具有安全、经济、实用、美观等优点，特别适合重庆

"两江"100～300m的河床自然宽度，是重庆地区跨越"两江"轨道交通的理想桥型。

连续刚构桥在国内外的快速发展和应用已取得良好的经济效益和社会效益，但是这种桥型在使用过程中的主梁跨中持续下挠问题和箱梁裂缝问题也逐渐凸显出来。随着连续刚构桥梁服役期间材料与结构自然老化、交通量不断增大、超重(或超限)车辆造成的不可恢复损伤，预应力混凝土连续刚构桥出现了不同程度的病害，将严重影响桥梁的正常工作状态，桥梁结构的安全受到严重威胁，特别是早期建造的一些桥梁，由于当时的技术条件落后，没有相应的长期健康监测系统，桥梁出现严重的病害，甚至出现突发性的垮塌事件。轨道交通由于活载较大，对结构线形要求更高，桥梁结构线形是否合理将直接影响城市轨道交通的正常运营，甚至发生严重的安全事故。因此，考虑车-桥耦合的轨道连续刚构桥合理线形问题也亟待研究和完善。

综上所述，城市轨道连续刚构桥的设计、施工和运维管理尚存在如下技术难题亟待解决：

(1) 大跨连续刚构桥下挠问题严重。从目前的发展形势来看，桥梁跨中下挠情形长期得不到解决，如广东南海金沙大桥建成通车六年后检查跨中下挠22cm左右，主跨箱梁腹板出现大量的斜裂缝[1]；虎门大桥辅航道桥在常规检查时发现左幅桥下挠22.2cm，腹板出现了斜裂缝，跨中区段截面下缘出现了横向裂缝；黄石长江大桥在建成的7年时间内，其中一跨跨中下挠累计达到30.5cm，箱梁出现大量裂缝[1]。跨中下挠与主梁开裂同时出现且相互促进，形成恶性循环，严重影响了连续刚构桥的承载力与正常使用，成为桥梁安全的严重威胁。引起长期下挠问题的因素众多(混凝土徐变预测不准确、主梁开裂导致刚度降低等)，包括设计、施工、运营养护等方面；而多种因素、分析方法相互掺杂、相互影响，如何准确解决跨中下挠问题成为目前研究的焦点，其中混凝土徐变和施工控制对跨中下挠的影响较为显著。因此，针对连续刚构桥钢-混凝土混合结构体系，研究其构造形式以及混凝土徐变效应对主梁挠度的影响，提出解决跨中下挠问题的关键技术，就显得非常有价值。

(2) 大跨连续刚构桥主梁开裂问题严重。大量工程实践表明，众多连续刚构桥运营一段时间后出现了相当多的裂缝，如三门峡黄河公路大桥箱梁腹板出现较多斜裂缝[2]；黄石长江公路大桥在1996～1997年长达一年观测发现，箱内裂缝119条，箱外裂缝78条[3]；广州华南大桥在常规检测时发现其腹板均出现竖向裂缝和斜裂缝[4]。经过归纳总结，发现裂缝以不同的形式分布于连续刚构桥箱梁顶板、底板、腹板、横隔板、齿块以及桥梁墩台等部位，对桥梁结构的耐久性与安全性产生不利影响，严重时甚至产生钢筋拉断、桥梁结构坍塌等恶性后果，引起灾难性事故的发生。根据现有运营连续刚构桥的调查研究，其主要的病害就是梁体不同部位出现不同程度的裂缝和挠度下降过大。究其受力机理，发现裂缝的存在使得梁体刚度下降，进而导致主梁跨中挠度下降，故裂缝是影响桥梁运营的罪魁祸首。带有裂缝的混凝土连续刚构桥在汽车荷载作用与环境联合作用下，随着时间不断增长，裂缝逐渐扩展，裂缝的继续发展又会导致材料强度削弱、结构刚度进一步下降的恶性循环，桥梁结构就处于日趋危险的状态，即使桥梁结构上出现一些不会威胁结构安全的轻微裂缝，也会影响结构耐久性。因此，需要对连续刚构桥裂缝成因进行研究并提出相应的裂缝预防改进措施。

(3) 大跨轨道连续刚构桥合理线形控制技术不够成熟。轨道交通由于活载较大，对结构线形要求更高，以轻型轨道交通为主要荷载的大跨轨道桥梁结构刚度比公路桥梁要小，因此在同样的荷载作用下，桥梁的变形将更大。轻型轨道交通荷载比一般公路桥梁荷载的动力效应更明显，这使得车-桥耦合方面的考虑居于更为重要的地位。此外，施工过程中的线形控制极为复杂，对结构参数、材料收缩徐变、温度变化等影响因素的变化非常敏感，线形控制技术难度极大。尤其对于轨道桥梁，其对成桥线形的要求极为严格，桥梁出现很小的挠度和振幅都会直接影响桥上轨道的平顺性，桥梁结构产生的附加动力冲击作用将直接影响行车的安全性和舒适性。并且在施工过程中，每个节段很小的误差经过积累，可能会导致返工甚至很大的合龙误差，严重影响桥梁的正常使用性、安全性、耐久性。基于行车舒适性、安全性的角度出发，对线形控制提出更高要求，需要进行考虑车-桥耦合效应的大跨轨道连续刚构桥合理线形控制关键技术研究。

大跨轨道连续刚构桥所存在的主梁下挠问题、主梁开裂问题和线形控制问题均严重影响轨道交通的安全运营。结合实际工程，考虑大跨轨道连续刚构桥的结构特点，从设计、施工、运营等角度开展相关技术难题的科学研究，攻克大跨轨道连续刚构桥建设的关键技术问题，建立大跨轨道连续刚构桥设计、施工的全过程示范，保障轨道交通的安全运营，为大跨轨道连续刚构桥的研究与发展积累经验，也为同类型桥梁的建设提供参考和借鉴，将有力推动轨道交通的快速、高质量发展，具有重大的技术效益、经济效益和社会效益。

1.2 连续刚构桥关键问题研究概况

1.2.1 大跨连续刚构桥下挠问题研究概况

许多大跨连续刚构桥在运营期的下挠值往往比设计值要大，使桥面纵坡变化，影响行车舒适性甚至行车安全性。可以说，跨中下挠严重影响了连续刚构桥的日常使用。大跨连续刚构桥的长期下挠问题具有普遍性，而且对桥梁健康运行具有严重威胁，所以跨中长期下挠是连续刚构桥的主要病害之一。

随着经济社会的发展和桥梁结构理论的不断深化，连续刚构桥在国内外已获得跨越式发展，由于桥跨的不断增大，设计、施工、管理养护以及运营期间超载、超限和使用年限的增加，桥梁的损伤病害不断增多，连续刚构桥跨中产生持续下挠的现象也不断显现，影响大跨预应力连续刚构桥的因素错综复杂，各种原因相互牵连，一般包括施工、设计分析、用料、预防措施等一连串环节，因而研究大跨连续刚构桥下挠成因仍然是重中之重的课题。

王法武等[5]采用恒载零弯矩方法理论对原桥梁主梁结构预应力钢束进行了优化配置，然后与原桥梁主梁结构的配置进行了比较研究，提出了在成桥之前从设计、施工方面来预防跨中过量下挠的问题。巴力等[6]总结了桥梁结构裂缝、混凝土收缩徐变、预应力损失对桥梁下挠的影响，分析了引起桥梁开裂、混凝土徐变、预应力钢束有效预应力降低的施工、摩阻系数等影响因素。李运喜等[7]从混凝土收缩徐变特性、桥梁施工(中跨合龙施加配重、合龙段的合龙顺序)、三跨连续梁中边跨长度之比等方面分析了对主梁下挠的影响，并运用有限元理论及方法对预应力损失、变形时效建立相关模型来分析。刘超等[8]采用空间梁格法与7自由度空间法相结合的计算模型计算出在偏心活荷载条件下剪应力放大系数，总结了剪力滞效应、主梁底板裂缝对下挠的影响。另外，王敏等[9]采用遗传算法识别预应力相关参数，詹建辉等[10]总结了有效预应力、截面刚度、恒载对下挠的影响，并说明了主梁开裂、刚度、预应力之间存在的耦合作用。Bittnar等[11]提出可从预应力钢束优化配置方面降低桥梁长期下挠的影响。张西丁等[12]分别分析了体内预应力钢束、体外索对长期下挠的影响。Křístek等[13]分别从考虑剪切变形、钢束布置方面讨论了长期下挠的影响。

1.2.2 大跨连续刚构桥主梁防开裂研究概况

预应力混凝土连续刚构桥开裂的现象十分普遍，桥梁在施工阶段和运营阶段都有裂缝出现，国内外已有大量学者对连续刚构桥裂缝的成因、机理等进行了研究。

1. 连续刚构桥裂缝成因研究

引起大跨连续刚构桥建设期裂缝产生的因素有很多，桥位环境的气候特点、预应力筋的预应力损失、混凝土强度不足和施工人员施工不当等因素都有可能导致裂缝的产生。研究连续刚构桥建设和运营期裂缝的成因及各因素在裂缝产生过程中起到的作用是提出相应可行的改进措施的前提，将为连续刚构桥设计和施工提供技术支撑，避免桥梁结构由于主梁裂缝的影响发生灾难性破坏事故。

林新元等[14]针对预应力连续刚构主梁中大量存在曲线预应力束，常用的钢筋混凝土分离式和整体式有限元模型不适用于连续刚构的施工过程分析问题，提出一种组合单元模型,即将混凝土体元内的钢筋作为梁元,根据钢筋和混凝土在单元内的位移协调条件和虚功原理将两者组合成一个单元,此模型得出的梁体开裂部位和实际位置较为吻合,从而可以采取有效手段抑制箱梁裂缝的发展。于晓光[15]采用间接热-结构耦合方法对 0 号块温度场和应力场进行有限元分析,并与混凝土随龄期变化的强度进行比较,得出了在单纯的温度场作用下和考虑墩身影响下混凝土箱梁关键部位应力均超出混凝土抗拉强度的结论,这是造成 0 号块混凝土开裂的主要原因。陈作银等[16]针对某在建大跨预应力混凝土连续刚构桥主梁施工期间根部出现早期裂缝的现象,对根部梁段建立空间实体模型进行计算分析。研究结果表明,连续刚构桥箱梁腹板施工期裂缝主要由混凝土水化热等施工因素造成。赵启林等[17]针对预应力混凝土连续箱梁桥施工过程中箱梁悬臂端底板出现纵向裂缝的现象,通过理论分析找出了底板裂缝的成因,并利用有限元软件 ANSYS 对整个施工结构进行数值模拟,得出了不考虑混凝土箱梁与外模板之间摩擦作用时箱梁结构的应力和位移值,最后采用 BICS(balloon injection for concrete structures)工法(又称气球注浆法)对梁体裂缝进行了修补。肖星星[18]针对国内一些预应力混凝土箱梁桥在悬臂施工张拉纵向预应力束时出现与纵向顶板下弯束大致平行的腹板斜裂缝现象,运用桥梁博士、ANSYS 等有限元软件对出现该病害的某桥梁进行计算,计算结果与现场观察情况表明,腹板处局部主拉应力过大是该桥在施工过程中出现腹板斜裂缝的主要原因。梁合兴等[19]通过调查已建成的连续刚构桥梁的薄壁柔性墩身裂缝分布状况,对正在施工中的连续刚构桥梁的薄壁柔性墩身进行受力分析,结果表明,墩身在底部和中间变截面处的倒角附近区域产生较大剪应力可能是墩身产生竖向裂缝的原因。国外也有大量学者对连续刚构桥裂缝的机理进行了研究,Syed 等[20]对于钢筋混凝土传统分析方法中裂缝在主应力方向形成且不允许随着状态的变化而改变方向与极限状态不一致的问题进行了研究,结果表明,裂纹方向可能在加载过程中发生变化。Thoft-Christensen[21]讨论了在退化过程中不同步骤的确定性模型,模型中使用的若干参数极不确定,使得随机模型极为自然,使用原始 Monte Carlo 模拟预测初步腐蚀、初步开裂以及达到指定裂缝宽度的时间。

2. 连续刚构桥裂缝预防及处置措施研究

叶成杰等[22]通过研究高性能混凝土在高海拔寒冷地区的干缩性能发现,混凝土中加入适量粉煤灰,可以对混凝土的干燥收缩起到一定的补充作用,减小开裂的可能性。无论是在干燥的环境中还是在较低的水胶比条件下,这种补充作用依然可以发挥作用。黄明琦等[23]研究了高海拔寒冷地区大体积混凝土拆模后表面出现微裂纹的原因和预防治理措施。在高海拔寒冷地区施工大体积混凝土,一方面原材料的质量一定要好,另一方面要严格按照配合比施工。通过优化混凝土的级配和加入复合型外加剂减少水泥用量，降低水化热作用。拆模前后也有必要采取正确的保温措施，保温措施实施得当，能够提高混凝土表面的温度，减小内外温度差异，这样温度差异引起的表面拉应力就会变小。赵亚飞等[24]、温树林等[25]针对高海拔寒冷地区对混凝土材料耐久性要求较高的问题，对混凝土配合比设计、合理的混凝土施工技术和养护手段展开研究，提出了提高高海拔寒冷地区混凝土耐久性的方法。周有禄[26]提出了适合高海拔寒冷地区混凝土裂缝修补的技术，即将压力注浆法和表面封闭法相结合，并对其施工工艺进行了试验研究。李兆祥[27]针对青藏高原温度低、变化快的特点，采用 Midas/Civil 软件计算箱型截面的大跨桥梁成桥后在日照作用下梁体的最大应力，分析最有可能产生裂缝的位置，进而提前采取必要的预防措施。项贻强等[28]针对悬臂施工预应力混凝土箱梁合龙过程中底板崩裂问题，对其破坏机理和防治措施进行了研究。以某预应力混凝土连续箱梁桥为例，对其施工过程进行模拟，通过考虑材料非线性对底板开裂的过程进行仿真分析，对底板开裂的机理进行分析，在此基础上根据规范提出防治措施，以供设计使用。吴万忠等[29]针对大跨预应力混凝土箱梁桥对称悬臂浇筑施工过程中合龙段底板开裂破坏问题，对其开裂破坏机理和相应防治对策进行了研究。将合龙段底板开裂破坏特征划分为局部崩裂破坏、整体撕裂破坏、整体崩裂破坏三种典型破坏特征并分别建立有限元模型进行计算，根据计算结果提出了减小作用效应和提高结构抗力两种主要应对措施。李华[30]通过调研元磨高速公路 6 座连续刚构桥，了解到在通车运营 7 年后，桥梁都出现较为严重的裂缝和下挠，从配筋、构造、施工和管理方面提出了减缓大跨连续刚构桥中长期下挠的对策措施及工程研究方案。

3. 混凝土箱体温度裂缝及自调温技术研究

大跨连续刚构桥是一种超静定结构，且结构跨径大，温度效应明显。由温度作用产生的混凝土箱梁的应力和变形直接影响到混凝土结构的安全性、耐久性和适用性，是混凝土箱梁桥发生裂缝的主要原因之一。因此，国内外很多研究者针对混凝土箱梁的日照温度梯度及其效应开展了大量卓有成效的研究，也取得了很多研究成果，旨在减小温度拉应力引起的混凝土裂缝，保障结构的安全性。聂玉东[31]以寒冷地区混凝土箱梁桥实测温度数据为基础，结合有限元数值仿真分析，提出了适合寒冷地区混凝土箱梁桥的竖向温度梯度模式。何俊荣[32]以怀通高速公路江市特大桥单箱双室梁为研究对象，提出了多室箱梁的日照正温差梯度和温降负温差梯度计算模式。丁笑笑[33]指出，箱梁顶板下侧存在较大的横向温度应力，如果按现行规范设计箱梁结构，则可能存在横向应力估计不足，进而导致顶板沿桥纵向开裂的问题。王永宝[34]指出，短翼缘板箱梁底板也有较大的横向温度梯度，且温度梯度取值可能比顶板高。

相变材料可以随温度变化改变其物理状态并能储存和释放潜热,是一种在建筑节能领域具有良好发展前景的新型建筑材料,目前建筑工程中比较可行的相变材料是固-液相变材料,即利用固-液相变材料熔化过程中固态到液态的相变吸收并储存大量的潜热以降低其最高温度,并在环境温度低于其相变温度时从液态到固态的逆相变过程将储存的相变潜热释放以提高其最低温度,可以有效地控制结构物表面的日照梯度温差。从 21 世纪 70 年代开始,相变材料在建筑墙体中的研究工作和研究成果相对较多,Voelker 等[35]将一种相变石膏板放置于墙体内表面,研究了该相变石膏板对室内温度的调控作用,结果表明,采用相变墙板的房间室内温度可降低 4℃。Navarro 等[36]将一种石蜡类相变材料板放置于墙体中的多孔砖与保温材料之间,试验测试结果表明,墙体内安装有相变材料的房间内最高温度可降低 1℃,而且温度波动较小,在整个夏季,房间电能消耗降低约 15%。Diaconu 等[37]提出了一种适用于全年的相变蓄能墙体,该墙体有两层相变材料层,外层的相变材料相变温度高,适宜于夏季,而内层的相变材料相变温度低,适宜于冬季。

从上述分析可以看出,相变材料主要应用于建筑工程中的非主体结构中,相变材料与混凝土结合应用于桥梁工程的案例并不多见,但以连续刚构桥为代表的混凝土梁桥结构,由于温度产生的危害众所周知,随着相变材料的不断发展,人们开始将其应用于混凝土温度控制,进而改善混凝土的耐久性。自 20 世纪 70 年代起,相变材料就开始用于提高混凝土等多孔材料的储热能力。Hawes 等[38]研究了不同类型混凝土块中多种相变材料的储热性能,利用改进后的相变材料结合技术可以使含有相变材料的混凝土块蓄热能力提高 2 倍。Hadjieva 等[39]用差示扫描量热仪(differential scanning calorimeter,DSC)测试了利用无机水合盐类作相变材料的混凝土体系的储热能力,用红外光谱(infrared spectroscopy,IRS)分析了该体系的结构稳定性。Pisello 等[40]将相变温度 26℃的微胶囊材料按混凝土基体材料质量的 5%加入普通混凝土中作为围护结构材料,建造了实验房。尽管相变储能材料在混凝土中的应用有很大的潜力,而且相关理论研究也取得了一定的成果,部分技术甚至实现了商业化,但由于对相变储能材料的封装技术、制备工艺与经济效益等研究还远远不够,相变储能材料在混凝土中的应用依然处于研发和试用阶段,距离大规模推广还很远。

从上述分析可以看出,目前大跨连续刚构桥主梁裂缝主要是荷载和环境耦合作用形成的,对影响结构受力的裂缝进行局部应力分析,得出从建设期到运营期裂缝产生原因,是后期针对性研发防开裂材料与构造措施的基础。从"内因"角度出发,对混凝土材料本身进行研究,研发出高强高韧性混凝土材料是必然趋势;从"外因"角度出发,对梁体表面层材料进行研究,可以大幅减少环境温度变化产生的裂缝。

1.2.3 考虑车-桥耦合的桥梁线形控制研究

车-桥耦合虽然为短期效应，但对大跨轨道桥梁而言，其动力效应比一般公路桥梁更为敏感，车-桥耦合是大跨轨道桥梁合理线形控制中不可或缺的考虑因素。当轨道列车在桥上运动时，难免会发生振动，此时列车-轨道-桥梁组成一个相互作用、相互耦合的系统，对桥梁变形产生影响，从而对行车的舒适性、安全性以及桥梁的耐久性产生影响。

1849 年，Wills 和 Stokes 最早开始了车-桥耦合的相关研究，Wills[41]给出了单个移动荷载作用下振动方程的近似解，Stokes[42]利用级数方法给出了方程的精确解，此后很长一段时间，车-桥耦合的发展停滞在简单的理论模型及初步的理论分析上。1907～1921 年，美国组织了大量的试验，首次提出了"冲击系数"和"临界速度"这一概念。到 20 世纪 30 年代，Krylov[43]和 Timoshenko[44]用简谐荷载模拟了机车对桥梁的冲击作用，研究了桥梁的竖向振动作用，证实了共振现象的存在。在随后的一段时间内，各国学者对车-桥耦合理论进行了大量的试验和推导。早期的研究大多是关于运动方程的数学推导和近似求解，计算结果与实际存在较大的误差，存在较大的局限性，但这些研究为后续的进一步研究提供了一定的依据。

20 世纪 70 年代开始，车-桥耦合问题突破了传统的框架，进入了系统的研究阶段。松浦章夫[45]针对二系弹簧悬挂四轴车，建立了包含 4 个轮对竖向运动、10 个自由度的车辆动力学模型，推导出运动的方程，并根据各项参数，确定了桥梁挠度和轨道转折角的限值。Chu 等[46]开展了车-桥系统空间振动问题的研究，他们将车辆系统考虑为包含沉浮、点头和侧滚三个自由度的刚体，并用数值积分的方法对车-桥耦合相互作用特性进行了求解，此模型基于最大位移和最大加速度，能够较好地反映桥梁振动的特性，并可评估桥梁的应力状态。1982年，Bhatti[47]建立了具有 21 个自由度的二系悬挂车辆的竖向和横向振动模型，考虑了车辆悬挂的非线性影响，桥梁采用空间桁架铰接模型，建立了车-桥耦合的运动方程，通过 53.34m 跨径的实桥，研究了空间振动响应和各杆件的冲击系数。Fryba[48]把车-桥作为一个体系，推导了各种模型作用于桥梁上的解析解，通过一些假定建立了力学模型和运动方程，并对德国、法国和西班牙等不同跨径的桥梁，在列车以不同速度(5～500km/h)过桥时的动力响应特征进行了详细的研究。20 世纪 80 年代以后，车-桥耦合相关的动力学问题的研究内容和研究方法有了更深的发展。1994 年，Green 等[49]提出了在频域内求解分离的车-桥系统方程的新方法，用模态叠加法结合快速傅里叶变换和快速傅里叶逆变换等数学手段来求解桥梁的动力响应问题。

在我国，研究者较早地开展了车-桥耦合振动相关的研究[50-52]，他们结合有限元分析程序，分析了多座桥梁的空间振动问题，计算结果与实际结果较为接近。20世纪80年代，各高校也较为系统地开展了诸多研究。铁道科学研究院的程庆国院士、潘家英研究员团队开展了车-桥耦合振动的研究[53]，许慰平等[54]取消了Bahatti车辆模型中前后构架的刚性假设，建立了27个自由度的车辆模型，提出了一种车-桥动力方程迭代耦合法。王贵春等[55]考虑结构的非线性，对红河铁路桥梁进行了车-桥动力响应分析。杨岳民等[56]采用Wilson积分法求解分离的车-桥耦合振动方程，利用Seidel迭代法进行了二次迭代求解。西南交通大学的翟婉明院士、蔡成标教授对列车过桥安全性和平稳性、列车作用下桥梁结构动力响应、列车作用下桥上轨道结构动力响应、环境激励作用下列车-轨道-桥梁动力相互作用、铁路桥梁的振动控制及减震设计、特大型复杂结构铁路桥动力设计等方向进行了系统的研究[57,58]，介绍和分析了四轴和六轴列车-轨道-桥梁相互作用的模型并给出了具体的求解方法，其中翟婉明院士研发了新型快速显式积分求解方法。该团队还编制了列车-轨道-桥梁系统动力学仿真综合软件TTBSIM，并结合实桥进行了应用和分析。西南交通大学的强士中教授及其团队也对车-桥耦合振动问题进行了系统的研究[59]。中南大学的曾庆元院士及其团队[60]对机车采用21自由度模型，同时对桁架桥及混凝土桥采用空间桁架单元或空间梁单元离散后，得到车-桥时变系统的总势能计算式，由势能原理求解车-桥耦合系统的振动响应。北京交通大学的夏禾等[61]采用模态综合法，建立了包含桥墩和支座在内的车-桥耦合系统动力相互作用分析模型，并通过现场试验验证了模型的可靠性。同济大学的曹雪琴[62]对钢桁梁桥的车激横向振动问题进行了大量的试验和分析，得出了诸多有价值的成果，他对桥梁的竖向振动以及迭代求解的数值问题进行了深入的研究。香港大学Cheng等[63]将车辆近似模拟为弹簧-阻尼振子，将轨道与桥梁视为双层梁结构，上层是钢轨，下层是桥梁，两者之间为代表扣件与道床刚度和阻尼元件系统，进而研究了车辆-线路-桥梁动力相互作用，得到轨道结构对桥梁动力响应的影响不大，但桥梁对轨道动力响应的影响很大的结论。此外，杨永斌等[64]采用动态凝聚法对车-桥系统动力响应进行了求解，把车体有关自由度通过动态凝聚法凝聚到与之接触的桥梁单元上，从而导出了车-桥相互作用的单元，大大提高了计算效率。学者们不断运用桥梁动力学、车辆动力学、车-桥耦合动力学等理论和最新研究成果，使动力学分析结果更加接近实际，为该领域做出了重要贡献。

虽然国内外学者对车-桥耦合理论及求解做了大量的试验和分析研究，但由于车-桥耦合属于动力学的范畴，一般而言，其比静力学的领域更为复杂，目前国内外学者还没得到车-桥耦合运动方程的精确解。在考虑车-桥耦合影响的大跨径轨道桥梁合理线形控制方面研究较少。

1.2.4 桥梁线形控制方法研究

除考虑上述混凝土收缩徐变、车-桥耦合效应等影响合理线形控制的因素外，为了保证大跨轨道连续刚构桥合理的成桥线形，合理的线形控制理论或方法是线形控制的关键。在保证安全的前提下，如果保证施工过程中没有误差，那么成桥状态一定能够为合理的状态。桥梁结构的施工控制理论正是要保证合理的成桥状态，研究的重点是保证合理的成桥线形。从控制理论在桥梁施工控制的发展上来看，经历了开环控制、闭环控制、自适应控制、BP 神经网络控制、灰色理论控制等发展历程。

开环控制不需要根据结构的实际状态改变结构原先设定的预拱度，施工过程中的控制作用是单向的，适合跨度不大、结构较为简单的桥梁结构。一般需要根据结构承受的实际荷载精确计算出结构的成桥状态，并根据施工过程中各阶段的实际荷载，计算出所需要设置的预拱度，并按照这个预拱度进行施工控制。这种控制方法早在 20 世纪 70 年代就用于美国 P-K 混凝土桥梁施工控制中，该桥采用倒退分析法进行控制，施工合龙时发现有 17cm 的误差，虽然误差较大，但该方法为后续的施工控制提供了一定的依据。到 20 世纪 90 年代，我国的钟万勰等[65]在独塔斜拉管道桥施工控制中采用了开环控制，这是我国较早将开环控制用于桥梁的施工过程控制中。由于施工过程中误差较大，开环控制在桥梁施工控制中较少应用。闭环反馈控制是在桥梁施工过程中出现误差后，通过实际的成桥状态反馈计算确定施工过程中误差的范围来纠正误差或者控制误差的大小，这样就形成了一个闭环反馈控制系统，称为闭环控制或闭环反馈控制。日本的 Chichiby 桥在施工过程中，通过最小二乘法调整索力的大小；加拿大的 Annacis 桥通过闭环控制及时调整施工过程中的测量误差和施工误差；日本的东神户大桥和横滨湾桥在施工过程中，通过调整新增构件的标高、斜拉索的索力和预应力索的张拉力，实现施工过程中结构内力和线形状态的控制；上海南浦大桥在施工过程中以标高的控制为主，通过调整索力使主梁的标高达到预定的位置[66]。自适应控制的基本原理是在施工过程中，根据关键参数的识别结果不断调整修正模型参数，使实际结构根据预测模型不断进行修正且自动适应结构力学行为的实际情况，从而有效降低误差。20 世纪 90 年代初，日本 Taisei 公司提出了一个包含 4 个子系统的桥梁施工控制系统，并将该系统应用于 Tomei Ashigara 桥的施工控制中[67]。韩国 Hyundai 公司也研发了桥梁施工控制系统，该系统包含五个模块[68]。我国许多学者也对自适应控制理论进行了研究，并在大跨径桥梁的施工控制中进行了应用。早在 1990 年，郑信光等[69]较早地详细阐述了桥梁自适应控制问题，提出了基于最小二乘法的参数估计方法实现桥梁自适应控制，该方法在 1992 年的宁波甬江大桥和 1996 年的广东佛山三水桥梁的施工控制中得到了初步应用。1997 年，方志等[70]通过灰色理论的预测控制系统，建立了桥梁的施工控制预测模型。1999年，颜东煌等[71]用加权最小二乘法识别参数误差，以灰色理论预测控制系统误差，并通过影响矩阵计算桥梁的拉索最优索力，从而实现桥梁施工系统的控制，该方法被多座大跨桥梁的施工控制所采用。1999 年，石雪飞[72]将带有局部迭代过程扩展的卡尔曼自适应滤波理论应用于桥梁施工过程的参数估计。2004 年，赵文武[73]提出了包含合理成桥状态、施工状态和参数识别的大跨桥梁自适应分析系统。2007 年，陈常松[74]提出了自适应施工控制系统，该系统由 5 个子系统组成，并在荆州长江公路大桥的施工控制中进行了应用。

除上述的线形控制理论外，国内外学者也对其他线形控制相关理论做了研究。Wang 等[75]采用悬臂方法对桥梁在施工期间不同安装阶段进行了分析，首先建立了安装阶段的有限单元计算步骤，然后建立了两个计算分析过程(前进分析和倒退分析)，随后又对不同安装阶段的结构力学行为进行了分析，最后通过实例分析和验证了这种施工控制方法。Lozano-Galant 等[76]对临时支撑安装方法进行了分析和研究，并用倒退算法对该安装方法进行了计算分析。Takács[77]考虑混凝土收缩徐变、预应力损失和施工过程中引起桥梁变形的因素，对悬臂现浇梁桥的变形进行了预测，并且对施工过程中和桥梁运营后建立了仿真计算模型进行变形的预测，根据预测模型计算了 Norddalsfjord Bridge、Støvset Bridge 和 Stolma Bridge 三座桥的变形情况。李元松等[78]在学术会议上对基于 BP 神经网络的桥梁线形控制预测方法进行了介绍。此外，国内诸多学者也对基于 BP 神经网络算法的桥梁施工控制中的线形预测进行了研究[79,80]。

在桥梁合理线形控制理论方面，国内外学者研究的相关理论包括闭环控制、开环控制(涉及最小二乘法、最优控制等)、自适应控制以及灰色预测理论、BP 神经网络理论。这些理论虽然在桥梁施工控制(含线形控制)中得到了一定的应用，但应用的效果值得探讨，对于大跨钢-混凝土混合连续刚构桥的线形控制，探究新的桥梁线形控制方法是十分必要的。

1.3 大跨轨道连续刚构桥主要研究内容

1.3.1 大跨轨道连续刚构桥下挠控制关键理论与技术研究

连续刚构桥既保持了连续梁无伸缩缝、行车平顺的优点，又保持了 T 型刚构不设支座、不需转换体系、方便施工的优点，具有良好的经济效益和社会效益，但是在长期运营阶段，这种桥型会出现跨中下挠的普遍问题，严重影响了桥梁的正常工作状态。造成主梁跨中下挠的因素很多，主要是混凝土收缩、徐变效应。钢-混凝土混合结构将对连续刚构跨中挠度产生重要影响，其中隐含着连续刚构桥钢-混凝土混合结构的体系问题、钢-混凝土混合结构自身的力学问题等。因此，对钢-混凝土混合结构控制大跨轨道连续刚构桥下挠关键技术进行分析与优化具有较高的实用与科研价值，可以为该类型桥梁的设计和施工提供参考。

1) 大跨轨道连续刚构桥钢-混凝土混合结构合理体系研究

在连续刚构桥跨中局部采用自重较轻的钢箱梁，不但可以减轻墩顶处的恒载负弯矩，同时也能减小跨中挠度，使桥面更加平顺，这对轨道桥来说是非常有利的。但由于连续刚构桥边跨为自重较大的混凝土，中跨设置太长的钢箱梁，跨中容易出现上拱的情形，同样不符合桥梁的正常工作状态，因此针对钢-混凝土混合结构，存在一种合理的连续刚构体系。

(1) 大跨连续刚构桥钢-混凝土混合结构体系静力性能研究。

从连续刚构桥受力特点出发，考虑钢-混凝土混合结构对全桥的影响，对大跨轨道桥设计的技术标准及规范进行调研，确定适用的设计参考规范、规程。进一步对轨道交通特殊的荷载及荷载组合进行研究，分析结构整体应力、内力、位移、刚度等情况，研究主梁、桥墩的静力特性。

(2) 大跨连续刚构桥钢-混凝土混合结构体系动力性能研究。

考虑钢-混凝土混合结构对全桥的影响，分析多参数（主梁、桥墩）变化下连续刚构桥结构动力特性，探究对连续刚构桥动力方面影响的关键参数，将计算模型中主梁恒载集度、抗弯刚度、桥墩抗弯刚度等参数进行设计调整，对连续刚构桥进行动力计算研究，分析其多阶特征振型的频率、周期及对振型的相关性影响，为该类桥梁设计动力参数敏感性给出指导依据。

(3) 基于收缩徐变影响的钢-混凝土混合段长度设置分析研究。

利用有限元软件对连续刚构桥进行建模，设置不同长度的钢-混凝土混合段，考虑混凝土材料的收缩徐变特性，对中跨截面的最大挠度值、典型截面的内力以及桥面线形进行对比，最终优化得到合理的钢-混凝土混合连续刚构体系。

2) 大跨轨道连续刚构桥钢-混凝土混合结构关键构造处理技术研究

与预应力混凝土连续刚构桥不同，连续刚构桥钢-混凝土混合结构的跨中合龙段采用的是钢箱梁，必定存在从钢箱梁到混凝土箱梁进行过渡的构造形式。因此，连续刚构桥钢-混凝土混合结构的主要关键构造之一是钢箱梁，钢箱梁采用整体吊装施工，其自身结构性能对该类桥型力学性能至关重要，需对其进行受力分析；另一主要关键结构是钢-混凝土结合段，结合段是混凝土箱梁与合龙段钢箱梁之间的联结结构，通过参数化分析和设计，研究该区段受力特点，采用特殊构造处理技术以期有效传递主梁截面内力。

(1) 钢箱梁受力分析及构造处理技术研究。

结合设计理论和力学模型，分析处于不同阶段时（吊装前运输阶段、吊装阶段、成桥阶段等)钢箱梁整体和局部的应力、变形,优化箱梁中结构钢板的几何尺寸,对钢箱梁整体受力机理、合理构造进行分析研究。

(2)钢-混凝土结合段受力分析及构造处理技术研究。

研究结合段混凝土横梁嵌入连接模型,对传递上钢板和混凝土之间剪力钉和内设的 PBL 剪力键钢筋黏结滑移规律进行研究,通过模型试验,优化结合段结构几何构型,对结合段整体受力机理、合理构造进行分析研究。

1.3.2 大跨连续刚构桥主梁防开裂关键理论与技术研究

连续刚构桥桥型简单、线形优美,桥梁结构连续性好,行车舒适,施工工艺比较成熟。连续刚构桥是在 T 型刚构桥的基础上,将粗厚桥墩减薄形成柔性墩,使主梁连续形成的一种新型体系,梁体和桥墩固结使得结构受力分配更加合理,主梁在活载作用下变形小,行车更加平顺。与连续梁桥相比,连续刚构桥省去了大型支座,施工时墩梁无须临时固结,能更好地发挥悬臂施工的优势,经济指标更高,因此这种桥型在国内外得到了广泛的运用。随着我国交通事业的迅猛发展,我国有大量的连续刚构桥已经建成或正在修建中,但是大量工程实践表明,许多连续刚构桥尚未投入运营而在建设期就出现了相当多的裂缝,这些裂缝以不同的形式分布于连续刚构桥箱梁顶板、底板、腹板、横隔板、齿块以及桥梁墩台等部位,对桥梁结构的耐久性与安全性造成不利影响,严重时甚至产生钢筋拉断、桥梁结构坍塌等恶性后果,引起灾难性事故的发生。因此,对大跨连续刚构桥主梁防开裂关键技术进行研究具有重要意义。

1. 大跨连续刚构桥主梁力学性能分析及裂缝成因研究

对大跨预应力混凝土箱梁连续刚构桥施工、运营期间各种类型裂缝进行分析归纳,剖析其破坏机理是进行防治措施研究的前提。通过对这一桥型施工过程进行模拟,考虑材料非线性对结构开裂的过程进行仿真分析,对各种裂缝的产生机理进行分析,在此基础上根据规范提出防治措施,以供设计使用。

1)连续刚构桥主梁裂缝类型研究

裂缝是固体材料中的某种不连续现象,在学术上属于结构材料强度理论的范畴。从安全角度出发,对连续刚构桥裂缝定性分类,分析结构性裂缝与非结构性裂缝的开展机理,开展对桥梁安全影响很大的结构性裂缝分级评估研究,从力学角度开展裂缝分类研究,找出弯曲裂缝、扭转裂缝、剪切裂缝、局部应力裂缝成形规律,为后续处置提供依据。

2)连续刚构桥主梁裂缝空间分布研究

研究连续刚构桥顶板裂缝、腹板裂缝、底板裂缝、横隔板裂缝的分布形式及规律，对易出现结构性裂缝的位置进行节段受力实体分析研究，开展主梁节段局部有限元仿真分析与试验研究，揭示裂缝空间分布的规律。

2. 新型大跨桥用防开裂混凝土新材料研究

引起大跨连续刚构桥裂缝产生的因素有很多，桥梁所处环境的气候特点、预应力筋的预应力损失、混凝土强度不足和施工人员施工不当等因素都有可能导致裂缝的产生。研究大跨连续刚构桥建设期采用的防开裂材料，能保证桥梁在"出生"一刻，就具有"健康"的体格，是后期安全运营期防止裂缝产生的重要手段，避免桥梁结构由于建设期的初始裂缝影响而发生灾难性破坏事故。

1）采用超高性能混凝土(ultra-high performance concrete，UHPC)材料研究

从连续刚构桥受力特点出发，分析该结构体系局部应力，开展基于连续刚构桥结构受力机理的 UHPC 材料的本构关系研究；研究 UHPC-RC(ultra-high performance concrete-reinforced concrete)复合材料在连续刚构结构受力状态下结合面最优连接方式；通过大量试验与仿真分析、优化方法研究，获得基于安全性和经济性最优平衡下的连续刚构桥 UHPC 浇筑位置模型。

2）基于相变材料的混凝土箱体结构自调温控制技术研究

以控制混凝土箱梁日照温度梯度所产生的主拉应力为目的，研发制备具有"结构+功能"一体化功效的相变混凝土，通过试验探究相变混凝土的热稳定性及其热工参数、力学参数，参数化分析相变混凝土铺设位置和厚度对连续刚构桥箱体结构梯度温度效应的影响规律，研究其对温度裂缝的控制效果。

1.3.3 大跨轨道连续刚构桥合理线形控制关键理论与技术研究

连续刚构桥施工过程中的线形控制极为复杂，对结构参数、材料收缩徐变、温度变化等影响因素的变化非常敏感，线形控制技术难度极大。尤其对于轨道桥梁，对成桥线形的要求极为严格，桥梁出现很小的挠度和振幅都会直接影响桥上轨道的平顺性；桥梁结构产生的附加动力冲击作用直接影响行车的安全性和舒适性。本书拟结合钢-混凝土混合轨道连续刚构桥的悬臂施工全过程，开展连续刚构桥线形控制关键技术研究，为大跨钢-混凝土混合轨道连续刚构桥的合理受力形态提供技术保障，保证桥梁建设与后期运营的安全、高效、经济。

1）考虑混凝土收缩徐变的大跨轨道连续刚构桥合理线形控制技术研究

基于收缩徐变的机理及影响因素，比较分析混凝土收缩徐变的预测模型、计算方法，通过考虑实桥所处的环境湿度、环境温度以及实桥所选用的混凝土材料，进行合理的预测模型和计算方法的确定，得到混凝土收缩徐变效应后，分析收缩徐变效应对大跨轨道桥梁合理线形控制的影响，提出考虑混凝土收缩徐变效应的大跨轨道连续刚构桥线形控制方法。

2) 考虑列车-桥梁耦合效应的大跨轨道桥梁合理线形控制技术研究

基于列车-桥梁动力学分析模型、相互作用、运动方程，借助荷载试验方法，获取列车-桥梁耦合效应作用下桥梁动力特性指标；采用极值分布理论，得到列车-桥梁耦合短期效应引起的桥梁预拱度，从而将其应用于全桥的线形控制分析中。

基于上述两点的分析，对考虑混凝土收缩徐变及列车-桥梁耦合效应的大跨轨道连续刚构桥合理线形控制的方法进行研究。根据系统工程学思想，把桥梁施工看成一个复杂的动态系统，运用现代控制理论，根据误差信息制定可调变量的最佳调整方案，以进行线形控制，使结构施工的实际状态趋近于理想状态。

参 考 文 献

[1] 陈宇峰, 徐君兰, 余武军. 大跨 PC 连续刚构桥跨中持续下挠成因及预防措施[J]. 重庆交通大学学报(自然科学版), 2007, 26(4): 6-8, 41.

[2] 马健. 三门峡黄河公路大桥的主桥加固[J]. 公路, 2004, 49(6): 62-64.

[3] 杨玉麟. 大跨度预应力混凝土连续刚构桥挠度分析[D]. 长沙: 长沙理工大学, 2017.

[4] 吕梅梅. 华南大桥的加固设计与施工[J]. 中国市政工程, 2007, (2): 25-27, 89.

[5] 王法武, 石雪飞. 大跨径预应力混凝土梁桥长期挠度控制研究[J]. 公路, 2006, 51(8): 72-76.

[6] 巴力, 高岩. 大跨径连续刚构桥跨中下挠的主要影响因素浅析[J]. 铁道建筑, 2008, 48(11): 1-3.

[7] 李运喜, 刘永健. 预应力连续箱梁桥后期下挠影响因素分析[J]. 现代交通技术, 2008, 5(5): 29-33.

[8] 刘超, 徐栋. 大跨径混凝土箱梁桥剪切开裂及下挠原因[J]. 同济大学学报(自然科学版), 2009, 37(1): 1-5.

[9] 王敏, 沈成武, 闻骥骏. 病桥成因的预应力损失研究[J]. 武汉理工大学学报(交通科学与工程版), 2006, 30(1): 103-105.

[10] 詹建辉, 陈卉. 特大跨度连续刚构主梁下挠及箱梁裂缝成因分析[J]. 中外公路, 2005, 25(1): 56-58.

[11] Bittnar Z, Vrablik L, Polak M, et al. Role of distortional and warping stiffness of end regions at 3D performance of concrete bridges[J]. International Conference on Computational & Experimental Engineering and Sciences, 2009, 13(2): 43-48.

[12] 张西丁, 潘志强. 连续箱梁桥腹板斜裂缝的技术研究[J]. 城市道桥与防洪, 2016, (3): 72-75, 10.

[13] Křístek V, Vráblík L, Bažant Z P, et al. Misprediction of long-time deflections of prestressed box girders: Causes, remedies and tendon layout effect[C]//8th International Conference on Creep, Shrinkage and Durability Mechanics of Concrete and Concrete Structures, Ise-Shima, 2009: 1291-1295.

[14] 林新元, 高晓华, 张峰. 基于组合模型的连续刚构施工期开裂分析[J]. 桥梁建设, 2010, 40(4): 43-46.

[15] 于晓光. 悬臂浇筑箱梁 0 号块开裂原因分析及防裂措施[J]. 世界桥梁, 2014, 42(1): 87-92.
[16] 陈作银, 阮坤, 李海. 大跨连续刚构桥梁段施工期裂缝分析研究[J]. 市政技术, 2014, 32(4): 85-88.
[17] 赵启林, 周旺进, 江克斌. 预应力混凝土箱梁桥施工中的裂缝成因分析与修补[J]. 公路交通科技, 2006, 23(6): 85-88, 103.
[18] 肖星星. 预应力混凝土箱梁桥悬臂施工中腹板斜裂缝成因分析[J]. 现代交通技术, 2007, 4(1): 43-47.
[19] 梁合兴, 何庭蕙, 劳晓春, 等. 连续刚构梁桥薄壁柔性墩身裂缝产生原因[J]. 暨南大学学报(自然科学与医学版), 2005, 26(1): 110-113.
[20] Syed S, Gupta A. Seismic fragility of RC shear walls in nuclear power plant Part 1: Characterization of uncertainty in concrete constitutive model[J]. Nuclear Engineering and Design, 2015, 295(9): 576-586.
[21] Thoft-Christensen P. Application of optimization methods in structural systems reliability theory[J]. System Modelling and Optimization, 1988, 113: 484-497.
[22] 叶成杰, 赵建, 邢世海. 高寒地区高性能混凝土干缩性能研究[J]. 煤炭技术, 2008, 27(12): 104-105.
[23] 黄明琦, 王渭明, 岳强. 高寒地区大体积混凝土拆模后表面产生微裂纹的原因及防治措施[J]. 建井技术, 2006, 27(6): 22-25.
[24] 赵亚飞, 周建庭, 吴恒, 等. 提高高寒地区桥梁混凝土结构耐久性的设计技术探讨[J]. 公路, 2012, 57(8): 106-110.
[25] 温树林, 周建庭, 宋军, 等. 提高高寒地区桥梁混凝土结构耐久性的施工与养护技术[J]. 公路, 2013, 58(11): 105-109.
[26] 周有禄. 高寒地区桥墩混凝土开裂原因及修补技术应用研究[D]. 兰州: 兰州交通大学, 2014.
[27] 李兆祥. 青藏高原大跨度铁路连续刚构桥温度效应研究[J]. 兰州交通大学学报, 2014, 33(1): 170-174, 191.
[28] 项贻强, 唐国斌, 朱汉华, 等. 预应力混凝土箱梁桥施工过程中底板崩裂破坏机理分析[J]. 中国公路学报, 2010, 23(5): 70-75.
[29] 吴万忠, 肖汝诚. 大跨P.C.箱梁桥施工期合龙段底板开裂破坏机理[J]. 江苏大学学报(自然科学版), 2013, 34(4): 466-470, 496.
[30] 李华. 云南现役大跨度连续刚构桥跨中下挠分析及工程应用措施研究[D]. 昆明: 昆明理工大学, 2014.
[31] 聂玉东. 寒区大跨径混凝土箱梁桥温度场及温度效应分析[D]. 哈尔滨: 哈尔滨工业大学, 2013.
[32] 何俊荣. 混凝土多室箱梁的温度作用及其效应研究[D]. 长沙: 湖南大学, 2013.
[33] 丁笑笑. 混凝土箱梁桥梁截面温度应力场分析研究[D]. 苏州: 苏州科学院, 2015.
[34] 王永宝. 自然环境条件下大跨度劲性骨架混凝土拱桥长期变形行为研究[D]. 成都: 西南交通大学, 2017.
[35] Voelker C, Kornadt O, Ostry M. Temperature reduction due to the application of phase change materials[J]. Energy and Buildings, 2008, 40(5): 937-944.

[36] Navarro L, de Gracia A, Castell A, et al. Thermal behaviour of insulation and phase change materials in buildings with internal heat loads: experimental study[J]. Energy Efficiency, 2015, 8(5): 895-904.

[37] Diaconu B M, Cruceru M. Novel concept of composite phase change material wall system for year-round thermal energy savings[J]. Energy and Buildings, 2010, 42(10): 1759-1772.

[38] Hawes D W, Feldman D. Absorption of phase change materials in concrete[J]. Solar Energy Materials and Solar Cells, 1992, 27(2): 91-101.

[39] Hadjieva M, Stoykov R, Filipova T. Composite salt-hydrate concrete system for building energy storage[J]. Renewable Energy, 2000, 19(1-2): 111-115.

[40] Pisello A L, D'Alessandro A, Fabiani C, et al. Multifunctional analysis of innovative PCM-filled concretes[J]. Energy Procedia, 2017, 111: 81-90.

[41] Wills R. Appendix of the report of commissioners appointed to inquire into the application of iron to railway structures[R]. His Majesty's Stationary Office, London, 1849.

[42] Stokes G G. On the effect of the internal friction of fluids on the motion of pendulums[J]. Transactions of the Cambridge Philosophical Society, 1851, 9: 8-106.

[43] Krylov A N. Über die erzwungen schwingungen von gleichformigen elastischen staben[J]. Mathematische Annalen, 1905, 61(2): 211-234.

[44] Timoshenko S P. On the forced vibrations of bridges[J]. Philosophical Magazine Series, 1922, 6(2): 43-48.

[45] 松浦章夫. 高速鉄道における橋桁の動的挙動に関する研究[G]//日本土木学会. 土木学会論文報告集. 東京: 日本土木学会, 1976: 35-47.

[46] Chu K H, Garg V K, Wiriyachai A. Dynamic interaction of railway train and bridges[J]. Vehicle System Dynamics, 1980, 9(4): 207-236.

[47] Bhatti M H. Vertical and lateral dynamic response of railway bridges due to nonlinear vehicles and track irregularities[D]. Chicago: Illinois Institute of Technology, 1982.

[48] Fryba L. Dynamics of Railways Bridges[M]. London: Thomas Telford, 1996.

[49] Green M F, Cebon D. Dynamic response of highway bridges to heavy vehicle loads: Theory and experimental validation[J]. Journal of Sound and Vibration, 1994, 170(1): 51-78.

[50] 李国豪. 桁梁桥空间内力、稳定、振动分析[J]. 中国科学, 1978, 8(6): 687-693.

[51] 陈英俊. 车辆荷载下梁桥振动基本理论的演进[J]. 桥梁建设, 1975, 5(2): 21-36.

[52] 铁摩辛柯. 工程中的振动问题[M]. 胡人礼, 译. 北京: 人民铁道出版社, 1978.

[53] 高芒芒, 潘家英, 程庆国. 高速铁路预应力混凝土斜拉桥动力特性研究[C]//中国土木工程学会桥梁及结构工程学会第十三届年会, 上海, 1998: 51-58.

[54] 许慰平, 程庆国. 大跨度铁路桥梁车桥空间耦合振动研究[J]. 中国铁道科学, 1989, 10(2): 12-26.

[55] 王贵春, 潘家英. 红水河斜拉桥在车辆通过时的动力响应分析[J]. 世界桥梁, 2007, 35(4): 43-46.

[56] 杨岳民, 潘家英, 程庆国. 大跨度铁路桥梁车桥动力响应理论分析及试验研究[J]. 中国铁道科学, 1995, 16(4): 1-16.

[57] 蔡成标, 翟婉明. 机车-轨道-桥梁垂向耦合动力学分析[J]. 西南交通大学学报, 1997, 32(6):

628-632.

[58] 翟婉明. 车辆-轨道耦合动力学[M]. 4版. 北京: 科学出版社, 2015.

[59] 李永乐, 董世赋, 臧瑜, 等. 大跨度公轨两用悬索桥风-车-桥耦合振动及抗风行车准则研究[J]. 工程力学, 2012, 29(12): 114-120.

[60] 杨仕若, 曾庆元. 桁段有限元法分析钢桁梁桥振动[J]. 深圳大学学报(理工版), 2011, 28(3): 195-199.

[61] 夏禾, 陈英俊. 车-梁-墩体系动力相互作用分析[J]. 土木工程学报, 1992, 25(2): 3-12.

[62] 曹雪琴. 钢桁梁桥横向振动[M]. 北京: 中国铁道出版社, 1991.

[63] Cheng Y S, Au F, Cheung Y K, et al. On the separation between moving vehicles and bridge[J]. Journal of Sound and Vibration, 1999, 222(5): 781-801.

[64] 杨永斌, 林金禄, 姚忠达. 高铁隔震桥受车行的共振现象[C]//中国计算力学大会, 北京, 2001: 23-32.

[65] 钟万勰, 刘元芳, 纪峥. 斜拉桥施工中的张拉控制和索力调整[J]. 土木工程学报, 1992, 25(3): 9-15.

[66] 高永进. 某斜拉桥线形施工控制系统研究[D]. 武汉: 华中科技大学, 2012.

[67] Kazama T, Koizumi M, Kanai S, et al. Design and construction of Tomei-Ashigara bridge[C]// IABSE Symposium Leningrad, Zurich, 1991: 247-252.

[68] Moon D, Sim J, Oh H. Practical crack control during the construction of precast segmental box girder bridges[J]. Computers & Structures, 2005, 83(31-32): 2584-2593.

[69] 郑信光, 陈德伟, 项海帆. 斜拉桥的工程控制[C]//中国土木工程学会桥梁及结构工程学会第九届年会, 杭州, 1990: 277-284.

[70] 方志, 刘光栋, 王光炯. 斜拉施工的灰色预测控制系统[J]. 湖南大学学报(自然科学版), 1997, 24(3): 74-81.

[71] 颜东煌, 文钰, 刘光栋, 等. 斜拉桥的施工最优控制[J]. 国外公路, 1999, 19(3): 53-58.

[72] 石雪飞. 斜拉桥结构参数估计及施工控制系统[D]. 上海: 同济大学, 1999.

[73] 赵文武. 大跨度预应力混凝土斜拉桥施工控制分析[D]. 北京: 清华大学, 2004.

[74] 陈常松. 超大跨度斜拉桥施工全过程几何非线性精细分析理论及应用研究[D]. 长沙: 中南大学, 2007.

[75] Wang P H, Lin H T, Tang T Y. Study on nonlinear analysis of a highly redundant cable-stayed bridge[J]. Computers & Structures, 2002, 80(2): 165-182.

[76] Lozano-Galant J A, Payá-Zaforteza I, Xu D, et al. Analysis of the construction process of cable-stayed bridges built on temporary supports[J]. Engineering Structures, 2012, 40: 95-106.

[77] Takács P F. Deformations in concrete cantilever bridges: Observations and theoretical modelling[D]. Norway: Norwegian University of Science and Technology, 2002.

[78] 李元松, 李新平, 姜天华, 等. 大跨度斜拉桥施工控制方法研究[J]. 武汉工程大学学报, 2007, 29(4): 45-48.

[79] 卜一之, 李玉耀. 基于BP神经网络算法的特大跨度斜拉桥施工过程中的线形预测[J]. 现代交通技术, 2009, 6(1): 24-27.

[80] 李乔, 杨兴旺. 桥梁主梁断面空气力学特性分析的人工神经网络方法[J]. 中南公路工程, 2000, 25(3): 56-59.

第 2 章　钢-混凝土混合连续刚构桥合理体系研究

钢-混凝土混合连续刚构桥是一种新型梁式桥，它将连续刚构桥主跨跨中一段混凝土箱梁替换为钢箱梁，混凝土梁和钢箱梁在结构层次上连接在一起，共同构成了连续刚构桥的主梁部分。连续刚构桥跨中采用自重较轻的钢箱梁，不但可以大幅增加连续刚构桥的合理跨径，减小墩顶处的恒载负弯矩，同时也能减小跨中挠度，使得桥面更加平顺，这对轨道桥来说是非常有利的。但由于连续刚构桥边跨为自重较大的混凝土，中跨设置过长的钢箱梁，跨中容易出现上拱的情形，不符合桥梁的正常工作状态。因此，针对钢-混凝土混合连续刚构桥，存在一种构造合理的钢-混凝土结构体系[1]。

2.1　钢-混凝土结合段的构造形式与特点

2.1.1　钢-混凝土结合段构造形式

钢-混凝土结合段的构造形式通常是钢箱梁位于主跨而混凝土梁位于边跨。由于主跨部分主梁采用钢箱梁使结构荷载降低，而边跨采用混凝土梁又起到了良好的压重作用，在相同主跨情况下混合梁桥支座处负弯矩 M_{z2} 远小于混凝土梁桥支座处负弯矩 M_{z1}，这样不但使得结构的弯矩图分布更为合理，而且避免了边跨边支座上负反力的出现[2]。受益于混凝土的压重作用，主跨钢箱梁段的跨越能力将显著提升，结构弯矩的分布更为合理，由此也大幅扩展了连续刚构桥的跨越能力，改善了结构体系受力性能。混合梁弯矩分布如图 2-1 所示。

混合梁结构在钢箱梁段设置加劲肋和加强钢筋等补强构件作为过渡段将钢箱梁中内力分散传递至结合段，再通过结合段中的承压板、连接件、界面黏结摩擦作用等传递至混凝土梁。通常情况下，结合段结构中会设置预应力钢绞线，通过施加预应力，整个结构处于受压状态。

依据国内外对钢-混凝土结合段结构的大量研究以及工程实践，钢-混凝土结合段构造主要分为两大类：有格室和无格室。其中，有格室钢-混凝土结合段根据承压板所在位置不同又分为前承压板式、后承压板式和前后承压板式；而无格室钢-混凝土结合段分为端承压板式和顶底板承压板式两种。钢-混凝土结合段中的承压板上一般设置焊钉、剪力板等各种连接件与混凝土连接。钢-混凝土结合段构造形式如图 2-2 所示[3]。

图 2-1 混合梁弯矩分布

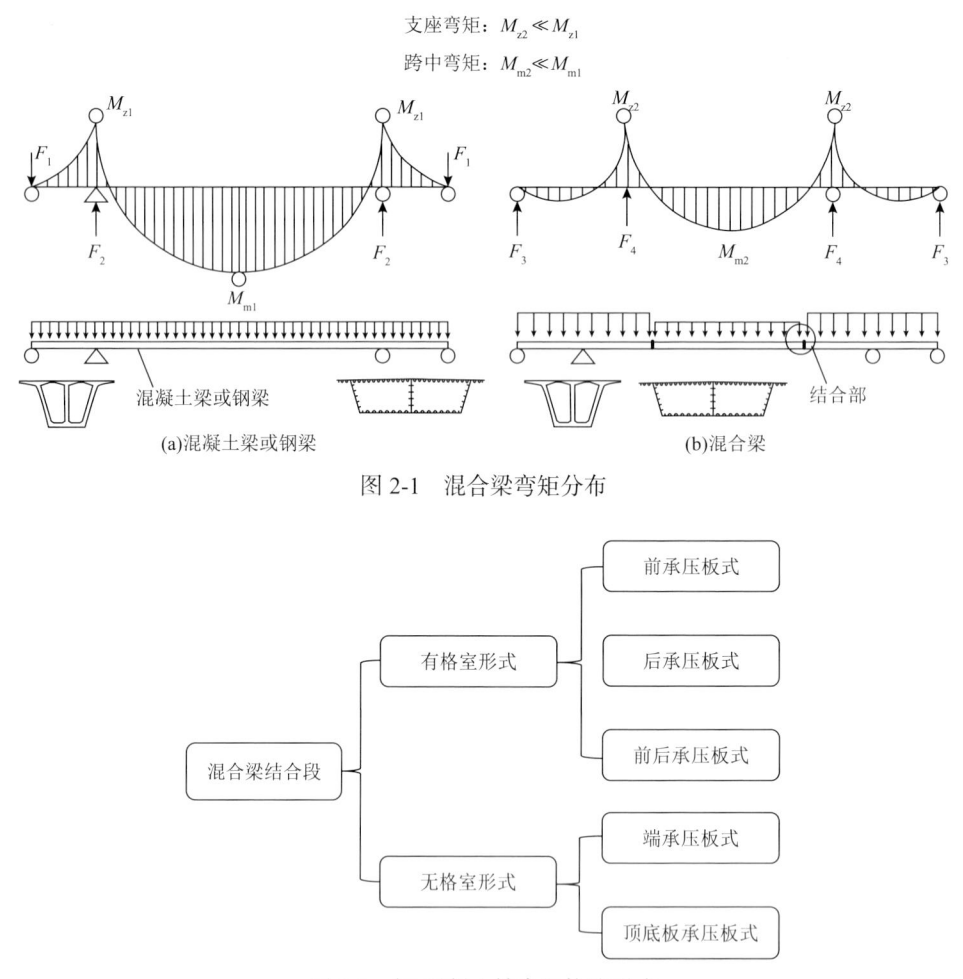

图 2-2 钢-混凝土结合段构造形式

无格室钢-混凝土结合段构造图如图 2-3 所示。法国的诺曼底大桥作为代表性的实例采用的是端承压板式；中国香港的汲水门大桥则是将钢箱梁各个钢板件上的焊钉连接件延伸到混凝土箱梁内，再利用端承压板的组合结构形式来传递内力。

有格室钢-混凝土结合段构造图如图 2-4 所示。德国的 Duseldorf-Flehe 桥使用的是前承压板式，日本的木曾川桥和揖斐川桥使用的是前后承压板式，其余的采用钢-混凝土结合段结构的桥梁则主要使用的是后承压板式，如我国的大多数斜拉桥、日本的生口桥和瑞典的 Tjorrn 桥等。

(a) 端承压板式

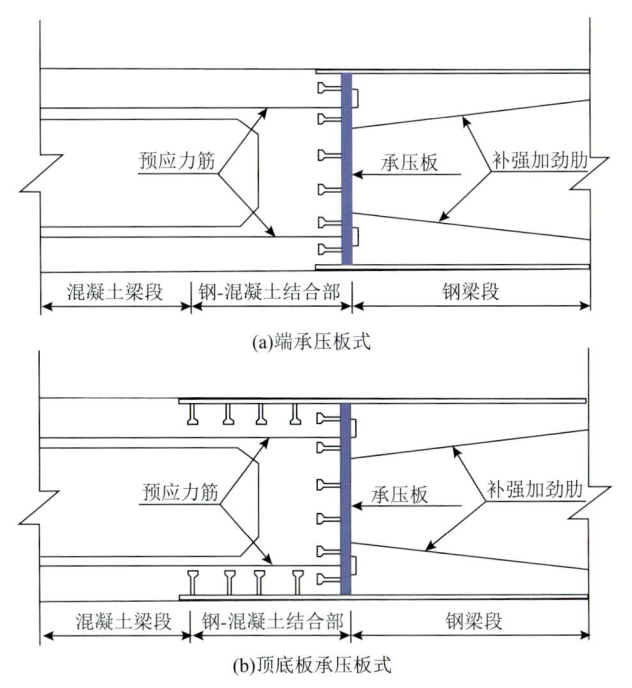

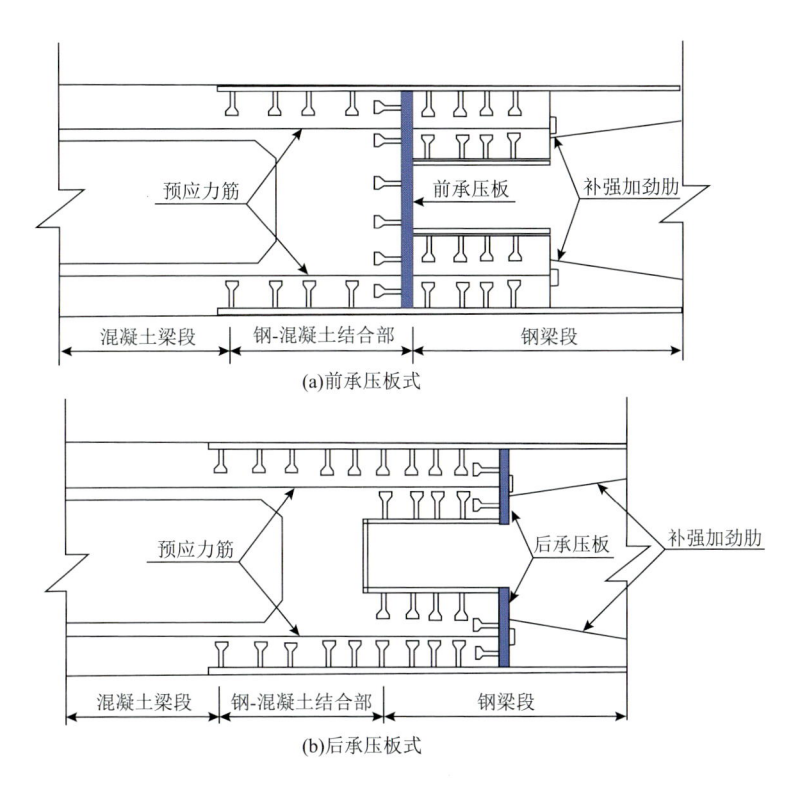

(b) 顶底板承压板式

图 2-3 无格室钢-混凝土结合段构造图

(a) 前承压板式

(b) 后承压板式

(c)前后承压板式（混凝土格室）

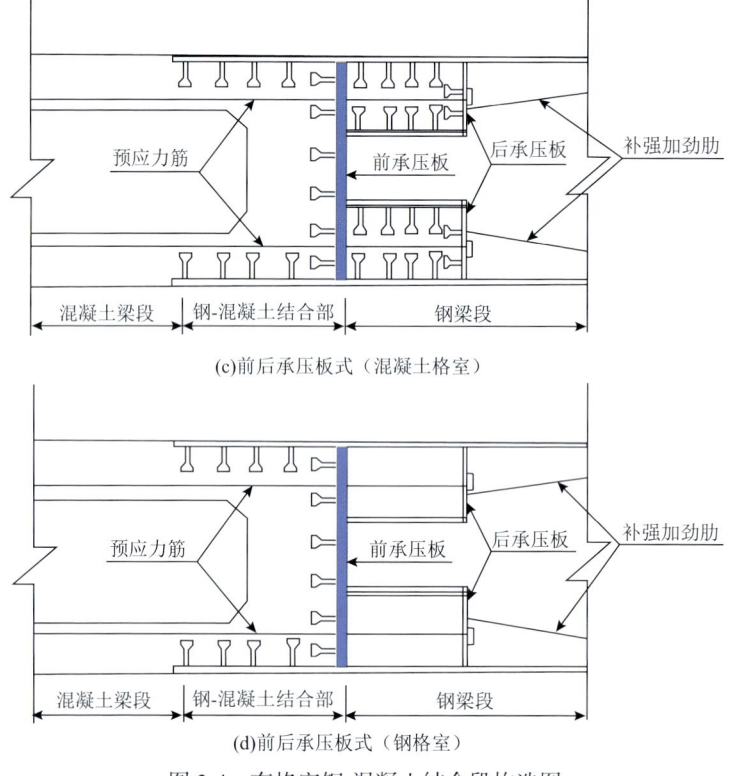

(d)前后承压板式（钢格室）

图 2-4 有格室钢-混凝土结合段构造图

2.1.2　钢-混凝土结合段构造特点

混合梁刚构桥特点是充分发挥了两种材料的优势，形成强度高、刚度大、动力性能好的结构形式，与混凝土结构相比，它可以减少自重，增加跨越能力，减轻地震作用，减小构件的截面尺寸，增加有效使用空间，降低造价，节约模板并减少支模工序从而缩短施工周期，还可以增加结构的延性[4-6]。与钢结构相比，它可以减少用钢量，增加刚度，增加稳定性和整体性等，不仅可以很好地满足结构的功能要求，还具有良好的经济效益。

在设计方面，同等跨径下主跨跨中采用钢箱梁有以下优势[7,8]：从主梁挠度角度考虑，主跨跨中采用钢箱梁能够减小截面尺寸，有效降低主梁自重效应，减小跨中的弹性挠度作用，从而可以降低收缩徐变产生的挠度；从材料性能角度考虑，钢材不产生收缩徐变，跨中部分采用钢箱梁代替混凝土箱梁，从而减小了因使用混凝土材料而产生的收缩徐变效应，同时省去跨中布置的预应力钢束，减少预应力损失；从预应力束用量角度考虑，主跨跨中采用钢箱梁有效地减轻了结构自重，降低了墩柱处截面的负弯矩，从而减少了预应力钢束用量。另外，连续梁桥跨中采用整体吊装自重较轻的钢箱梁还可以解决预应力混凝土连续刚构桥因恒载应力过高而难以提高跨越能力的难题，在跨径为 100~350m 的范围内具有极强的竞争力。不同构造形式的钢-混凝土结合段还具有各自的优缺点，如表 2-1 和表 2-2 所示。

表 2-1 有格室钢-混凝土结合段构造特点

项目	前承压板式	后承压板式	前后承压板式
轴力及弯矩	先由前承压板承担，再传递给顶、底板和腹板上的剪力连接件	先由钢格室中顶、底板的剪力连接件承担，再传递给后承压板	由前后承压板和钢格室内各个构件的剪力连接件共同承担
剪力及扭矩	由前承压板上的剪力连接件传递	由钢格室的腹板以及腹板上的剪力连接件传递	由前承压板上的剪力连接件传递
优点	1. 刚度变化较小； 2. 混凝土横梁处应力得到缓和； 3. 格室中的应力均匀； 4. 承压板附近应力集中程度较小	1. 刚度变化较小； 2. 传力较顺畅； 3. 混凝土横梁处应力得到缓和； 4. 格室中的应力均匀； 5. 承压板附近的应力集中程度较小	1. 混凝土梁部配筋、浇筑容易； 2. 混凝土质量易保证； 3. 轴力由前后承压板以及格室中的剪力连接件承担； 4. 承压板附近的应力集中程度最小；钢箱梁最容易制作
缺点	1. 钢箱梁焊接施工难度较大； 2. 混凝土浇筑难度较大； 3. 结合段配筋、混凝土浇筑困难	1. 钢箱梁焊接施工难度较大； 2. 混凝土需要竖立浇筑； 3. 结合段配筋、混凝土浇筑困难	1. 格室中需要填充砂浆； 2. 后承压板附近刚度变化较大

表 2-2 无格室钢-混凝土结合段构造特点

项目	端承压板式	顶底板承压板式
轴力及弯矩	由端承压板承担	由后承压板和顶底板上的剪力连接件承担
剪力及扭矩	主要依靠钢承压板与混凝土的黏结作用和设置的 U 形筋承担	由承压板上的剪力连接件承担
优点	1. 通过调整加劲肋布置可减小承压板附近的应力集中程度； 2. 混凝土梁配筋、浇筑容易； 3. 结合段混凝土浇筑质量容易保证； 4. 钢箱梁容易制作	1. 通过调整加劲肋布置可减小承压板附近的应力集中程度； 2. 混凝土梁配筋、浇筑容易； 3. 结合段混凝土浇筑质量容易保证； 4. 钢箱梁容易制作； 5. 承压板附近的应力集中程度较小
缺点	1. 承压板附近的应力集中程度较大； 2. 承压板附近刚度变化较大	1. 承压板附近的应力集中程度较大，但比端承压板方案小； 2. 承压板附近刚度变化较大

2.2 钢-混凝土混合梁的理论计算方法

2.2.1 理论模型假定

为了便于分析新型混合梁的结构受力,采用如下假定:①所有材料均处于弹性阶段;②施工过程简化为最大悬臂阶段及吊装组合梁中跨合龙阶段;③忽略了局部腹板及顶底板加厚造成的额外荷载[9]。

2.2.2 简化受力模型

施工阶段结构受力图示如图 2-5 所示,跨内组合梁段自重荷载集度 q_1、q_s、q_m 分别为边支点、中支点及结合段处混凝土梁自重荷载集度。

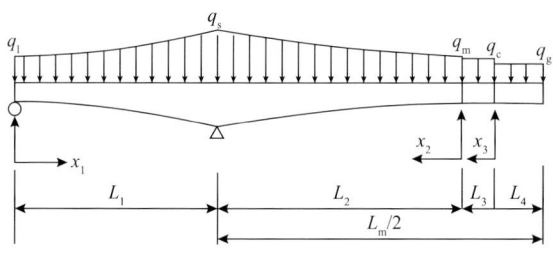

图 2-5 施工阶段结构受力图示

令 $L_1/L_m = \lambda$,$L_3/L_m = \mu/2$,$L_2/L_m = 1/2 - \mu/2$,此时边跨及中跨的自重荷载集度分布分别为

$$q_1(x) = q_1 + (q_s - q_1)\left(\frac{x_1}{L_1}\right)^\alpha \tag{2.1}$$

$$q_2(x) = q_m + (q_s - q_1)\left(\frac{x_1}{L_2}\right)^\alpha \tag{2.2}$$

式中,α 为混合梁混凝土梁段梁底曲线变化次数。

1)施工阶段一

施工阶段一为最大悬臂阶段,由力矩平衡关系可得

$$V_1^{\mathrm{I}} L_1 + M_m^{\mathrm{I}} = M_1^{\mathrm{I}} \tag{2.3}$$

$$M_1^{\mathrm{I}} = \int_0^{L_1} q_1(x)(L_1 - x_1)\mathrm{d}x_1 = \left(\frac{1}{2} - \beta\right)q_1 L_1^2 + \beta q_s L_1^2 \tag{2.4}$$

$$M_\mathrm{m}^\mathrm{I} = \int_0^{L_2} q_2(x)(L_2 - x_2)\mathrm{d}x_2 = \left(\frac{1}{2} - \beta\right)q_\mathrm{m}L_2^2 + \beta q_\mathrm{s}L_2^2 \tag{2.5}$$

式中，V_1^I 为施工阶段一的边支座反力；M_1^I 为边跨荷载对中支点取矩；M_m^I 为中跨荷载对中支点取矩；β 为梁底曲线等效系数，$\beta=1/(\alpha+1)-1/(\alpha+2)$，进而得到在该施工阶段的边跨支点反力为

$$V_1^\mathrm{I} L_1 = \left[\left(\frac{1}{2} - \beta\right)q_1 + \beta q_\mathrm{s}\right]L_1^2 - \left[\left(\frac{1}{2} - \beta\right)q_\mathrm{m} + \beta q_\mathrm{s}\right]L_2^2 \tag{2.6}$$

第一阶段对应的主梁在边跨的弯矩 M_1^I 和中跨的弯矩 M_m^I 为

$$M_1^\mathrm{I} = \frac{1}{2}q_1 x_1^2 + \beta(q_\mathrm{s} - q_1)x_1^{\alpha+2}/L_1^\alpha - V_1^\mathrm{I} x_1 \tag{2.7}$$

$$M_\mathrm{m}^\mathrm{I} = \frac{1}{2}q_\mathrm{m} x_2^2 + \beta(q_\mathrm{s} - q_1)x_1^{\alpha+2}/L_2^\alpha \tag{2.8}$$

2) 施工阶段二

施工阶段二为吊装中跨内钢-混凝土结合梁段。在吊装中跨内钢-混凝土组合梁时，与混凝土结合部处剪力 V_j、边支点反力 V_1^II、梁体对应在边跨的弯矩 M_1^II 和中跨的弯矩 M_m^II 分别为

$$V_\mathrm{j} = q_\mathrm{c} L_3 \tag{2.9}$$

$$V_1^\mathrm{II} = \frac{V_\mathrm{j} L_2}{L_1} \tag{2.10}$$

$$M_1^\mathrm{II} = V_1^\mathrm{II} x_1 \tag{2.11}$$

$$M_\mathrm{m}^\mathrm{II} = V_\mathrm{j} x_2 \tag{2.12}$$

3) 施工阶段三

施工阶段三为吊装中跨内钢箱梁段。在吊装中跨内钢箱梁时，与钢-混凝土结合段结合处剪力 V_j^I、边支点反力 V_1^III、梁体对应在边跨与钢-混凝土结合段的弯矩 M_1^III 和中跨的弯矩 $M_\mathrm{m}^\mathrm{III}$ 分别为

$$V_\mathrm{j}^\mathrm{I} = q_\mathrm{g} L_4 \tag{2.13}$$

$$V_1^{\mathrm{III}} = \frac{V_j^{\mathrm{I}}(L_2 + L_3)}{L_1} \quad (2.14)$$

$$M_1^{\mathrm{III}} = V_j^{\mathrm{I}} x_3 \quad (2.15)$$

$$M_m^{\mathrm{III}} = V_1^{\mathrm{III}} x_1 \quad (2.16)$$

4) 桥梁合龙后受力分析

由于成桥阶段的变截面混凝土连续梁为超静定结构，结构的内力分布与截面抗弯刚度的变化规律有关。而对于复杂的箱型截面，一方面很难拟定一个简单的惯性矩变化公式来反映实际结构中截面抗弯刚度的变化，另一方面如果要准确反映截面刚度的变化，会使梁弯曲的微分方程很难求解，甚至得不到解析解。因此，从工程实用角度出发，合理地假定在均布荷载作用时跨中反弯点位置，不但可以获得较为精确的结果，而且可以极大地简化结构的求解过程。

通过对中跨 50m、100m、150m 等多个变截面混凝土连续梁桥的试算，在全桥均布荷载作用下，中跨弯矩反弯点位置处于中跨四分点位置附近。由于新型混合连续梁桥跨中部分为组合梁，与普通预应力混凝土梁相比，其抗弯刚度较低，在全桥均布荷载作用下，中跨内弯矩反弯点位置会向跨中移动，为消除这一因素的影响，需要对预应力混凝土连续梁在均布荷载作用下跨中反弯点位置距中支点的距离进行一定的修正，经比较修正系数取 1.2 时，可较好地反映混合刚构梁中跨弯矩反弯点位置。成桥后结构受力简化计算图如图 2-6 所示。

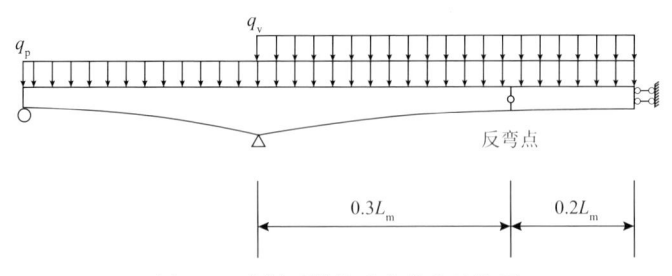

图 2-6 成桥后结构受力简化计算图

在桥梁二期恒载 q_p 及车道荷载 q_v 作用下，边支点反力计算为

$$V_1^p L_1 = 0.2 L_m q_p (0.3 L_m) + \frac{1}{2}(0.3 L_m)^2 q_p - \frac{1}{2} L_1^2 q_p \quad (2.17)$$

$$V_1^v L_1 = 0.2 L_m q_v (0.3 L_m) + \frac{1}{2}(0.3 L_m)^2 q_v \quad (2.18)$$

该结构为超静定结构,用力法求解弯矩图,其基本体系简化计算图如图 2-7 所示。

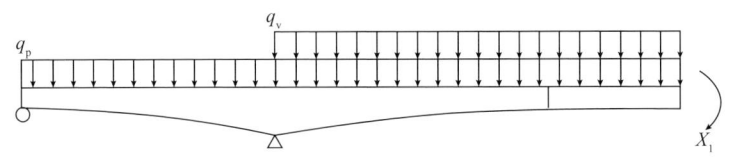

图 2-7 基本体系简化计算图

$$\overline{M}_{11}=\frac{1}{L_1}x_1, \quad \overline{M}_{1m}=1, \quad \overline{M}_{1d}=1 \tag{2.19}$$

$$\begin{aligned}&M_{pd}=\frac{1}{2}(q_v+q_p)x_1^2, \quad M_{pm}=\frac{1}{2}(q_v+q_p)(x_2+L_3+L_4)^2\\ &M_{pl}=\left\{\frac{1}{L_1}\left[\frac{1}{2}q_pL_1^2-\frac{1}{2}(q_v+q_p)(L_2+L_3+L_4)^2\right]\right\}x_1-\frac{1}{2}q_px_1^2\end{aligned} \tag{2.20}$$

根据上式可得力法方程系数为

$$\delta_{11}=\int_0^{L_1}\overline{M}_{11}^2 ds+\int_0^{L_2}\overline{M}_{1m}^2 ds+\int_0^{L_3+L_4}\overline{M}_{1d}^2 ds \tag{2.21}$$

$$\delta_{1p}=\int_0^{L_1}\overline{M}_{11}M_{pl}ds+\int_0^{L_2}\overline{M}_{1m}M_{pm}ds+\int_0^{L_3+L_4}\overline{M}_{1d}M_{pd}ds \tag{2.22}$$

代入基本方程 $\delta_{11}X_1+\delta_{1p}=0$ 得到

$$X_1=-\frac{\delta_{1p}}{\delta_{11}} \tag{2.23}$$

$$M_1^{IV}=\overline{M}_1X_1+M_p \tag{2.24}$$

跨中挠度为

$$\omega=\int\overline{M}_1'M_p ds \tag{2.25}$$

式中,

$$\overline{M}_1=\overline{M}_{11}+\overline{M}_{1m}, \quad M_p=M_1^{I}+M_1^{II}+M_1^{III}+M_1^{IV}$$

$$\overline{M}_{11}'=1\times x_1, \quad \overline{M}_{1m}'=1\times(x_2+L_3+L_4)$$

2.3 钢-混凝土混合梁连接件基本力学性能

2.3.1 焊钉连接件的承载性能

焊钉连接件是最常用的抗剪连接件，其材料、外形尺寸及焊接质量检验要求按照《电弧螺柱焊用圆柱头焊钉》(GB/T 10433—2002)的有关规定执行。

1. 抗剪承载性能

对于焊钉抗剪承载力的研究，传统的做法是利用推出试验或者梁式试验的结果进行统计分析并从中总结出经验公式。目前各个国家制定的规范要求为了安全起见，通常是把推出试验结果作为依据。各国对于焊钉抗剪承载力的计算公式如下所述。

早期的焊钉连接件抗剪承载力研究主要是从最简单的普通混凝土和轻骨料混凝土中展开，Ollgaard 等[10]在 1971 年所做试验的基础上总结出了焊钉连接件的抗剪承载力计算公式，即

$$Q_u = 0.5 A_s \sqrt{E_c f'_c} \tag{2.26}$$

式中，A_s 为焊钉连接件杆部的横截面面积；E_c 为混凝土的弹性模量；f'_c 为混凝土圆柱体(ϕ150mm×300mm)的抗压强度。

在此之后，各国对于焊钉连接件抗剪承载力的研究逐步开展起来，他们运用大量的试验数据并结合以上计算公式，总结出一套适用于本国规范要求的焊钉连接件承载力规范公式。

1) 中国《钢结构设计标准》

中国《钢结构设计标准》(GB 50017—2017)[11]规定，单个圆柱头焊钉抗剪连接件的承载力设计值计算公式为

$$N_v^c = 0.43 A_s \sqrt{E_c f_c} \leqslant 0.7 A_s f_u \tag{2.27}$$

式中，E_c 为混凝土的弹性模量(N/mm²)；A_s 为圆柱头焊钉钉杆截面面积(mm²)；f_u 为圆柱头焊钉极限抗拉强度设计值(N/mm²)，需满足现行国家标准《电弧螺柱焊用圆柱头焊钉》(GB/T 10433—2002)的要求。

2) 日本《道路桥示方书》

日本对于焊钉连接件的破坏形式做了一系列研究[12]，通过试验发现焊钉在高度较大时会发生杆部剪切破坏，而在高度较小时会发生混凝土桥面板割裂。依据以上试验结果，日本《道路桥示方书》把焊钉连接件作为刚性连接件，采取容

许应力的计算方法,以焊钉的高径比为界,推出以下计算公式:

$$Q_\mathrm{a} = \begin{cases} 9.4 d_\mathrm{s}^2 \sqrt{\sigma_\mathrm{ck}}, & h_\mathrm{s}/d_\mathrm{s} \geqslant 5.5 \\ 1.72 d_\mathrm{s} h_\mathrm{s} \sqrt{\sigma_\mathrm{ck}}, & h_\mathrm{s}/d_\mathrm{s} < 5.5 \end{cases} \quad (2.28)$$

式中,Q_a 为剪力钉设计标准强度;d_s 为焊钉直径(mm);h_s 为焊钉高度(mm);σ_ck 为混凝土圆柱体抗压设计标准强度(N/mm²)。

3) 欧洲规范

欧洲规范 Eurocode 4[13]从焊钉直径入手,对焊钉连接件的抗剪承载力做了研究。对于直径不大于22mm的焊钉连接件,可取下列两式的较小值作为抗剪承载力:

$$P_\mathrm{Rd} = \begin{cases} 0.8 f_\mathrm{u} (\pi d^2/4)/\gamma_\mathrm{v} \\ 0.29 \alpha d^2 \sqrt{f_\mathrm{ck} E_\mathrm{cm}}/\gamma_\mathrm{v} \end{cases} \quad (2.29)$$

式中,d 为焊钉直径(mm);f_u 为焊钉材料的极限抗拉强度(N/mm²),但不大于500N/mm²;f_ck 为混凝土圆柱体抗压强度标准值(N/mm²);E_cm 为混凝土割线模量平均值(N/mm²);α 取值见式(2.30);γ_v 为破坏极限状态时的安全分项系数,取 1.25。

$$\alpha = \begin{cases} 0.2(h/d + 1), & 3 \leqslant h/d \leqslant 4 \\ 1, & h/d > 4 \end{cases} \quad (2.30)$$

式中,h 为焊钉总高度(mm)。

4) 加拿大规范

加拿大《钢结构设计规范》(CAN/CSA-S16-01)[14]规定如下:

$$Q_\mathrm{d} = 0.5 A_\mathrm{s} \sqrt{E_\mathrm{c} f_\mathrm{c}'} \leqslant 448 A_\mathrm{s} \quad (2.31)$$

式中,E_c 为混凝土的弹性模量;A_s 为圆柱头焊钉截面面积;f_c' 为混凝土圆柱体抗压强度设计值。

经过对比,各国规范对焊钉连接件抗剪承载力的计算方法大同小异,将抗剪容许应力作为混合梁焊钉连接件的抗剪承载力上限。

2. 抗拉承载性能

研究表明,焊钉连接件受到拉力时主要发生焊钉拉断、混凝土掀起、焊钉拔出、边缘混凝土压裂和混凝土割裂五种破坏形式,其中焊钉拉断和混凝土掀起为主要破坏形式。当焊钉埋深较大时,倾向于发生焊钉拉断破坏。当焊钉埋深较小、混凝土强度较低时，倾向于发生混凝土掀起破坏。当焊钉头部直径相对于杆部直径较小时，倾向于发生焊钉拔出破坏。当焊钉距离边缘较近时，倾向于发生边缘混凝土压裂破坏。当混凝土构件相对较薄时，倾向于发生混凝土割裂破坏。

对于抗拉承载力的计算方法，各个标准提出了各种焊钉连接件抗拉承载力计算公式[15-18]，其中 ACI 318-08 和 PCI 6th 采用混凝土承载性能设计法，PCI 5th 和 CEB-ECCS 采用混凝土 45°锥形破坏法，具体计算公式如表 2-3 所示。

表 2-3 各标准焊钉连接件抗拉承载力计算公式

标准	破坏形式	计算公式
ACI 318-08	焊钉拉断	$N_{sa} = A_{se,N} f_{uta}$
	混凝土掀起	$N_{cb} = \psi_{ed,N} \psi_{c,N} N_b$ $N_b = 10\sqrt{f'_c} h_{ef}^{1.5}$
	焊钉拔出	$N_{pn} = \psi_{c,p} N_p$ $N_p = 8 A_{brg} f'_c$
	边缘混凝土压裂	$N_{sb} = 13 c_{a,min} \sqrt{A_{brg}} \sqrt{f'_c}$
PCI 5th	焊钉拉断	$N_{sa} = 0.9 A_{se,N} f_{uta}$
	混凝土掀起	$N_{cb} = 1.05 h_{ef}(h_{ef} + d_h)\sqrt{f'_c}$
CEB-ECCS	焊钉拉断	$N_{sa} = A_{se,N} f_{uta}$
	混凝土掀起	$N_{cb} = 1.28 h_s^2 \sqrt{f'_c}$

2.3.2 开孔板连接件的承载性能

开孔板连接件(即 PBL 键)在钢-混凝土结合段中受力复杂，需通过大量的试验来确定其极限承载力的计算方法，本节总结了各国研究人员依据试验结果推出的 PBL 键极限承载力计算公式[19-22]，具体内容如表 2-4 所示。

表 2-4 PBL 键极限承载力计算公式

研究者	计算公式	公式说明
Leonhardt 等[19]	$Q_u = 1.79 d^2 f_c$	该学者提出的极限承载力计算公式没有考虑到开孔板内贯穿钢筋的影响，仅仅把贯穿钢筋作为普通构件。同时该公式认为 PBL 键的破坏主要是由于混凝土榫的剪切破坏

续表

研究者	计算公式	公式说明
Ushijima 等[20]	$Q_u = 1.45\left[(d^2 - d_s^2)f_c + d_s^2 f_y\right] - 26.1$	该学者在前人的基础上虽然考虑到了贯穿钢筋的影响，但是在其提出的计算公式中并没有直接反映出来
Nishiumi 等[21]	$Q_u = \begin{cases} 0.26 A_c f_c + 1.23 A_s f_y, & A_s f_y / A_c f_c < 1.28 \\ 1.83 A_c f_c, & A_s f_y / A_c f_c \geq 1.28 \end{cases}$	该学者同时考虑到了混凝土榫和贯穿钢筋的影响，也据此提出了计算公式，同时该公式表明在贯穿钢筋屈服时 PBL 键已经达到极限承载力
Oguejiofor 等[22]	$Q_u = 0.6348 A_c \sqrt{f_c'} + 1.1673 A_{tr} f_y + 1.6396 A_{bs} \sqrt{f_c'}$	该学者考虑的因素在前人的基础上加上了钢板外混凝土一项，但是在定义其物理意义时并不明确，同时所提出的公式也认为 PBL 键的破坏是由混凝土板的纵向劈裂产生的
Oguejiofor 等[23]	$Q_u = 0.590 A_c \sqrt{f_c'} + 1.233 A_{tr} f_y + 2.87 \ln d^2 \sqrt{f_c'}$	该学者提出的公式在试验的基础上仅仅对前人所提出的计算公式进行了系数的改变，实质上无太大变化
Ollgaard 等[10]	$Q_u = 4.5 ht\sqrt{f_c'} + 0.91 A_{tr} f_y + 3.3 \ln d^2 \sqrt{f_c'}$	该学者后来提出的公式中认为 PBL 键的极限承载力与结合段端部的承压板强度有关，经过大量工程研究，发现其计算结果远大于实际值，安全性较差
宗周红等[24]	$Q_u = \alpha_1 \beta_1 A_c \sqrt{E_c f_c} + \alpha_2 \beta_2 A_{tr} f_y$	这是由我国学者提出的计算公式，考虑因素全面，考虑了混凝土材料、强度等级、横向贯穿钢筋的配筋等影响因素。该公式也是第一个考虑混凝土类型的计算公式

胡建华等[25]在前面学者的研究基础上，基于大量试验的情况下，且考虑到影响 PBL 键极限承载力的几个关键因素，如钢筋的面积和强度、混凝土榫的面积和混凝土强度等，经过推导得出了 PBL 键单孔极限承载力的计算公式，即

$$Q_u = \alpha A_{tr} f_y + \beta A_{tr}' f_y' + \gamma A_c \sqrt{f_c} \tag{2.32}$$

式中，Q_u 为 PBL 键单孔极限承载力；A_{tr} 为贯穿钢筋面积；f_y 为贯穿钢筋屈服强度；A_{tr}' 为横向普通钢筋面积；f_y' 为普通钢筋屈服强度；A_c 为混凝土榫

面积；f_c 为混凝土立方体强度；α 为钢筋影响系数，取 1.320125；β 为横向普通钢筋影响系数，当配箍率 $\rho \leqslant 0.18\%$ 时取 1.204479，当配箍率 $\rho > 0.18\%$ 时取 1.042948；γ 为混凝土榫影响系数，取 1.95168。

该公式明确指出了 PBL 键的破坏是剪切破坏，对贯穿钢筋与横向钢筋的作用进行了区分，表明 PBL 键的抗剪承载力主要由混凝土榫、贯穿钢筋和横向钢筋承担。从实际效果来看，此公式的计算值与实测值吻合较好。

2.4 钢-混凝土混合梁的关键控制要点

钢-混凝土混合梁连续刚构桥跨中采用自重较轻的钢箱梁，不但可以大幅增加连续刚构桥合理跨径，减小墩顶处的恒载负弯矩，同时也能减小跨中挠度，使得桥面更加平顺。通常而言，桥梁的跨径会受到多种因素的制约，如材料强度、主梁竖向刚度、屈曲稳定性、抗风稳定性、结构施工技术和经济合理性等[26]。作为一种新型梁式桥，钢-混凝土混合梁连续刚构桥结构关键要点如下：

(1)钢-混凝土结合段是将钢箱梁与混凝土梁连接成为一个整体的核心构件，是钢-混凝土混合梁桥的生命节点。由于钢-混凝土结合段处材料不连续、刚度突变且构造复杂，也是结构设计成败的关键。

(2)梁高的选择。梁高是结构刚度的重要影响因素，梁高选择的合理性直接影响到结构的安全性与经济性。

(3)跨中挠度控制，对于连续刚构桥，主梁在施工和运营过程中容易出现开裂，而且会持续下挠，对桥梁安全与经济性造成巨大影响。轨道桥对于桥梁变形更为敏感，也应进一步加强对跨中挠度的关注。

(4)混合梁连续刚构桥在恒荷载和活荷载同时作用下，恒荷载产生的内力占总内力的绝大部分，主墩墩顶处主梁的剪力甚至占到总内力的 91.1%，而恒荷载作用下两侧桥头的支座反力也占总支座反力的 78.6%；其他在主跨跨中和主墩墩顶处，恒荷载产生的弯矩也分别占总弯矩的 70.6%和 88.8%。边跨合龙处和钢-混凝土结合段处恒荷载产生的弯矩所占比例较小，均为 63%。对比发现，大跨混合梁刚构桥的承载能力绝大部分是在抵抗自身重量，结构自重需着重控制。

(5)结合段两端刚度匹配。结合段两端的刚度匹配直接影响结合段传力的合理性，对于钢-混凝土混合结构合理受力意义重大。其匹配程度直接影响到整桥的刚度，关键位置的内力与结合段的内力应重点考虑。

(6)结合段合理位置。结合段合理位置即跨中钢箱梁段长度与主跨跨度比值，该比值对钢-混凝土混合结构影响巨大，合理位置的不同将会对各关键节点的内力、结合段两端刚度匹配，特别是对跨中挠度及内力分配产生重要影响。

2.5 本章小结

本章从钢-混凝土结合段的结构形式出发,基于梁结构理论分析,提出了实现钢-混凝土混合连续刚构桥合理体系的控制要点。针对钢-混凝土结合段的结构形式,对目前钢-混凝土混合连续刚构桥建造中常用的钢-混凝土结合段的构造形式进行了详细阐述,并分析了每种构造存在的优缺点;理论计算方面,本章先简化了钢-混凝土混合梁的理论计算方法,讨论了整个施工过程中混合梁的受力状态以及钢-混凝土混合梁连接件力学性能的计算方法,并在此基础上总结得到了钢-混凝土混合梁所需要控制的6个关键要点。

参 考 文 献

[1] 左智君. 钢-混混合梁连续刚构桥桥跨关键参数及梁高优化研究[D]. 成都: 西南交通大学, 2014.

[2] 金明. 混合梁斜拉桥钢-混结合段力学性能研究[D]. 北京: 北京交通大学, 2020.

[3] Zagrai A, Gigineishvili V, Kruse W A, et al. Acousto-elastic measurements and baseline-free assessment of bolted joints using guided waves in space structures[C]//SPIE Conference on Health Monitoring of Structural and Biological Systems, San Diego, 2010: 390-401.

[4] 张少勇, 杨聪. 钢-混混合梁连续刚构桥设计关键技术[J]. 公路, 2018, 63(7): 11-15.

[5] 刘荣, 余俊林, 刘玉擎, 等. 鄂东长江大桥混合梁结合段受力分析[J]. 桥梁建设, 2010, 40(3): 33-35, 62.

[6] 占玉林, 赵人达, 毛学明, 等. 东平大桥钢-混凝土结合段模型试验[J]. 桥梁建设, 2011, 41(4): 20-24.

[7] 沈强南, 邵吉林, 徐锦, 等. 三跨钢-混混合连续梁桥结合段传力性能研究[J]. 桥梁建设, 2012, 42(3): 70-74.

[8] 邹常海. 混合梁刚构桥钢混结合段构造分析[D]. 成都: 西南交通大学, 2013.

[9] 曾明根, 许桂修, 林志平, 等. 混合梁刚构桥受力计算方法与合理结构体系研究[J]. 同济大学学报(自然科学版), 2020, 48(12): 1687-1695.

[10] Ollgaard J G, Slutter R G, Fisher J W. Shear strength of stud connectors in lightweight and normal-weight concrete[J]. AISC Engineering Journal, 1971, 8(2): 55-62.

[11] 中华人民共和国住房和城乡建设部, 中华人民共和国国家质量监督检验检疫总局. 钢结构设计标准(GB 50017—2017)[S]. 北京: 中国建筑工业出版社, 2018.

[12] 日本道路协会. 道路桥示方书·同解说[M]. 东京: 日本道路协会, 2012.

[13] European Committee for Standardization. Eurocode 4: Design of Composite Steel and Concrete Structures, Part 2: General Rules and Rules for Bridges[S]. London: BSI, 2005.

[14] A National Standard of Canada. Limit States Design of Steel Structures[S]. Ontario: Standards Council of Canada, Canadian Standards Association, 2001.

[15] American Concrete Institute Committee. Building Code Requirements for Structural Concrete (ACI 318-08) and Commentary (ACI 318R-08)[S]. American Concrete Institute, 2008.

[16] Precast/Prestressed Concrete Institute. PCI Design Handbook: Precast and Prestressed Concrete, 5th Edition[S]. Precast/Prestressed Concrete Institute, 1999.

[17] Precast/Prestressed Concrete Institute. PCI Design Handbook: Precast and Prestressed Concrete, 6th Edition[S]. Precast/Prestressed Concrete Institute, 2004.

[18] Joint Committee on Composite Structures. Draft European Recommendations on Composite Structures: CEB-ECCS-FIP-IABSE[S]. Joint Committee on Composite Structures, 1977.

[19] Leonhardt F, Andrä W, Andrä H P, et al. Neues, vorteilhaftes verbundmittel für stahlverbundtragwerke mit hoher dauerfestigkeit[J]. Beton-und Stahlbetonbau, 1987, 82(12): 325-331.

[20] Ushijima Y, Hosaka T, Mitsuki K, et al. An experimental study on shear characteristics of perfobond strip and its rational strength equations[C]//Proceedings of the International Symposium on Connections between Steel and Concrete, Stuttgart, 2001: 1066-1075.

[21] Nishiumi K, Okimoto M. Shear strength of perfobond rib shear connector under the confinement[J]. Doboku Gakkai Ronbunshu, 1999, 633: 193-203.

[22] Oguejiofor E C, Hosain M U. Numerical analysis of push-out specimens with perfobond rib connectors[J]. Computers & Structures, 1997, 62(4): 617-624.

[23] Oguejiofor E C, Hosain M U. A parametric study of perfobond rib shear connectors[J]. Canadian Journal of Civil Engineering, 1994, 21(4): 614-625.

[24] 宗周红, 车惠民. 剪力连接件静载和疲劳试验研究[J]. 福州大学学报(自然科学版), 1999, 27(6): 61-66.

[25] 胡建华, 叶梅新, 黄琼. PBL剪力连接件承载力试验[J]. 中国公路学报, 2006, 19(6): 65-72.

[26] 冉文兴. 钢-混混合梁特大跨轨道连续刚构桥设计参数分析[D]. 重庆: 重庆交通大学, 2020.

第 3 章　钢-混凝土结合段局部模型力学行为研究

钢-混凝土混合连续刚构桥主跨跨中为钢箱梁,其余部分主梁为预应力混凝土梁,两者通过钢-混凝土结合段在结构层次上连接在一起,共同构成了连续刚构桥的主梁部分。钢-混凝土结合段是将钢箱梁与混凝土梁连接成为一个整体的核心构件,是钢-混凝土混合梁桥的生命节点。由于钢-混凝土结合段处材料不连续、刚度突变且构造复杂,其传力机制非常复杂,需要对其受力机理和合理构造展开研究[1-4]。

3.1　局部有限元模型建立

3.1.1　模型节段选取

本章采用大型通用有限元软件 ANSYS APDL 进行有限元数值仿真,对大跨轨道连续刚构桥主梁钢-混凝土结合段在最不利荷载工况下的应力分布情况进行分析[5]。

综合考虑有限元模型建立所需的各种因素,本章选取承压面至混凝土箱梁侧 5m 和承压面至钢箱梁侧 10m 作为一个节段进行仿真分析,所选取的钢-混凝土结合段区域立面图如图 3-1 所示。

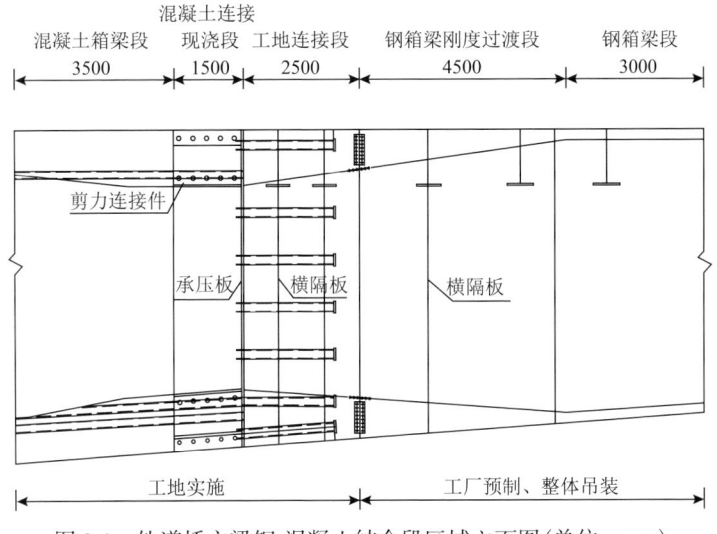

图 3-1　轨道桥主梁钢-混凝土结合段区域立面图(单位:mm)

3.1.2 模型简化

针对该轨道桥的结构特点，在不影响总体分析精度的前提下，对其钢-混凝土结合段局部有限元模型做了如下简化：

(1)桥面设置纵横坡是为了将雨水迅速排出，对结构性能的影响不大，故本模型忽略了施工图设计说明中2%的纵横坡。

(2)该轨道桥施加预应力的方法采用后张法，如果在局部模型中同样将后张法所需要的预留孔和锚具建出，其过程比较烦琐。因此，本章在不影响实际效果的情况下，采用约束方程的方法，在预应力筋划分网格后的节点与混凝土梁和钢箱梁的节点之间建立约束方程。贯穿钢筋的建立采用同样的方式。

(3)以往研究表明，在桥梁正常受力的情况下，钢-混凝土结合段中钢板与混凝土的相对滑移很小，贯穿钢筋与混凝土的相对滑移亦是如此。因此，本章在局部模型的建立中不考虑黏结滑移的影响，直接通过将钢板与混凝土采用共同节点，贯穿钢筋与混凝土采用约束方程的方式来模拟二者的连接。

(4)混凝土箱梁中对于倒角的建模会显得比较烦琐，且会大幅增加计算成本，加之部分倒角对结构受力影响较小，故本章局部模型的建立中忽略部分混凝土箱梁内的倒角[6]。

简化后钢-混凝土结合段有限元模型如图3-2所示。

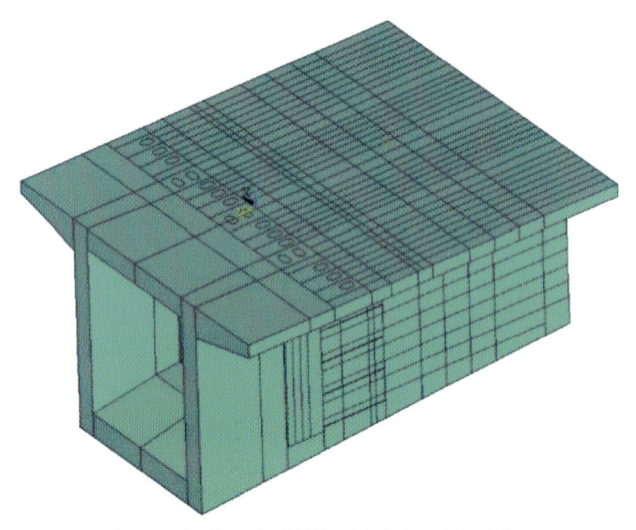

图 3-2 简化后钢-混凝土结合段有限元模型

3.1.3 单元类型

局部有限元模型采取的单元类型如下：

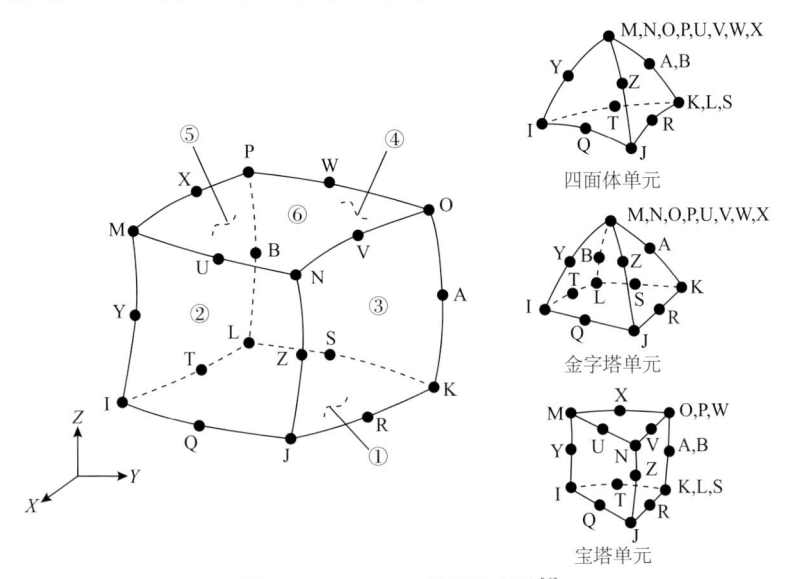

(1)混凝土部分采用 SOLID95 单元。SOLID95 单元称为 3D20 节点结构实体单元，是 SOLID45 的高阶单元，对不规则形状也具有较好的精度；由于采用协调的位移插值函数，SOLID95 单元能够很好地适应曲线边界。该单元由 20 个节点定义，每个节点有 3 个自由度，即沿节点坐标系 X、Y 和 Z 方向的平动位移，可退化为四面体单元、五面体的金字塔单元或宝塔单元、五面体的棱柱体单元。SOLID95 单元示意图如图 3-3 所示[6]，图中①~⑤为单元面编号，用于施加压力荷载。

图 3-3　SOLID95 单元示意图[6]

(2)钢箱梁部分采用 SHELL93 单元。SHELL93 单元称为 8 节点弹性壳单元，可以很好地模拟曲壳。该单元的每个节点有 6 个自由度，即沿节点坐标系 X、Y 和 Z 方向的平动位移和绕各轴的转动位移，单元在面内各方向具有二次形函数。SHELL93 单元示意图如图 3-4 所示，图中①~⑥为单元面编号，用于施加压力荷载。

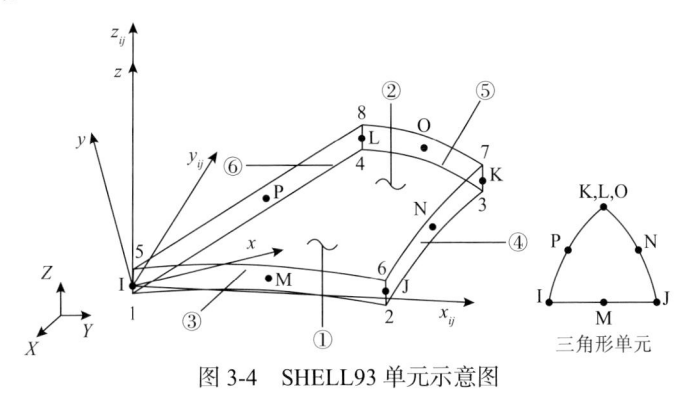

图 3-4　SHELL93 单元示意图

(3)预应力钢筋和贯穿钢筋采用 LINK8 单元。LINK8 单元称为 3D 杆单元，该单元可承受轴向拉压但不能承受弯矩，每个节点具有 3 个自由度，即沿节点坐标系 X、Y 和 Z 方向的平动位移。LINK8 单元示意图如图 3-5 所示。

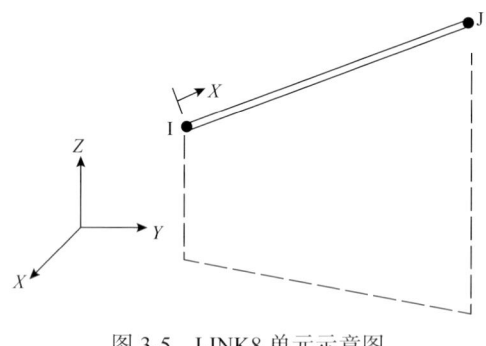

图 3-5 LINK8 单元示意图

采用的网格划分类型为自由网格划分。其中，混凝土箱梁部分(包括结合段部分混凝土)使用四面体单元划分网格，钢箱梁部分(包括结合段部分钢板)则使用三角形单元划分网格[7]。

3.1.4 材料属性

钢-混凝土结合段局部有限元模型中共使用 C60 混凝土、Q420qD 钢材、Q345qD 钢材、预应力钢绞线和 HRB400 钢筋 5 种材料，由于混凝土结构在设计荷载作用下只有极少部分进入塑性状态，绝大部分混凝土与所有钢材均处于弹性状态。为了提高计算效率，计算过程中不考虑材料非线性，具体材料属性如表 3-1 所示。

表 3-1 模型材料属性汇总

材料类型	弹性模量/MPa	泊松比	验算强度/MPa
C60 混凝土	3.60×10^4	0.2	抗拉强度标准值：2.85 抗压强度标准值：38.5
Q420qD 钢材	2.06×10^5	0.3	屈服强度：420
Q345qD 钢材	2.06×10^5	0.3	屈服强度：345
预应力钢绞线	1.95×10^5	0.3	极限抗拉强度：1860
HRB400 钢筋	2.06×10^5	0.3	屈服强度：400

3.1.5 边界条件

采取的约束和加载方式是将混凝土侧和钢箱梁侧端面上所有节点自由度耦合于

截面形心位置的参考点上，再对参考点施加边界条件和荷载，具体如图 3-6 所示。

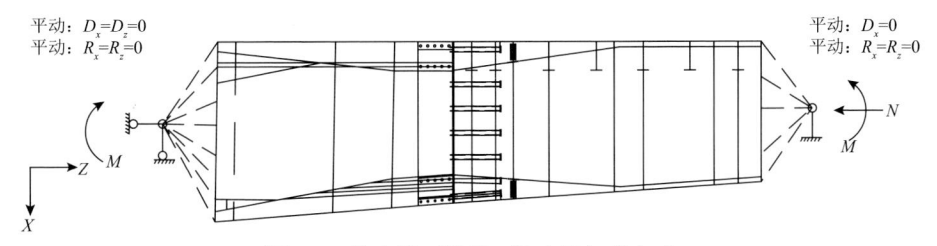

图 3-6　结合段两端截面约束及加载方式

参考点在模型中采用的是 MASS21 单元。MASS21 单元称为结构质量单元，每个节点可多达 6 个自由度，即沿节点坐标系 X、Y 和 Z 方向的平动位移和转动位移，每个坐标轴方向可以有不同的质量和转动惯量。MASS21 单元示意图如图 3-7 所示。

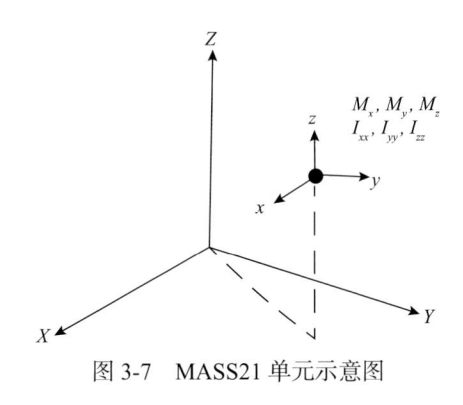

图 3-7　MASS21 单元示意图

3.2　钢-混凝土结合段应力分析

1. 承压板应力分析

结合段承压板应力云图如图 3-8 所示。由图可知，应力主要集中在 0.06～100.65MPa。绝大部分区域的应力处于 0.06～22.41MPa，少部分区域由于建立模型时预应力钢筋和混凝土的锚固作用，应力最高达到 100.65MPa。另外，由于锚固作用，锚固区周围会出现应力集中现象，这在模型中按照失真处理，故这部分区域可不予考虑。在实际的钢-混凝土结合段设计中，预应力钢筋锚固在混凝土梁和钢箱梁两端，在钢箱梁部分由预应力锚管套住，锚管嵌入混凝土梁中，并通过锚垫与钢箱梁部分顶板焊接。这种设计在工程运用中可以让应力分散到混凝土、顶底板等其他构件上，避免出现应力集中现象，使承压板始终处于屈服强度范围内。

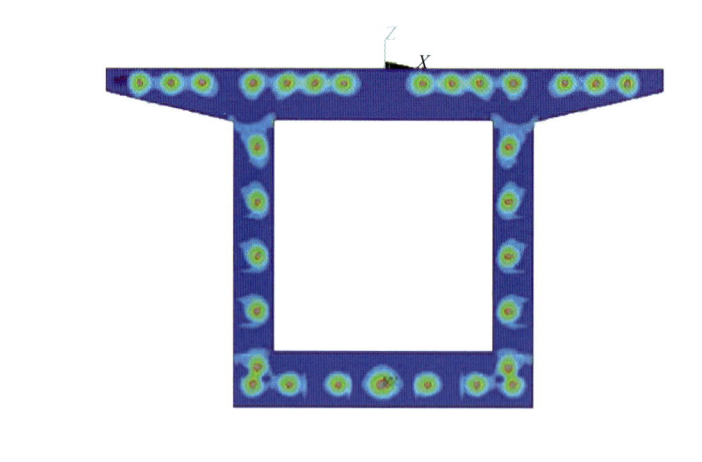

图 3-8　结合段承压板应力云图(单位：MPa)

2. 顶板应力分析

钢箱梁顶板的应力分析长度为 11.5m，宽度为 12.5m，其应力云图如图 3-9 所示。从图中可以发现，顶板的应力集中在 0.06～28.16MPa。结合段部分顶板的应力相对较高，经过承压板后应力降低，这是由于承压板分担了一些应力，再将应力分配给 T 型加劲肋、腹板、PBL 剪力板等构件。由于在钢箱梁端部施加一

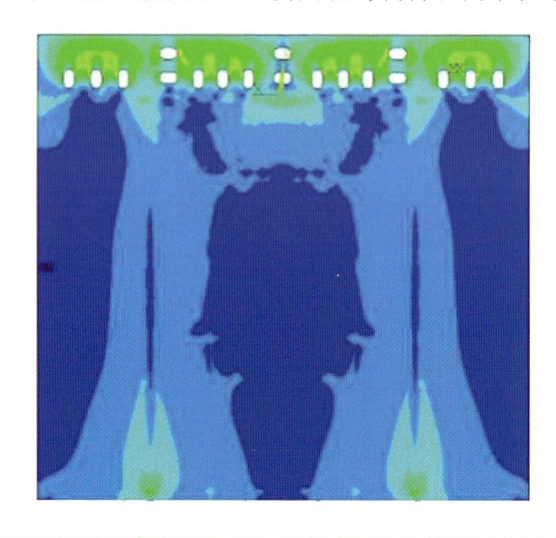

图 3-9　钢箱梁顶板应力云图(单位：MPa)

系列内力，钢箱梁端部应力水平较高，经过过渡段横隔板和 T 型加劲肋的作用后，应力水平得到缓和。

钢箱梁顶板顺桥向应力云图如图 3-10 所示。总体来说，顶板顺桥向应力基本处于–26.15～11.21MPa。从钢箱梁端部到承压板部位，随着逐渐靠近承压板，顶板顺桥向的应力呈下降趋势。越过承压板后，结合段顶板几乎处于受压状态，其最小应力达到–26.15MPa，处于钢板安全的承受范围内。

图 3-10 钢箱梁顶板顺桥向应力云图(单位：MPa)

3. 底板应力分析

钢箱梁梁高呈 1.5 次抛物线规律变化，纵向应力分析长度为 11.5m，宽度为 6.7m，底板应力云图如图 3-11 所示。由图可知，底板应力在 0.15～39.26MPa。应力最大值处于横隔板与底板交接处，达到 39.26MPa，这是由于底板和加劲肋、横隔板的接触面积的突然改变，导致应力集中，但仍在屈服强度之内。结合段处底板应力随着远离承压板逐渐减小，体现出应力通过底板向结合段混凝土传递的现象。

钢箱梁底板顺桥向应力云图如图 3-12 所示。应力主要集中在–9.14～30.67MPa，个别区域最高值达到 35.64MPa，同样是接触面积的变化引起的应力集中。结合段端部底板几乎全部处于受压状态，经过承压板的应力分配后，应力水平较为缓和，体现出应力在底板的传递现象。

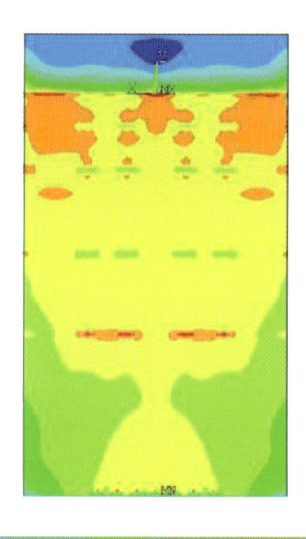

图 3-11　钢箱梁底板应力云图(单位：MPa)

图 3-12　钢箱梁底板顺桥向应力云图(单位：MPa)

4. 腹板应力分析

钢箱梁腹板应力云图如图 3-13 所示。模型中腹板分为外腹板和内腹板，外腹板分析长度为 11.5m，内腹板分析长度为 1.5m，仅存在于结合段内。从图中可以看出，外腹板应力在 0.06～33.35MPa，全部处于受拉状态。其中，最大应力位置处于外腹板结合段与钢箱梁段交接处底端,达到 42.86MPa。内腹板应力在 0.06~14.33MPa,满足验算强度要求。

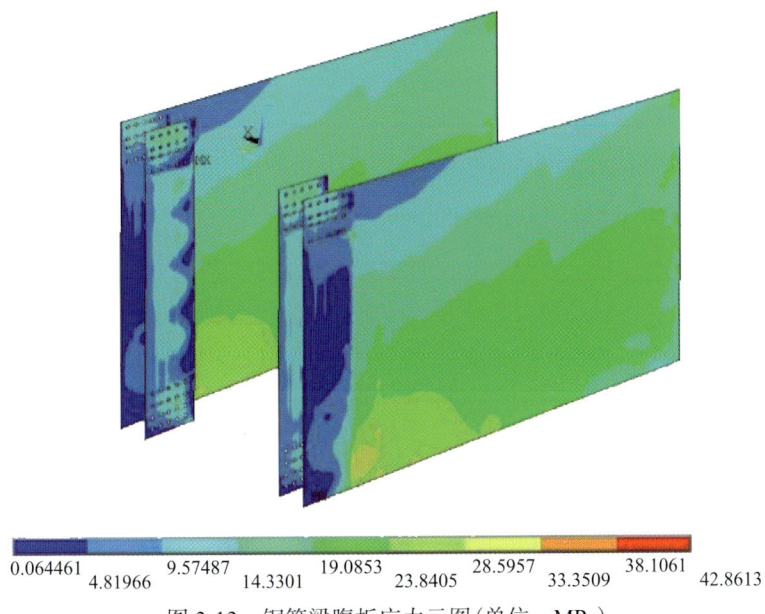

图 3-13　钢箱梁腹板应力云图(单位:MPa)

钢箱梁腹板顺桥向应力云图如图 3-14 所示。图中显示此构件应力均在–27.26~

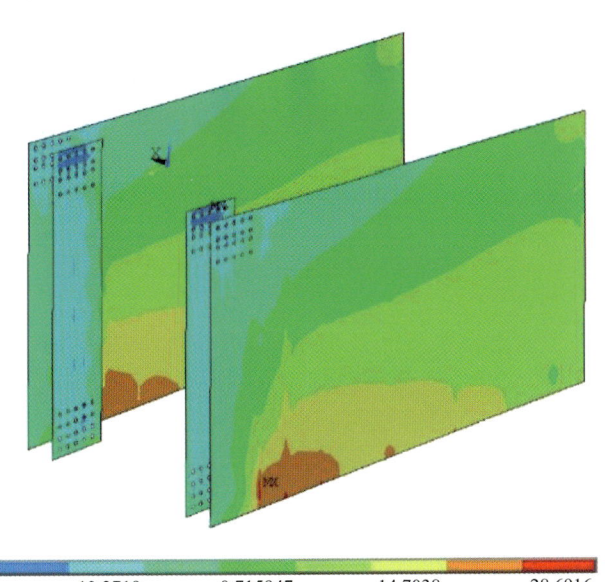

图 3-14　钢箱梁腹板顺桥向应力云图(单位:MPa)

35.69MPa，其中外腹板上部分受压，下部分受拉，最大拉应力出现在下端，最大压应力出现在上端，都处于结合段和钢箱梁段交接处。内腹板应力在−20.27～0.72MPa，最大压应力为27.26MPa。总的来说，腹板的应力分布较为缓和，传力平顺，处于验算强度范围内。

5. PBL剪力板应力分析

钢箱梁PBL剪力板应力云图如图3-15所示。该模型的顶板、底板和腹板均存在PBL剪力板，剪力板主要承担剪力作用。从图中可以看出，所有剪力板的应力基本在0.10～20.28MPa，全部处于受拉状态，最大应力出现在承压板与顶板剪力板交接处，达到30.37MPa。整体来看，PBL剪力板受力均匀平顺，应力传递作用明显，且所有剪力板均在屈服强度范围内，符合安全标准。

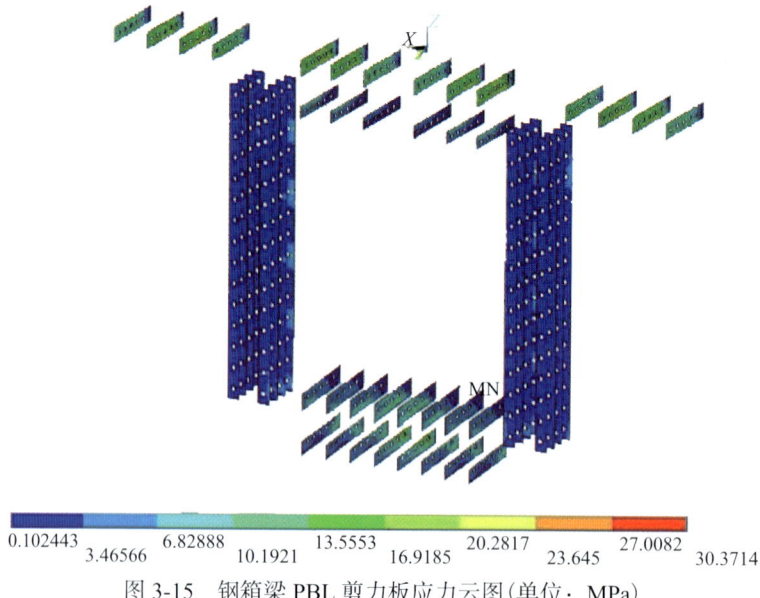

图3-15 钢箱梁PBL剪力板应力云图(单位：MPa)

钢箱梁PBL剪力板顺桥向应力云图如图3-16所示。可以看出，大部分区域应力在−24.38～20.73MPa。最大顺桥向应力出现在底板剪力板与承压板交接处底部，随着远离承压板，应力不断减小；最小顺桥向应力出现在顶板剪力板与承压板交接处，达到−30.02MPa。由此可见，PBL剪力板的应力传递效果显著，且均在安全使用范围内。

6. 混凝土梁应力分析

混凝土梁顺桥向应力云图如图3-17所示。忽略因预应力钢筋作用而导致失真的部分，混凝土梁顺桥向应力基本在–13.51～1.53MPa。部分区域最大主拉应力达到16.56MPa，最大主压应力达到17.27MPa，均满足强度要求。

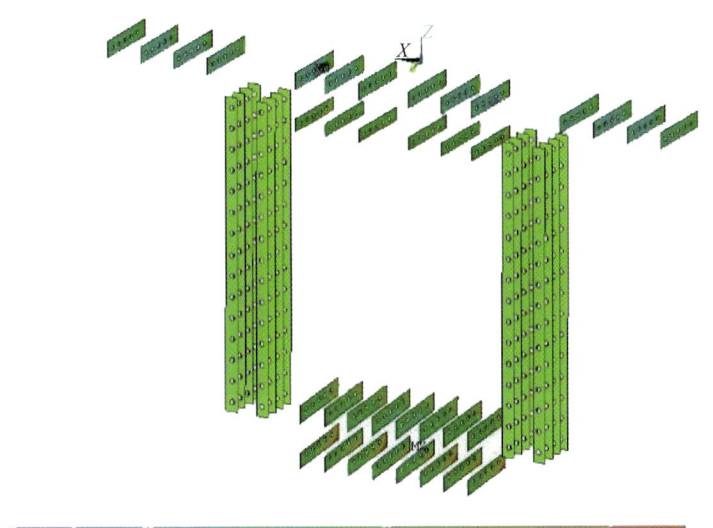

图 3-16　钢箱梁 PBL 剪力板顺桥向应力云图（单位：MPa）

图 3-17　混凝土梁顺桥向应力云图（单位：MPa）

混凝土梁第一主应力云图如图 3-18 所示。同样忽略失真的影响，混凝土梁第一主应力基本在–1.44～3.38MPa，除很小区域超出抗拉强度标准值 2.85MPa

外，其他区域的应力均满足要求。混凝土梁腹板在与纯钢结构交接处的底部少部分区域超出标准值，可通过增设钢筋网来提高配筋率以增强这部分的抗拉能力，从而提高整体构件的抗拉效果。

图 3-18　混凝土梁第一主应力云图(单位：MPa)

混凝土梁第三主应力云图如图 3-19 所示。同样的，在预应力钢筋周围出现应力失真的情况，该区域不予考虑。整体来看，混凝土梁第三主应力在–14.21～–0.05MPa，几乎全部受压。最大第三主应力数值达到 21.29MPa，但仍在抗压强度标准值 38.5MPa 范围内，满足验算强度要求。

图 3-19　混凝土梁第三主应力云图(单位：MPa)

3.3 钢-混凝土结合段应力分布效果分析

3.3.1 钢与混凝土构件的截面应力横向分布

本节主要介绍钢-混凝土结合段中钢箱梁和混凝土梁的截面应力横向分布，用于观察传力效果，对混凝土箱梁和钢箱梁分开考虑。其中在钢箱梁段选取 E—E、F—F、G—G、H—H 共 4 个截面，在混凝土箱梁段同样选取 A—A、B—B、C—C、D—D 共 4 个截面，具体应力输出截面如图 3-20 所示。

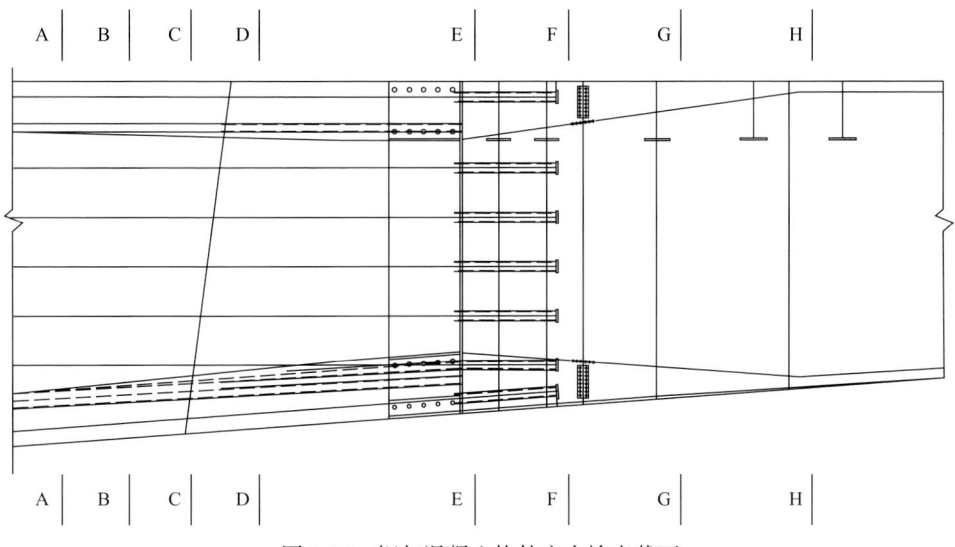

图 3-20 钢与混凝土构件应力输出截面

图 3-21 为钢箱梁顶板应力横向分布。从图中可以看出，整个顶板正应力从 H—H 截面到 F—F 截面在数值上不断减小，并从受拉状态逐渐向受压状态转变，这三个截面的顺桥向正应力沿横向分布趋于均匀。而 E—E 截面由于靠近承压板，附近构件数较多，应力分配较为复杂，其顺桥向正应力沿横向分布不均匀，可通过调整部分构件的空间位置加以改善。

图 3-22 为钢箱梁底板应力横向分布。从图中可以看出，随着逐渐靠近承压板，底板截面顺桥向应力数值大致呈上升趋势。H—H 截面由于靠近施加荷载的质量节点，横向应力分布不均匀；E—E 截面由于接近承压板，横向应力分布不均匀。总体来说，底板顺桥向正应力在各个截面之间传力明显。

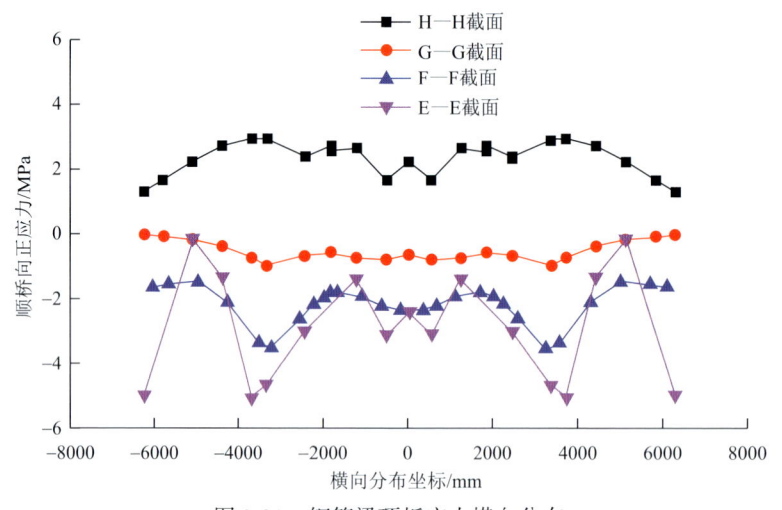

图 3-21　钢箱梁顶板应力横向分布

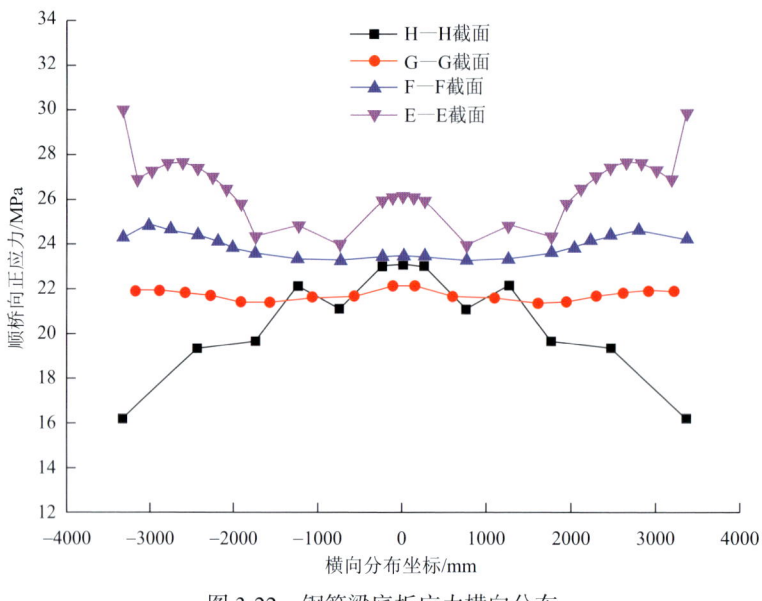

图 3-22　钢箱梁底板应力横向分布

图 3-23 为混凝土梁顶板应力横向分布。由图可知，随着远离承压板，混凝土梁顶板顺桥向应力数值不断减小。两端截面由于截面形状的突变和靠近质量节点，其应力横向分布不均匀，其他两个截面应力分布均匀平顺。总的来说，混凝土梁部分应力传递效果良好，应力传递平顺。

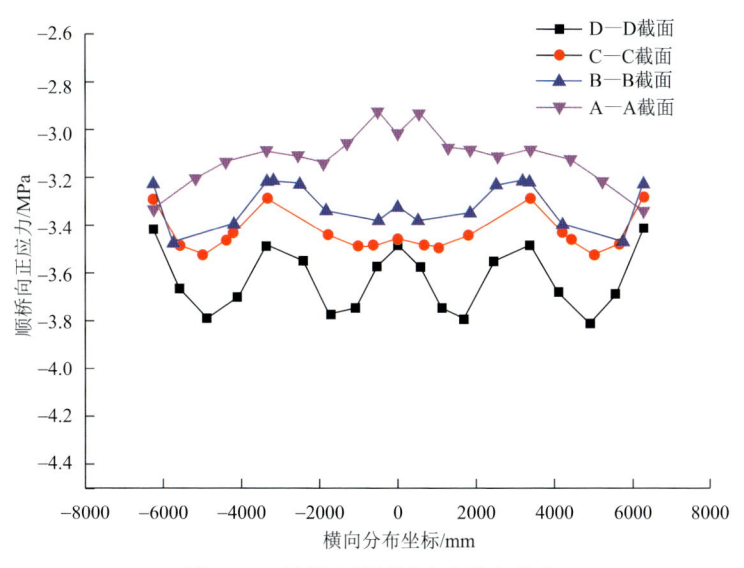

图 3-23 混凝土梁顶板应力横向分布

图 3-24 为混凝土梁底板应力横向分布。由图可见，混凝土梁底板全部处于受压状态，并且随着纵向远离承压板，混凝土梁底板顺桥向应力数值呈下降趋势。底板应力从中间向两端递减，同样由于靠近受力点，A—A 截面应力水平波动较大，但都在可控范围内。

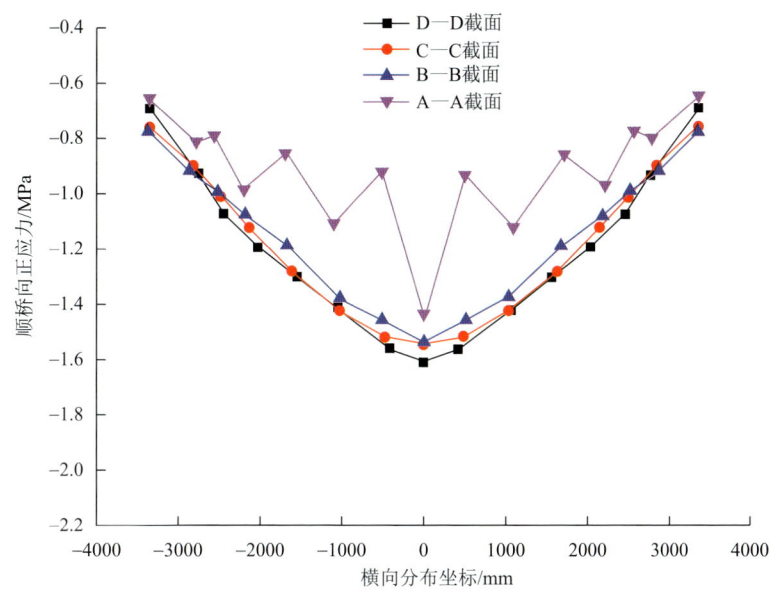

图 3-24 混凝土梁底板应力横向分布

3.3.2 钢与混凝土构件的截面应力竖向分布

本节主要介绍钢-混凝土结合段中钢箱梁和混凝土梁的截面应力竖向分布，用于观察传力效果，对混凝土梁和钢箱梁分开考虑，其中选取的截面与 3.3.1 节相同。

图 3-25 为钢箱梁腹板应力竖向分布。由图可知，以截面竖向中心为分界点，随着逐渐靠近承压板，截面中心上部的腹板顺桥向正应力数值基本不断增大，截面中心下部的腹板顺桥向正应力数值基本不断减小。选取的四个截面腹板的顺桥向正应力沿竖向分布基本呈线性变化，满足平截面假定。总体来说，钢箱梁部分应力分布均匀且能够得到有效传递。

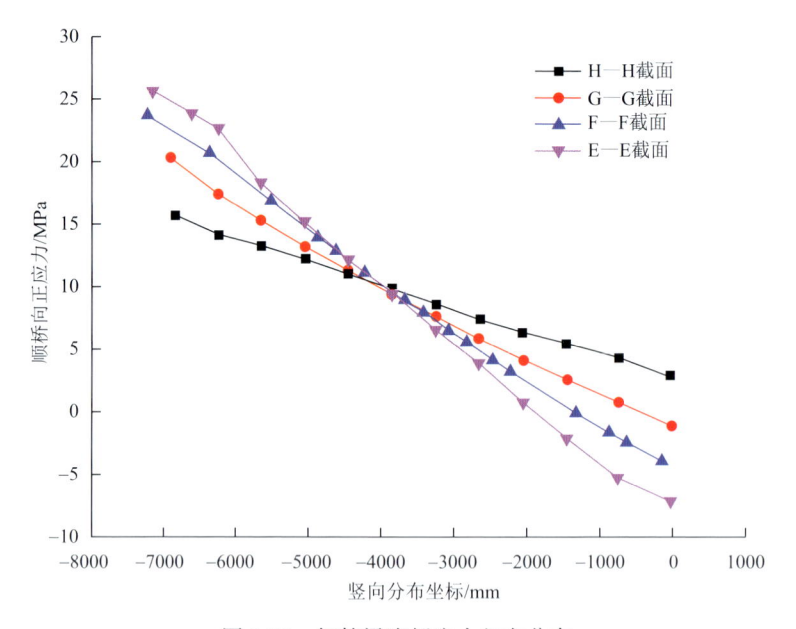

图 3-25 钢箱梁腹板应力竖向分布

图 3-26 为混凝土梁腹板应力竖向分布。由图可知，混凝土梁腹板处顺桥向正应力都处于压应力状态，并且随着逐渐远离承压板，压应力在数值上不断增大。本节选取的四个截面腹板的顺桥向正应力沿竖向分布基本呈线性变化，满足平截面假定。总体来说，混凝土梁部分应力分布均匀且同样能够得到有效传递。

图 3-26 混凝土梁腹板应力竖向分布

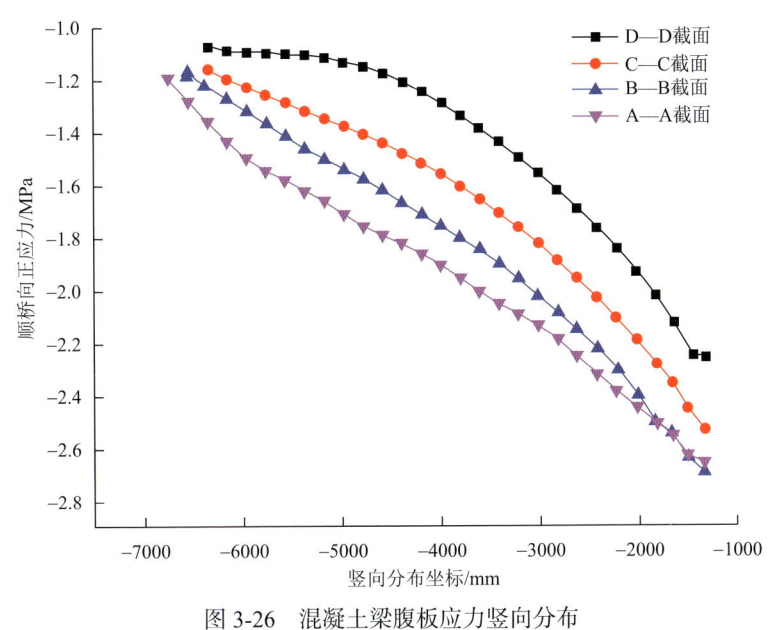

3.4 钢-混凝土结合段内力分析

3.4.1 结合段整体传力分析

图 3-27 为组合荷载作用下结合段混凝土和钢结构承担轴力分布。从图中可以看出，在靠近承压板附近，混凝土部分传递了 30%的轴力，钢结构部分传递了 70%的轴力；随着逐渐远离承压板，混凝土部分传递轴力占比整体呈上升趋势，钢结构部分传递轴力占比则呈下降趋势；直至结合段的末端（即现浇段与混凝土梁交接处），混凝土部分传递轴力占比达到 100%。

为了更好地对各种情况下模型提取出的数据进行对比，本节主要考虑结合段钢结构部分和混凝土部分的传力比。钢箱梁上的荷载通过钢-混凝土结合段传递给混凝土梁，而结合段中的主要传力构件是承压板和剪力板，它们传递剪力的差异会引起钢-混凝土结合段内力的差异，从而影响结合段内力传递的平顺性。在结合段荷载的传递过程中，钢板和混凝土各自分配不同比例的力，该比例称为传力比 δ，即

$$\delta = \frac{N_{\text{钢结构}}}{N_{\text{混凝土结构}}} \tag{3.1}$$

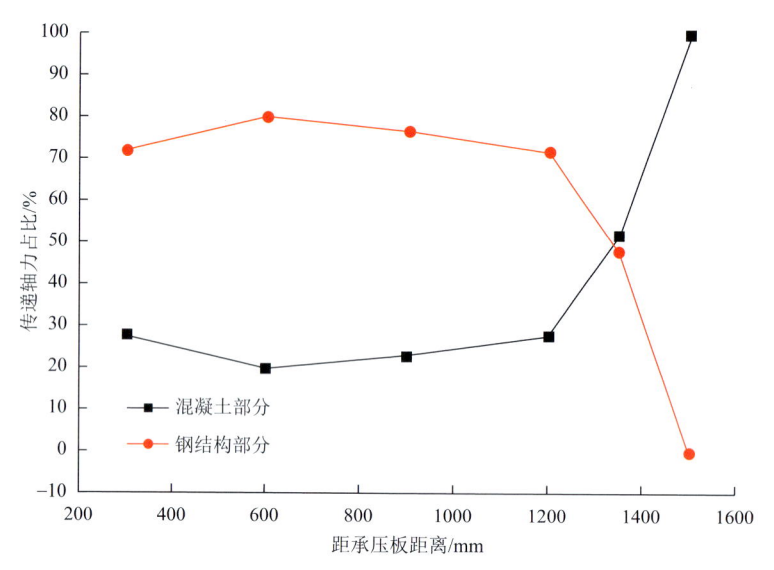

图 3-27　组合荷载作用下结合段混凝土和钢结构承担轴力分布

式中，$N_{钢结构}$为结合段钢板节段所受的轴力；$N_{混凝土结构}$为结合段混凝土节段所受的轴力。

本节给出了在组合荷载工况下，局部有限元模型结合段混凝土和钢板的传力比沿 Z 方向的变化趋势，如图 3-28 所示。从图中可以看出，随着远离承压板，传力比几乎呈下降趋势。

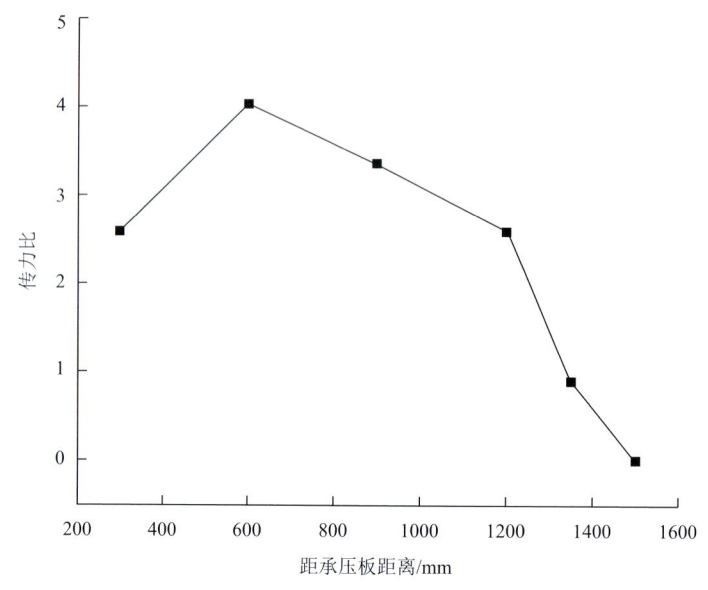

图 3-28　组合荷载作用下传力比示意图

3.4.2 钢格室各板件传力分析

本节通过对钢-混凝土结合段横向截面进行剖面积分，再利用节点力求和可得出截面所承受轴力大小。同样地，可以选中所求构件的节点和附着在节点上的单元来算出各个构件承受的轴力大小，进而可计算出各个构件所传轴力占该截面总轴力的百分比。其中，剖面积分法公式为

$$N = \int \sigma_y dA \tag{3.2}$$

式中，σ_y 为钢-混凝土结合段横截面正应力。

选取多个截面对正应力积分后，得到钢格室各板件传递轴力的比例，如图 3-29 所示。从图中可以看出，除底板在 300mm 截面上呈受拉状态外，其余构件在其他截面上皆为受压状态，并且剪力板、顶板、腹板总体来说呈下降趋势，直至 1500mm 截面(即钢-混凝土结合段末端)不再承担轴力。顶板在靠近承压板截面传递轴力占比达 52%，1500mm 截面后所有轴力皆由混凝土箱梁进行承担。

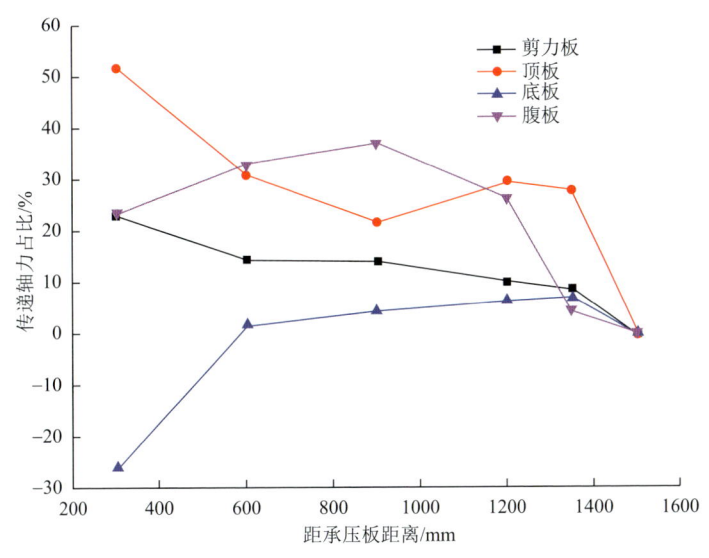

图 3-29 组合荷载作用下各钢构件传递轴力占比

3.4.3 连接件受力分析

PBL 键的基本形式是在钢板上开孔后浇筑混凝土，利用穿过孔中的混凝土榫来抵抗剪力流，若在钢板孔中穿受力钢筋，则可以进一步提高其承载力。本节通过分析顶板和底板的剪力键所承担剪力大小随距承压板距离的动态变化规律，总结出剪力连接件受剪后的剪力分布。组合荷载作用下顶板和底板承担剪力随距承

压板距离的变化趋势如图 3-30 所示。从图中可以看出，底板 PBL 剪力板承担的剪力在各个截面上均为正值且呈下降趋势；顶板 PBL 剪力板承担的剪力由负到正呈上升趋势直至 1200mm 截面，随后下降至 0kN，后续剪力全部由混凝土箱梁承担。

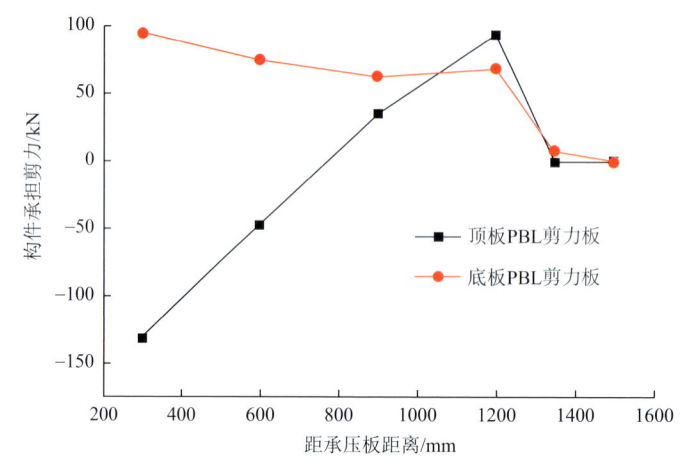

图 3-30　组合荷载作用下顶板和底板承担剪力随距承压板距离的变化趋势

3.5　本 章 小 结

本章利用大型通用有限元软件 ANSYS APDL 对钢-混凝土结合段局部模型进行了仿真分析。通过有限元对各个钢构件在组合荷载作用下的应力状态进行了分析，结合段应力分布效果验证了钢结构与混凝土部分应力横向分布的均匀性和应力竖向分布满足平截面假定。此外，对结合段进行了内力分析，从整体和各板件两方面展开了内力分配原则的研究。主要得出以下结论：

(1) 钢-混凝土结合段中钢结构在组合荷载作用下，其承压板、顶板、底板、腹板、PBL 剪力板的应力均处于验算强度范围内，且留有足够的富余空间。

(2) 钢-混凝土结合段中混凝土梁在组合荷载作用下，第一主应力除较少交接部分超过抗拉强度标准值 2.85MPa 外，其余部分均在验算强度范围内，超出部分可通过增设钢筋网来提高抗拉承载力；第三主应力云图表明混凝土几乎全部受压，最大压应力为 21.29MPa，处于验算强度范围内。

(3) 结合段在横向应力分布效果方面，除两种材料交界处可通过调整钢构件位置来改善应力分布外，其余各截面横向应力分布均匀，应力传递效果明显；在竖向应力分布效果方面，各截面的顺桥向正应力沿竖向分布基本呈线性变化，满足平截面假定，说明结合段拥有良好的变形能力。

参 考 文 献

[1] 张鹏. 钢-混凝土混合梁结合段受力性能与设计参数研究[D]. 西安: 长安大学, 2012.
[2] 赵鸿铁. 钢与混凝土组合结构[M]. 北京: 科学出版社, 2001.
[3] 聂建国. 钢-混凝土组合结构原理与实例[M]. 北京: 科学出版社, 2009.
[4] 李勇, 陈宜言, 聂建国, 等. 钢-混凝土组合桥梁设计与应用[M]. 北京: 科学出版社, 2002.
[5] 李围, 叶裕明, 刘春山, 等. ANSYS 土木工程应用实例[M]. 2 版. 北京: 中国水利水电出版社, 2007.
[6] 王勖成, 邵敏. 有限单元法基本原理和数值方法[M]. 2 版. 北京: 清华大学出版社, 1997.
[7] 朱红钧. ANSYS 15.0 几何建模与网格划分实战指南[M]. 北京: 人民邮电出版社, 2014.

第 4 章　主梁钢-混凝土结合段模型试验研究

连续刚构桥的主梁同时承受恒载、活载和预应力的作用,受力状态复杂。对于大跨连续刚构组合梁桥,主跨结合段受力大、构造复杂,其应力分布规律以及在钢-混凝土中的传递路径与机理难以准确把握[1,2]。与公路桥相比,轨道桥承受更大的动载作用,对结合段有更高的静力和疲劳性能要求[3]。如何通过合理的构造设计将内力在混凝土梁与钢箱梁之间连续、平顺地传递,同时保证结合段受力的合理性及连接的可靠性,是大跨连续刚构组合梁桥设计的重点与难点。鉴于此,本章对重庆市嘉华轨道专用桥钢-混凝土结合段疲劳与静力性能开展精细化数值模拟与试验研究,探讨钢-混凝土结合段在静力与疲劳荷载作用下的应力水平、分布特征、传力机理以及裂缝开展和分布规律,明晰钢-混凝土结合段的受力机理,为钢-混凝土结合段在连续刚构组合梁桥中的工程应用提供科学支撑。

4.1　钢-混凝土结合段试验模型设计

4.1.1　试验模型相似理论

试验模型设计的原则为相似理论,要求模型与实桥几何相似、对应截面刚度相似、对应钢-混凝土结合段传力相似[4-6]。模型相似理论是以相似原理和量纲分析为基础,以确定模型设计中必须遵循的相似准则为目标,这里的相似是指试验模型和原型相对应的物理量相似,包括几何相似、质量相似、荷载相似、物理相似、时间相似、边界条件相似、初始条件相似等。

1) 几何相似

试验模型和原型结构满足几何相似,即要求模型和原型之间所有对应部分的尺寸比例为长度相似常数 S_l,则长度、面积、体积、截面模量和惯性矩的相似比分别为

$$\frac{h_\mathrm{m}}{h_\mathrm{p}} = \frac{b_\mathrm{m}}{b_\mathrm{p}} = \frac{l_\mathrm{m}}{l_\mathrm{p}} = S_l \tag{4.1}$$

$$\frac{A_\mathrm{m}}{A_\mathrm{p}}=S_l^2 \tag{4.2}$$

$$\frac{V_\mathrm{m}}{V_\mathrm{p}}=S_l^3 \tag{4.3}$$

$$\frac{W_\mathrm{m}}{W_\mathrm{p}}=S_l^3 \tag{4.4}$$

$$\frac{I_\mathrm{m}}{I_\mathrm{p}}=S_l^4 \tag{4.5}$$

式中，h_m、b_m 分别为试验模型的截面高度和宽度；l_m、A_m、V_m、W_m、I_m 分别为试验模型的长度、截面面积、体积、截面模量和惯性矩；h_p、b_p 分别为原型结构的截面高度和宽度；l_p、A_p、V_p、W_p、I_p 分别为原型结构的长度、截面面积、体积、截面模量和惯性矩。

模型结构体系的位移、长度和应变相似比之间的关系为

$$S_x=\frac{x_\mathrm{m}}{x_\mathrm{p}}=\frac{\varepsilon_\mathrm{m}}{\varepsilon_\mathrm{p}}\cdot\frac{l_\mathrm{m}}{l_\mathrm{p}}=S_\varepsilon\cdot S_l \tag{4.6}$$

2）荷载相似

按几何相似原则缩尺后，集中荷载、面荷载和线荷载应满足相应的相似关系，其相似关系主要包括以下几个。

集中荷载：

$$S_p=\frac{m_\mathrm{m}\cdot g}{m_\mathrm{p}\cdot g}=S_m \tag{4.7}$$

线荷载：

$$S_w=\frac{m_\mathrm{m}\cdot g/l_\mathrm{m}}{m_\mathrm{p}\cdot g/l_\mathrm{p}}=S_m/S_l \tag{4.8}$$

面荷载：

$$S_q=\frac{m_\mathrm{m}\cdot g/l_\mathrm{m}^2}{m_\mathrm{p}\cdot g/l_\mathrm{p}^2}=S_m/S_l^2 \tag{4.9}$$

弯矩：

$$S_M = \frac{m_\mathrm{m} \cdot g / l_\mathrm{p}^3}{m_\mathrm{p} \cdot g / l_\mathrm{m}^3} = S_m \cdot S_l^3 \tag{4.10}$$

考虑结构自重分布：

$$S_{mp} = \frac{m_\mathrm{m} \cdot g / l_\mathrm{m}^3}{m_\mathrm{p} \cdot g / l_\mathrm{p}^3} = S_m / S_l^3 \tag{4.11}$$

试验模型中，预应力荷载作为外部集中荷载进行处理。

3）物理相似

物理相似主要是通过相似理论来探索原型结构的应力和应变、刚度和变形之间的关系，包括法向应力、弹性模量、法向应变、剪应力及挠度的相似常数，推算出原模型的结构变形、内力、应力、应变等。

4）边界条件相似

要求试验模型和原型结构在与外界接触区域内的各种条件保持相似，即要求支承条件相似、约束条件相似及边界受力情况相似。模型的支承条件和约束条件可以通过构造与原型结构相同的条件来满足和保证。

4.1.2 试验模型相似比推导

根据弹性力学[7]基本假定，可知模型试验中各相似比之间的关系：

$$S_\sigma = S_l \cdot S_\gamma \tag{4.12}$$

$$S_\sigma = S_E \cdot S_\varepsilon \tag{4.13}$$

$$S_\delta = S_l \cdot S_\varepsilon \tag{4.14}$$

$$S_\mu = 1 \tag{4.15}$$

$$S_F = S_\sigma \cdot S_l^2 \tag{4.16}$$

$$S_M = S_\sigma \cdot S_l^3 \tag{4.17}$$

式中，S_l 为试验模型与原型结构的几何相似比；S_γ 为试验模型与原型结构材料容重相似比；S_E 为试验模型与原型结构材料弹性模量相似比；S_μ 为试验模型与原型结构材料泊松比相似比；S_σ 为试验模型与原型结构对应位置应力相似比；S_ε 为试验模型与原型结构对应位置应变相似比；S_δ 为试验模型与原型结构对应位置位移相似比；S_F 为试验模型与原型结构集中力相似比；S_M 为试验模型与原型结构弯矩相似比。

4.1.3 试验模型相似比确定

(1)采用与实桥钢-混凝土结合段相同的材料(同强度等级混凝土、同种类钢筋)制作试验模型。因此,材料相关的相似比为1,即

$$S_E = 1, \quad S_\mu = 1 \tag{4.18}$$

(2)试验模型控制截面在各工况下的应力、应变与实桥相应截面的应力、应变相等。

$$S_\varepsilon = 1 \tag{4.19}$$

$$S_\sigma = 1 \tag{4.20}$$

(3)实桥钢-混凝土结合段的几何尺寸按1∶2进行缩尺。

$$S_l = 1/2 \tag{4.21}$$

4.1.4 试验模型设计

选取图4-1所示的实桥钢-混凝土结合段为原型进行设计,试验模型尽可能反映实桥钢-混凝土结合段的受力特性及连接处的构造细节。

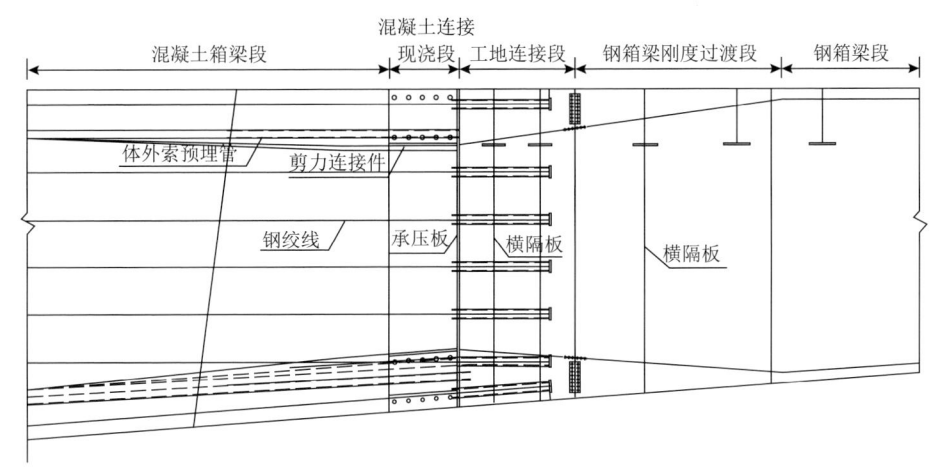

图4-1 实桥钢-混凝土结合段立面构造

先在顶板选取具有代表性的单个箱室,根据前面确定的相似比对实桥钢-混凝土结合段进行缩尺设计,考虑结构和荷载的对称性,取横桥向半结构进行缩尺,缩尺后模型总长5.9m,钢-混凝土结合段试验模型立面构造如图4-2所示。

(a)结合段剖面图

(b)结合段具体尺寸(单位：mm)

图 4-2 钢-混凝土结合段试验模型立面构造

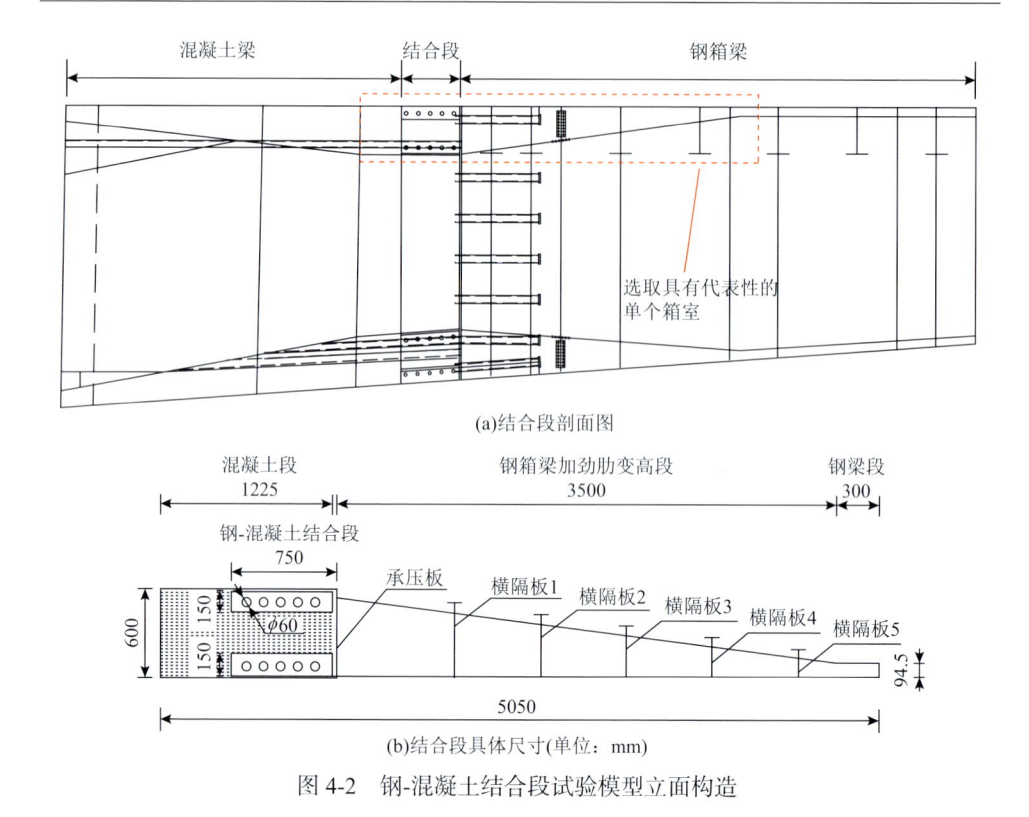

试验模型设计与制作过程中，通过满足下列条件使钢-混凝土结合段试验模型在试验荷载作用下应力与变形的分布规律最大限度地接近实桥[8]。

(1)试验模型与实桥结构之间尽可能满足几何、荷载、物理以及边界条件相似原则。

(2)模型构造细节尽可能按实际结构尺寸进行缩尺，如果部分构造细节按几何相似比 1∶2 无法实现，在保证截面面积、惯性矩满足相似关系的前提下，对尺寸进行微调。

(3)试验荷载完全按荷载相似关系进行等效，以保证试验模型和实桥钢-混凝土结合段具有尽可能相同的受力性能。

4.2 钢-混凝土结合段试验测试方案

4.2.1 主要测试内容

(1)钢箱梁加劲肋变高段的应力大小及分布。

(2)钢-混凝土结合段钢结构顶板、底板及腹板的应力大小及分布。
(3)混凝土梁段的应力大小及分布。
(4)钢-混凝土界面滑移量。
(5)钢-混凝土结合段疲劳损伤程度[9-11]。

4.2.2 试验工况

试验加载静力工况为恒载+预应力工况、附加力组合最大轴力工况、附加力组合最大正弯矩工况,考虑到钢-混凝土结合段以承受轴力为主,增加 2.0 倍附加力最大轴力工况为超载工况,用于验证钢-混凝土结合段的承载能力。各试验工况的荷载组合情况如下:

恒载+预应力工况:1.0×自重+1.0×预应力;

附加力组合最大轴力工况:1.0×恒载+1.0×预应力+1.0×活载+1.0×风荷载+1.0×温度荷载(整体升温、温度梯度升温);

附加力组合最大正弯矩工况:1.0×恒载+1.0×预应力+1.0×活载+1.0×风荷载+1.0×温度荷载(整体降温、温度梯度升温);

疲劳工况:在恒载+预应力工况的基础上叠加活载的效应。

各试验工况下实桥与整体模型(整体模型为实桥模型的半结构)钢-混凝土结合面处内力理论值如表 4-1 所示。

表 4-1　实桥与整体模型钢-混凝土结合面处内力理论值

试验工况	实桥 轴力/kN	实桥 竖向剪力/kN	实桥 竖向弯矩/(kN·m)	整体模型 轴力/kN	整体模型 竖向剪力/kN	整体模型 竖向弯矩/(kN·m)
恒载+预应力工况	−115871.4	−6489.6	−49701.6	−57935.7	−3244.8	−24850.8
附加力组合最大轴力工况	−129317.0	−9631.0	133385.7	−64658.5	−4815.5	66692.9
附加力组合最大正弯矩工况	−112037.8	−6072.9	223849.0	−56018.9	−3036.5	111924.5
最大活载工况	2433.6	726.7	40345.7	1216.8	363.4	20172.9
最小活载工况	−8421.4	−4611.8	−64975.7	−4210.7	−2305.9	−32487.9

由表 4-1 可知,竖向剪力相较于轴力很小,因此试验中不予考虑;试验模型为整体模型的顶板中具有代表性的单个箱室,将试验模型钢结构端的应力换算成轴力即可。试验模型实际加载荷载如表 4-2 所示。

表 4-2　试验模型实际加载荷载

试验工况	应力/MPa 顶板	应力/MPa 腹板	荷载/t
恒载+预应力工况	−119.0	−130.2	−58.7
附加力组合最大轴力工况	−210.9	−229.5	−103.9
附加力组合最大正弯矩工况	−98.7	−96.5	−47.6
最大活载工况	−9.8	−10.6	−4.8
最小活载工况	11.9	12.8	5.9

4.2.3　试验模型加载

1）加载方式

试验模型是在整体模型顶板中选取的具有代表性的单个箱室，因此试验模型主要受轴力作用。试验模型的轴力用作动器实现，具体加载方式如图 4-3～图 4-5 所示。

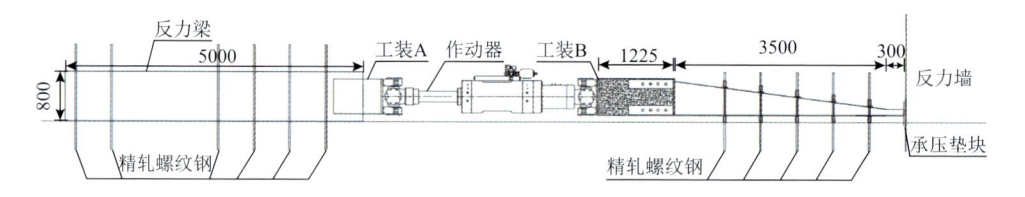

图 4-3　钢-混凝土结合段试验模型加载示意图（单位：mm）

图 4-4　钢-混凝土结合段试验模型加载三维图

图 4-5　钢-混凝土结合段试验模型具体布置图

2)恒载+预应力工况

恒载+预应力工况分级荷载如表 4-3 所示。加载过程中,每级荷载加载完成后均采集模型的应变与变形数据。

本工况加载至最大荷载并完成各项试验数据采集后,按加载过程荷载分级的逆向进行卸载。卸载过程中,为了确定试验模型在加载过程中发生的塑性变形情况,每级荷载卸载完成后均对试验模型的应变与变形进行测试。

表 4-3　恒载+预应力工况分级荷载　　　　　　　　（单位：t）

荷载分级	Ⅰ	Ⅱ	Ⅲ	Ⅳ
荷载	14.7	29.4	44.1	58.7

3)附加力组合最大轴力工况

附加力组合最大轴力工况分级荷载如表 4-4 所示。加载过程中,每级荷载加载完成后均采集模型的应变与变形数据。

本工况加载至最大荷载并完成各项试验数据采集后,按加载过程荷载分级的逆向进行卸载。卸载过程中,为了确定试验模型在加载过程中发生的塑性变形情况,每级荷载卸载完成后均对试验模型的应变与变形进行测试。

表 4-4　附加力组合最大轴力工况分级荷载　　　　　（单位：t）

荷载分级	Ⅰ	Ⅱ	Ⅲ	Ⅳ
荷载	26.0	52.0	78.0	103.9

4)附加力组合最大正弯矩工况

附加力组合最大正弯矩工况分级荷载如表 4-5 所示。加载过程中,每级荷载加载完成后均采集模型的应变与变形数据。

本工况加载至最大荷载并完成各项试验数据采集后,按加载过程荷载分级的逆向进行卸载。卸载过程中,为了确定试验模型在加载过程中发生的塑性变形情况,每级荷载卸载完成后均对试验模型的应变与变形进行测试。

表 4-5　附加力组合最大正弯矩工况分级荷载　　　　（单位：t）

荷载分级	Ⅰ	Ⅱ	Ⅲ	Ⅳ
荷载	11.9	23.8	35.7	47.6

5)疲劳工况

疲劳工况在恒载+预应力工况的基础上叠加活载的效应,即作动器对试件施加 52.8~63.5t 的 200 万次疲劳荷载。

4.2.4 试验模型测点布置

1)钢-混凝土结合段试验模型应变测试

在试验模型混凝土箱梁段与钢箱梁加劲肋变高段分别设置压缩变形测点,在测点下方安装百分表,采用数据采集仪测量试验模型的轴向压缩变形。

在试验模型表面与钢-混凝土结合段内部布置粘贴式电阻应变片与应变花,采用 DH3816N 与 DH3815N 静态应变采集系统测试混凝土与钢结构的应变。

2)表面应变测点

在混凝土箱梁段布置 3 个表面应变测试截面,在结合段钢结构表面布置 4 个表面应变测试截面,在钢箱梁加劲肋变高段布置 3 个表面应变测试截面,各截面应变片沿试验模型轴线方向布置。应变测点布置如图4-6~图4-16所示。

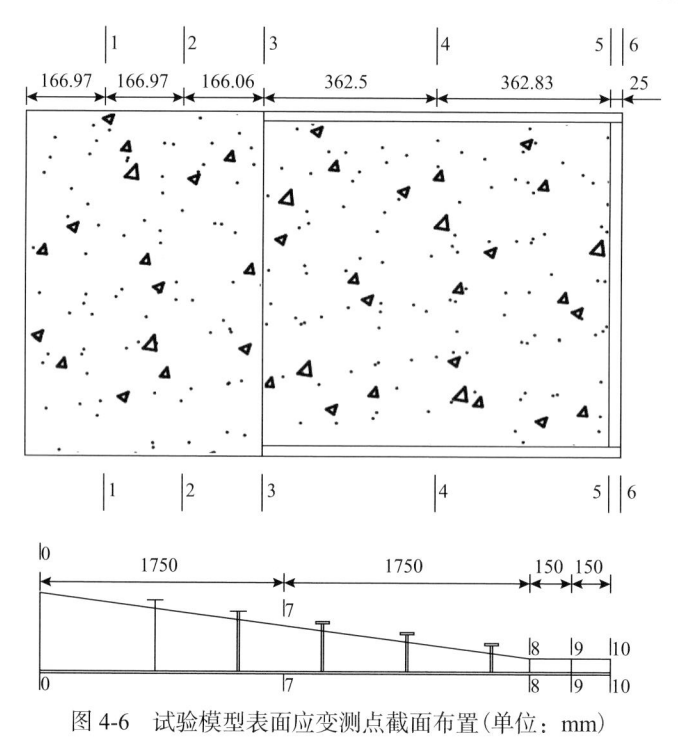

图 4-6 试验模型表面应变测点截面布置(单位:mm)

图 4-7 1—1 截面应变测点布置(单位：mm)　　图 4-8 2—2 截面应变测点布置(单位：mm)

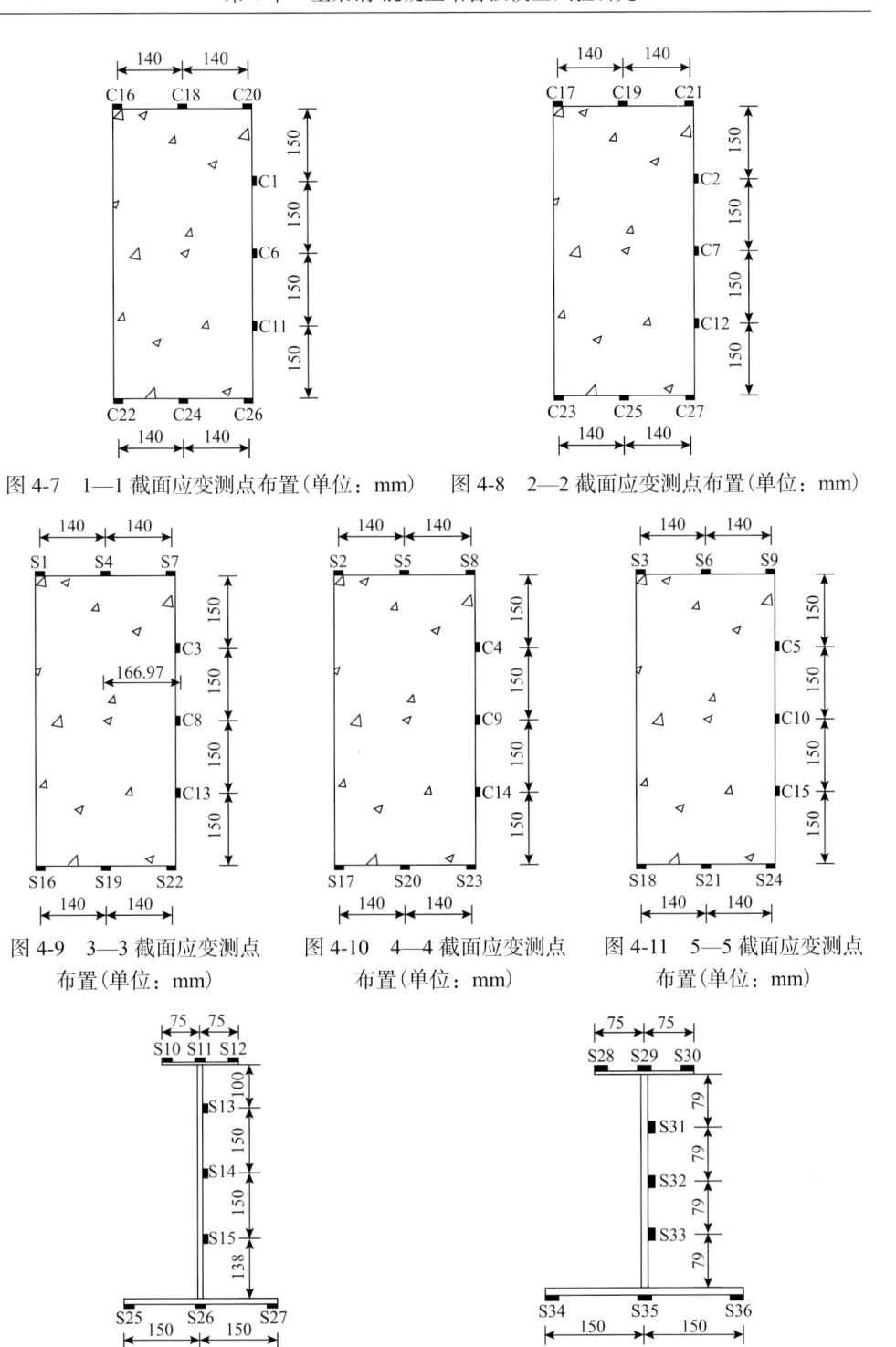

图 4-9 3—3 截面应变测点布置(单位：mm)　　图 4-10 4—4 截面应变测点布置(单位：mm)　　图 4-11 5—5 截面应变测点布置(单位：mm)

图 4-12 6—6 截面应变测点布置(单位：mm)　　图 4-13 7—7 截面应变测点布置(单位：mm)

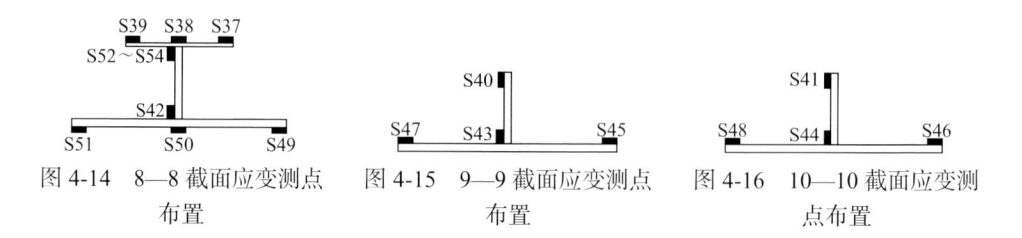

图 4-14　8—8 截面应变测点布置　　图 4-15　9—9 截面应变测点布置　　图 4-16　10—10 截面应变测点布置

3) 结合段内部应变测点

在钢-混凝土结合段内部布置剪力板应变测点。左右两侧的应变片粘贴到剪力板边缘，中间的应变片左右居中，应变片编号为 1～24。结合段内部应变测点布置如图 4-17 所示。

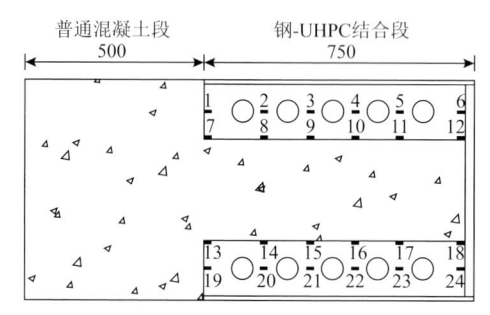

图 4-17　结合段内部应变测点布置(单位：mm)

4) 表面位移测点

位移测点布置如图 4-18～图 4-20 所示。

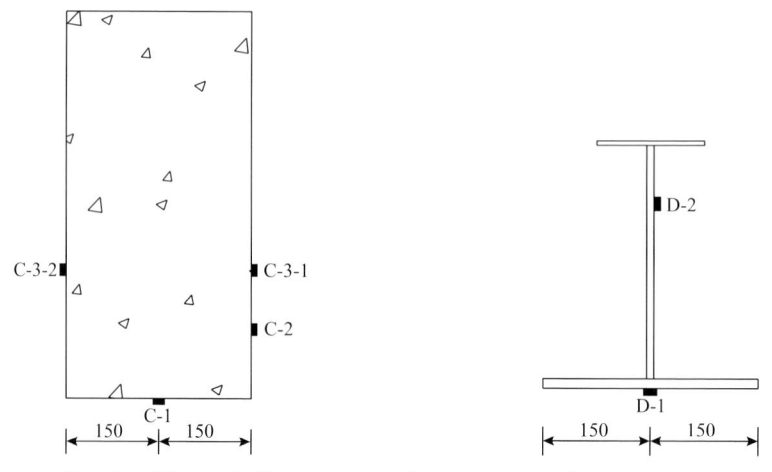

图 4-18　5—5 截面位移测点布置(单位：mm)　　图 4-19　7—7 截面位移测点布置(单位：mm)

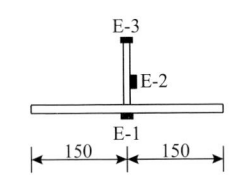

图 4-20　10—10 截面位移测点布置(单位：mm)

4.2.5　试验步骤

(1)制作试验模型，按预定计划完成相关测试元件的埋设。
(2)标定试验加载用作动器。
(3)待混凝土浇筑完成并达到设计强度后，进行表面测试元件的安装，然后将所有的测试元件导线接入信号采集设备，检查元件的可靠性。
(4)将试验模型按照加载示意图进行放置，并安装矩管、锚杆等辅助构件。
(5)调试所有试验仪器。
(6)正式试验前，进行预加载以消除各种不稳定因素的影响，同时检查试验仪器与测试元件是否正常工作。
(7)预加载完成 30min 后，记录各个测点读数，作为初始状态，准备进入正式试验。
(8)正式试验中，试验荷载按各加载工况的预定顺序逐级增加，直至目标荷载。每级荷载均保持 10min 后采集数据，试验加载接近理论开裂荷载时，观测模型是否发生开裂，如果已经开裂，则记录开裂荷载及裂缝的分布与开展情况。

4.2.6　仪器设备与测试元件

钢-混凝土结合段模型试验投入的设备与测试元件如下。
(1)投入的仪器设备。①12 个静态数据采集系统；②1 套油压千斤顶；③1 台笔记本电脑。
(2)投入的测试元件。①250 个电阻应变片；②15 个机电百分表；③100m 屏蔽导线。

4.3　钢-混凝土结合段有限元模型

本章结合有限元数值模拟方法对重庆市嘉华轨道专用桥钢-混凝土结合段在不同静力循环荷载工况下的应力分布情况进行分析，试验采用 400t 液压千斤顶对结构模型进行静力循环加载。静力循环分为两个工况，分别是 $0.4P_u$ 和 $0.6P_u$，其中试验极限荷载 P_u 为 2000kN。每个工况分别进行 10 次循环加载，每 $0.05P_u$

采集一次数据，在混凝土表面、钢结构表面(顶板、底板、腹板)以及内部开孔钢板上都布置一定数量的测点，用于测量应力、位移及滑移值。

选取典型截面绘制荷载-应力曲线，并将试验和数值分析的纵向应力进行对比验证结构模型的准确有效性，研究结构模型在不同循环工况下的应力大小和分布规律以及传力机理。

4.3.1 单元类型和相互作用

采用通用有限元程序 ABAQUS 6.14 建立钢-混凝土结合段有限元数值模型，考虑结构与荷载的对称性，取横桥向的 1/2 缩尺模型进行分析。其中，混凝土段、结合段的开孔钢板、开孔钢板的贯穿钢筋、结合段的填充混凝土与钢箱梁段均采用三维实体单元模拟，虚拟约束锚杆采用梁单元模拟。

图 4-21 给出了结合段连接件细化模拟区域，该区域中 PBL 连接件穿孔钢筋采用三维实体单元模拟，钢筋与周围混凝土共节点，不考虑钢筋与混凝土的滑移，采用接触关系模拟 PBL 连接件混凝土销与开孔钢板之间的连接。在与混凝土接触的承压板和钢箱梁端面设置 Surface to surface contact，混凝土销与开孔钢板之间设置绑定约束，横隔板与钢箱梁之间设置绑定约束。为防止模型弯曲，在各横隔板上方设置竖向约束虚拟锚杆，锚杆与横隔板之间耦合。

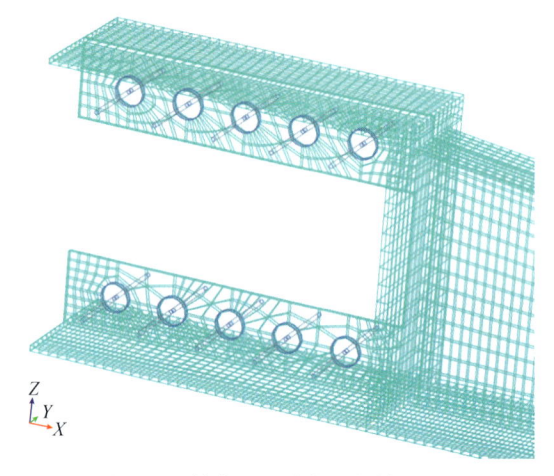

图 4-21 结合段连接件细化模拟区域

4.3.2 材料属性

钢-混凝土结合段有限元模型中使用 C55 混凝土、Q420qE 钢材、HRB400 钢筋。由于混凝土结构在设计荷载作用下只有极少部分进入塑性状态，绝大部分混凝土与所有钢材均处于弹性状态。为了提高计算效率，计算过程中不考虑材料非线性。具体材料属性如表 4-6 所示。

表 4-6 材料属性汇总

类型	弹性模量/MPa	泊松比	验算强度/MPa
C55 混凝土	$3.55×10^4$	0.2	抗拉强度标准值 2.74 抗压强度标准值 35.5
Q420qE 钢材	$2.06×10^5$	0.3	屈服强度 420
HRB400 钢筋	$2.06×10^5$	0.3	屈服强度 400

4.3.3 边界条件

有限元分析模型尽量真实地模拟出试件的实际受力：钢结构端完全固结，混凝土端只释放轴向约束，并在该端进行加载，通过锚杆和模型的耦合来防止在加载过程中发生弯曲。将混凝土侧和钢箱梁侧端面上所有节点自由度耦合于截面形心位置的参考点，再对该参考点施加边界条件，如图 4-22 所示。

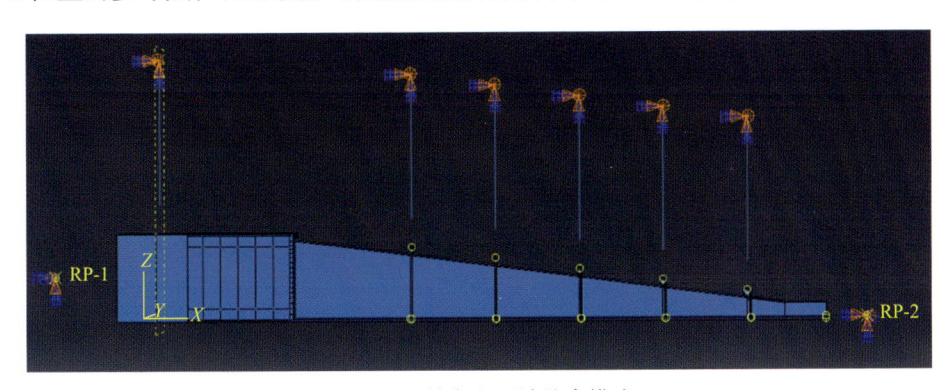

图 4-22 结合段两端约束模式

4.3.4 荷载工况

由于结合段受力主要由轴力和弯矩控制，将其转化成轴力后进行加载，而且计算模型所取节段较短，不考虑端部剪力和桥面局部荷载作用，模型两端的荷载施加方式如图 4-22 所示。荷载工况根据结构试验极限荷载分为三个循环工况，即 $0.4P_u$ 循环 10 次、$0.6P_u$ 循环 10 次、$0.8P_u$ 循环 10 次，P_u 为 2000kN，具体数据如表 4-7～表 4-9 所示。

表 4-7　$0.4P_u$ 静力工况

荷载等级	$0.05P_u$	$0.1P_u$	$0.15P_u$	$0.2P_u$	$0.25P_u$	$0.3P_u$	$0.35P_u$	$0.4P_u$
荷载大小/kN	100	200	300	400	500	600	700	800

表 4-8　$0.6P_u$ 静力工况

荷载等级	$0.05P_u$	$0.1P_u$	$0.15P_u$	$0.2P_u$	$0.25P_u$	$0.3P_u$	$0.35P_u$	$0.4P_u$	$0.45P_u$	$0.5P_u$	$0.55P_u$	$0.6P_u$
荷载大小/kN	100	200	300	400	500	600	700	800	900	1000	1100	1200

表 4-9　$0.8P_u$ 静力工况

荷载等级	$0.05P_u$	$0.1P_u$	$0.15P_u$	$0.2P_u$	$0.25P_u$	$0.3P_u$	$0.35P_u$	$0.4P_u$
荷载大小/kN	100	200	300	400	500	600	700	800
荷载等级	$0.45P_u$	$0.5P_u$	$0.55P_u$	$0.6P_u$	$0.65P_u$	$0.7P_u$	$0.75P_u$	$0.8P_u$
荷载大小/kN	900	1000	1100	1200	1300	1400	1500	1600

4.3.5　有限元计算结果

整个试验模型的应力云图如图 4-23～图 4-26 所示。可以看出，整个钢箱梁段中最大应力为 319.4MPa，该值出现在钢箱梁加劲肋等高段的腹板加劲肋处，但是超出的部分很少，绝大部分区域应力均小于 200MPa。

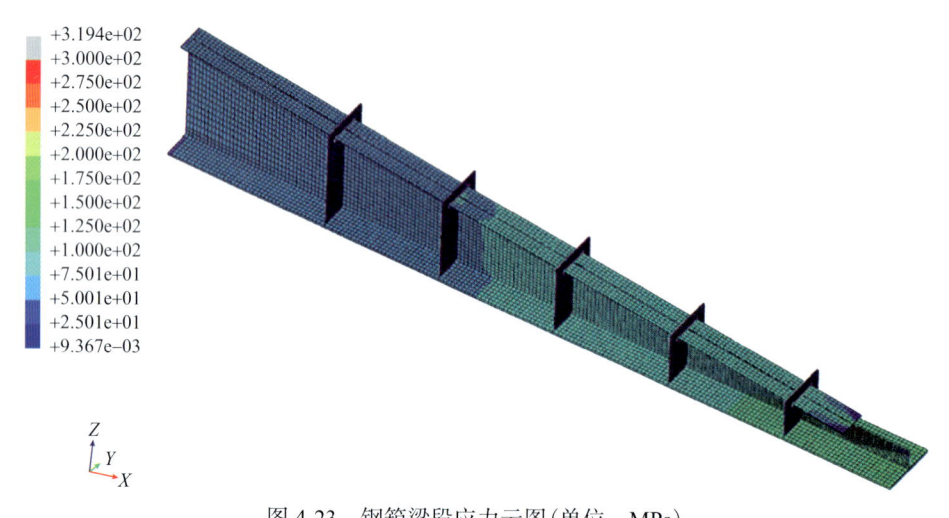

图 4-23　钢箱梁段应力云图(单位：MPa)

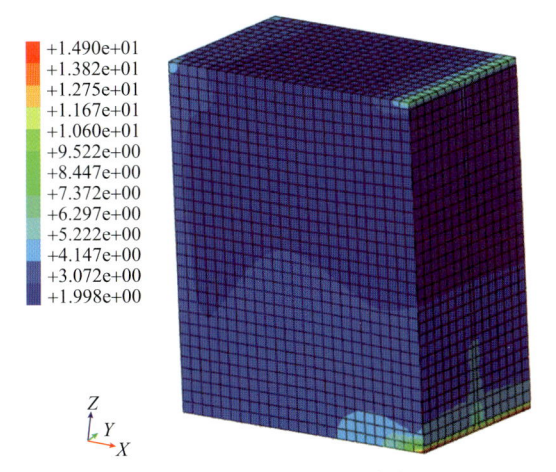

第4章 主梁钢-混凝土结合段模型试验研究

图 4-24 混凝土段应力云图(单位:MPa)

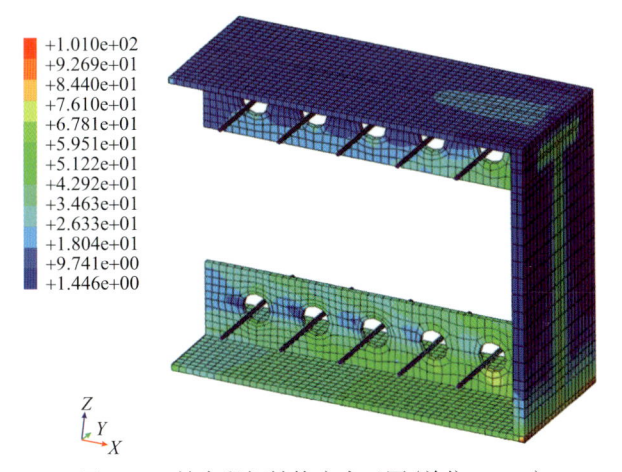

图 4-25 结合段钢结构应力云图(单位:MPa)

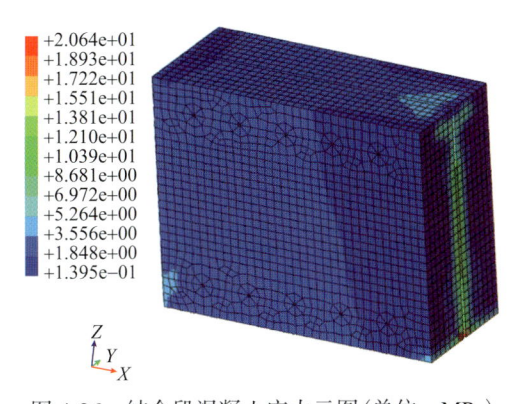

图 4-26 结合段混凝土应力云图(单位:MPa)

4.4　$0.4P_u$ 静力循环加载试验结果分析

4.4.1　试验模型各测点应力实测值与理论值对比

1) 1—1 截面纵向受力

1—1 截面表面测点在恒载+预应力工况荷载作用下的纵向应力变化规律如图 4-27～图 4-29 所示。1—1 截面全截面受压,各测点的实测值与理论值变化规律吻合良好,应力随着荷载基本呈线性增大。实测应力范围为 –8.60～–0.51MPa,最大压应力出现在测点 C6 处。

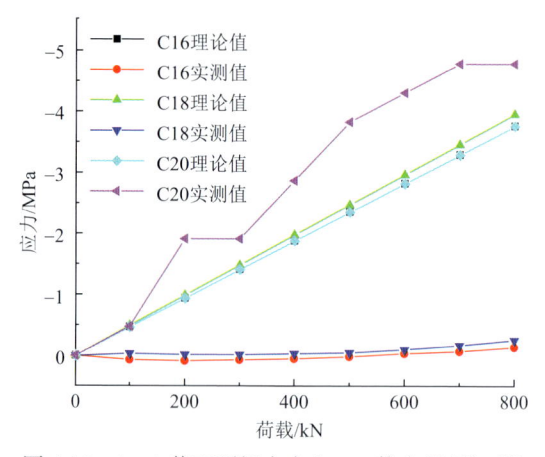

图 4-27　1—1 截面顶板应力($0.4P_u$ 静力循环加载)

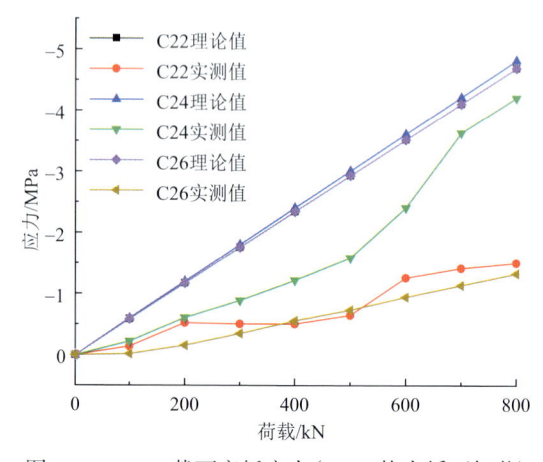

图 4-28　1—1 截面底板应力($0.4P_u$ 静力循环加载)

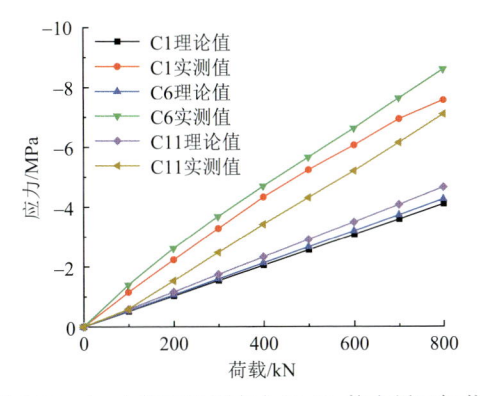

图 4-29　1—1 截面腹板应力（$0.4P_u$ 静力循环加载）

2）4—4 截面纵向受力

4—4 截面表面测点在恒载+预应力工况荷载作用下的纵向应力变化规律如图 4-30～图 4-32 所示。4—4 截面全截面受压，各测点的实测值与理论值变化

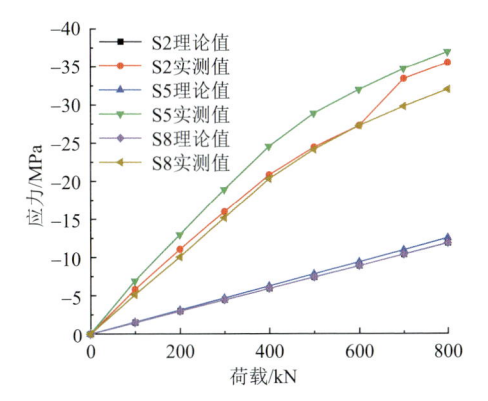

图 4-30　4—4 截面顶板应力（$0.4P_u$ 静力循环加载）

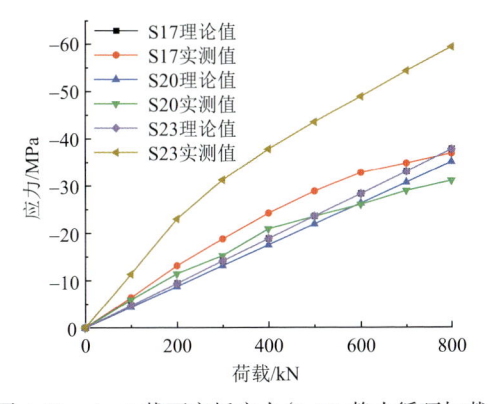

图 4-31　4—4 截面底板应力（$0.4P_u$ 静力循环加载）

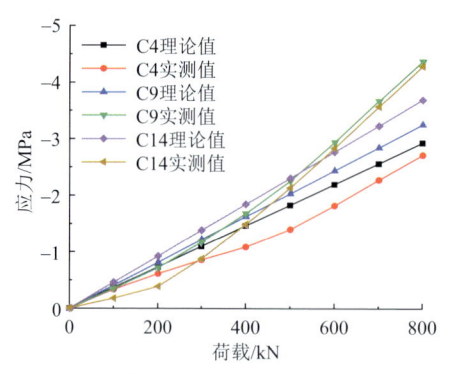

图 4-32　4—4 截面腹板应力（$0.4P_u$ 静力循环加载）

规律吻合良好，应力随着荷载基本呈线性增大。实测应力范围为 -59.3～-0.17MPa，最大压应力出现在测点 S23 处。

3）6—6 截面纵向受力

6—6 截面表面测点在恒载+预应力工况荷载作用下的纵向应力变化规律如图 4-33～图 4-35 所示。6—6 截面几乎全截面受压，各测点的实测值与理论值变化

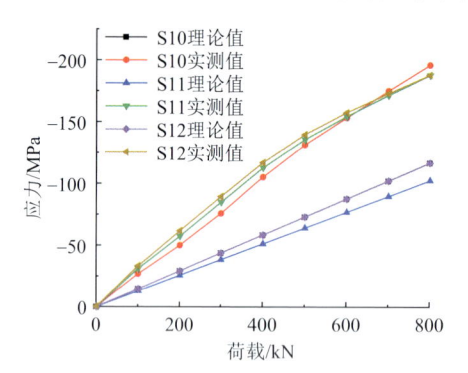

图 4-33　6—6 截面顶板应力（$0.4P_u$ 静力循环加载）

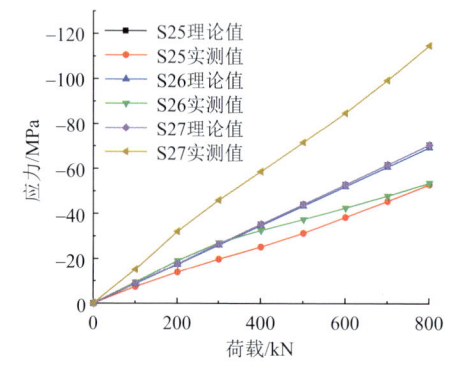

图 4-34　6—6 截面底板应力（$0.4P_u$ 静力循环加载）

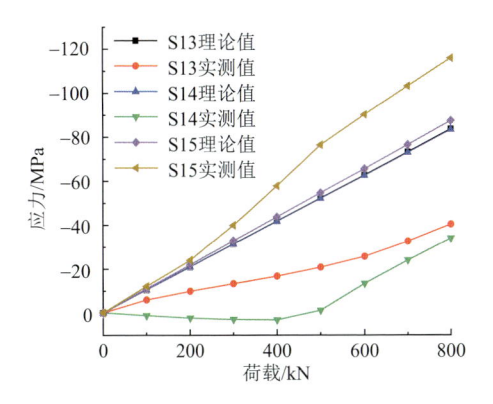

图 4-35　6—6 截面腹板应力（$0.4P_u$ 静力循环加载）

规律吻合良好，应力随着荷载基本呈线性增大。实测应力范围为 –195.86～3.32MPa，最大压应力出现在测点 S10 处。

4）8—8 截面纵向受力

8—8 截面表面测点在恒载+预应力工况荷载作用下的纵向应力变化规律如图 4-36 和图 4-37 所示。8—8 截面几乎全截面受压，各测点的实测值与理论值变化规律吻合良好，应力随着荷载基本呈线性增大。实测应力范围为 –160.35～6.64MPa，最大压应力出现在测点 S49 处。

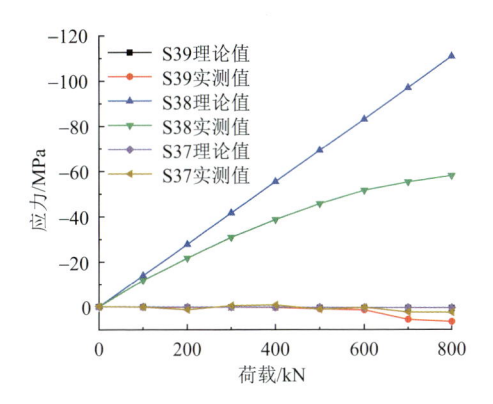

图 4-36　8—8 截面顶板应力（$0.4P_u$ 静力循环加载）

5）10—10 截面纵向受力

10—10 截面表面测点在恒载+预应力工况荷载作用下的纵向应力变化规律如图 4-38 和图 4-39 所示。10—10 截面几乎全截面受压，各测点的实测值与理论值变化规律吻合良好，应力随着荷载基本呈线性增大。实测应力范围为 –411.5～35.3MPa，最大压应力出现在测点 S48 处。

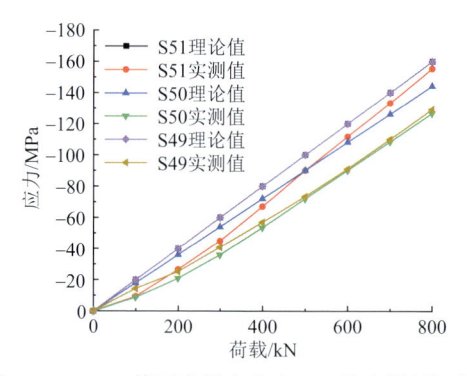

图 4-37　8—8 截面底板应力（$0.4P_u$ 静力循环加载）

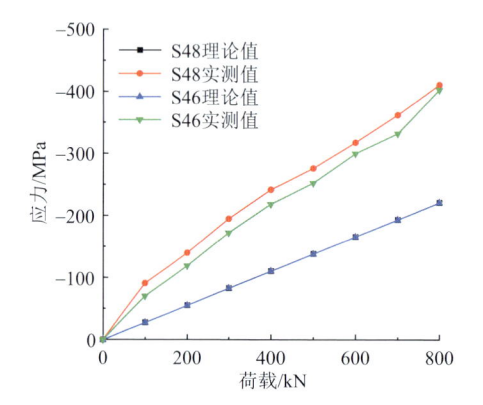

图 4-38　10—10 截面底板应力（$0.4P_u$ 静力循环加载）

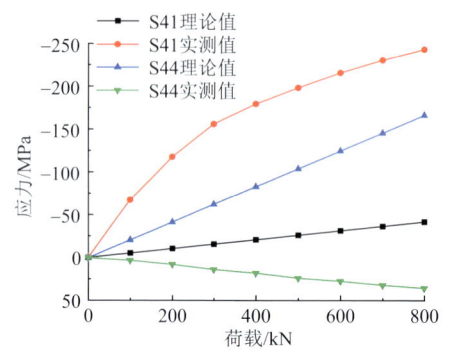

图 4-39　10—10 截面腹板应力（$0.4P_u$ 静力循环加载）

6）开孔钢板应力

开孔钢板应力在恒载+预应力工况荷载作用下的变化规律如图 4-40 和图 4-41 所示。恒载+预应力工况下，结合段承压板主要受压，最大压应力为 101.24MPa，出现在底部开孔钢板底部和承压板附近。

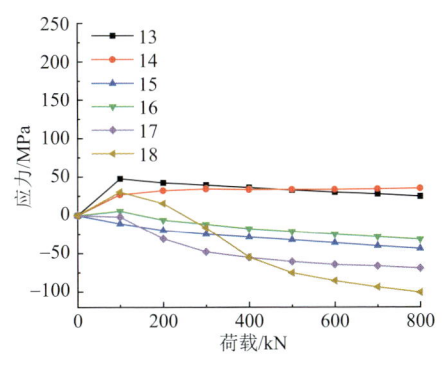

图 4-40 底部开孔钢板上部应力（$0.4P_u$ 静力循环加载）

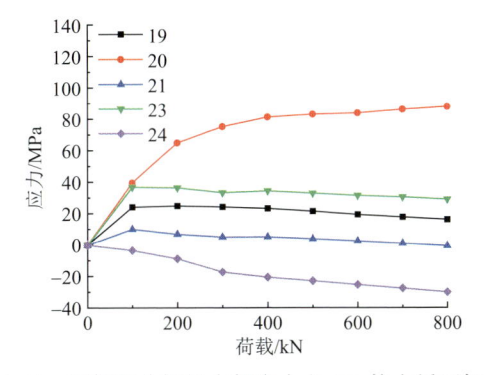

图 4-41 底部开孔钢板中部应力（$0.4P_u$ 静力循环加载）

4.4.2 试验模型各测点位移和滑移量实测结果

1）5—5 截面位移

5—5 截面表面测点在 $0.4P_u$ 静力循环加载工况作用下的位移变化规律如图 4-42～图 4-44 所示。5—5 截面各测点位移均较小，且随着疲劳次数的增加在一定值附近波动，变化较小。

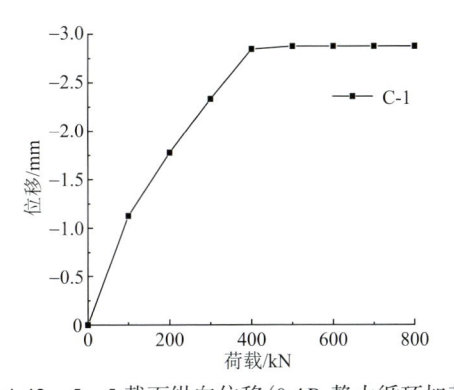

图 4-42 5—5 截面纵向位移（$0.4P_u$ 静力循环加载）

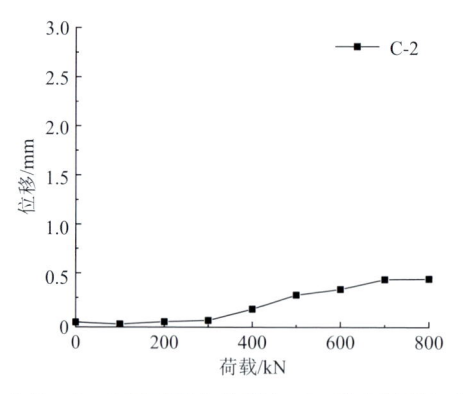

图 4-43　5—5 截面横向位移(0.4P_u静力循环加载)

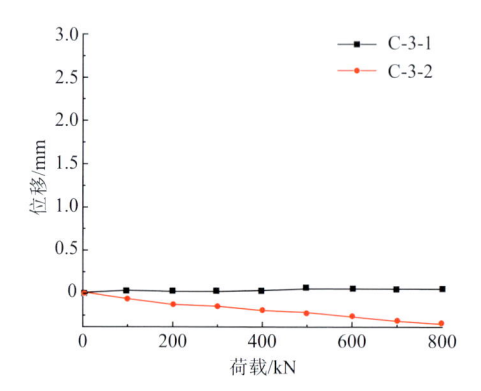

图 4-44　5—5 截面竖向位移(0.4P_u静力循环加载)

2) 7—7 截面位移

7—7 截面表面测点在 0.4P_u 静力循环加载工况作用下的位移变化规律如图 4-45 和图 4-46 所示。7—7 截面各测点位移均较小,且随着疲劳次数的增加在一定值附近波动,变化较小。

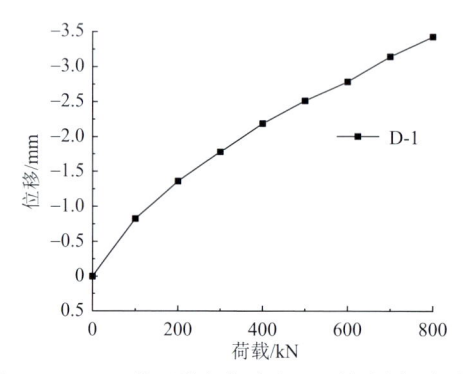

图 4-45　7—7 截面纵向位移(0.4P_u静力循环加载)

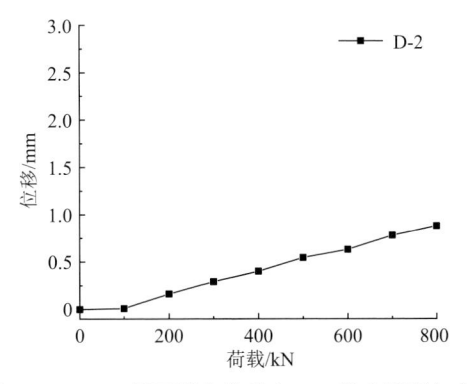

图 4-46　7—7 截面横向位移（$0.4P_u$ 静力循环加载）

3）10—10 截面位移

10—10 截面表面测点在 $0.4P_u$ 静力循环加载工况作用下的位移变化规律如图 4-47～图 4-49 所示。10—10 截面各测点位移均较小，且随着疲劳次数的增加在一定值附近波动，变化较小。

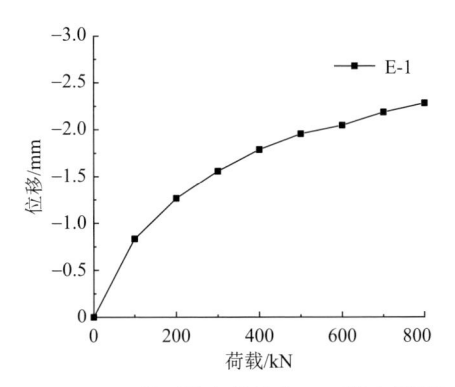

图 4-47　10—10 截面纵向位移（$0.4P_u$ 静力循环加载）

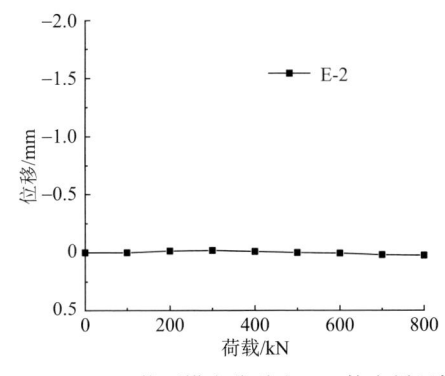

图 4-48　10—10 截面横向位移（$0.4P_u$ 静力循环加载）

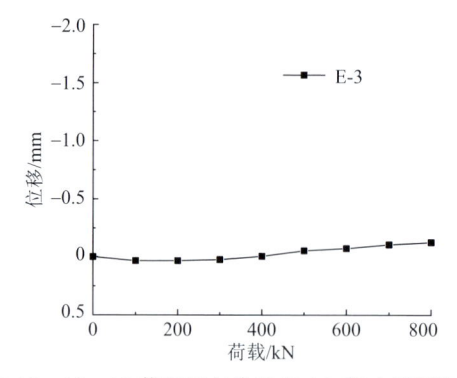

图 4-49　10—10 截面竖向位移（$0.4P_u$ 静力循环加载）

4）钢-混凝土界面滑移量

钢-混凝土界面在 $0.4P_u$ 静力循环加载工况作用下的滑移量变化规律如图 4-50 所示。钢-混凝土界面各测点滑移量均较小，且随着疲劳次数的增加在一定值附近波动，变化较小。

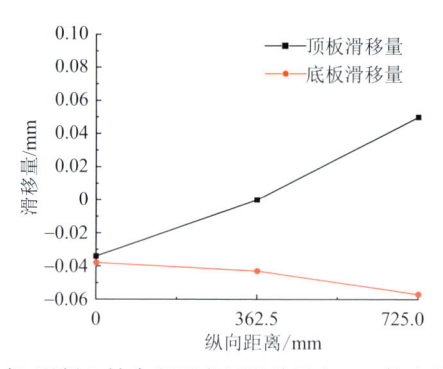

图 4-50　钢-混凝土结合段顶底板滑移量（$0.4P_u$ 静力循环加载）

4.5　$0.6P_u$ 静力循环加载试验结果分析

4.5.1　试验模型各测点应力实测值与理论值对比

1）1—1 截面纵向受力

1—1 截面表面测点在恒载+预应力工况荷载作用下的纵向应力变化规律如图 4-51～图 4-53 所示。1—1 截面全截面受压，各测点的实测值与理论值变化规律吻合良好，应力随着荷载基本呈线性增大。实测应力范围为–14.48～–0.95MPa，最大压应力出现在测点 C6 处。

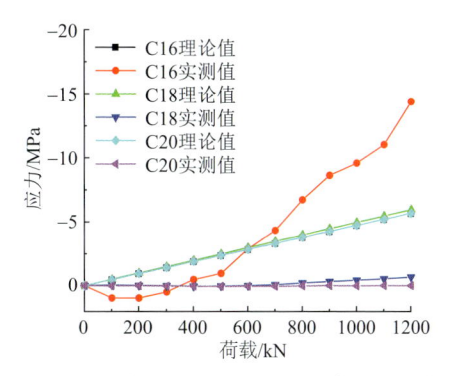

图 4-51　1—1 截面顶板应力（0.6P_u静力循环加载）

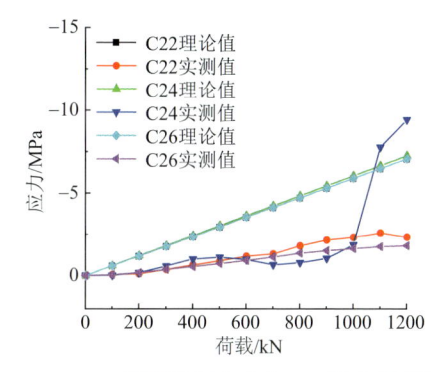

图 4-52　1—1 截面底板应力（0.6P_u静力循环加载）

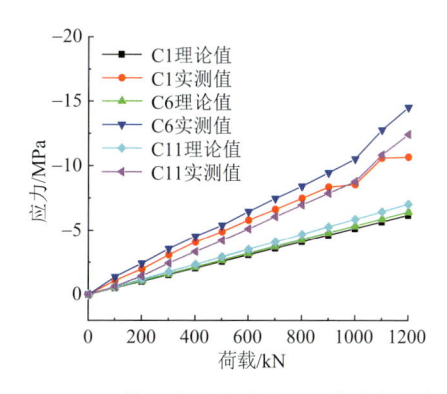

图 4-53　1—1 截面腹板应力（0.6P_u静力循环加载）

2）4—4 截面纵向受力

4—4 截面钢结构表面测点在恒载+预应力工况荷载作用下的纵向应力变化规律如图 4-54～图 4-56 所示。4—4 截面全截面受压，各测点的实测值与理论值变化规律吻合良好，应力随着荷载基本呈线性增大。实测应力范围为–79.47～–0.17MPa，最大压应力出现在测点 S23 处。

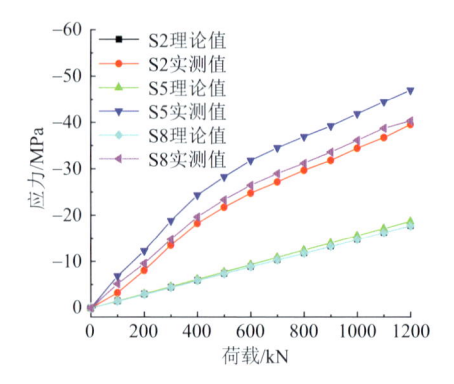

图 4-54　4—4 截面顶板应力（$0.6P_u$ 静力循环加载）

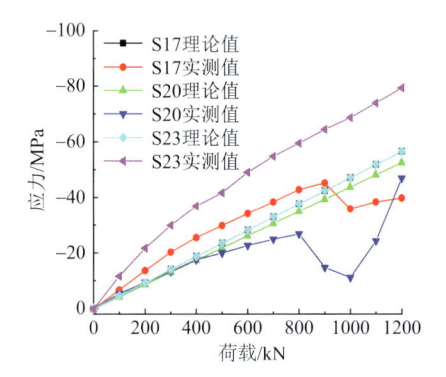

图 4-55　4—4 截面底板应力（$0.6P_u$ 静力循环加载）

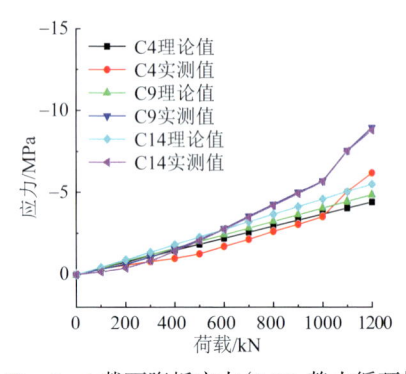

图 4-56　4—4 截面腹板应力（$0.6P_u$ 静力循环加载）

3）6—6 截面纵向受力

6—6 截面表面测点在恒载+预应力工况荷载作用下的纵向应力变化规律如图 4-57～图 4-59 所示。6—6 截面几乎全截面受压，各测点的实测值与理论值变化

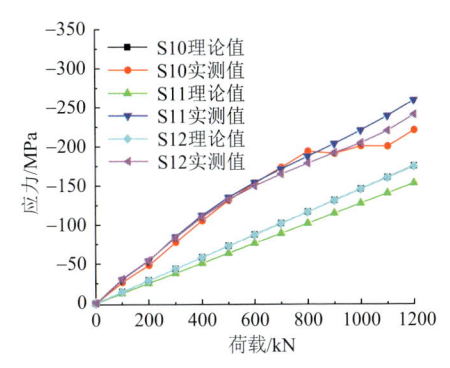

图 4-57　6—6 截面顶板应力（$0.6P_u$ 静力循环加载）

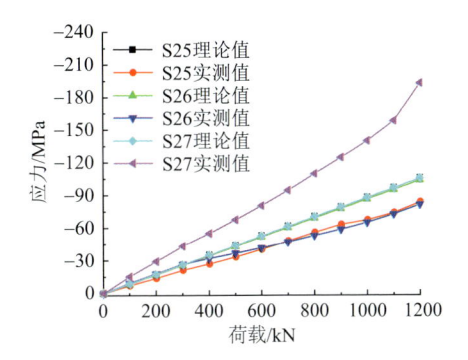

图 4-58　6—6 截面底板应力（$0.6P_u$ 静力循环加载）

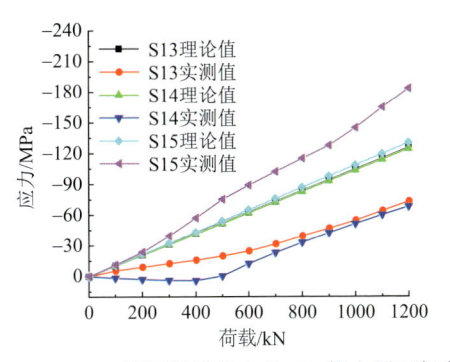

图 4-59　6—6 截面腹板应力（$0.6P_u$ 静力循环加载）

规律吻合良好，应力随着荷载基本呈线性增大。实测应力范围为–259.62～3.92MPa，最大压应力出现在测点 S11 处。

4）8—8 截面纵向受力

8—8 截面表面测点在恒载+预应力工况荷载作用下的纵向应力变化规律如图 4-60 和图 4-61 所示。8—8 截面几乎全截面受压，各测点的实测值与理论值

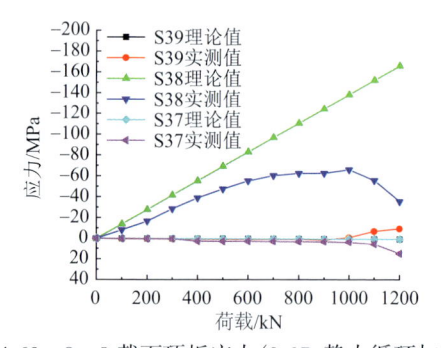

图 4-60　8—8 截面顶板应力（$0.6P_u$ 静力循环加载）

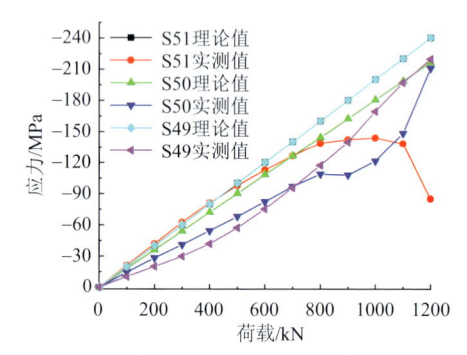

图 4-61　8—8 截面底板应力（$0.6P_u$ 静力循环加载）

变化规律吻合良好，应力随着荷载基本呈线性增大。实测应力范围为 –221.35～14.99MPa，最大压应力出现在测点 S49 处。

5）10—10 截面纵向受力

10—10 截面表面测点在恒载+预应力工况荷载作用下的纵向应力变化规律如图 4-62 所示。10—10 截面几乎全截面受压，各测点的实测值与理论值变化规律吻合良好，应力随着荷载基本呈线性增大。实测应力范围为 –148.35～0MPa，最大压应力出现在测点 S41 处。

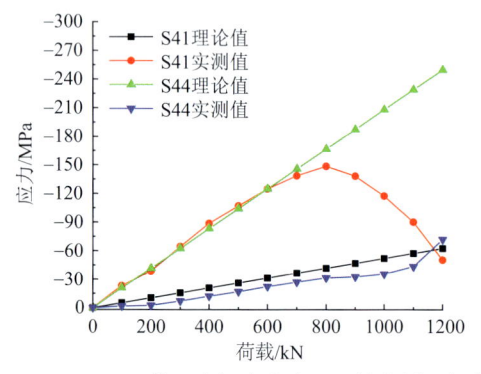

图 4-62　10—10 截面腹板应力（$0.6P_u$ 静力循环加载）

6) 开孔钢板应力

开孔钢板应力在恒载+预应力工况荷载作用下的变化规律如图 4-63 和图 4-64 所示。恒载+预应力工况下，结合段承压板主要受压，最大压应力为 135.39MPa，出现在底部开孔钢板底部和承压板附近。

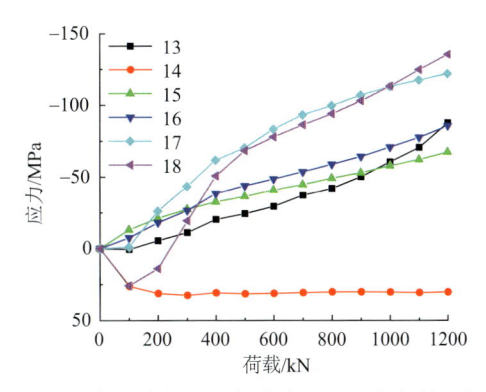

图 4-63 底部开孔钢板上部应力（$0.6P_u$ 静力循环加载）

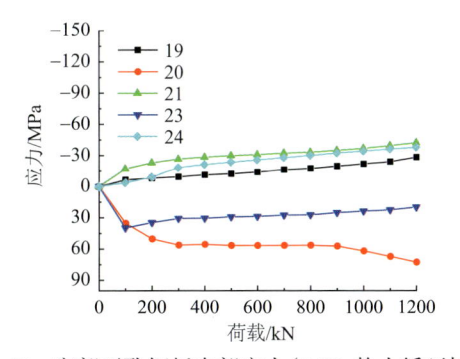

图 4-64 底部开孔钢板中部应力（$0.6P_u$ 静力循环加载）

4.5.2 试验模型各测点位移和滑移量实测结果

1) 5—5 截面位移

5—5 截面表面测点在 $0.6P_u$ 静力循环加载工况作用下的位移变化规律如图 4-65～图 4-67 所示。5—5 截面的纵向位移变化较大，竖向位移变化较小，且随着荷载的增加呈现增长趋势。

2) 7—7 截面位移

7—7 截面表面测点在 $0.6P_u$ 静力循环加载工况作用下的位移变化规律如图 4-68 和图 4-69 所示。7—7 截面各测点位移变化较大，且随着荷载的增加呈现增长趋势。

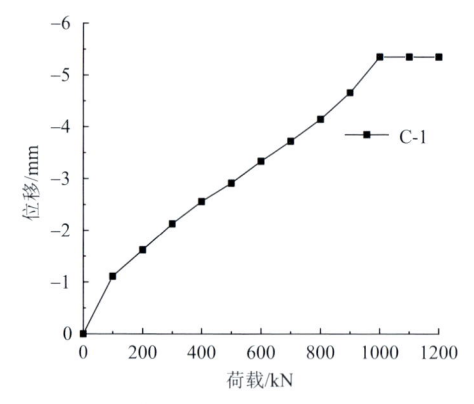

图 4-65　5—5 截面纵向位移($0.6P_u$ 静力循环加载)

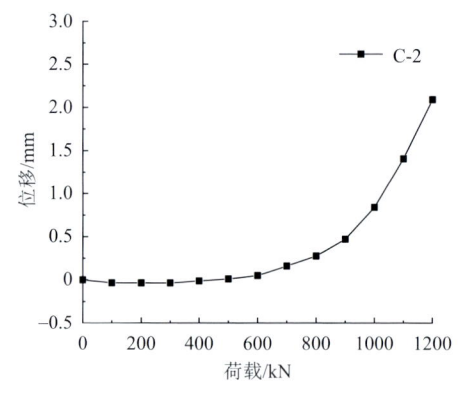

图 4-66　5—5 截面横向位移($0.6P_u$ 静力循环加载)

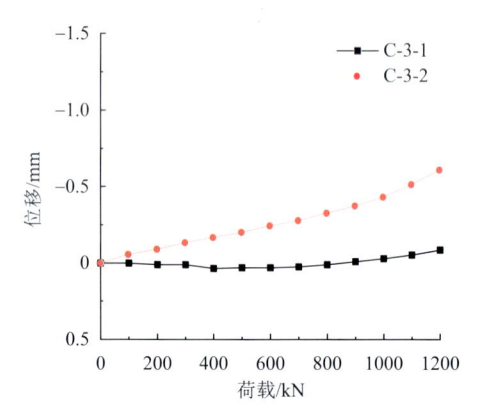

图 4-67　5—5 截面竖向位移($0.6P_u$ 静力循环加载)

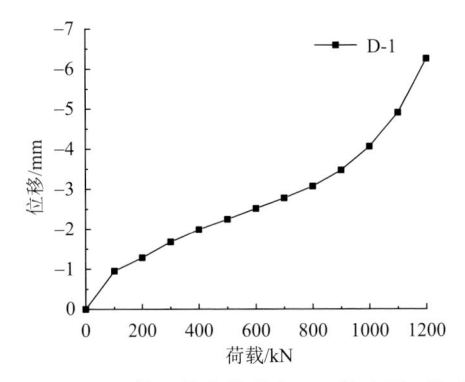

图 4-68　7—7 截面纵向位移($0.6P_u$静力循环加载)

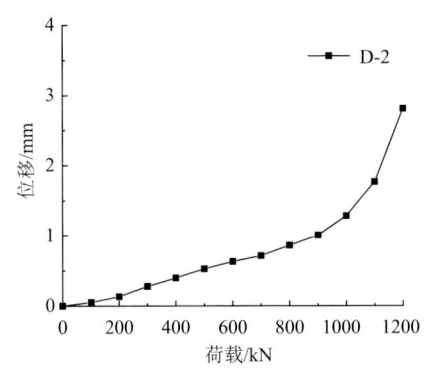

图 4-69　7—7 截面横向位移($0.6P_u$静力循环加载)

3) 10—10 截面位移

10—10 截面表面测点在 $0.6P_u$ 静力循环加载工况作用下的位移变化规律如图 4-70～图 4-72 所示。10—10 截面纵向位移和竖向位移变化较大，且随着荷载的增加呈现增长趋势，而横向位移随着荷载的增加基本保持不变。

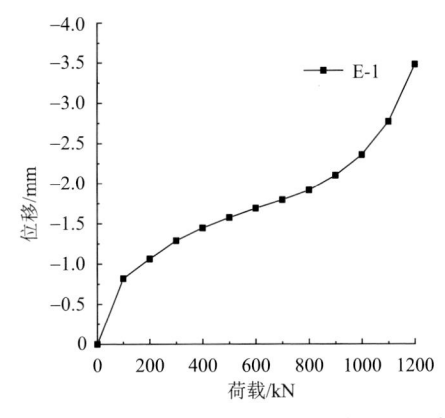

图 4-70　10—10 截面纵向位移($0.6P_u$静力循环加载)

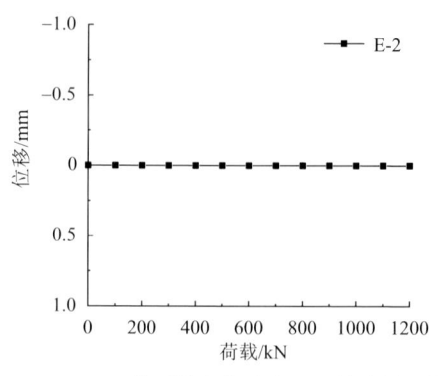

图 4-71　10—10 截面横向位移（$0.6P_u$ 静力循环加载）

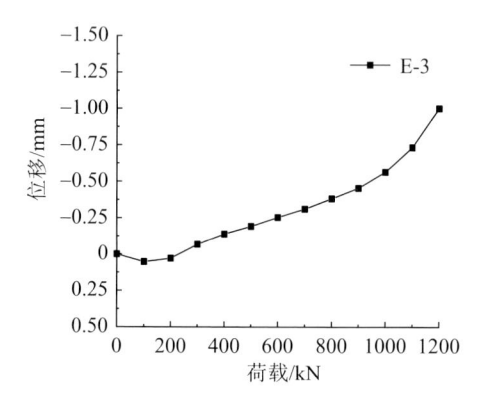

图 4-72　10—10 截面竖向位移（$0.6P_u$ 静力循环加载）

4）钢-混凝土界面滑移量

钢-混凝土界面在 $0.6P_u$ 静力循环加载工况作用下的滑移量变化规律如图 4-73 所示。钢-混凝土界面各测点滑移量较小，且随着疲劳次数的增加在一定值附近波动，变化较小。

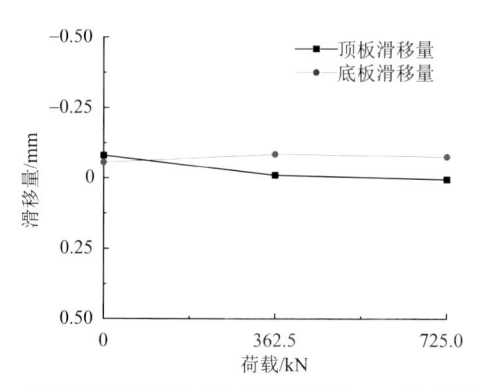

图 4-73　钢-混凝土结合段顶底板滑移量（$0.6P_u$ 静力循环加载）

4.6 本章小结

本章以大跨轨道钢-混凝土混合连续刚构桥(重庆市嘉华轨道专用桥)为工程背景，开展了有限元仿真模拟及实桥缩尺模型试验，并进行了对比分析，得到如下结果：

(1) 试验及计算结果表明，在 $0.4P_u$ 及 $0.6P_u$ 静力循环加载下，模型测点位置的应力随荷载呈线性增加，结构各部分整体应力水平较低，变化规律与有限元仿真结果基本一致。

(2) 随着疲劳周期的增加，在 $0.4P_u$ 和 $0.6P_u$ 静力循环加载下，各截面测点的位移均在一定范围内波动，变化较小，钢-混凝土界面滑移量随着疲劳周期的增加也以较小的值波动变化，说明结合段在疲劳荷载作用下的静力性能削减并不明显。

参 考 文 献

[1] 周绪红, 张茜, 狄谨, 等. 对称荷载作用钢锚板式钢-混组合索塔锚固体系传力机理[J]. 中国公路学报, 2012, 25(6): 60-67.

[2] 秦凤江, 周绪红, 梁博文, 等. 大跨度自锚式悬索桥主梁钢-混结合段模型试验[J]. 中国公路学报, 2018, 31(9): 52-64.

[3] 胡佳. 钢-混凝土混合梁连续刚构桥结构性能研究[D]. 重庆: 重庆交通大学, 2018.

[4] 袁文忠. 相似理论与静力学模型试验[M]. 成都: 西南交通大学出版社, 1998.

[5] 李德寅, 王邦楣, 林亚超. 结构模型实验[M]. 北京: 科学出版社, 1996.

[6] 徐挺. 相似理论与模型试验[M]. 北京: 中国农业机械出版社, 1982.

[7] 杨桂通. 弹性力学简明教程[M]. 2版. 北京: 清华大学出版社, 2013.

[8] 苏小波, 肖林. 空间刚架结构钢-混结合段合理构造模型试验和数值模拟研究[J]. 重庆交通大学学报(自然科学版), 2021, 40(4): 76-82.

[9] 占玉林, 赵人达, 毛学明, 等. 东平大桥钢-混凝土结合段模型试验[J]. 桥梁建设, 2011, 41(4): 20-24.

[10] 陈开利, 王戒躁, 安群慧. 舟山桃夭门大桥钢与混凝土结合段模型试验研究[J]. 土木工程学报, 2006, 39(3): 86-90.

[11] 侯忠明. 钢-混凝土结合梁桥动力性能及损伤识别的理论分析与模型试验研究[D]. 北京: 北京交通大学, 2013.

第 5 章 UHPC 预应力锚固齿块机理与试验研究

连续刚构桥裂缝分为结构性裂缝与非结构性裂缝，无论是结构性裂缝还是非结构性裂缝对桥梁的耐久性和安全均有很大的影响。在连续刚构桥中，预应力对减少梁体开裂和跨中下挠有着重要作用[1]，是保障该类型桥梁结构运营安全的重要因素之一。预应力锚固区是预应力体系中的关键结构，由于截面空间位置限制，齿块经常突出于底板或与腹板相接，普通钢筋与预应力筋交错布置，受力十分复杂，并不完全满足平截面假定[2]，需进行单独设计。预应力锚固区的承压性能是确保预应力持续有效的关键，但在桥梁运营过程中，齿块锚固区经常出现结构性裂缝，导致预应力损失加剧，致使跨中下挠，甚至导致桥梁提前退役。因此，需对预应力锚固齿块区域展开针对性研究[3]，以提高该类桥梁的结构性能。本章将具有超高性能的新型水泥基纤维复合材料——超高性能混凝土(UHPC)应用于预应力锚固齿块区域[4]，以 UHPC 预应力锚固齿块的承压性能为研究对象，并与普通混凝土预应力锚固齿块承压性能进行对比，采用数值仿真与模型试验相结合的方法，重点探究连续刚构桥 UHPC 预应力锚固齿块的承压力学性能。

5.1 预应力混凝土连续刚构桥锚下裂缝成因分析

预应力混凝土连续刚构桥桥型简单优美，设计、施工技术成熟，因此得到了广泛的应用。在大量修建和运营的同时，该桥型出现的病害尤其是裂缝现象越来越普遍。影响预应力混凝土连续刚构桥开裂的原因种类繁多，如设计计算、施工质量、运营和养护管理、环境因素等，因此对每一种因素进行详尽的分析基本是不可能的。经过大量的调查研究发现，90%以上的预应力连续刚构桥裂缝出现的主要位置和形式趋势是统一的，即此类桥型产生裂缝的主要原因大致相同，因此按裂缝的外在表现形式进行分类描述并做相应的影响因素分析[5,6]。预应力混凝土连续刚构桥梁体裂缝主要可以分为腹板裂缝、横隔板裂缝和锚下裂缝。

采用悬臂浇注法施工的预应力混凝土连续刚构桥，在悬臂分段浇注中，锚头往往布置在接缝面。由于在接缝面上新浇筑混凝土的抗拉强度降低很多，如果在此锚固预应力筋，将在锚固区引起局部高压应力进而导致蠕变。由于这种蠕变，锚头后面将产生拉应力，如果锚后受拉钢筋配置不足，则在锚固区接缝面就很容易发生裂缝。

后张法构件的锚头承压区,其纵向长度大致相当于梁高,由于锚具局部压力引起的应力是比较复杂的,在靠近垫板处产生横向压应力,在其他部位则产生横向拉应力。当锚具的吨位很大时,这种拉应力可能超过材料限值,有可能导致构件纵向开裂。此外,端块区域内正是主拉应力的高值区。由于上述拉应力的存在,加大了主拉应力,也可能使构件出现斜裂缝。局部构造引起腹板开裂主要是由于锚固块过大的锚固力导致腹板处混凝土拉应力超过其抗拉强度,可由下面弹性理论[7]解释。

(1) 无限大板内一个面集中力 P 在板内产生的面内应力(图 5-1(a))的解答形式如下:

$$\sigma_r = -\frac{3+\mu}{4\pi}\frac{P\cos\theta}{r} \tag{5.1}$$

$$\sigma_\theta = \frac{1-\mu}{4\pi}\frac{P\cos\theta}{r} \tag{5.2}$$

$$\tau_{r\theta} = \frac{1-\mu}{4\pi}\frac{P\sin\theta}{r} \tag{5.3}$$

式中,σ_r 为径向正应力;σ_θ 为环向正应力;$\tau_{r\theta}$ 为切向应力,如图 5-1(a)所示;μ 为泊松比。

或者

$$\sigma_x = \frac{P}{4\pi}\frac{\cos\theta}{r}[-(3+\mu)+2(1+\mu)\sin^2\theta] \tag{5.4}$$

$$\sigma_y = \frac{P}{4\pi}\frac{\cos\theta}{r}[(1-\mu)-2(1+\mu)\sin^2\theta] \tag{5.5}$$

$$\tau_{xy} = -\frac{P}{4\pi}\frac{\sin\theta}{r}[(1-\mu)+2(1+\mu)\cos^2\theta] \tag{5.6}$$

式中,P 为集中力大小;r、θ 见图 5-1(a)。

(2) 无限大板内一个面内分布荷载 $P=p\mathrm{d}x\mathrm{d}y$ 产生的面内应力(图 5-1(b))经积分后得到如下各式:

$$\sigma_x = \frac{P}{4\pi}[-(3+\mu)S_{x_1}+2(1+\mu)S_{xy_2}]\Big|_{x-a}^{x+a}\Big|_{y-b}^{y+b} \tag{5.7}$$

$$\sigma_y = \frac{P}{4\pi}[(1-\mu)S_{x_1}-2(1+\mu)S_{xy_2}]\Big|_{x-a}^{x+a}\Big|_{y-b}^{y+b} \tag{5.8}$$

$$\tau_{xy} = -\frac{P}{4\pi}[(1-\mu)S_{y_2} + 2(1+\mu)S_{x_2y}]\Big|_{x-a}^{x+a}\Big|_{y-b}^{y+b} \tag{5.9}$$

式中，±a、±b 分别为面内分布荷载 P 的作用区间。

$$S_{x_1} = \iint \frac{\cos\theta}{r}dxdy = \frac{y}{2}\ln(x^2+y^2) + x\cdot\arctan\frac{y}{x} + K \tag{5.10}$$

$$S_{y_2} = \iint \frac{\sin\theta}{r}dxdy = \frac{y}{2}\ln(x^2+y^2) + y\cdot\arctan\frac{x}{y} + K \tag{5.11}$$

$$S_{xy_2} = \iint \frac{\cos\theta}{r}\sin^2\theta dxdy = \frac{x}{2}\cdot\arctan\frac{y}{x} + K \tag{5.12}$$

$$S_{x_2y} = \iint \frac{\sin\theta}{r}\cos^2\theta dxdy = \frac{y}{2}\cdot\arctan\frac{x}{y} + K \tag{5.13}$$

式中，任意项 $K = ax + by + c$。

(3) 无限大板内一个面内的线分布荷载 $P=pdy$ 产生的面内应力是情况 2 的极端(图 5-1(c))，经积分后得到如下各式：

$$\sigma_x = \frac{P}{4\pi}[-(3+\mu)S_{x_1} + 2(1+\mu)S_{xy_2}]\Big|_{y-b}^{y+b} \tag{5.14}$$

$$\sigma_y = \frac{P}{4\pi}[(1-\mu)S_{x_1} - 2(1+\mu)S_{xy_2}]\Big|_{y-b}^{y+b} \tag{5.15}$$

$$\tau_{xy} = -\frac{P}{4\pi}[(1-\mu)S_{y_2} + 2(1+\mu)S_{x_2y}]\Big|_{y-b}^{y+b} \tag{5.16}$$

式中

$$S_{x_1} = \int \frac{\cos\theta}{r}dy = \arctan\frac{y}{x} + K \tag{5.17}$$

$$S_{y_2} = \int \frac{\sin\theta}{r}dy = \frac{1}{2}\ln(x^2+y^2) + K \tag{5.18}$$

$$S_{xy_2} = \int \frac{\cos\theta}{r}\sin^2\theta dy = \frac{xy}{2(x^2+y^2)} + \frac{1}{2}\arctan\frac{y}{x} + K \tag{5.19}$$

$$S_{x_2y} = \int \frac{\sin\theta}{r}\cos^2\theta dy = -\frac{x^2}{2(x^2+y^2)} + K \tag{5.20}$$

式中，任意项 $K = ax + b$。

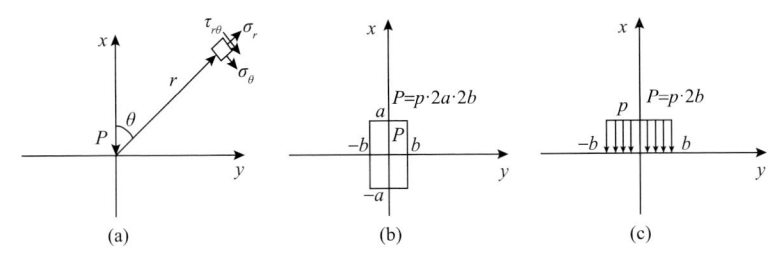

图 5-1 无限大板面内力计算图示

(4) 主应力方向与裂缝方向。

主应力 σ_1、σ_3 和主应力与 x 轴正向的夹角 α_1 计算如下：

$$\sigma_{1,3} = \frac{\sigma_x + \sigma_y}{2} \pm \sqrt{\left(\frac{\sigma_x + \sigma_y}{2}\right)^2 + \tau_{xy}^2} \quad (5.21)$$

$$\tan \alpha_1 = \frac{\sigma_1 - \sigma_2}{\tau_{xy}} \quad (5.22)$$

从现在众多预应力混凝土连续刚构桥腹板处裂缝可以看到，裂缝是从锚固端向着楔块后斜向开裂，这个现象与主拉应力的方向有关。而且大多数开裂的桥梁靠近支座处开裂较为严重，这是由于梁端预应力不足以平衡第一个楔块处主拉应力。而靠近墩处楔块开裂较小，这是由于梁的负弯矩使底板有足够的压应力平衡楔块处主拉应力。

综上，为减少预应力混凝土连续刚构桥梁体产生的裂缝从而提升桥梁安全性，需要优化结构设计、提升施工技术、提高混凝土强度，其中提高混凝土强度是最为简单、直接的方法。

5.2 预应力锚固区具体构造与受力特征

重庆市嘉华轨道专用桥预应力钢束按布置方向可分为横向预应力束、竖向预应力束和纵向预应力束，其中纵向预应力束按布置位置可分为顶板预应力束、腹板预应力束、边跨合龙预应力束、中跨合龙体外预应力束和钢-混凝土结合段加强预应力束，不同位置钢束的锚固形式不完全相同。所有种类的预应力钢束根据锚固端形式可分为截面槽口锚固和齿块锚固，如图 5-2 和图 5-3 所示[8,9]。

不同形式的锚固方式，如图 5-4 和图 5-5 所示，张拉端和固定端锚固构造不同，其锚固区开裂因素与开裂控制措施不同，下面针对不同钢束的锚固形式和受力特征分别进行详细阐述。

横、竖向预应力采用的是钢绞线和精轧螺纹钢两种形式，均锚固在顶板截面上，属于截面锚固，钢束或精轧螺纹钢筋面积小，引起的锚固区局部压应力较小，施工期和运营期均不会由局部应力过大引起开裂。由于横、竖向预应力钢束或钢筋较短，锚固回缩和弹性压缩会导致较大的预应力损失，从而易引起腹板主拉应力过大而出现斜裂缝，可分别在设计和施工两个阶段加以控制，即设计者在结构验算时应充分考虑竖向预应力损失，施工阶段需要进行二次张拉。

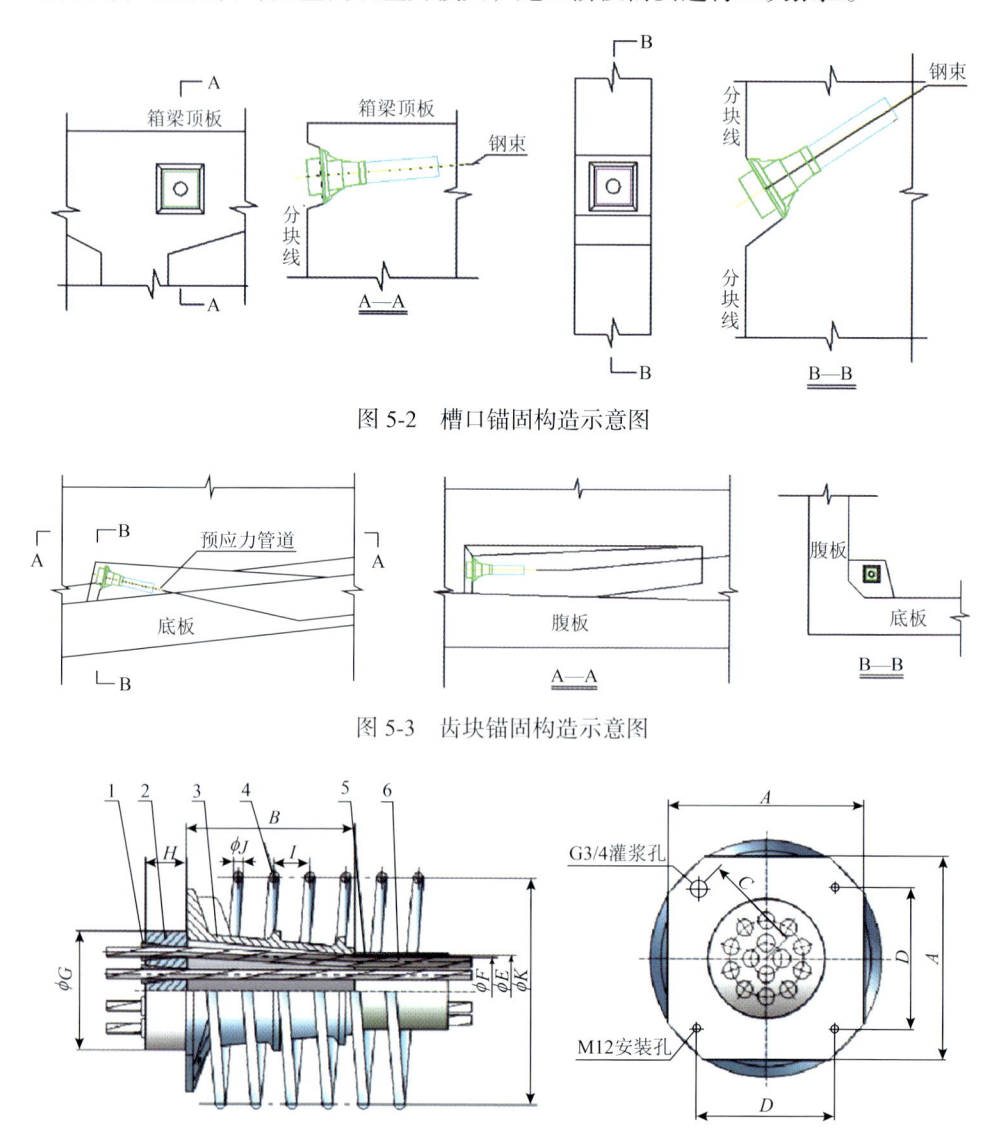

图 5-2　槽口锚固构造示意图

图 5-3　齿块锚固构造示意图

图 5-4　张拉端锚固区构造图
1. 夹板；2. 铺板；3. 铺垫板；4. 螺旋筋；5. 预应力筋；6. 抽拔管

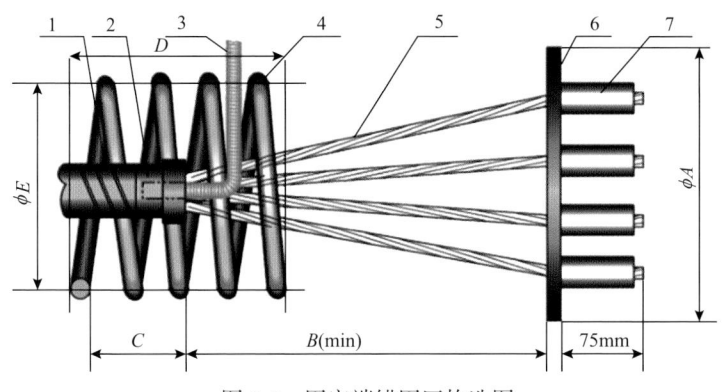

图 5-5　固定端锚固区构造图
1. 波纹管；2. 约束圈；3. 出浆管；4. 螺旋筋；5. 钢绞线；6. 固定锚板；7. 挤压套挤压簧

顶板预应力束锚固在顶板与腹板交接的区域，腹板预应力束锚固在腹板中心以下区域，均属于截面锚固，虽然钢束面积大，引起局部区域的压力大，但作用位置处的截面面积较大，通过合理的截面构造设计与钢束布置，可保证局部压应力通过较大的顶板或腹板面进行有效的传递。

边跨合龙预应力束、中跨合龙体外预应力束和钢-混凝土结合段加强预应力束均属于齿块锚固，锚固区的局部应力只能通过齿块传递给腹板或者先传递给顶、底板，再传递给腹板，力的传递过程较为复杂。齿块锚固引起的裂缝大致有两种：一种是锚下局部压应力过大，引起劈裂竖向裂缝，另一种是齿块锚固后拉应力过大，引起腹板或者顶、底板开裂。因此，普遍的做法是在预应力锚固区域布置多层纵横交错的抗拉压钢筋网和加密的防崩钢筋网。理论上，根据局部应力分析进行局部配筋，能确保锚固区的混凝土不开裂。而事实上，由于锚固区密集的钢筋布置，很容易导致锚固区混凝土浇筑不密实而不能达到设计强度。通过构造设计和施工的手段都不能很好地解决此开裂问题，最直接、最有效的方式是提高齿块构造混凝土的抗拉压等性能，抵抗齿块锚固区的高拉压应力，保证截面不开裂。

5.3　UHPC 材料性能介绍

5.3.1　UHPC 力学性能

UHPC 作为一种新型材料，起源于 20 世纪中下叶，Brunauer 首次提出了一种抗压强度达到 240MPa、孔隙率极低的混凝土材料[10]，标志着 UHPC 的研究开始拉开序幕，但此时并未提出 UHPC 的概念。直到 21 世纪 90 年代，欧洲学者正式提出了 UHPC 材料，全部采用超细集料，基于最大堆积密实度(maximum packing density,MPD)原理、无宏观孔隙(macro-pore free,MPF)原理,并在其中掺入超短钢纤维,配置而成的一种新型超高强度性能混凝土基材[11]。至此,UHPC 在国外正式进入大众的视野[12]。

超高性能混凝土剔除粗骨料,利用超细粉填充水泥基体空隙,使用高效新型减水剂降低水胶比,因此其抗压强度得以大幅提升,约为普通混凝土的 4 倍,约为高性能混凝土的 2 倍[13]。由此可以明显减小工程结构尺寸,降低混凝土用量,节约资源,减少废物排放。超高性能混凝土由于掺入大量纤维,其抗拉性能明显高于普通混凝土和高性能混凝土,拥有良好的裂缝控制能力,其极限拉应变可达到 0.03 及以上,具体参数[14]对比如表 5-1 所示。

表 5-1 UHPC 力学参数及对比

混凝土类型	NC	HPC	UHPC	UHPC/NC	UHPC/HPC
抗压强度/MPa	20~50	60~100	150~230	约 4 倍	约 2 倍
抗折强度/MPa	2~5	6~10	30~60	约 10 倍	约 5 倍
弹性模量/GPa	30~40	40	40~60	约 1.5 倍	约 1.2 倍
徐变系数	1.4~2.5	—	0.2~0.3	约 15%	—

注:NC 代表普通混凝土,HPC 代表高性能混凝土。

5.3.2 UHPC 耐久性能

超高性能混凝土耐久性方面的研究[15]主要集中在抗氯/氮离子渗透性、抗碳化能力、抗盐冻能力及抗钢筋锈蚀能力等方面。大量研究表明,超高性能混凝土细观结构非常致密,相比普通混凝土和高性能混凝土,其拥有良好的耐久性能[16],具体参数[14]对比如表 5-2 所示。

表 5-2 UHPC 耐久性参数及对比

混凝土类型	NC	HPC	UHPC	UHPC/NC	UHPC/HPC
总孔隙率/%	15	8	4~6	约 1/3	约 1/2
毛细孔/%	8	5	1~2	约 1/7	约 1/5
氯离子渗透/mm	23	8	1	1/23	1/8
氮离子渗透/mm	10~16	10~17	<10~18	1/10	约 1/10
抗盐冻剥蚀量/(g/m²)	<1500	150	20~50	约 1/30	约 1/3
碳化深度/mm	7	4	1.5	3/14	3/8

注:氯离子渗透是进行 6h 快速迁移试验测定的侵入深度,碳化深度是 3 年期间在温度为 20℃、相对湿度为 65%的环境下测定的侵入深度。

可以看出，相比 NC 和 HPC 材料，UHPC 材料在力学性能和耐久性方面的优势明显，弥补了普通混凝土耐久性不足、脆性大的缺点。可以预见，UHPC 在桥梁结构的新建和修复、加固领域必将有广泛的应用前景。

5.3.3 UHPC 制作与养护

UHPC 相对普通混凝土制作过程简单，现市场上有性能稳定的 UHPC 原材料成品（材料价格约 3500 元/吨，根据纤维含量浮动，不含运费），制作时将适量的水与 UHPC 干料搅拌，达到规定要求即可。由于 UHPC 的早期收缩较大，在浇筑后 48h 内需要蒸养养护，提高早期强度和减小收缩[17]。UHPC 制作与养护过程如图 5-6 所示。

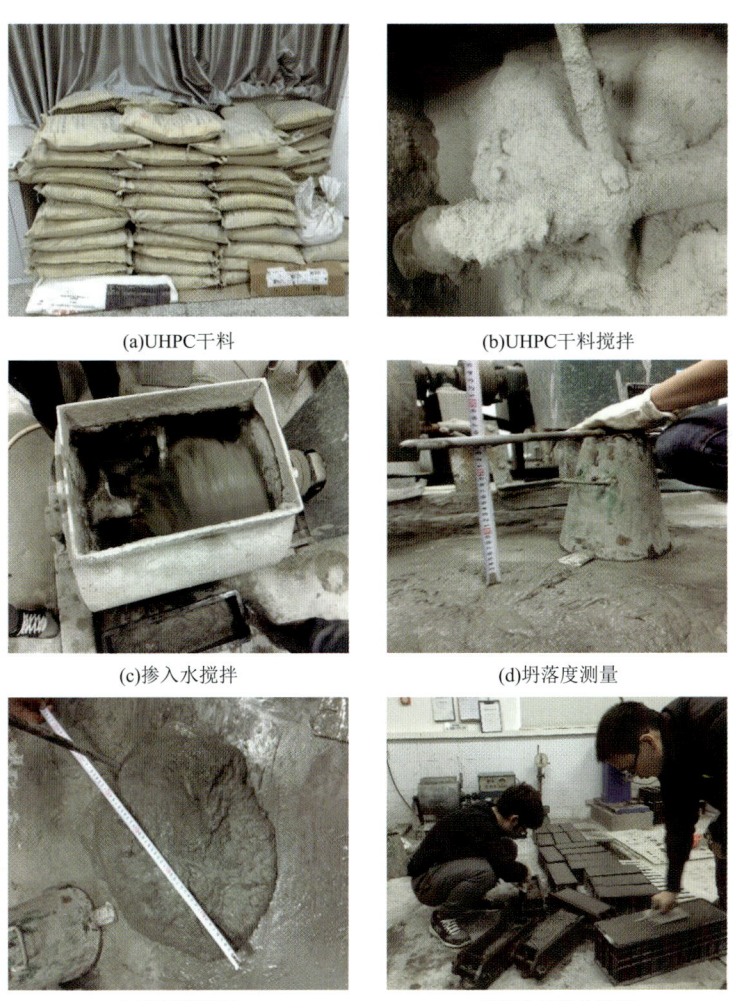

(a)UHPC干料

(b)UHPC干料搅拌

(c)掺入水搅拌

(d)坍落度测量

(e)扩展度测量

(f)倒入试模并抹平

(g)盖膜并放入标养室　　　　　　(h)软水与蒸养设备

(i)放置蒸养平台　　　　　　　　(j)蒸养48h

图 5-6　UHPC 制作与养护过程

表 5-1 和表 5-2 为 UHPC 的总体性能，与实际配置的还是有所差异，在重庆交通大学实验室通过抗压试验、弹模试验、抗折试验、轴拉试验等多组批量试验，测得 UHPC 的实测性能指标，如表 5-3 和图 5-7 所示。

表 5-3　UHPC 实测性能指标

实测参数	3d 抗压强度/MPa	弹性模量/GPa	四点抗弯强度/MPa	轴向拉伸强度/MPa
实测值	140	45.1	27.7	6.5

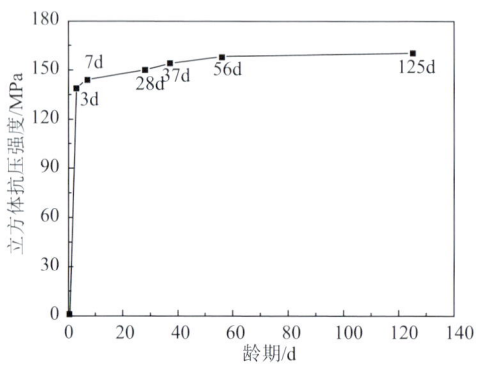

图 5-7　UHPC 抗压强度与龄期的关系

5.4 UHPC预应力锚固齿块受力性能试验研究

在土木工程结构中,应尽量避免或减少出现局部承压的承载形式,但在桥涵土建工程中,不可避免会在锚固区、牛腿和支座等处出现局部承压区域,对于这类区域需进行重点设计,以防止出现破坏。在现代公路运输体系中,后张预应力混凝土桥梁占大部分,预应力锚固齿块在连续刚构桥中十分常见,是后张预应力锚固体系中不可或缺的一环,其局部承载能力和抗裂性能对预应力损失程度有至关重要的影响。

UHPC作为一种新型水泥基材料,具有强度高、韧性好等特点,非常适用于预应力锚固区。但目前在锚固区的相关研究中,对于UHPC齿块的研究比较少见,缺少相关的承载力模型。要想将UHPC材料应用在预应力锚固区,就需要对UHPC预应力锚固齿块承压性能进行研究,因此需要展开UHPC预应力锚固齿块承压性能试验研究。

基于此,本次试验为UHPC预应力锚固齿块设计了共2组不同加载方式,既可以研究UHPC预应力锚固齿块的承载力、破坏模式和抗裂性能等,也可以研究UHPC与底板连接的整体性能,通过试验数据总结归纳出UHPC预应力锚固齿块的应力-应变关系以及荷载-位移关系,验证并修正UHPC预应力锚固区承载力计算方法。

5.4.1 试件设计及制作

1. 试件设计

以重庆市轨道交通9号线一期工程嘉华轨道专用桥为工程背景,进行1:2的缩尺试验。该桥为六跨钢-预应力混凝土组合连续刚构桥(中跨跨中设置92m钢箱梁段),双线轨道桥梁。主桥跨径布置为28m+39m+48m+138m+252m+110m,全长618.915m,桥宽12.5m。混凝土箱梁纵向预应力设顶板束、底板束、腹板束、合龙束共四种,均采用$\Phi_s15.2$钢绞线。其中南岸支架现浇梁:顶板通长束为$21\Phi_s15.2$,底板通长束为$21\Phi_s15.2$,P4墩顶短束为$20\Phi_s15.2$,腹板束为$19\Phi_s15.2$,南岸支架现浇段和5号悬臂梁底板合龙束为$27(19)\Phi_s15.2$,顶板合龙束为$17(19)\Phi_s15.2$;5和6号悬臂梁及北岸支架现浇段:顶板束和腹板束为$27(25)\Phi_s15.2$,6号悬臂梁和北岸支架现浇段间合龙段顶板合龙束为$19(25)\Phi_s15.2$,底板合龙束为$19\Phi_s15.2$。相应锚具采用群锚体系,波纹管直径为10cm。

根据实验室场地和试验器具的条件,本试验通过锚孔将试件底板锚固在试验大厅地板上，通过在反力墙上安装工装，将千斤顶固定在试件与工装之间，来模拟预应力的张拉。具体设置如图 5-8 所示。

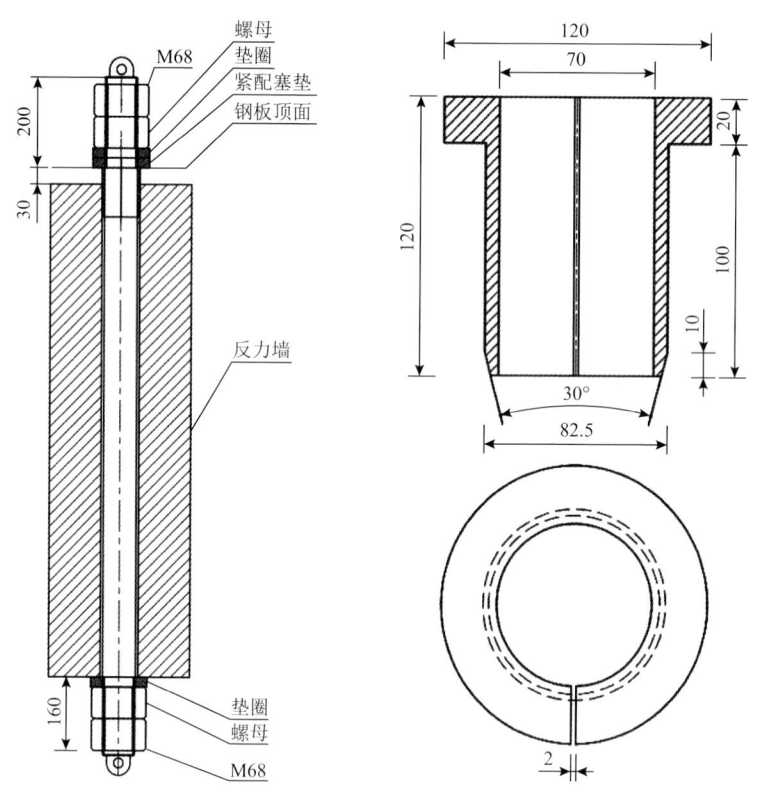

图 5-8 工装设计图(单位：mm)

考虑模型设置及锚具对锚固区传力途径的影响[18]，设置了 2 组试件，分别为未设置锚具的全截面受压组和设置了锚具的局部受压组，每组各两个试件，两个试件的底板均采用普通混凝土浇筑，对三角齿块部分，一个试件采用与底板相同材料的普通混凝土浇筑而成，另一个试件采用 UHPC 材料浇筑而成，除三角齿块部分的材料不同外，两个试件其余设计均保持一致。鉴于千斤顶的吨位限制和试验效果，对于全截面受压组(QY 组)采用 C40 混凝土，对于局部承压组(JY 组)采用 C50 混凝土，各试件数量及相关参数如表 5-4 所示。

表 5-4 预应力锚固齿块承压性能试验试件参数设计

组别	编号	三角齿块材料	加载方式	数量
QY	QY-1	C40 混凝土	全截面加载	1
	QY-2	UHPC	全截面加载	1

续表

组别	编号	三角齿块材料	加载方式	数量
JY	JY-1	C50 混凝土	局部加载	1
	JY-2	UHPC	局部加载	1

本次试验模拟的是悬臂梁底板合龙束，考虑到预应力锚固齿板主要受力形式为局部承压，通过三维实体有限元分析以及参考圣维南原理，根据嘉华轨道专用桥底板锚固齿板的相关尺寸，将 UHPC 作为预应力锚固齿块的材料。其中底板长度为 3m，宽度为 1.2m，厚度为 0.2m。三角尺块区域长度为 1.54m，高度为 27.5cm，锚固面为 30cm×30cm，波纹管直径 D_{duct} 为 50mm，锚垫板直径 D_a 为 80mm，锚垫板长度 H_a 为 9.8cm。间接钢筋采用直径为 8mm 的 HRB400 普通钢筋，其形状为螺旋箍筋，屈服强度 f_y 为 235MPa，螺旋直径 D_{sp} 为 120mm，螺旋间距 p_{sp} 为 40mm。预应力锚固齿块构造设计图如图 5-9 所示。

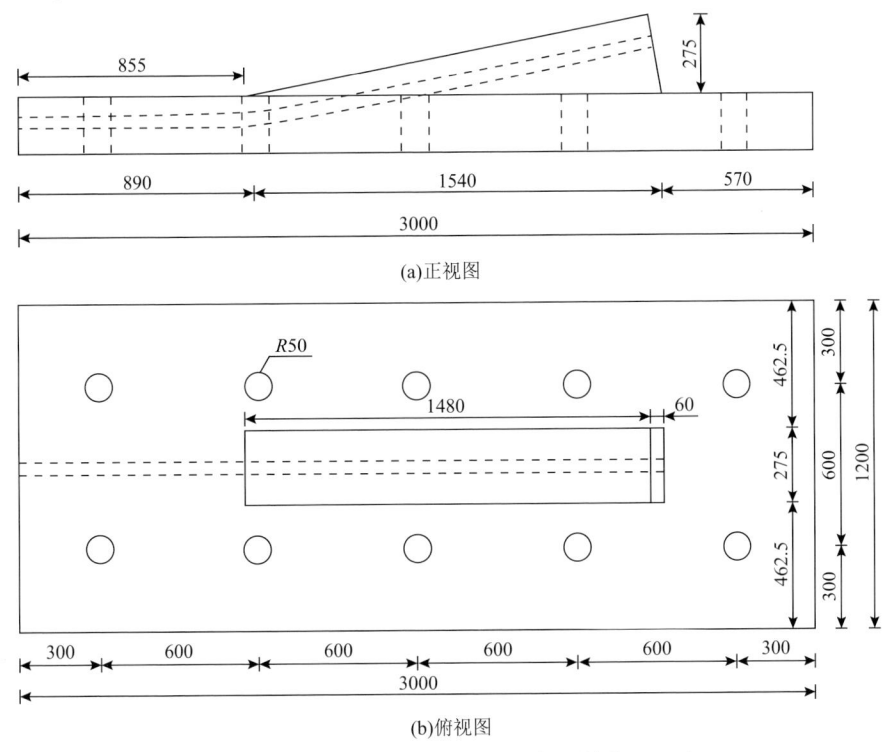

(a) 正视图

(b) 俯视图

图 5-9 预应力锚固齿块构造设计图（单位：mm）

试件的普通钢筋配置采用两种直径的 HRB400 型钢筋，其中底板钢筋直径为 8mm，三角齿块区域的钢筋直径为 10mm，对锚垫板下区域钢筋进行局部加密处理，保证应力传递的稳定性。钢筋的具体布置如图 5-10 和图 5-11 所示。

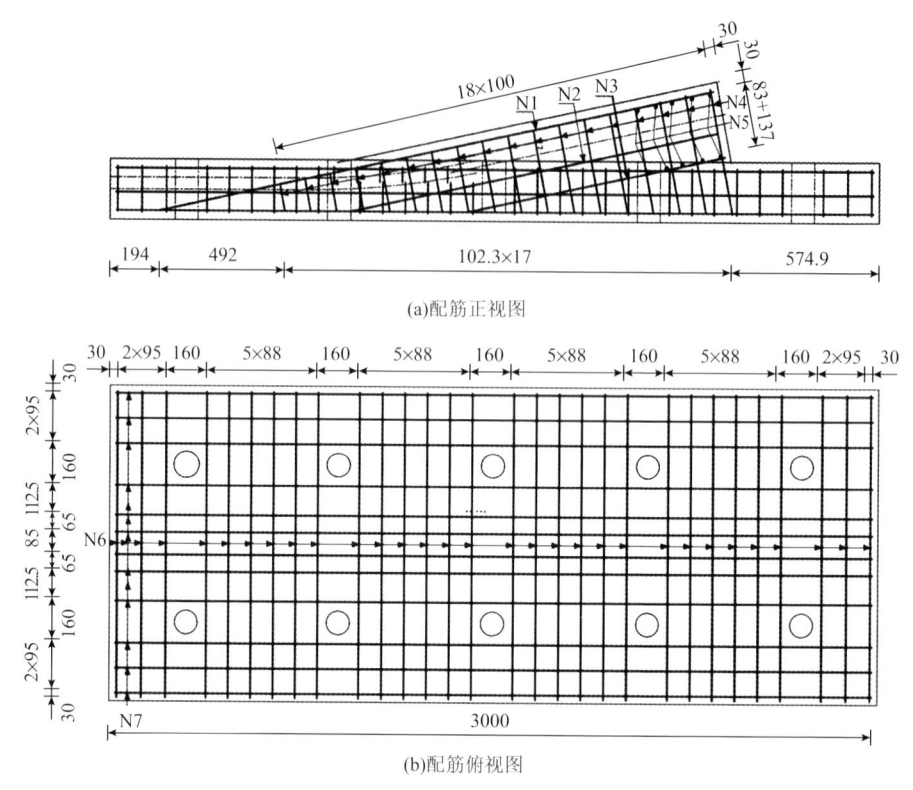

(a)配筋正视图

(b)配筋俯视图

图 5-10 预应力锚固齿块钢筋布置图(单位：mm)

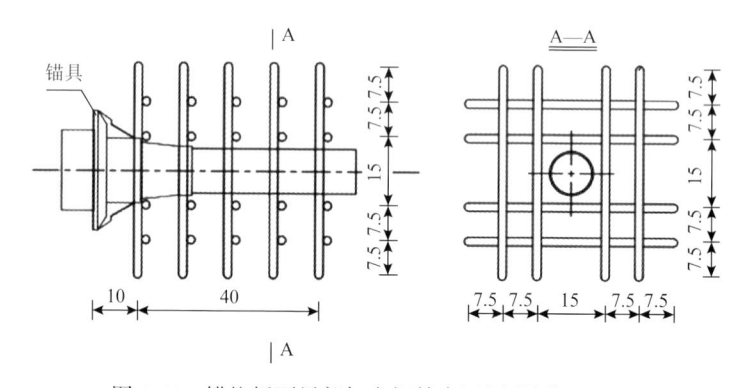

图 5-11 锚垫板下局部加密钢筋布置图(单位：mm)

2. 试件材料

1)钢筋

本次试验共涉及两种不同直径的 HRB400 带肋三级钢筋，其直径分别为

8mm 和 10mm。使用重庆交通大学力学实验室的拉伸试验机(量程为 10t)对这两种不同直径的钢筋进行拉拔试验，试验结果如表 5-5 所示。

表 5-5 实测钢筋力学性能

公称直径/mm	抗拉强度/MPa			
	试件 1	试件 2	试件 3	平均值
8	424.1	421.9	417.3	421.1
10	435.4	437.5	429.1	434.0

2) 普通混凝土

本次试验采用的普通混凝土等级为 C40 和 C50，采用 P.O 42.5 水泥；细骨料采用天然中砂(河砂)；粗骨料采用粒径 5~25mm 的碎石；采用自来水拌和。C40 和 C50 普通混凝土配合比如表 5-6 和表 5-7 所示。

表 5-6 C40 普通混凝土配合比

强度等级	材料用量/(kg/m³)				水灰比	砂率/%
	水泥	砂	石	水		
C40	482	519	1272	185	0.38	29

表 5-7 C50 普通混凝土配合比

强度等级	材料用量/(kg/m³)				水灰比	外加剂/%
	水泥	砂	碎石	水		
C50	415	552	1288	160	0.38	1

3) 锚杆及工装

本次试验采用锚杆来固定试件，采用在反力墙安装工装来固定千斤顶。锚杆和工装均采用 Q345 钢材，其力学性能如表 5-8 所示。

表 5-8 Q345 钢材力学性能

材料	屈服强度/MPa	抗拉强度/MPa
Q345	345	450~630

3. 试件制作

(1) 按照设计图纸制作模板。

(2) 等模板制作完毕，安装埋入式智能弦式应变计，打磨钢筋表面，粘贴钢筋应变片。

(3) 浇筑时先浇筑底板普通混凝土，两块试件底板同时浇筑。

(4) 等底板浇筑完成，待底板还未初凝时，对三角齿块与底板顶面相接部分进行拉毛处理。

(5) 底板浇筑完成一天后，对界面进行洒水处理，固定好模板之后浇筑三角齿块部分。

(6) 常温养护 48h 后拆模处理，并进行蒸汽养护 48h，蒸汽养护时温度大于或等于 90℃。蒸汽养护结束后取走薄膜，继续常温养护试件至标准龄期。

4. UHPC 立方体抗压试验

由于超高性能混凝土均为配置好的细集料，在浇筑过程中同时浇筑了 8 组 100mm×100mm×100mm 的 UHPC 立方体试件，用来测试 3d、7d、28d、37d、56d、125d 的 UHPC 立方体抗压强度，为避免随机性，每组设置了三个试件。

UHPC 在浇筑拆模之后需进行高温蒸汽养护 48h，但在实际工程中并不一定能达到该养护条件。因此，将养护方式作为控制变量，探究其对立方体抗压强度的影响，本次试验设置了 6 组试件进行高温(≥95℃)蒸汽养护，2 组试件进行常规标准养护。使用 100kN 微机控制全自动万能试验机进行加载，加载速率为 1.5MPa/s，试验过程如图 5-12 所示。

(a) 立方体破坏形态　　　　　　(b) 加载系统

图 5-12　UHPC 立方体抗压试验过程图片

UHPC 立方体抗压强度按照式(5.23)进行计算：

$$f_{cc} = \frac{F}{A} \tag{5.23}$$

式中，f_{cc} 为 UHPC 立方体试块抗压强度(MPa)；F 为试件破坏荷载(kN)；A 为试件受压面面积(mm^2)。

不同养护方式的 UHPC 立方体抗压强度与龄期的关系如图 5-13 所示。从图中可以看出，对于养护条件，高温蒸汽养护组试件的抗压强度明显大于常规标准养护试件，是常规标准养护的 127%。因为高温蒸汽养护会加速水化反应，使其 UHPC 中的细集料充分反应，能较快达到较高强度，3d 抗压强度已经达到浇筑后 56d 抗压强度的 85%左右，而常规标准养护组强度发展缓慢，其水化反应会随着时间的推移而缓慢进行。

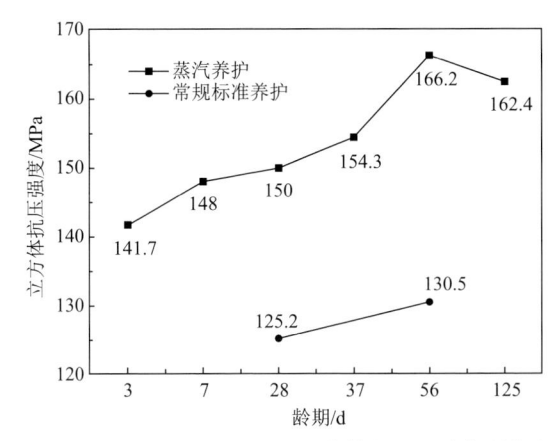

图 5-13 不同养护方式的 UHPC 立方体抗压强度与龄期的关系

5.4.2 加载程序及测量内容

1) 加载程序

本次试验的加载方式为静力加载，采用德州市德骏达液压机具有限公司生产的液压千斤顶，其最大量程为 400t。通过单向分级加载的方式，模拟预应力锚固齿块张拉的过程。在加载之前，调整液压千斤顶的位置，确保加载为中心加载。加载过程中，先对试件进行预加载，预加载的荷载大小为前期三维建模计算出的极限荷载的 20%，在预加载过程中，通过垫橡胶垫和砂子对受压截面进行调整，直至加载过程中各测量数据变化正常。

加载步骤：首先从养护场地吊装试件，安装锚杆固定好试件后吊装千斤顶，多次调整使加载中心对准三角齿块加载面的中心，随后将压力荷载传力器安装固定在液压千斤顶上，随后调试仪器，准备就绪。预加载后，开始正式加载。首先第一级荷载为每块试件计算极限承载力的 10%，随后按照 10%的承载力递增，持续加载至试件的承载力不再继续上升，认为试件破坏。

2)测量内容

(1)三角齿块区域内部钢筋应变测试。试件浇筑前,对相应部位的钢筋进行打磨处理,并粘贴钢筋应变片,通过多功能静态应变仪采集试验过程中相应位置处的钢筋应变。

(2)三角齿块区域表面应变测试。试件加载前,在试件表面相应位置处粘贴应变片,在试件加载过程中通过多功能静态应变仪采集相应位置处混凝土(UHPC 与 RC)的应变。

(3)三角齿块区域纵向变形测试。在加载面端面左右两侧安装电子千分表,在试件加载过程中通过多功能静态应变仪采集三角齿块区域的纵向位移。

(4)DIC 测量。通过数字图像相关(digital image correlation,DIC)技术,辅助测量三角齿块顶面区域表面的位移与应变。

(5)裂缝观测。使用智博联 ZBL-F103 裂缝宽度观测仪扫描观测预应力锚固齿块上的裂缝。

测点及加载布置如图 5-14 所示。

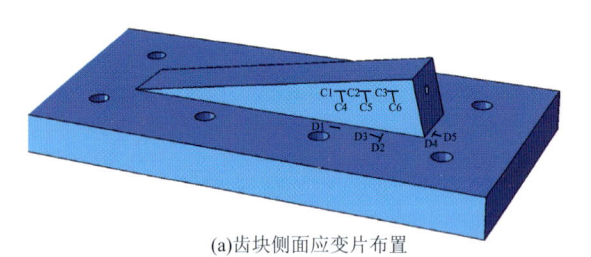

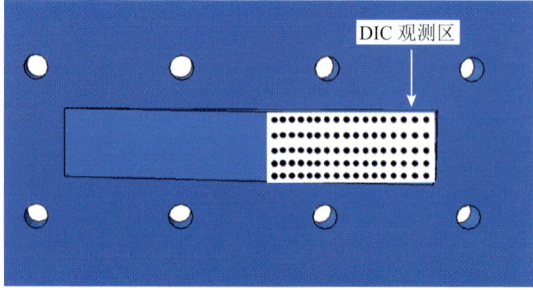

(a)齿块侧面应变片布置

(b)DIC观测区

(c)钢筋应变片布置

(d)加载布置

图 5-14　测点及加载布置

5.4.3　试验结果与分析

1)试验现象与破坏形态

本次试验共两组预应力锚固齿块试件，分别为 QY(全截面加载)组和 JY(局部加载)组。QY 组包括两个试件，其中 QY-1 为底板与三角齿块锚固区域均为 C40 普通混凝土浇筑而成，而 QY-2 为底板由 C40 普通混凝土浇筑而成，三角齿块锚固区域采用 UHPC 浇筑而成。对于 JY 组，JY-1 为底板与三角齿块锚固区域均为 C50 普通混凝土浇筑而成，JY-2 为底板由 C50 普通混凝土浇筑而成，三角齿块锚固区域采用 UHPC 浇筑而成。接下来对每个试件的破坏过程进行描述。

QY-1 试件，荷载从 0kN 加载至 700kN 时，中间伴随着锚孔与锚杆之间被压实，有轻微的咔嚓声出现，三角齿块锚固区域没有明显现象；当荷载加载至 951kN 时，三角齿块锚固区域前端左侧上角开始出现细小裂缝；当荷载加载至 1000kN 时，三角齿块锚固区域前端右侧上部也开始出现小裂缝；当继续加载至 1085kN 时，三角齿块锚固区域前端顶面开始出现裂缝；继续加载，各裂缝纵向发展，当加载至 1360kN 时，三角齿块锚固区域发出滋拉声，左侧裂缝不断向内部发展；当荷载达到 1764kN 时，三角齿块锚固区域右侧出现了混凝土剥落和掉渣的现象，裂缝发展越来越明显；当荷载达到 2428kN 时，伴随着三角齿块锚固区域顶部混凝土崩裂，试件达到极限承载力而破坏。具体破坏形态如图 5-15 所示。

(a)受压截面破坏形态　　　　(b)三角锚固区侧面破坏形态

(c)破坏处钢筋外露　　　　　　　　(d)左侧裂缝发展

图 5-15　QY-1 试件破坏形态

QY-2 试件，荷载从 0kN 加载至 700kN 时，中间伴随着锚孔与锚杆之间被压实，有轻微的咔嚓声出现，三角齿块锚固区域没有明显现象；当荷载加载至 1420kN 时，三角齿块锚固区域开始出现钢纤维拉拔声；当荷载加载至 1669kN 时，有劈裂声出现，底板前端右侧第一个锚孔开始出现细小裂缝；当继续加载至 1770kN 时，底板左侧第一个锚孔开始出现细小裂缝；继续加载，各裂缝随之纵向发展，当加载至 2053kN 时，三角齿块锚固区域没有明显变化，底板左侧第二个锚孔有混凝土碎渣崩裂；当荷载达到 2944kN 时，三角齿块锚固区域有钢纤维拉拔声出现，底板前端左侧开始出现细小裂缝；当荷载达到 3155kN 时，左右侧各锚孔处均出现裂缝，且持续发展，最大处裂缝宽度达到 2mm，当加载至 3300kN 之后，左右侧界面均出现细小裂缝，随着荷载增大，持续发展，考虑到安全问题，加载至千斤顶最大量程的 95%（3800kN）后停止加载，三角齿块锚固区域未见明显裂缝和破坏。具体破坏形态如图 5-16 所示。

JY-1 试件，荷载从 0kN 加载至 500kN 时，中间伴随着锚孔与锚杆之间被压实，有轻微的咔嚓声出现，三角齿块锚固区域没有明显现象；当荷载加载至 650kN 时，三角齿块锚固区域开始出现劈裂声，底板未见明显裂缝；当继续加载至 900kN 时，三角齿块锚固区域左右两侧突然出现裂缝，并迅速发展，加载面混凝土开始碎裂，当加载至 987kN 时，试件加载面被压溃，三角齿块上侧混凝土胀裂，试件破坏。具体破坏形态如图 5-17 所示。

JY-2 试件，荷载从 0kN 加载至 700kN 时，中间伴随着锚孔与锚杆之间被压实，有轻微的压紧声出现，三角齿块锚固区域没有明显现象；当荷载加载至 1120kN 时，三角齿块锚固区域开始出现钢纤维拉拔声，当荷载加载至 1550kN 时，开始有劈裂声出现，底板前端右侧出现细小裂缝；当继续加载至 1570kN 时，底板左侧前端出现细小裂缝；继续加载，各裂缝随之发展，当加

第 5 章　UHPC 预应力锚固齿块机理与试验研究

(a)受压截面破坏形态

(b)底板裂缝分布

(c)锚孔处混凝土崩裂

(d)裂缝宽度最大处达2mm

图 5-16　QY-2 试件破坏形态

(a)受压截面破坏形态

(b)齿块侧面裂缝

(c)齿板整体破坏形态

(d)锚板下螺旋箍筋露出

图 5-17　JY-1 试件破坏形态

载至 1624kN 时，三角齿块锚固区域有劈裂声出现，加载面锚垫板附近开始出现细微裂缝；当荷载达到 1954kN 时，三角齿块锚固区域左侧出现细小裂缝；当荷载达到 2021kN 时，三角齿块锚固区域右侧出现细小裂缝，且缓慢发展；当加载至 2040kN 时，试件加载面发出巨大的声响，锚垫板内圈与外圈脱离，当加载至 2083kN 时，承载力不再继续增加，三角齿块锚固区域未见明显破坏。具体破坏形态如图 5-18 所示。

(a)受压截面破坏形态　(b)三角齿块侧面裂缝分布

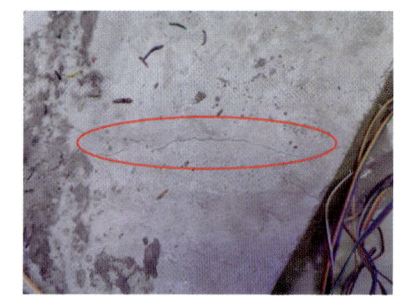

(c)三角齿板整体裂缝分布　(d)底板裂缝宽度最大处达0.5mm

图 5-18　JY-2 试件破坏形态

2)试验结果汇总

将 QY 组和 JY 组的试验结果进行汇总，各试件主要试验结果如表 5-9 所示。

表 5-9　各试件主要试验结果汇总

试件编号	开裂荷载/kN	极限荷载/kN	峰值位移/mm
QY-1	951	2428	1.768
QY-2	1669	—	1.098
JY-1	650	987	0.210
JY-2	1550	—	0.608

对于 QY 组，QY-2 试件的三角齿块锚固区域采用 UHPC，能明显提高其承载能力，QY-1 试件三角齿块锚固区域的开裂荷载为 951kN，QY-2 试件三角齿块锚固区域的开裂荷载为 1669kN，是 QY-1 试件的 1.75 倍。QY-1 与 QY-2 试件的破坏模式也呈现两种方式。QY-1 试件的破坏均出现在三角齿块锚固区域，最终破坏为锚下劈裂区崩裂，其底板和三角齿块与底板界面处没有出现明显的裂缝和破坏，符合工程中锚固区的破坏形式；QY-2 试件整体未见明显的破坏，底板和三角齿块与底板界面处多处出现开裂，而三角齿块锚固区域未见明显裂缝，与三维实体模型中破坏一致，预测其最终为三角齿块锚固区域与底板脱离的破坏。

对于 JY 组，JY-2 试件的三角齿块锚固区域采用 UHPC，其局部承载力远高于 JY-1 试件，JY-1 试件三角齿块锚固区域的开裂荷载为 650kN，而 JY-2 试件三角齿块锚固区域的开裂荷载为 1550kN，是 JY-1 试件的 2.38 倍，UHPC 的局部承压性能明显好于 RC。JY-1 试件与 JY-2 试件的破坏模式也有所区别。JY-1 试件的破坏主要在三角齿块锚固区域，裂缝从局压处逐渐向三角齿块其他地方发展，最终试件被胀裂；JY-2 试件的破坏存在于底板和三角齿块锚固区域，三角齿块锚固区域的裂缝与 JY-1 试件相似，从局压处开始，缓慢延伸至三角齿块的侧面区域，底板和三角齿块与底板界面处均有裂缝出现，与三维实体模型中破坏相似，预测其最终为三角齿块区域与底板均出现大量裂缝而破坏。

3）荷载-位移曲线

根据电子位移计和压力传感器测得的数据，绘制各组试件的荷载-位移曲线，如图 5-19 所示。

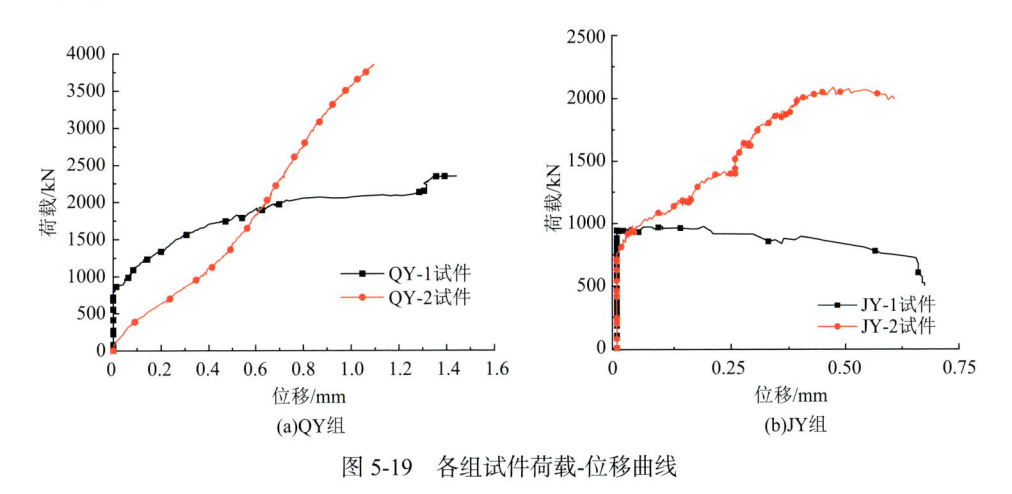

(a)QY组　　　　　　　　　　(b)JY组

图 5-19　各组试件荷载-位移曲线

对于 QY 组，QY-1 试件在 0～800kN 时几乎没有位移，曲线呈现直线上升，当荷载达到 800kN 之后，试件位移开始逐渐增长，当达到 2000kN 之后，位移增加缓慢，最后直至破坏。荷载-位移曲线先经历弹性上升阶段，随后进入屈服阶段，有一定的延性。QY-2 试件在整个加载过程中都呈现弹性上升，直至加载至 3800kN，曲线仍未出现屈服阶段，试件仍能继续加载。QY-1 试件和 QY-2 试件的荷载-位移曲线都体现出了延性破坏的特征，有比较明显的屈服特征。

对于 JY 组，JY-1 试件在 0～900kN 时基本没有位移，当荷载达到极限荷载的 90%之后位移开始增长，试件突然破坏，整体呈现脆性破坏。JY-2 试件在 780kN 之前基本没有位移，当荷载在 800～2000kN 时，位移呈现弹性直线上升，当达到 2000kN 后，由于锚垫板的破坏，荷载不再增加，位移进入屈服阶段，试件仍能继续加载。QY-1 试件的破坏为脆性破坏，试件在加载至极限荷载的 90%之前基本没有位移，而 QY-2 试件为延性破坏，有弹性上升阶段和屈服特征。

4）荷载-应变曲线

QY 组试件各部位荷载-应变曲线如图 5-20 所示。QY-1 试件在荷载达到 2428kN 时，混凝土表面的压应变最大值为 1750με，拉应变最大值为 301με；钢筋的压应变最大值为 610με，拉应变最大值为 704με。三角齿块锚固区出现大量裂缝。对于锚下劈裂区，C1～C3 测点和 C4～C6 测点的应变变化趋势大致相同，锚下劈裂效应明显，先经历弹性上升阶段后进入屈服平台，是三角齿块锚固区较为关键的受力区域。对于锚后牵拉效应，D4 测点为压应变，达到 805με，D5 测点为拉应变，达到 215με，效应较为显著，在设计中需要多加关注。对于局部弯曲效应和径向力效应，该两处测点仍处于弹性区域，符合锚固区受力特征，不是关键受力区域。

QY-2 试件在荷载达到 3800kN 时，混凝土表面的压应变最大值为 1345με，拉应变最大值为 702με；钢筋的压应变最大值为 998με，拉应变最大值为 502με。对于锚下劈裂区，C1～C3 测点和 C4～C6 测点的应变变化趋势大致相同，仍处于弹性上升阶段，还可继续承载，锚下劈裂效应表现明显，UHPC 预应力锚固齿块提供的承载力远远大于 RC 提供的承载力。对于锚后牵拉效应，D4 测点为压应变，达到 121με，D5 测点为拉应变，达到 457με，与 QY-1 试件有所区别，随着荷载的增大，UHPC 三角齿块锚固区整体向前，导致拉应力过大，使底面界面处开裂，主要以受拉为主。而 RC 三角齿块锚固区由于开裂，整体性下降，底板处主要以受压为主。对于局部弯曲效应和径向力效应，与 QY-1 试件相似，该两处测点仍处于弹性区域，符合锚固区受力特征。

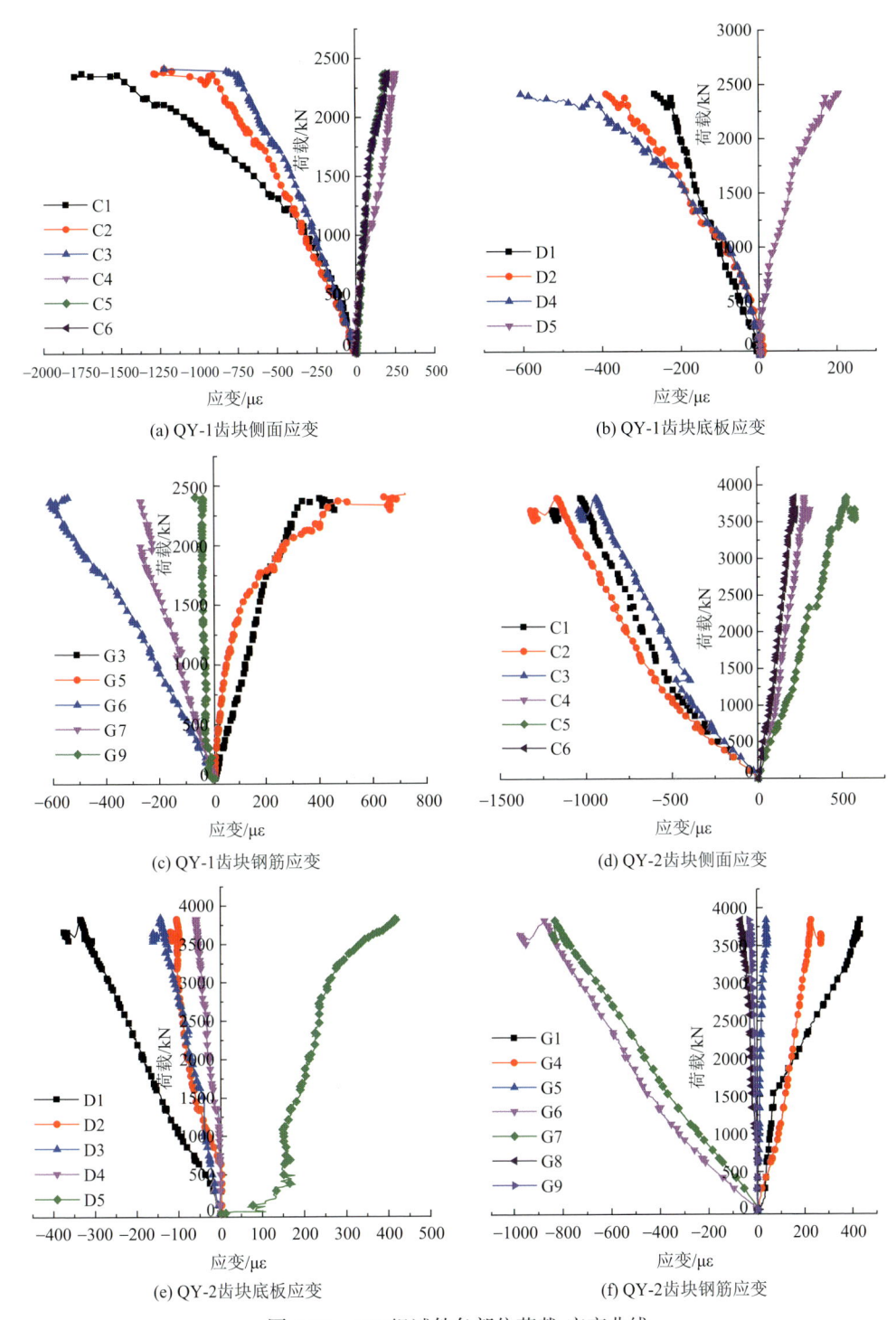

第 5 章　UHPC 预应力锚固齿块机理与试验研究

(a) QY-1齿块侧面应变

(b) QY-1齿块底板应变

(c) QY-1齿块钢筋应变

(d) QY-2齿块侧面应变

(e) QY-2齿块底板应变

(f) QY-2齿块钢筋应变

图 5-20　QY 组试件各部位荷载-应变曲线

JY 组试件各部位荷载-应变曲线如图 5-21 所示。JY-1 试件在荷载达到 987kN 时，混凝土表面的压应变最大值为 521με，拉应变最大值为 1680με；钢筋的压应变最大值为 389με，拉应变最大值为 1479με。三角齿块锚固区出现大量裂缝，符合局压破坏的特征。对于锚下劈裂区，与 QY-1 试件不同，JY-1 试件更符合实际

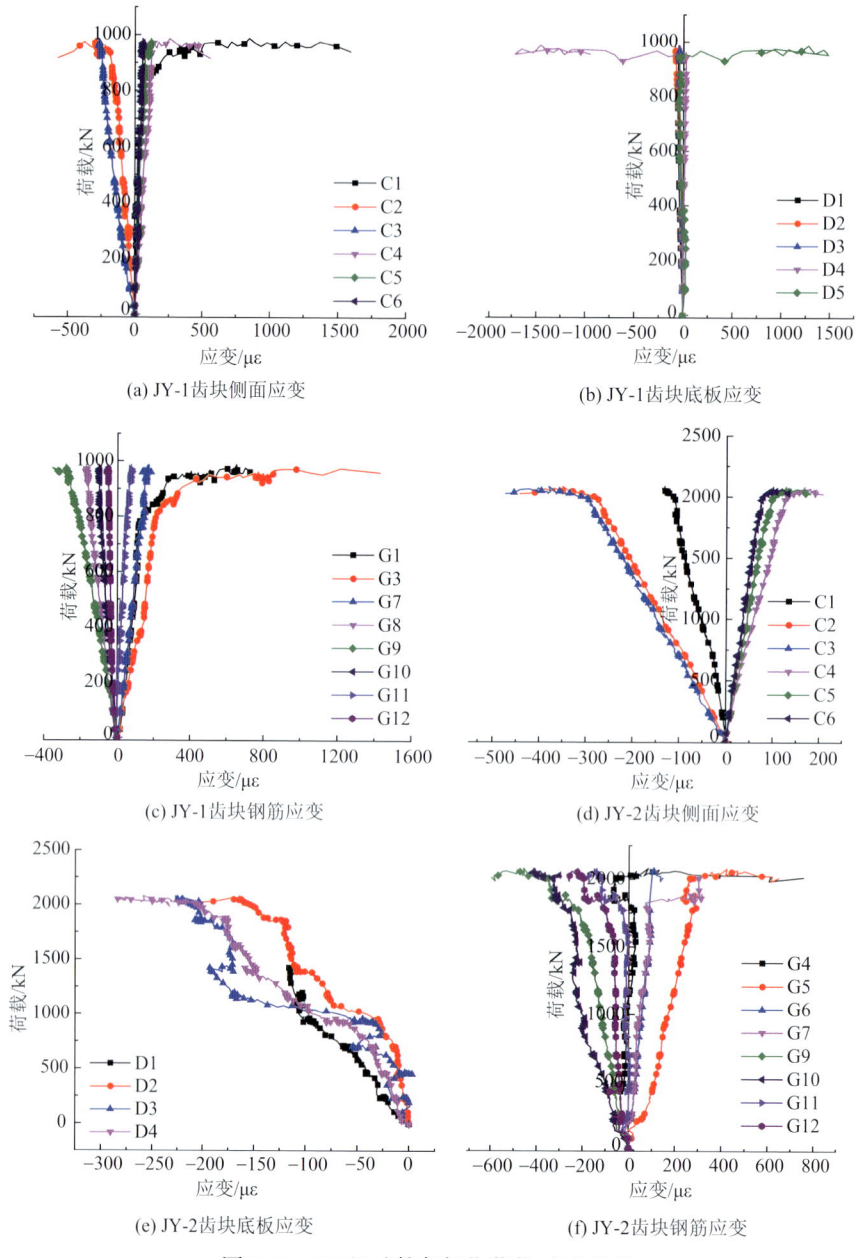

(a) JY-1 齿块侧面应变

(b) JY-1 齿块底板应变

(c) JY-1 齿块钢筋应变

(d) JY-2 齿块侧面应变

(e) JY-2 齿块底板应变

(f) JY-2 齿块钢筋应变

图 5-21　JY 组试件各部位荷载-应变曲线

工程中的运用，其破坏主要以拉应变为控制，达到局部承压极限承载力之后，内部被胀裂，从内到外破坏。C1~C3测点和C4~C6测点的应变变化趋势大致相同，呈现脆性破坏的特点，没有屈服阶段，锚下劈裂效应明显，是三角齿块锚固区的关键受力区域。对于锚后牵拉效应，D4测点为压应变，达到1624με，D5测点为拉应变，达到1589με，与QY-1试件不同，因为试件的破坏为脆性破坏，荷载通过钢筋将力传递至锚后区域，随着荷载的增大，该区域的压应变和拉应变也随之缓慢增大，加载至极限荷载的90%时，由于裂缝由三角锚固区传递至锚后区域，应变急速增大，直至破坏。对于局部弯曲效应和径向力效应，与QY-1试件类似，该两处测点处于弹性上升区域，符合锚固区受力特征，不是关键受力区域。

JY-2试件在荷载达到2024kN时，混凝土表面的压应变最大值为506με，拉应变最大值为224με；钢筋的压应变最大值为634με，拉应变最大值为821με。对于锚下劈裂区，与QY-2试件不同，试件先经历弹性上升阶段，随后进入屈服阶段，C1~C3测点和C4~C6测点的应变变化趋势大致相同，但未加载至极限荷载，还可继续承载，锚下劈裂效应表现明显，与JY-1试件相比，其应变变化趋势体现出明显的延性和更高的承载力。对于锚后牵拉效应，与QY-2试件不同，采用局部加载的方式，使荷载通过锚具下局部加密的钢筋传递至三角齿块锚固区其他区域，而锚后区域受力较小，在三角锚固齿块开裂后，裂缝仍未传递至锚固区域，使该区域的应变较小。对于局部弯曲效应和径向力效应，与QY-2试件相似，该两处测点仍处于弹性上升阶段，符合锚固区受力特征，不是关键受力区域。

5) DIC数据分析

利用DIC设备，可以直观地记录试验过程中预应力锚固齿块承压破坏的全过程。从正式加载到试件破坏，预应力锚固齿板顶面的广义应变场的变化历程如图5-22~图5-25所示。

对于QY-1试件，在刚开始加载时，其顶面的广义主应变分布较为均匀，基本处于几十微应变，如图5-22(a)所示。荷载继续增加，其间伴随着锚杆被压紧的声音，微裂缝也开始陆续出现，其广义主应变也随之增加，锚下劈裂区的应变比其他区域大，但分布较为均匀，并没有出现应力集中的现象。随着荷载加载至1706kN，加载端面开始出现应力集中现象，此时三角齿块锚固区右侧出现了混凝土剥落和掉渣的现象，并伴随着裂缝的发展，应变的分布开始不均匀，沿着裂缝处迅速增大。当加载至2428kN时，试件伴随着三角齿块锚固区顶部混凝土崩裂，试件达到极限承载力而破坏，其应变也迅速增大，裂缝较大，出现了采集的盲区，如图5-22(e)所示。

(a) F=0kN

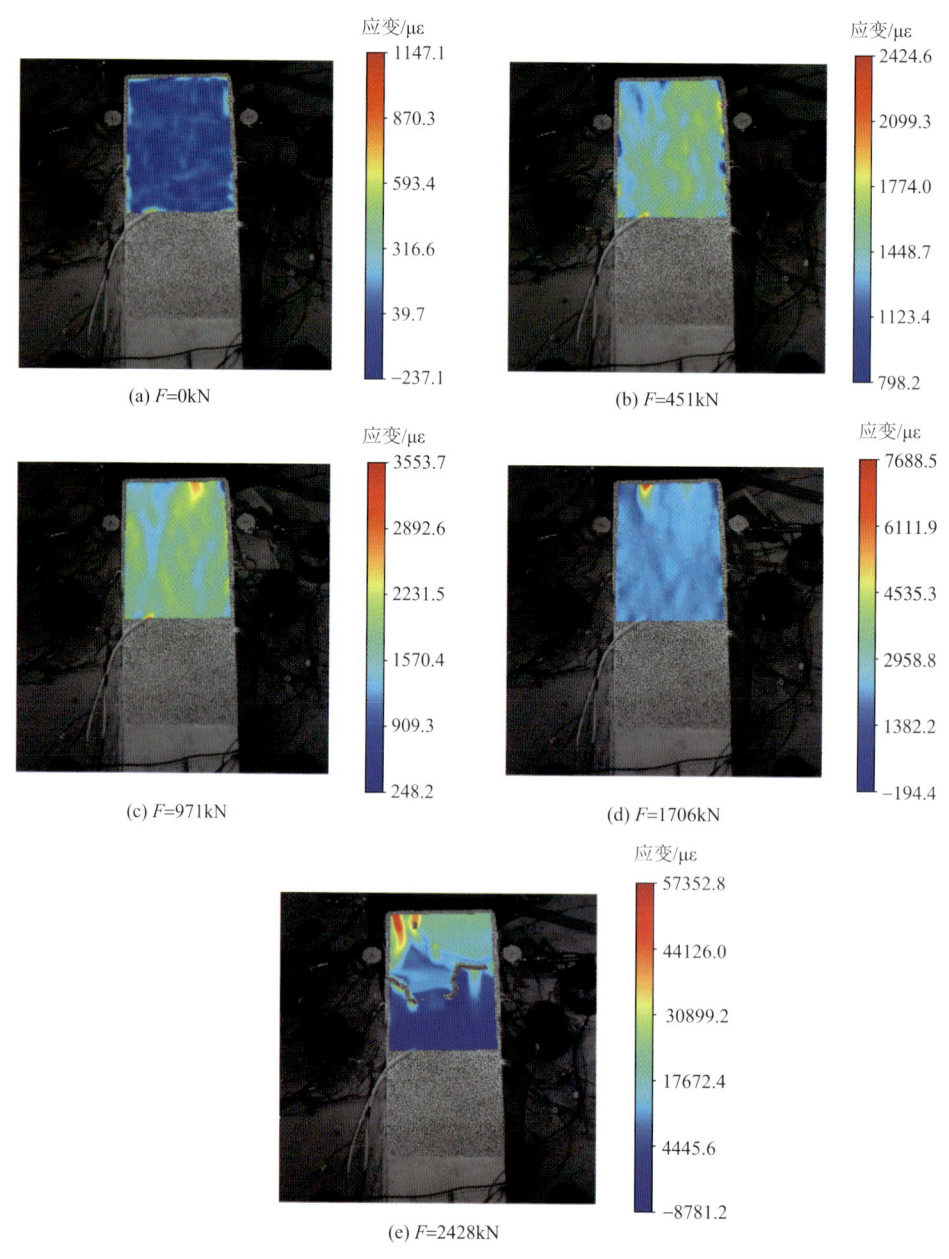

(b) F=451kN

(c) F=971kN

(d) F=1706kN

(e) F=2428kN

图 5-22　QY-1 试件广义应变变化历程

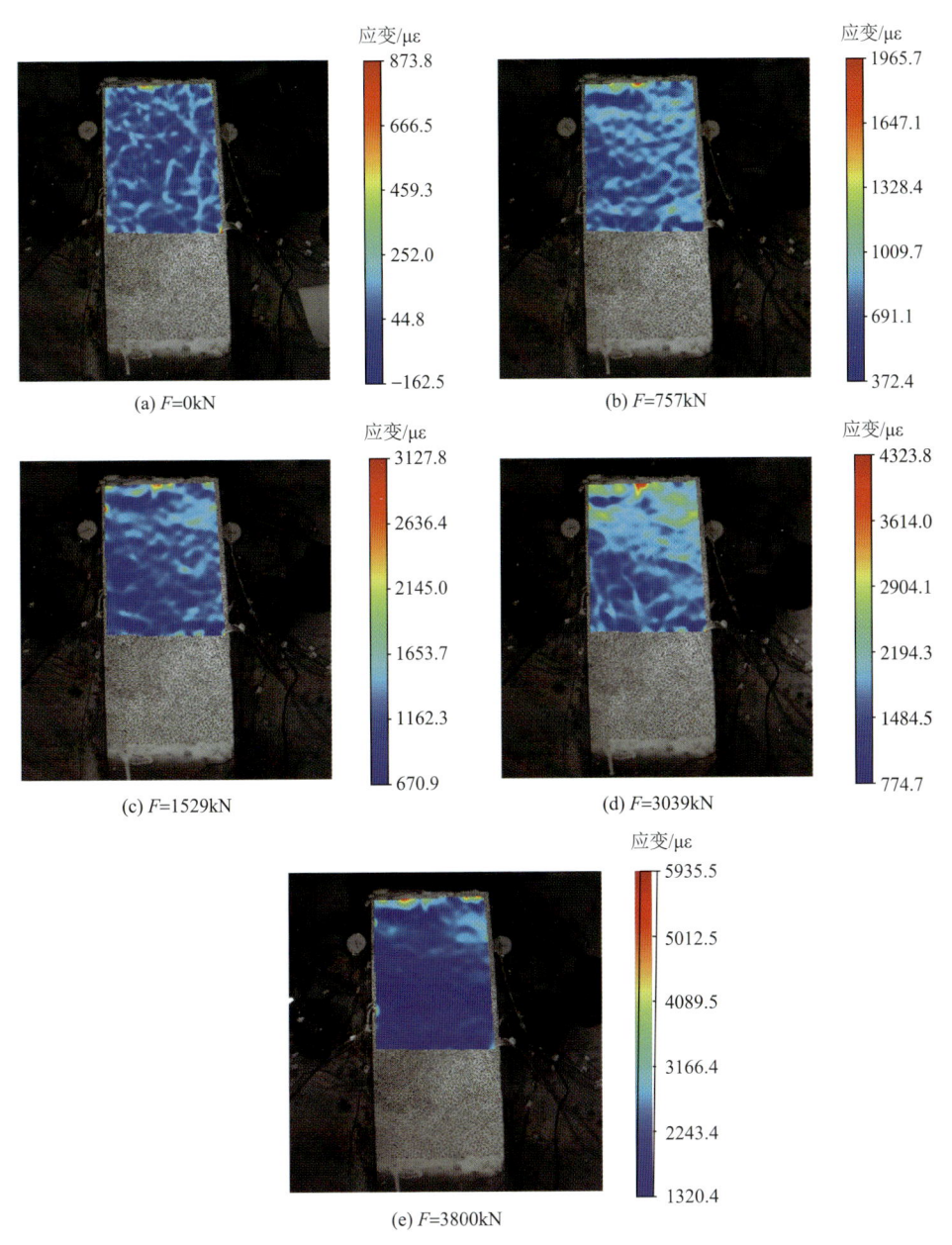

第 5 章　UHPC 预应力锚固齿块机理与试验研究

(a) F=0kN

(b) F=757kN

(c) F=1529kN

(d) F=3039kN

(e) F=3800kN

图 5-23　QY-2 试件广义应变变化历程

(a) F=0kN

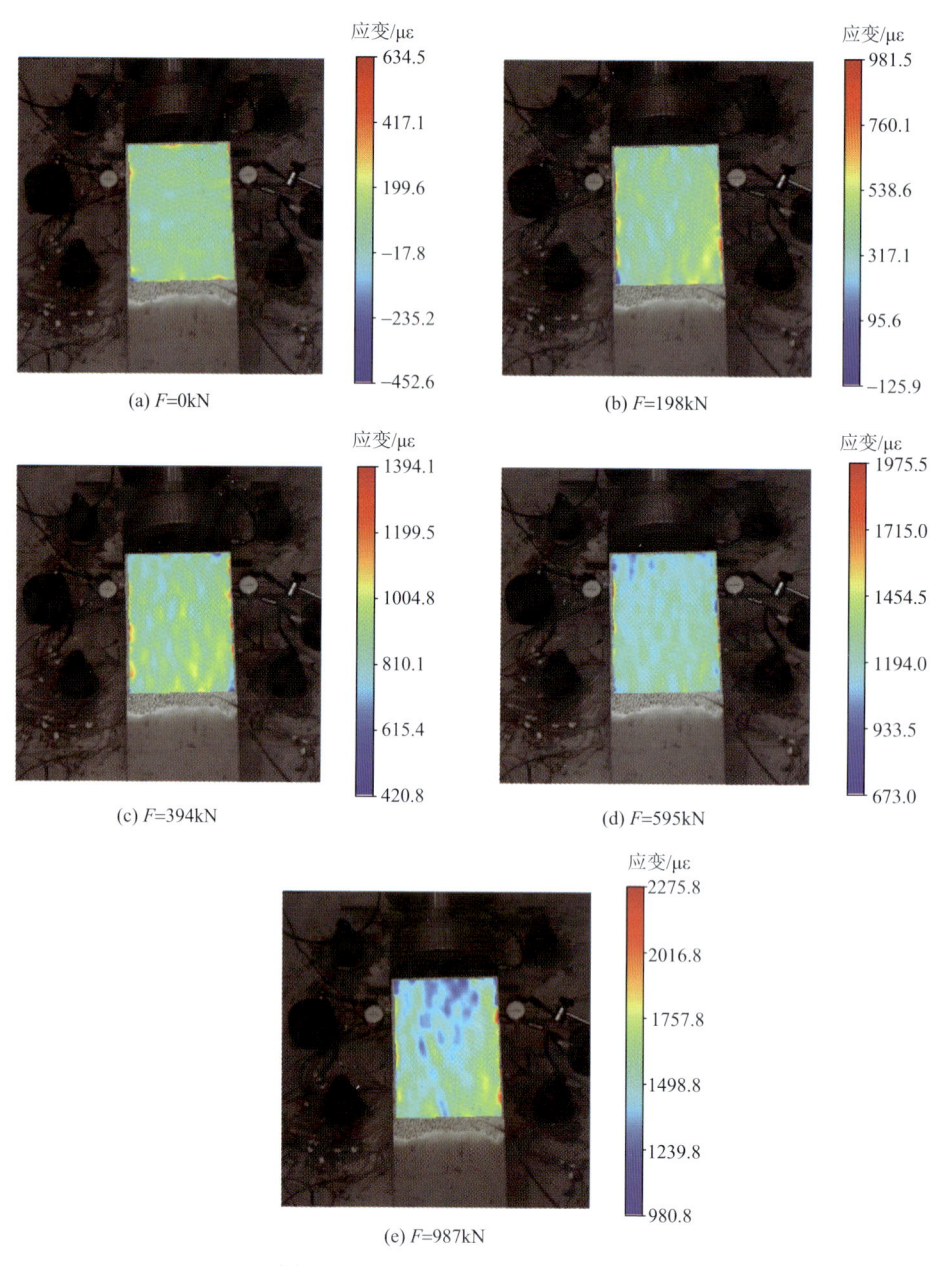

(b) F=198kN

(c) F=394kN

(d) F=595kN

(e) F=987kN

图 5-24 JY-1 试件广义应变变化历程

(a) F=200kN

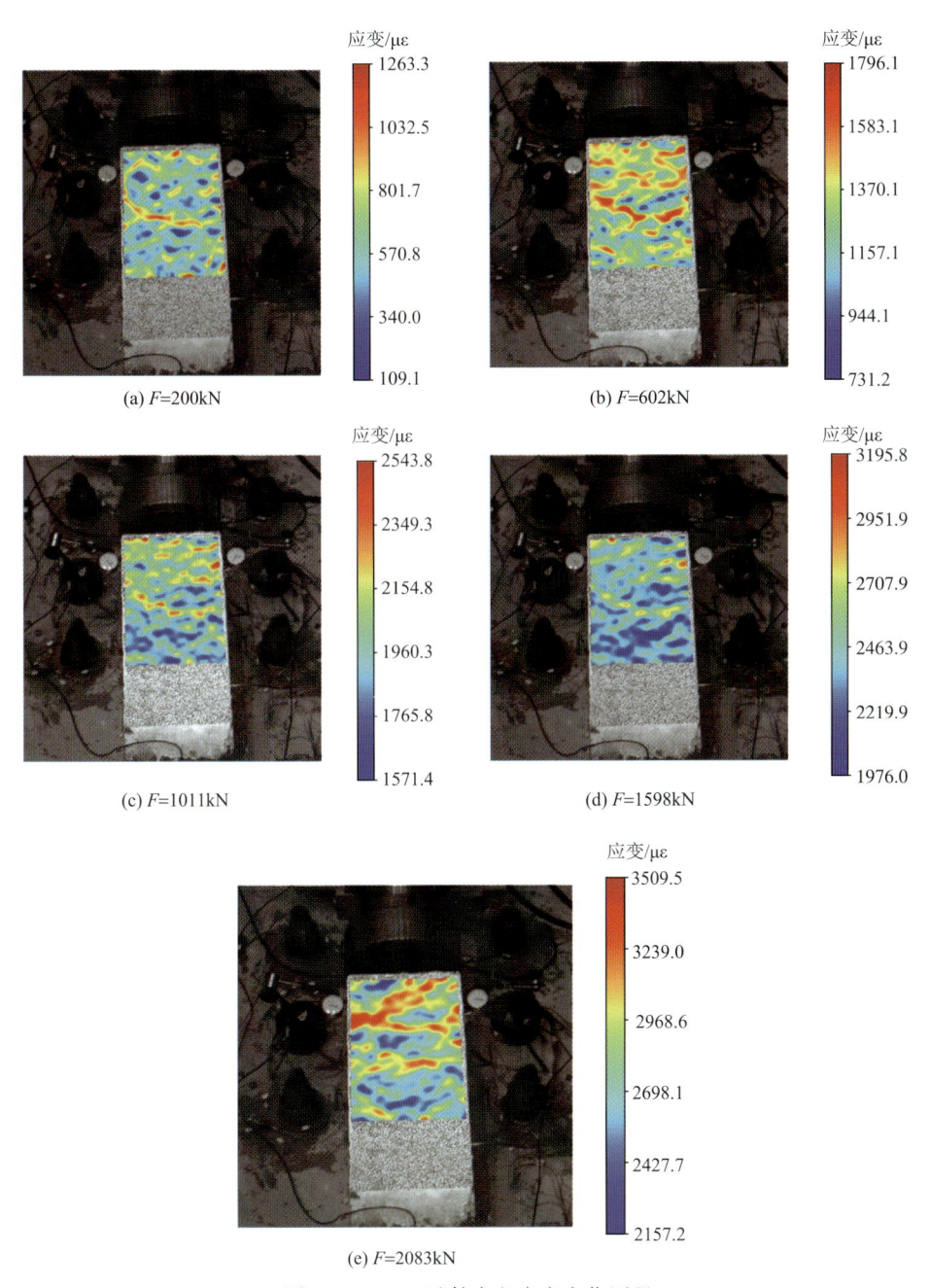

(b) F=602kN

(c) F=1011kN

(d) F=1598kN

(e) F=2083kN

图 5-25 JY-2 试件广义应变变化历程

对于 QY-2 试件，在刚开始加载时，除预应力锚固齿块顶面端部有极少部分区域应力集中外，其余区域的广义主应变分布较为均匀，基本处于几十微应变，因为 QY-2 试件的三角齿块锚固区域由 UHPC 浇筑而成，其顶部前端存在钢纤维，当钢纤维受到荷载时，其变形较大，使 DIC 设备测出的值较大，导致显示为应力集中，如图 5-23(b)所示。荷载继续增加，其间伴随着锚杆被压紧的声音和钢纤维的拉拔声，UHPC 预应力锚固齿块在内部开始产生微裂缝，但由于过于微小，并不能观测到，底板和界面处开始出现裂缝。其广义主应变也随之增加，但分布较为均匀，并没有出现应力集中的现象，如图 5-23(c)所示。随着荷载加载至 3039kN，UHPC 预应力锚固齿块的加载端面出现应力集中现象，但三角齿块锚固区域仍未出现可观测的裂缝，底板和界面处出现较多裂缝，并在一直发展。应变的分布开始不均匀，锚下劈裂区域的应变大于其他区域的应变。当加载至 3800kN 时，UHPC 三角齿块锚固区域仍未出现肉眼可见的裂缝，底板和界面处出现大量裂缝，锚下劈裂区的应变远大于其他区域的裂缝，仍可继续加载，如图 5-23(e)所示。

对于 JY-1 试件，在刚开始加载时，RC 预应力锚固齿块的顶面四周少部分区域出现了应力集中，其他区域顶面的广义主应变分布较为均匀，基本处于几十微应变，如图 5-24(a)所示。荷载继续增加，其间伴随着锚杆被压紧的声音，广义主应变也随着荷载增加，锚下劈裂区域的广义主应变增长速率高于其他区域，广义主应变场开始分布不均匀，如图 5-24(c)所示。随着荷载加载至 595kN，RC 预应力锚固齿块开始出现劈裂声，有微裂隙产生，但肉眼无法观测。RC 三角齿块锚固区顶面两侧开始出现应力集中现象，其锚下劈裂区的应变明显大于其他区域。当加载至 987kN 时，试件加载面被压溃，三角齿块上侧混凝土胀裂，试件达到局压极限承载力而破坏，但 RC 预应力锚固齿块顶面并没有出现裂缝，所以广义主应变场并没有急剧增大，但从两侧的应变也可发现裂缝在逐渐向顶面斜向发展，如图 5-24(e)所示。

对于 JY-2 试件，在刚开始加载时，由于 JY-2 试件为 UHPC 预应力锚固齿块，其顶面区域中间部分存在部分蜂窝状小孔，在加载时导致 DIC 设备对该区域的应变测量不是很准确，在去除该部分广义主应变之后，其他区域顶面的广义主应变分布较为均匀，如图 5-25(b)所示。荷载继续增加，其间伴随着锚杆被压紧的声音和钢纤维开始出现拉拔声，锚下劈裂区的广义主应变增长速度比其他区域快，其顶面的广义主应变场开始变得不均匀，如图 5-25(c)所示。随着荷载加载至 1598kN 时，底板和界面处开始出现裂缝，但 UHPC 预应力锚固齿块并没有出现可观测的微裂隙，其锚下劈裂区的广义主应变明显大于其他区域。当加载至 2083kN 时，试件加载面发出巨大的声响，锚垫板内圈与外圈脱离，UHPC 预应力锚固齿块侧面开始出现可观测裂缝，试件还未达到局部承压极限承载力，其锚下劈裂区的广义主应变增长幅度较大，并向两侧转移，如图 5-25(e)所示。

5.5　UHPC 预应力锚固齿块有限元数值仿真分析

1) QY 组和 JY 组模型计算结果

通过有限元模型分析计算得到 QY-1 试件的混凝土应力、拉伸损伤及变形情况，如图 5-26 所示。

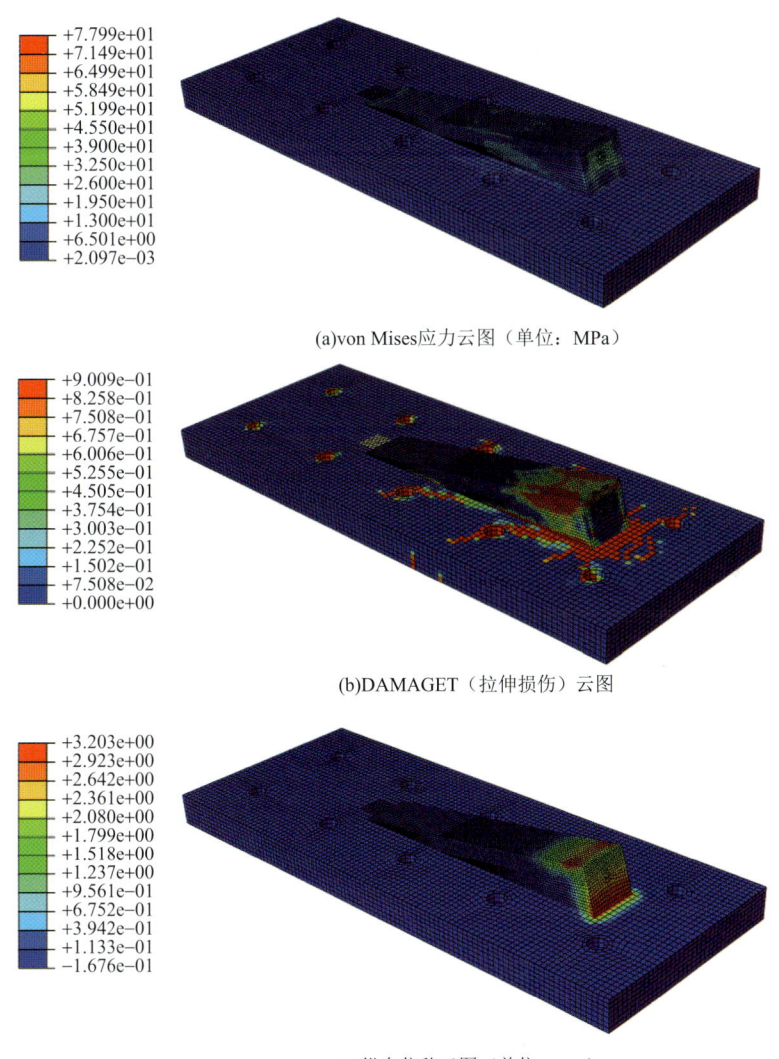

(a)von Mises 应力云图（单位：MPa）

(b)DAMAGET（拉伸损伤）云图

(c)纵向位移云图（单位：mm）

图 5-26　QY-1 试件有限元模拟结果

对模型施加位移荷载，计算出极限荷载为 2258kN，比试验的极限值降低了 7%，误差在 10%以内，模拟效果较好，与试验值较为贴合。在三角齿块锚固区域最大压应力为 26.6MPa，最终预应力锚固齿块顶部混凝土崩裂而破坏。从图 5-26 中可以看出，其预应力锚固齿块区域的拉伸破坏区域与实际试验中的破坏基本一致。

通过有限元模型分析计算得到 QY-2 试件的混凝土应力、拉伸损伤及变形情况，如图 5-27(a)～(c)所示。

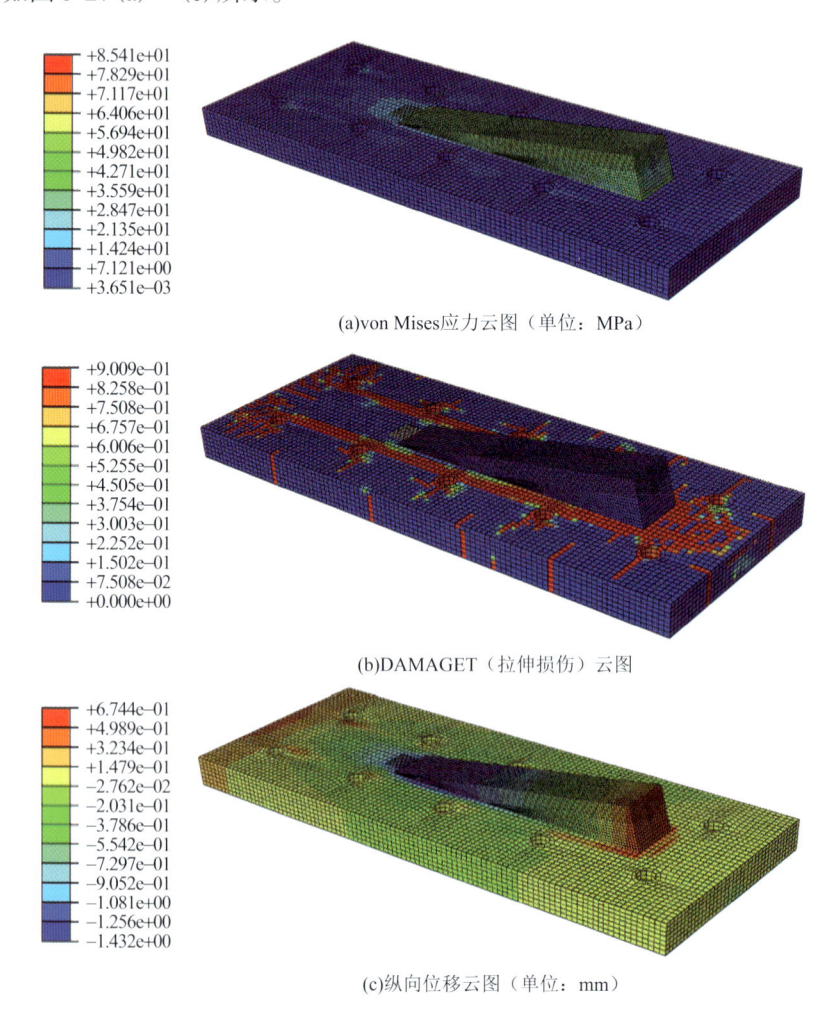

(a)von Mises应力云图（单位：MPa）

(b)DAMAGET（拉伸损伤）云图

(c)纵向位移云图（单位：mm）

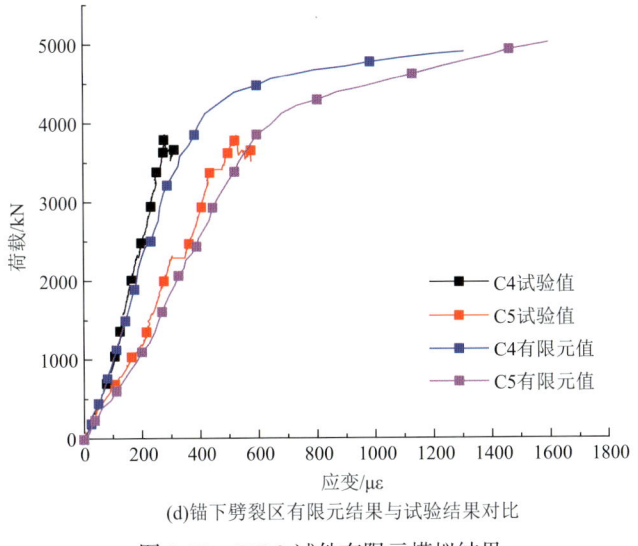

(d)锚下劈裂区有限元结果与试验结果对比

图 5-27 QY-2 试件有限元模拟结果

对模型施加位移荷载，计算出极限荷载为 5024kN，因为试验设备限制，对于 QY-2 试件并没有加载至极限荷载，锚下劈裂区是预应力锚固齿块的关键受力部位之一，所以在模型中提取 C4 和 C5 测点对应区域的应变，与试验值进行对比，如图 5-27(d)所示，其贴合程度较好，模拟效果较好。在三角齿块锚固区域最大压应力为 66.4MPa，还未达到 UHPC 预应力锚固齿块的极限承载力。但从图中可以看出，由于底板的材料为 C40 普通混凝土，其抗拉和抗压能力远弱于 UHPC，随着荷载的持续增加，其底板和界面处的裂缝也会不断增加和发展，最终 UHPC 预应力锚固齿块与底板会整体脱离而破坏，而底板锚孔周围的混凝土也会被压溃。

通过有限元模型分析计算得到 JY-1 试件的混凝土应力、拉伸损伤及变形情况，如图 5-28 所示。

(a)von Mises应力云图（单位：MPa）

(b)DAMAGET（拉伸损伤）云图

(c)纵向位移云图（单位：mm）

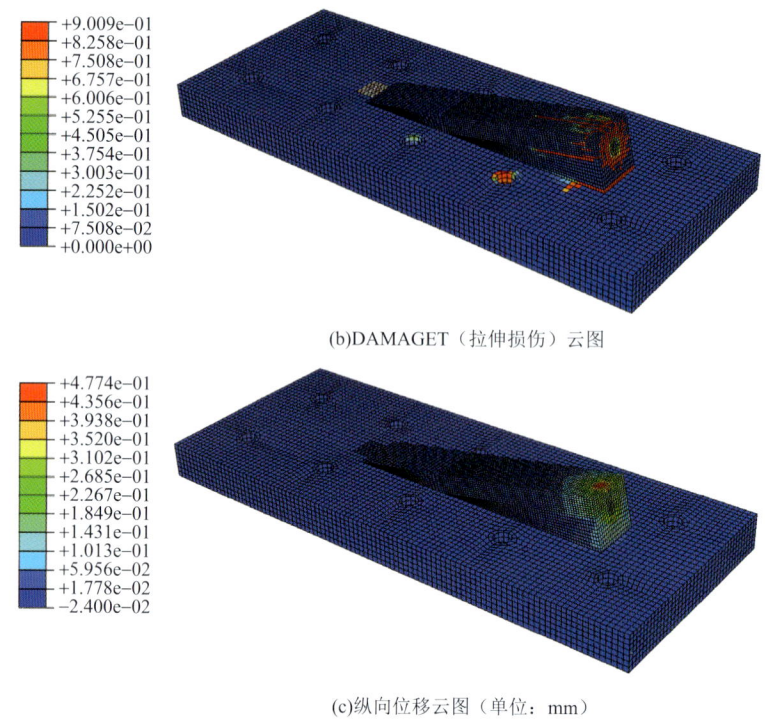

图 5-28　JY-1 试件有限元模拟结果

对模型施加位移荷载，计算出极限荷载为 1031kN，比试验的极限荷载提高了 4.3%，误差在 10%以内，模拟效果较好，与试验值较为贴合。在三角齿块锚固区域最大压应力为 110.2MPa，试件加载面被压溃，三角齿块上侧混凝土胀裂，试件破坏。从图 5-28 中可以看出，其预应力锚固齿块区域的拉伸破坏区域与实际试验中的破坏基本一致。

通过有限元模型分析计算得到 JY-2 试件的混凝土应力、拉伸损伤及变形情况，如图 5-29(a)～(c)所示。

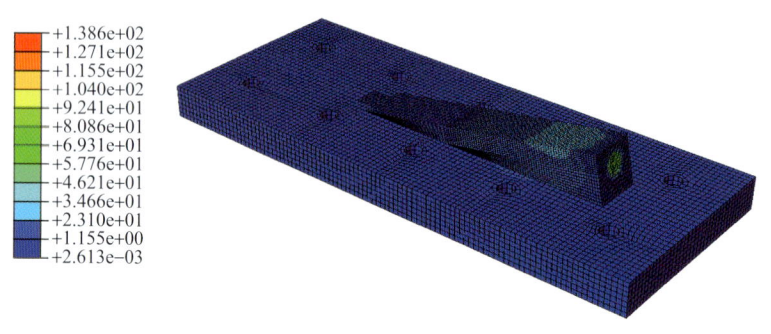

(a)von Mises应力云图（单位：MPa）

(b)DAMAGET（拉伸损伤）云图

(c)纵向位移云图（单位：mm）

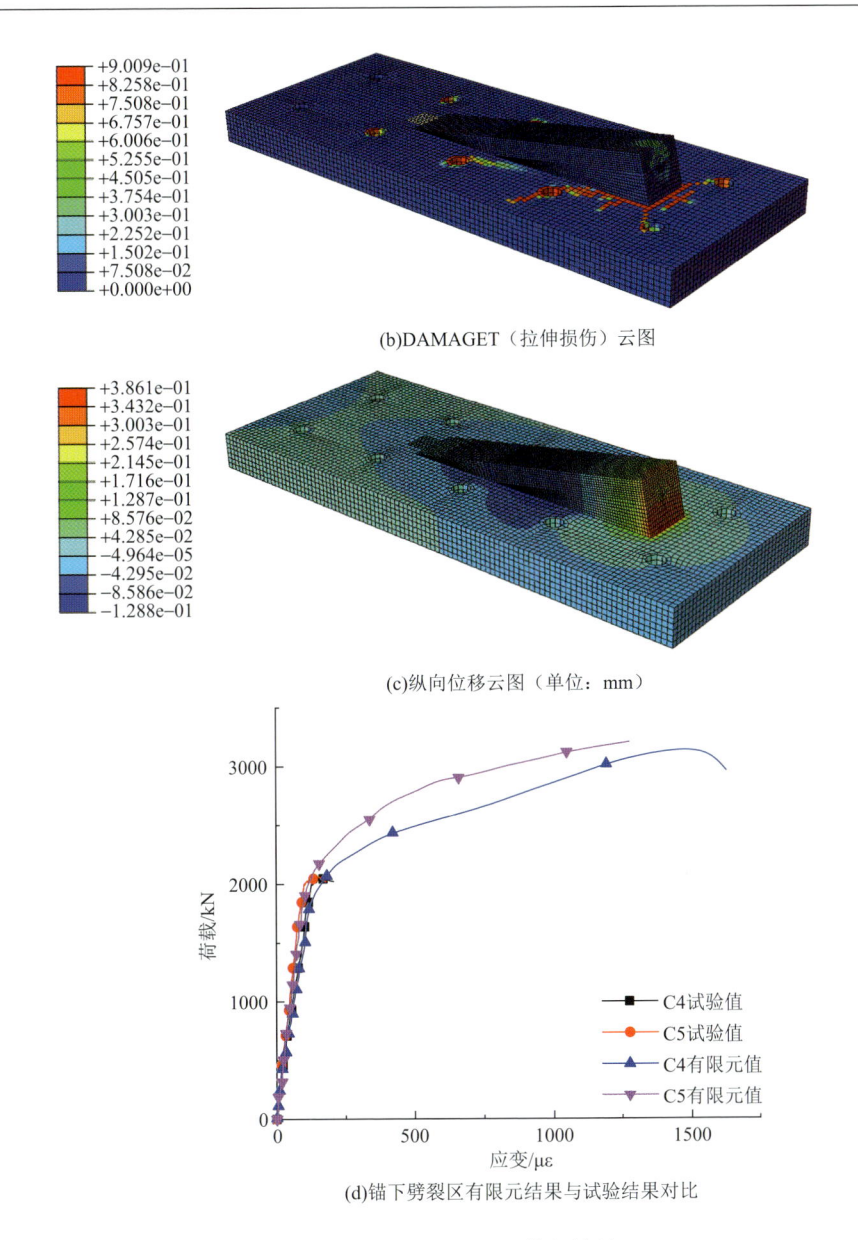

(d)锚下劈裂区有限元结果与试验结果对比

图 5-29　JY-2 试件有限元模拟结果

对模型施加位移荷载，计算出极限荷载为 3239.1kN，因为加载过程中锚垫板内外圈分离，对于 QY-2 试件并没有加载至极限荷载，锚下劈裂区是预应力锚固齿块的关键受力部位之一，所以在模型中提取 C4 和 C5 测点对应区域的应变，与试验值进行对比，如图 5-29(d)所示，其贴合程度较好，模拟效果接近真实情况。在三角齿块锚固区域最大压应力为 231.2MPa，UHPC 预应力锚固齿块的局部承压能力远高于普通混凝土。从图中可以看出，由于底板的材料为 C50 普通混凝土，其抗拉和抗压能力远弱于 UHPC，随着荷载的持续增加，UHPC 预应力锚固齿块上的裂缝持续发展，底板的裂缝也会逐渐增多，最终 UHPC 预应力锚固齿块与底板的局部区域会被压溃而造成试件破坏。

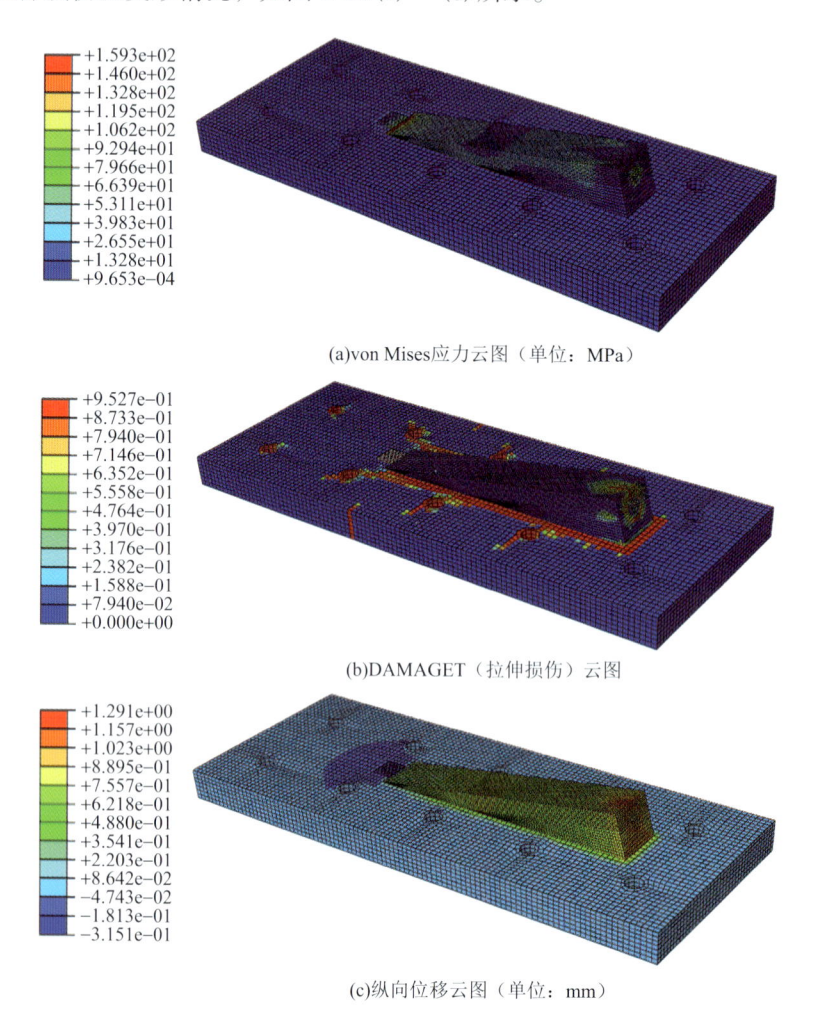

2) 未配筋 UHPC 预应力锚固齿块模型计算结果

通过有限元模型分析计算得到未配筋 UHPC 预应力锚固齿块的混凝土应力、拉伸损伤及变形情况，如图 5-30(a)～(c)所示。

(a)von Mises应力云图（单位：MPa）

(b)DAMAGET（拉伸损伤）云图

(c)纵向位移云图（单位：mm）

(d)锚下劈裂区有限元结果

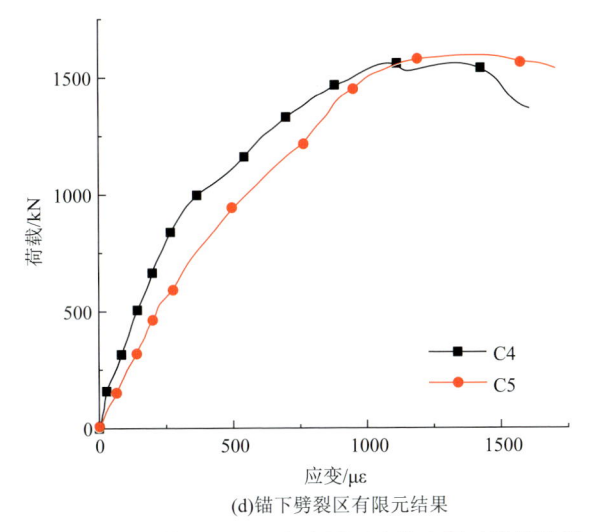

图 5-30 未配筋 UHPC 预应力锚固齿块有限元模拟结果

对模型施加位移荷载，计算出极限荷载为 1597kN，大于配筋的普通混凝土预应力锚固齿块的承载力，效果较好。由于锚下劈裂区域是预应力锚固齿块的关键受力部位之一，在模型中提取 C4 和 C5 测点对应区域的应变，如图 5-30(d)所示。从图 5-30(b)中可以看出，其破坏区域主要存在于三角齿块的五种局部效应区及界面交界处，预计破坏为 UHPC 预应力锚固齿块先开裂，然后底板也出现裂缝，最后先后破坏。由于 UHPC 材料的性质限制，其黏结性较强，但由于三角齿块锚固区域受力复杂，配筋较多，会对 UHPC 的流动性造成影响，可能会造成空洞等影响。并且钢筋的存在会使浇筑时 UHPC 中的钢纤维吸附在钢筋周围，导致钢纤维的分布不均，降低 UHPC 的承载能力和韧性。通过模型模拟计算发现，其未配钢筋的 UHPC 预应力锚固齿块承载力也满足需求，在后续的设计中可以减小 UHPC 预应力锚固齿块区域的配筋率，充分发挥 UHPC 自身的超强性能，也能使 UHPC 更好地满足施工性能要求。

5.6 本章小结

本章通过分析预应力混凝土连续刚构桥锚下裂缝产生的机理可知，提高混凝土强度是防止预应力混凝土连续刚构桥产生结构裂缝最直接的方式，因此开展了 UHPC 材料基础性能试验和 UHPC 预应力锚固齿块的承压性能试验，同时对 UHPC 预应力锚固齿块和 RC 预应力锚固齿块进行了建模分析。主要得出以下结论：

（1）UHPC 预应力锚固齿块的开裂荷载远大于 RC 预应力锚固齿块，UHPC 预应力锚固齿块的抗裂性能比 RC 预应力锚固齿块分别提高了 175%和 238%，效果显著。

（2）UHPC 预应力锚固齿块与 RC 预应力锚固齿块的破坏模型不同，RC 预应力锚固齿块的破坏从加载面开始，逐渐延伸至预应力锚固齿块两侧，最后以锚下劈裂区的混凝土胀裂而破坏。

（3）UHPC 预应力锚固齿块的延性明显强于 RC 预应力锚固齿块，UHPC 预应力锚固齿块的位移均大于 RC 预应力锚固齿块，有较强的抵抗变形的能力。RC 预应力锚固齿块为典型的脆性破坏，但 UHPC 预应力锚固齿块仍体现出一定的延性。

（4）对预应力锚固齿块进行有限元模拟，在 ABAQUS 中采用 CDP 模型来模拟 UHPC 和 RC 的非线性行为，通过计算结果可以有效地模拟出 RC 预应力锚固齿块与 UHPC 预应力锚固齿块的破坏模式不用，从应力云图可以直接观察应力集中的部位，从 DAMAGET（拉伸损伤）云图可以看出每个试件开裂的趋势，与试验中开裂的区域基本一致。

（5）将每组预应力锚固齿块的试验结果与模型计算结果进行对比分析，误差均在 10%以内，满足分析需求，验证了有限元实体模型的可靠性。同时，也可以通过三维实体有限元模型观测试验过程中未考虑到的情况，通过实际试验结果来修正有限元模型，使模拟更加准确。

参 考 文 献

[1] 程炜, 周超民. 大跨度 PC 连续刚构桥病害成因分析及加固研究[J]. 公路, 2020, 65(4): 184-186.
[2] 王英, 彭丽, 李文婷. 关于平截面假定的理解和验证[J]. 上海师范大学学报（自然科学版）, 2019, 48(2): 160-164.
[3] 乔倩妃, 杨晴. 预应力钢筋混凝土齿块锚固区的三维有限元分析[J]. 中外公路, 2016, 36(4): 154-156.
[4] 王圣怡. 超高韧性超高强混凝土研究与开发[C]//中国土木工程学会 2019 年学术年会论文集. 北京: 中国建筑工业出版社, 2019: 189-195.
[5] 贺华刚. 大跨 PC 连续刚构桥箱梁裂缝成因与控制措施研究[D]. 重庆: 重庆交通大学, 2009.
[6] 谭晋. 预应力混凝土连续刚构桥病害分析及加固研究[D]. 哈尔滨: 哈尔滨工业大学, 2016.
[7] 徐芝纶. 弹性力学简明教程[M]. 4 版. 北京: 高等教育出版社, 2013.
[8] 曾庆鹏. 组合养护参数优化对超高性能混凝土力学性能及高温爆裂的影响[D]. 北京: 北京交通大学, 2017.
[9] 王振航. 连续刚构桥锚下混凝土局部应力分析及合龙顺序研究[D]. 石家庄: 石家庄铁道大

学, 2019.

[10] Rabehi B, Ghernouti Y, Boumchedda K, et al. Durability and thermal stability of ultra high-performance fibre-reinforced concrete（UHPFRC）incorporating calcined clay[J]. European Journal of Environmental and Civil Engineering, 2017, 21(5): 594-611.

[11] Toledo W K, Davila L, Al-Basha A J, et al. Assessment of ultra-high performance concrete overlays on concrete bridge decks[C]//Tran-SET 2020, Reston, 2021: 278-286.

[12] de Larrard F, Sedran T. Optimization of ultra-high-performance concrete by the use of a packing model[J]. Cement and Concrete Research, 1994, 24(6): 997-1009.

[13] 孙航行, 周建庭, 徐安祺, 等. UHPC加固技术在桥梁工程中的研究进展[J]. 混凝土, 2020, (1): 136-143.

[14] 陈艳良. UHPC桥面板现浇接缝弯拉性能研究[D]. 长沙: 湖南大学, 2019.

[15] 张云升, 张文华, 陈振宇. 综论超高性能混凝土: 设计制备·微观结构·力学与耐久性·工程应用[J]. 材料导报, 2017, 31(23): 1-16.

[16] Tai Y S, El-Tawil S, Meng B, et al. Parameters influencing fluidity of UHPC and their effect on mechanical and durability properties[J]. Journal of Materials in Civil Engineering, 2020, 32(10): 52-64.

[17] 张良. UHPC连续箱梁桥的体外预应力锚固方法研究[D]. 长沙: 湖南大学, 2015.

[18] 中华人民共和国住房和城乡建设部. 混凝土强度检验评定标准(GB/T 50107—2010)[S]. 北京: 中国建筑工业出版社, 2010.

第 6 章　基于表面辐射的桥梁结构控温机理与试验研究

自然环境中的混凝土箱梁表面会时刻与周围大气产生热交换，箱体各部分之间以热传导的方式进行热传递。热交换与热传递作为一种动态过程，导致桥梁结构的温度场瞬时变化，其中混凝土箱梁因为自身材料导热性较差的限制，将造成桥梁结构温度场的滞后性。本章首先从机理方面对混凝土箱梁温度场进行相关理论分析，根据混凝土箱梁控温思路，开展相关隔热材料分类与影响因素研究，然后针对复合辐射降温涂料中分层研究的需求，基于红外成像原理，开展反射底层的室内/室外模拟降温试验，优化选取基料与功能性颜填料，最后通过混凝土箱体结构三维瞬态分析模拟实际试验验证复合辐射降温涂料的控温效果。

6.1　温度变形裂缝成因分析

非结构性裂缝主要是由自身应力产生的，在溶蚀、风化、热胀、冷缩、压实、失水等条件下产生，对桥梁的耐久性与安全性有很大的影响。温度变形裂缝属于非结构性裂缝之一。

混凝土凝结硬化过程中，水和水泥产生化学反应，释放大量的热，称为水化热。混凝土内部和混凝土表面在水化热的作用下产生较大的温差，表面混凝土成为内部混凝土水化放热的制约因素。再加上外部模板约束的存在，导致裂缝的产生。早期水化热的裂纹很细，随着时间的推移继续发展和扩大，严重时出现贯穿的情况。

冬天气温较低，在桥梁的施工过程中，混凝土浇筑后水泥水化放热，混凝土内部产生非常高的温度，热量聚集在桥墩结构内部不易散发，使混凝土内外产生了较大温差，从而导致裂缝的出现。

在日照强、昼夜温差大的地区，混凝土材料自身的导热性较差，所以沿混凝土截面的高度会产生温度梯度。建设期的连续刚构桥在合龙时从静定结构转变为超静定结构，而这种温度梯度会在超静定结构中产生外约束力。如果将连续梁桥的中间支座解除，假定结构下表面温度低于上表面温度，那么此时结构将会上拱。实际结构的自由拱在中间支座处受到约束，将会产生约束弯矩和剪力。在预应力和静载的作用下，混凝土结构中某些区域的压应力储备可能较低，自由拱在中间支座受到的约束力产生的应力可能达到甚至超过混凝土抗拉强度，这会在接近中间支点处产生竖向裂缝。在某些情况下，温度产生的次内力甚至比活载应力还要大。

6.2 混凝土箱梁温度场理论分析

混凝土桥梁结构温度场受到户外自然环境、结构形式及建筑材料的影响而变化，若要将混凝土结构温度场变现为数学公式，参数复杂并且会随着时间变化，因此它呈现出的是一个多维函数。混凝土桥梁结构温度场的理论分析十分困难，本节的理论分析可以为混凝土桥梁的温度场研究提供一定依据。

众所周知，混凝土材料的导热性能差，混凝土内部的温度在外部因素变化时会产生一定的时间滞留，同时需要一定的时间才能产生变化，这种现象称为混凝土构件温度场的时滞。滞后将导致混凝土结构内部温度分布不均匀，引起混凝土构件变形甚至开裂，因此需要分析这种不均匀的温度场。

日照温度荷载、温度骤升骤降荷载、年温度变化荷载都是温度场的时滞导致混凝土截面温度变化引起的荷载。其中太阳辐射产生日照温度荷载，具有短期和突变特征，会在桥梁结构上呈现出不均匀分布，增加结构的局部应力，分析最为复杂；强冷空气会产生温度骤降，增加桥梁结构整个截面应力，作用时间也较短；年温度变化荷载是一个长期的变化，分布较为均匀，在桥梁结构整体上起作用。这三种不同因素产生的温度荷载中，日照温度荷载的影响最复杂也最大，主要是太阳辐射强度、大气温度与风速的影响，简言之就是太阳辐射与气温的影响。其中年温度变化荷载相对较简单。

6.2.1 混凝土箱梁温度场理论

决定混凝土结构温度场的因素多而繁杂，并且会随着时间与地理位置不同而变化，混凝土结构组成材料的物理特性差异导致结构温度分布具有空间性，所以至今人们很难准确对混凝土结构的温度分布规律进行研究，更不可能精准地得出关于温度分布的数值结论，但是在满足实际工程需求的前提下，研究者还是提出了对混凝土结构温度场的研究办法，以满足工程中的正常需要[1]。

随着电子计算机技术的普及和有限元结构分析软件的应用，将复杂的理论方法变为可靠的数值运算，在常用的桥梁结构分析软件的帮助下，工程中的热传导问题得到可靠的分析。常见的关于混凝土箱梁温度场的计算主要有三种方法：Fourier 热传导方程[2]、近似数值分析、半经验半理论公式。

1）Fourier 热传导方程

混凝土结构的温度分布规律可以表现为与时间相关的函数，同时也是一种空间的多维函数，假设 T_i 为某时刻某位置的温度，可以表示为

$$T_i = f(x, y, z, t) \tag{6.1}$$

式中，x、y、z 为空间坐标；t 为时间。

2）近似数值分析

Fourier 热传导方程的求解十分复杂，在实际工程中应用困难，特别在环境复杂的混凝土结构中，边界条件难以求解。因此，在求解此类问题时经常采用近似数值方法，在满足工程精度的同时将复杂的问题简化。随着计算机技术的发展与有限元软件的开发研究，大量运用近似数值分析法解决工程中的计算难题，尤其在设计与科研中得到快速发展，近似数值分析法可以分为两类。

（1）有限差分法。

有限差分法作为一种传统的近似计算方法，发展至今的现代计算方法也无法完全被取代，相反因为有限差分法更加适合现代计算机的运算机制[3]，是一种非常有效地解决混凝土箱梁热传导的方法，并在有限元计算软件中得到广泛的应用。在热传导方程的有关推导过程中，将实际工程中的混凝土箱梁温度变化在时间与空间上划分为"无限多"数量的"无限小"的微分量，然后依据傅里叶定律与能量守恒原则推导出有关混凝土箱梁热传导中温度场随时间与空间变化的微分方程。

有限差分法是将实际混凝土箱梁中因为温度而产生的变量在时间与空间上进行离散，可以划分成对于数量限制的有限差分量，并且划分的这些差分量可以十分微小，但是在数量上仍然是有限的，假定这些差分量足够小而且在差分量范围内的性能与物理过程均相同，又可以应用定律描述这些物理现象，仅仅在差分量之间产生阶跃变化。这些过程性质与微分法很相似却又略有不同。简而言之，有限差分法就是将实际上连续的物理过程进行离散化，近似等价变化呈现一连串的阶跃过程，某些特定点用函数的有限商对微商进行代替，建立与原微分方程相对应的差分方程，将微分方程转化为便于求解的线性代数方程组。

（2）有限元法。

近似计算方法得到进一步发展便产生有限元法，不同的是，有限元法不仅仅局限于规则的差分网格，在考虑到节点作用的同时对单元的作用进行研究，还有单元与整体之间的相互作用。因此，有限元法相较于有限差分法具有更大的灵活性和普遍的适应性，对任意形状结构热传导的问题都可以借鉴分析。有限元法可

归纳为对传统近似计算方法的相关总结，综合体现了有限差分法中处理离散问题的特性，不仅吸收了变分计算中的选择性试探函数，还对区域积分提出了合理方法[4]。

在有限元法中，试探函数与积分不是在整个结构的区域范围内进行定义，而是根据实际需要在区域里面划分出基本单元。这就解决了古典变分计算因为不做离散处理就不能求解复杂结构的问题。充分利用有限元法中单元对参数节点的作用，解决了因为忽略单元作用在有限差分法中的缺陷问题，让近似计算方法更加完善。有限元法的优点如下：

①对于二维与三维温度场的数值解法，有限元法有下限。
②不局限于对象的形状，可以对各种相撞边界进行计算。
③对各向异性非均匀的情况处理便利。
④灵活剖析单元，使用较少单元计算得到精确结果。
⑤精准高效处理边界条件，其中包含瞬态温度场中的第三类边界条件。
⑥在进行温度效应分析时，以运用统一剖分网格对温度场与应力场进行划分，使用有限元程序计算更加快捷。

3) 半经验半理论公式

有限差分法与有限元法虽然可以有效解决复杂的混凝土箱梁的温度场分析，但是热传导方程难以满足工程实践需要并直接计算得到结果。如今有限元软件得到大力开发，计算软件因为快速这一巨大优势而应用越来越广。值得指出的是，在实际工程应用中，有限差分法与有限元法需要计算机工具与计算软件的帮助，可行性不算广，尤其是在计算中不能直接得到温度场随时间变化的函数以及明了简便的温差与应力关系式。为了以更加便捷的方式提供温度场随时间变化的方程，需要探索一种适用于工程计算的简便方法。

综上原因，采用半经验半理论的方法来得到控制时间的温度场在工程中更加普遍。从实际的测量资料出发，对某一时刻的温度场进行计算并考虑温度变化的主要影响因素同时结合数学统计方法，以建立经验公式的方法称为半经验半理论公式。在建立经验公式之前，必须以现场实际测量的资料作为根本依据，同时充分考虑混凝土箱梁的环境条件，采用数理统计方法分析温度分布规律。以实际工程运用为出发点，工程计算一般以某一特定时刻的最大温差荷载作为控制条件荷载，因此要十分重视混凝土箱梁结构在高温差分布时的状态。

综上所述，以上三种温度作用的理论计算方法中，Fourier 热传导方程求解可以直观反映混凝土箱梁结构在自然环境下的边界热交换情况，但是求解方法繁杂，参数较多，参数的精准性难以保证；有限元法是在 Fourier 热传导方程计算复杂的情况下的简化形式，是对计算过程的一种近似求解，具有一定的普适性，能够计算任何形状的结构物，有限元法弥补了有限差分法中有关单元对节点参数作用不足的问题,计算结果更准确,在单元划分有效合理的情况下,有限元法计算结果比其他方法更加精准,发展潜力巨大;半经验半理论公式必须得到准确大量的实测数据才能运用数理统计方法拟合回归得到公式进行求解,这种方法虽然简单,但是前提是是否可以获取大量的实测数据。

6.2.2 混凝土箱梁温度效应方法分析

关于温度自应力在混凝土箱梁计算方法中的应用,假设温度梯度是沿着梁高度按照任意曲线 $T(y)$ 分布,从梁端随机选取一单元,当纵向纤维彼此之间不存在约束作用时,各点在沿着梁高方向能够自由伸缩时的自由变形为

$$\varepsilon_T(y)=\alpha T(y) \tag{6.2}$$

式中,α 为材料线性膨胀系数。

这是因为在梁的变形中必须要满足平截面假定,当截面产生实际形变后,仍然保持为平面,即

$$\varepsilon_\alpha(y)=\varepsilon_0+\varphi y \tag{6.3}$$

式中,ε_0 为沿着梁高 $y=0$ 处的变形值;φ 为单元梁段挠曲线变形后的曲率。

在箱梁横截面纵向纤维彼此之间的约束应变为

$$\varepsilon_\sigma(y)=\varepsilon_T(y)-\varepsilon_\alpha(y)=\alpha T(y)-(\varepsilon_0+\varphi y) \tag{6.4}$$

因为 $\varepsilon_\sigma(y)$ 产生的应力称为温度自应力,其值为

$$\sigma_s^0(y)=E\varepsilon_\sigma(y)=E\left[\alpha T(y)-(\varepsilon_0+\varphi y)\right] \tag{6.5}$$

当无外部荷载作用在单元梁段上时,温度自应力在截面上就表现为某种自平衡状态的应力,便可以利用应力总和为零和对截面重心轴的力矩为零在所属截面上的条件,求解 ε_0 与 φ 的值。

根据平衡条件可以求解得出

$$\begin{cases}\varepsilon_0=\dfrac{\alpha}{A}\int_h T(y)b(y)\mathrm{d}y-y_c\varphi \\ \varphi=\dfrac{\alpha}{I}\int_h T(y)b(y)(y-y_c)\mathrm{d}y\end{cases} \tag{6.6}$$

将 ε_0 与 φ 代入式(6.5)中,求解 $\sigma_s^0(y)$ 值。

在非线性温度梯度变化时，单元梁段所产生的挠曲变形曲率用求解得到的中值表示，这样变形在连续梁中产生次内力，这部分次内力可以用一般的结构力学方法或者矩阵位移法求解。当由于温度变化所引起两端节点荷载向量在求两端固定杆件单元时，可由截面变形曲率及沿着梁高处的变形直接写出，即

$$\{F\} = \begin{Bmatrix} N_i \\ Q_i \\ M_i \\ N_i \\ Q_i \\ M_i \end{Bmatrix} = \begin{Bmatrix} EA(\varepsilon_0 + \varphi y_c) \\ 0 \\ EI\chi \\ -EA(\varepsilon_0 + \varphi y_c) \\ 0 \\ -EI\chi \end{Bmatrix} \tag{6.7}$$

以结构坐标表示杆单元节点力，为得到节点外力向量$\{F\}$，必须分别计算各个杆件单元节点荷载，平衡方程表示为

$$[K]\{\Delta\} + \{F\} = 0 \tag{6.8}$$

式中，$[K]$为节点总刚度矩阵；$\{\Delta\}$为单元节点位移向量。

在求解结构各个单元因温度变化引起的节点位移后，由单元杆件端力、单元刚度矩阵、单元节点位移的关系$\{f\}^\varepsilon = \{k\}\{\Delta\}^\varepsilon$，求解出结构的温度次内力$N_T$、$Q_T$、$M_T$。

因此，在连续箱梁结构中，总的温度应力为

$$\sigma(y) = \frac{N_T}{A} + \frac{M_T}{I} + E\left[\alpha T(y) - (\varepsilon_0 + \varphi y)\right] \tag{6.9}$$

6.2.3 混凝土箱梁结构控温需求

桥梁结构在户外环境中时刻与周围环境进行热交换，影响因素复杂，其中日照温度荷载的影响最大。日照温度荷载变化的主要因素是太阳辐射强度、大气温度与实时风速，若要设计控制温度作用，理论上分析主要源头即太阳辐射强度控制。研究目的在于解决日照温差导致的桥梁箱体结构开裂，危害桥梁运营期的安全问题。

以重庆市嘉华轨道专用桥为依托工程，利用 COMSOL 软件基于表面辐射降温理论分析，研究自制复合辐射降温涂料运用对比空白试验，对比复合辐射降温涂料的控温效果。

6.2.4 桥梁混凝土箱梁结构控温思路

众所周知，混凝土导热性能差，太阳辐射会使表面迅速升温，但是其内部仍然处于初始状态，会有一定的时间滞后，导致桥梁混凝土箱梁结构内外形成较大温差即温度梯度。当混凝土结构同时受到内外部约束时，就会产生十分巨大的温度差应力，导致混凝土结构开裂，给桥梁带来一系列安全隐患。为了最大限度减小温度影响导致混凝土桥梁结构产生裂缝的概率，需要采取有效的控温措施。

温度应力与时间因素相关，所以存在随机性与方向交替变化的特点，整个内部温度应力场的分布十分复杂，采用人为控制温度不具有可行性，且普通的控温措施主要集中在混凝土早期的最大升温基础上，但是对于降温中出现的冷击现象没有较好的控制措施。

本次提出对混凝土箱梁结构实行控温技术路线，将控温与混凝土结构相结合进行实时控温，使得混凝土中的温度场均匀分布，保证混凝土的温度应力平衡，从而避免混凝土箱梁由于温度应力不均产生的裂缝。控温技术路线主要从两方面进行探索：

(1) 控制混凝土箱梁结构表面的升(降)温。
(2) 减小混凝土箱梁结构的温度梯度。

通过控制混凝土箱梁结构表面由于太阳辐射引起的最大升温，使得混凝土表面进行自我调节，不受太阳辐射的影响，即使在长时间的太阳辐射下，混凝土箱梁内部与表面的温度也能保持平衡，混凝土箱梁结构整体的温升曲线变化平缓，以达到控制混凝土箱梁表面升降温及温度梯度的目的，使得整个混凝土箱梁温度场均匀分布，温度应力始终保持平衡状态。

6.3 隔热材料分类及相关影响因素分析

建筑用途的保温隔热材料就是一种将保温、隔热、装饰等多方面用途集于一体的安全、节能、环保、经济的新型建筑材料。在建筑物表面涂覆该种材料可以有效地调节内外温度，减少内外温差。虽然保温隔热材料在房屋建筑上已有发展应用，却无人问津同样遭受户外恶劣环境的桥梁建筑，所以发展隔热降温材料势在必行。首先，按照材料的隔热机理可以分为 3 种：阻热型隔热涂料、反射型隔热涂料和辐射型隔热涂料[5,6]。

6.3.1 阻热型隔热涂料

阻热型隔热涂料的代表是传统的保温材料，大量应用在建筑外层墙面的保温系统，主要是通过改变导热系数阻隔热传递实现降温。其隔热机理简单，主要是因为涂层中体积密度与气孔直径很小，导致涂层中分子的振动热传导与热对流接近于零。多为膏状，属于厚膜涂料，主要选择导热率低的材料作为隔热骨料或者密度小、气孔率高的矿物作为功能性颜填料，通常情况下，室温中空气的导热系数为 0.023，远低于其他材料，材料导热系数是隔热材料的关键。按照组成成分可以分为有机高聚物泡沫材料和无机矿物材料两大类。

1) 有机高聚物泡沫材料

有机高聚物泡沫材料就是将适量的发泡剂加入有机合成树脂中，可以在基料树脂内部形成孔状结构，再将其充分碾碎成颗粒状材料。这类保温材料导热系数小、不易吸收水分、自重轻，但是不耐高温，容易燃烧。目前在市面上应用最多的就是硬质聚氨酯泡沫塑料(PURF)、酚醛泡沫与聚苯乙烯泡沫塑料(EPS)这三种。

2) 无机矿物材料

无机矿物材料是采用静电原理与湿法将各类矿物材料与非金属材料复合运用制备成憎水性硅酸盐材料，与有机高聚物泡沫材料相比，这类材料耐高温、不易燃烧且抗压能力强，相对而言更容易吸收水分，易膨胀。

阻热型隔热材料的优点是原材料成本相对较低、制备工艺简单。同时缺点明显，由于膜层较厚、干燥周期较长，施工中受季节和温度干扰较大，受材料密度影响抗冲击力弱、收缩率大、吸水率强与导热率波动大为主要问题。常见阻热型隔热涂料在常温下的导热系数如表 6-1 所示。

表 6-1 常见阻热型隔热涂料在常温下的导热系数

材料名称	导热系数/[W/(m·K)]
膨胀珍珠岩	0.047~0.072
硅酸钙	0.050~0.068
硅藻土	0.035~0.060
石棉	0.038~0.047
矿渣棉	0.044~0.082

6.3.2 反射型隔热涂料

反射型隔热涂料也叫日光热反射涂料，主要是通过增加反射效率以减少热辐射实现降温，主要选取金属、金属氧化物与空心玻璃微珠作为功能性颜填料。反射型隔热涂料附着力高、耐污性好、耐候性强，一般不需附加保护层，多用于建筑墙面和屋顶。

1. 作用机理

环境辐射包括太阳辐射与地球发出的红外辐射，由于太阳辐射在穿越大气层时会受到大气中气体(如水蒸气、二氧化碳、臭氧)以及气溶胶粒子等吸收、反射和散射的作用，最后到达地表的太阳辐射主要由太阳直接辐射与散射组成。按照太阳辐射光谱可以分为 3 个光区：波长 280~380nm 的紫外区，占太阳能量的 5%；波长 380~780nm 的可见光区，占太阳能量的 50%；波长 780~2500nm 的近红外区，占太阳能量的 45%，其中太阳辐射能量的 95%都集中在波长为 400~2500nm 波段的可见光区与近红外区。水蒸气与大气分子吸收 2500~4000nm 波段的红外线，所以最终到达地表的太阳辐射是 280~2500nm 波段，总辐射光谱包括直接辐射、地表反射与大气散射光谱。太阳辐射各波段能量分布如表 6-2 所示。

表6-2 太阳辐射各波段能量分布

光区	波长/nm	所占能量分数/%
紫外区	280~380	5
可见光区	380~780	50
近红外区	780~2500	45

按照太阳总辐射光谱，接收的太阳辐射能量主要集中在 280~2500nm 波段，在 2500~4000nm 波段的能量几乎为零。特别的，在 280~4000nm 波段中直接辐射、地表反射与大气散射的太阳能量依次升高，在可见光波段内达到峰值，在近红外区内相对较低。在太阳辐射的光谱中，紫外区和可见光区具有较高的热量，但是能量较小。因此，结构所用的反射隔热材料主要反射的是可见光区与近红外区的热量。

太阳辐射中吸收、反射、透射关系和可见光相同，物体表面所接收的太阳辐射也会发生吸收、反射与透射，具体关系如图6-1所示。

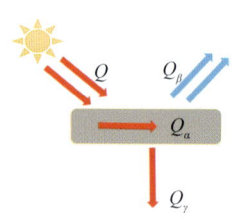

图 6-1 物体表面接收太阳辐射关系示意图

达到物体表面的总能量为 Q，其中被吸收的能量为 Q_α，被反射的能量为 Q_β，透过物体的能量为 Q_γ，依据能量守恒定律，表达式为

$$Q = Q_\alpha + Q_\beta + Q_\gamma \tag{6.10}$$

式(6.10)可以改写为

$$1 = Q_\alpha / Q + Q_\beta / Q + Q_\gamma / Q \tag{6.11}$$

即可转化为

$$1 = \alpha + \beta + \gamma \tag{6.12}$$

式中，α 为反射率(反射系数)；β 为吸收率(吸收系数)；γ 为透射率(透射系数)。

结构物表面主要受到太阳的直接辐射、大气散射，还有来自周围物体的反射作用，以及大气、地面与周围物体的长波辐射，这些综合因素同时对结构物产生影响。

在制备隔热材料时一方面要考虑来自太阳的直接辐射、地面反射与大气作用的综合加热作用，另一方面要考虑周围物体对表面的长波辐射作用。

2. 相关影响因素分析

在涂料成膜的过程中，最主要的影响因素是基料与功能性颜填料。基料作为成膜物质或黏结剂，随着涂料中的水分蒸发，溶液中的黏结剂分子相互靠近凝聚，对涂料的使用性能起决定性作用。而功能性颜填料作为涂料的填充物质，赋予了涂料特殊的使用性能。

1)基料

以反射太阳光中近红外部分为主，通过选择合适的基料、功能性颜填料和生产工艺，制备高反射材料，能反射大量太阳辐射，应具有对基材的附着力好、与底气相容性好、耐久性优异等特点。从绿色环保的角度而言，首先对施工人员无危害，其次对环境不会产生不利影响。

制备高反射涂料的成膜基底首先应选择透明度高、不含吸热基团的材料，优选对可见光与近红外光吸收较少的丙烯酸类树脂作为基料。由于必须暴露接受太阳光的直接照射，基料必须要有良好的耐紫外线性能，要求透明度高，透光率在80%以上，其中对辐射的吸收率低。由于环氧树脂、芳香族聚氨酯等不耐紫外线，除此以外的大部分树脂如醇酸树脂、丙烯酸树脂、氨基树脂、聚酯树脂，还有一部分改性树脂都可以作为反射型隔热涂料的基底材料。

2)功能性颜填料

(1)光学性质。

反射涂料的反射率主要取决于功能性颜填料折光系数与基料折光系数的比值。当功能性颜填料的折光系数与基料的折光系数相等时，涂料就呈现透明状；

当功能性颜填料的折光系数大于基料的折光系数时，涂料即具有一定的遮盖力，涂料的遮盖力大小取决于功能性颜填料折光系数与基料折光系数之差[7]。表达式为

$$\alpha = \frac{(\varphi_1 - \varphi_2)^2}{(\varphi_1 + \varphi_2)^2} \tag{6.13}$$

式中，α 为反射率（反射系数）；φ_1 为功能性颜填料折光系数；φ_2 为基料折光系数。

物体对光源的反射包括全反射和散射，涂料中的功能性颜填料主要起散射作用，功能性颜填料折光系数与基料折光系数的比值为功能性颜填料对白光的散射能力，即

$$\eta = \frac{\varphi_1}{\varphi_2} \tag{6.14}$$

由式(6.14)可见，功能性颜填料的折光系数与基料的折光系数相差越大，涂料的遮覆能力越强，涂料的散射能力也越强。其中基料的折光系数通常为 1.45～1.50。

(2) 粒径。

功能性颜填料的粒径与反射作用中的入射光波长有关，其中最大反射粒径直径可表达为

$$d = \frac{0.9\lambda(\eta^2 + 2)}{\varphi_2 \pi (\eta^2 - 1)} \tag{6.15}$$

式中，φ_2 为基料折光系数；η 为功能性颜填料对白光的散射能力；λ 为入射光波长。

当 $d/\lambda = 0.1\sim 10$ 时，表现为菲涅尔反射，对控温有效；当 $d/\lambda < 0.1$ 时，表现为瑞利散射，对控温无效。

综上所述，必须筛选出适宜的功能性颜填料粒径，功能性颜填料粒径大时对反射太阳热辐射有利，否则难以对控温起到作用。反之，功能性颜填料粒径过大，会导致膜层表面粗糙、孔隙较多，易沾污，对表面反射能力下降。因此，寻求最佳粒径使得膜层既有良好的反射能力又有较强的室外适应能力。

6.3.3 辐射型隔热涂料

辐射型隔热涂料也叫红外辐射隔热材料，主要是通过将结构吸收的热量转化为特定波长并以红外辐射的方式通过"大气窗口"发射到大气层外部空间实现降

温。由于地球与大气层外部的宇宙空间存在巨大的温差,辐射降温也作为普遍现象存在。相较于其他两种降温方式,辐射型隔热涂料是将吸收的热量转化为辐射形式以主动降低自身温度,但是原材料选取难度大、工艺复杂、成本较高。如今研究者更多依据保温隔热机理制备复合保温隔热涂料,充分发挥彼此之间的优势以多种协同方式实现降温。

1. 作用机理

在任何物体原子中内部,当处于束缚状态的电子需要跃迁时,其中由高能级向低能级释放的能量就会以交替变换的电磁波形式向四周放射,被释放的能量就是辐射能。当物体的温度高于绝对零度时,就会自由发生能量辐射,同时也会不断吸收来自周围物体辐射的能量直到与外界达到平衡。物体的温度越高,能量辐射越强,这种能量辐射不依靠任何介质,仅以电磁波传播热量,并且这种换热方式可以在真空中以光速进行。

早在 1800 年,英国天文学家 Herschel 发现用三棱镜可以将太阳光分裂为红、橙、黄、绿、青、蓝、紫七种颜色的光带,同时发现在红光之外的不可见区域内热效应最为显著。随后,法国物理学家白克兰将这种辐射行为称为红外辐射,红外辐射特指波长在 $0.75\sim1000\mu m$ 介于可见光与微波之间的电磁辐射。此后在红外辐射研究的 100 多年中,有关红外辐射的应用研究得到大规模发展,建立了相关红外的基本定律。

1)基尔霍夫定律

基尔霍夫定律描述了物体发射能量 $R(\upsilon,t)$ 与吸收能量 $A(\upsilon,t)$ 之间的特定关系,对于特定的频率与温度,两者之间的比值与物体的性质无关,同时指出吸收能力强,辐射能力也必然强[8]。

2)斯特藩-玻尔兹曼定律

斯特藩-玻尔兹曼定律[8]指出,黑体的辐射量与绝对温度的四次方成正比,温度升高,辐射能力迅速增加,表达式为:$W=\sigma T^4$,其中 $\sigma=5.67032\times10^{-8}\text{W}/(\text{m}^2\cdot\text{K}^4)$。

3)维恩位移定律

维恩位移定律[9]给定了黑体温度与辐射峰值波长之间的定量关系,即 $T\lambda^4=b$,其中 $b=2.8978\times10^{-3}\text{m}\cdot\text{K}$。表明当绝对黑体温度升高时,最大发射率偏移至短波方向。

4)普朗克辐射定律

普朗克辐射定律[9]指出,黑体的辐射特征只与绝对温度有关,光谱辐射能量随波长不断变化,在特定温度只有一个最大值,温度越高,辐射能量越大，同时黑体辐射中短波比例增加，辐射度即为黑体单位表面积发射的总功率，表达式为：$Eb(\lambda,T) = 2\pi hc^2 \lambda^{-5} / (e^{ch/\lambda Kt} - 1)$，其中 λ 为波长（μm），光速 $c = 299792458 \text{m/s}$，普朗克常数 $h = 6.626176 \times 10^{-34} \text{J} \cdot \text{s}$，玻尔兹曼常数 $K = 1.380662 \times 10^{-23} \text{J/K}$。

2. 相关影响因素分析

从热力学观点来看，外层的宇宙空间可以看成绝对温度为零的黑体。假设将温度为 T=300K 的黑体遮蔽直射的太阳光放在大气层内部，随着它逐渐自然冷却，根据斯特藩-玻尔兹曼定律，即可近似计算出它向宇宙空间所辐射的单位面积能量，即

$$W = \sigma T^4 = 5.7 \times 10^{-8} \times 300^4 \approx 462 \text{W/m}^2 \tag{6.16}$$

这个制冷量是巨大的，但是假设将这个黑体放在大气层内部地表上，制冷效果会急剧下降，主要原因就是大气层阻挡了一部分红外辐射到达外层宇宙空间。因此，研究辐射制冷的前提必须研究大气的红外特性。

太阳像黑体一样辐射的温度约为 5800K，在晴朗的天空条件下，辐射主要受到大气层中的分子与气溶胶颗粒作用，会产生吸收与散射作用衰减辐射。大气层内含有多种气体分子，主要有氮气、氧气、稀有气体、二氧化碳、其他气体及杂质，具体体积含量如表 6-3 所示。

表 6-3 大气主要成分及含量

气体	体积含量/%
氮气	78
氧气	21
稀有气体	0.94
二氧化碳	0.03
其他气体及杂质	0.03

水蒸气在 0.94μm、1.14μm、13.8μm、1.87μm、2.7μm、3.2μm、6.3μm 波段都有一定的吸收量，二氧化碳在 2.7μm、4.3μm、45μm 波段有一定的吸收量，其中对于 8~14μm 特定的波长，大气中的水蒸气与二氧化碳、臭氧的吸收能力较弱，所以在这个波段内认为大气的透明度高，即吸收率与发射率很低，通常将这个波段称为"大气窗口"。"大气窗口"的透明度也是依据大气中的水蒸气、二氧化碳、臭氧和气溶胶粒子的含量相对变化。大气红外辐射换热情况如图 6-2 所示。

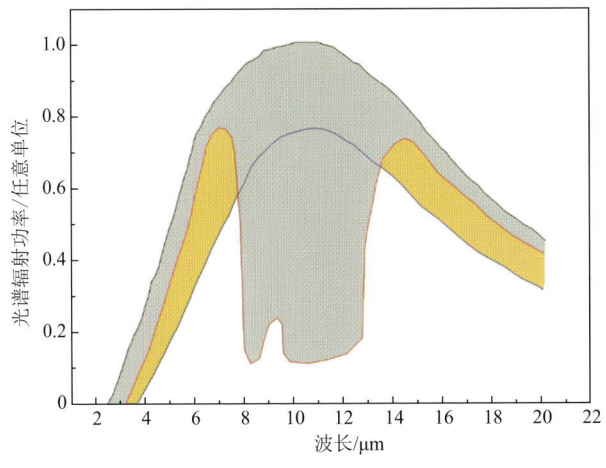

图 6-2 大气红外辐射换热情况

当辐射体自身温度为 T_1 时，散热曲线由曲线 1 表示，吸热曲线由曲线 2 表示，曲线 1 与坐标轴包围的面积就是仅在自身辐射情况下的散失热量，曲线 2 与坐标轴包围的面积仅是自身由于太阳辐射吸收的热量。在 8~14μm 波段，散热曲线围成的面积要明显大于吸热曲线围成的面积，所以在此波段物体散热，释放能量为两曲线差值。当吸热与散热相等时，物体将达到最低制冷温度，资料表明，在无云夜晚，黑体的制冷温度可以比周围环境温度低 10~20℃。若辐射体假设类似为黑体，在其温度较高的情况下，它在远红外波段区域内的辐射散热不仅仅在"大气窗口"发生，在其他波段内也具有散热行为，但是当辐射体的温度降至一定值时，还是只能在"大气窗口"波段内散热，且在其余波段区域内吸收大气层中的红外辐射。

值得关注的是，在自然界中存在某些纳米结构的生物。例如，在撒哈拉沙漠中生存着一种撒哈拉银蚁，研究者发现撒哈拉银蚁身体表面覆盖致密的特殊毛发，这种特殊结构的毛发在 0.4~1.7μm 与 2.5~16μm 波段具有高发射性。又如，野生蚕蛾茧表面是一种随机的显微结构，研究表明，在光散射以及中红外中具有很高的光反射率，可以有效防止因为太阳直射而过热导致蚕蛾茧死亡。这些纳米结构生物的存在，无疑为辐射型降温材料的创造提供了启发。

影响大气红外辐射的相关因素众多，本节主要列举分析天顶角、云层、水蒸气及非辐射传热对大气红外辐射的影响及有关理论公式。

1）天顶角

结构的表面发射率与大气发射率相似，均具有角度依赖性，对于辐射性的天空，在最短的大气发射路径中更为有效。"大气窗口"的透明度还与红外辐射的方向相关，红外辐射向宇宙发射时，因为通过的路径长短不固定，路程越短，透明度越高；辐射方向越偏离天顶，辐射路径越长，透明度就越低。因此，在其辐射法线处路程最短，辐射降温功率最大。天顶角示意图如图 6-3 所示。

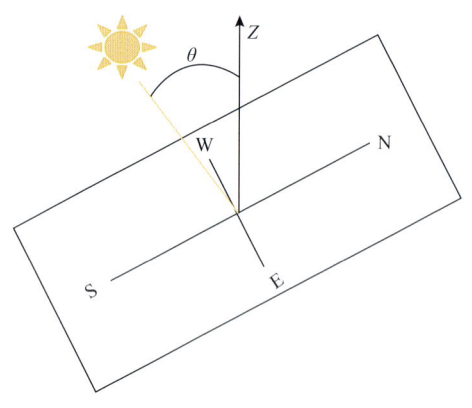

图 6-3 天顶角示意图

天顶角定义为光路在大气中通过的直接长度与垂直路径长度的比值，即入射光源与地面法线的夹角。天顶角函数公式为

$$\varepsilon_{\text{atm}}(\theta,\lambda)=1-\left[1-\varepsilon_{\text{atm}}(\theta,\lambda)\right]^{1/\cos\theta} \tag{6.17}$$

从本质上讲，在较大的天顶角处可以有更高的发射率。

吸收的太阳能可以表示为

$$p_{\text{sun}}=\cos\theta\cdot\int\varepsilon_{\text{atm}}(\theta,\lambda)I_{\text{sun}}(\lambda)\text{d}\lambda \tag{6.18}$$

式中，θ 为太阳辐射的入射方向与法线方向之间的夹角；$\varepsilon_{\text{atm}}(\theta,\lambda)$ 为表面发射率，是方向与波长的函数；$I_{\text{sun}}(\lambda)$ 为太阳光直接辐射强度。

2）云层

由于云层覆盖作用十分复杂，云层高度、云层厚度、云层种类等都会随时间和空间不断变化。因为云层主要由液态水凝结和冰晶组成，平均发射率为 0.92～0.98，过厚的云层在整个红外光谱中的发射率可以视为 1。试验结果表明，与晴朗无云的天空相比，辐射冷却的功率与云量的增加成反比，值得关注的是，即使在极端多云的情况下，"大气窗口"也是完全不透明的，但是由于天空云底的温度存在低于地面温度的可能，仍然可以进行辐射降温。在这种情况下，辐射降温性能主要取决于云层的基本高度，随着云层高度的增加，降温功率随之增加。在特定情况下，云层的温度和环境温度相等，那么可以认定辐射降温功率近似为零。

3）水蒸气

大气中的水蒸气也极大地影响着"大气窗口"的发射率，对"大气窗口"波段内的水蒸气吸收系数进行研究,当大气的湿度提高时,水蒸气含量变大,"大气窗口"的透明度降低。现场测试结果表明,在潮湿和阴天的气候下,辐射式天空降温效果不佳。大气的发射率在很大程度上取决于地理位置和气候条件。

4) 非辐射传热

除辐射传热外,辐射降温表面还受到周围环境其他非辐射传热过程影响。对流与热传导是否有利于辐射降温主要取决于辐射降温表面的工作温度与环境温度的关系,通常对高于环境温度的工作面温度是有益的,但是对于低于环境温度的工作面,必须抑制非辐射传热。因此,在典型的辐射降温试验中,使用高绝缘的材料来抵制从侧面与底面的传热是十分重要的,也是相对简单的。但是,要使红外辐射通量与天空表面绝缘,采用对流屏蔽层(即安装覆盖材料),必须具有以下特征:在整个红外区域内,要接近于大气窗口的高透材料;具有抗击强风的高机械性能;拥有重要的长期耐久性。其中在某些研究试验中,覆盖材料还需要在太阳光谱中具有干反射性,以防止白天的太阳辐射引起的热量。但是到目前为止,还没有发现具有这些功能的覆盖材料,其中在试验中普遍选择的是厚度小于 30μm 的聚乙烯膜,安装在辐射发射器表面几厘米上方,抑制对流与热传导损失。显然,聚乙烯膜越薄,透射率就越高,矛盾点就是在红外光谱中足够透明,但是还要承受自然环境条件,因为聚乙烯膜在紫外线辐射下会劣化。有试验研究人员提出,为抵御恶劣的自然条件,如强风雨、冰雹,在试验中可以采用多层聚乙烯膜覆盖。

3. 辐射降温的计算方法

在无遮挡的晴朗天空下放置辐射降温物体,辐射体自身不仅向外辐射红外线,还要受到太阳直接辐射、大气辐射以及热对流与热传导非辐射的共同作用。将温度为 T 的物体放置在环境温度为 T_{amb} 的条件下,其单位表面积制冷功率为 $P_{cool}(T)$,表达式为

$$P_{cool}(T) = P_{rad}(T) - P_{atm}(T_{amb}) - P_{sun}(T) - P_{cond+conv}(T) \tag{6.19}$$

式中,$P_{rad}(T)$ 为物体表面对外辐射功率;$P_{atm}(T_{amb})$ 为物体对大气辐射的吸收功率;$P_{sun}(T)$ 为太阳直接辐射的吸收功率;$P_{cond+conv}$ 为热对流与热传导耦合以后的非辐射功率。

其中物体表面对外辐射功率为

$$P_{rad}(T) = A\int_0^{2\pi} \cos\theta d\Omega \int_0^{\infty} I_B(\lambda, T)\varepsilon(\lambda, \theta)d\lambda \tag{6.20}$$

半球的角积分为

$$\int_0^{2\pi} \cos\theta \mathrm{d}\Omega = 2\pi \int_0^{\pi/2} \mathrm{d}\Omega \sin\theta \qquad (6.21)$$

黑体在温度为 T 条件下的光谱辐射强度为

$$E = \frac{2hc^2}{\lambda^5} \frac{1}{\exp(hc/\lambda k_B T) - 1} \qquad (6.22)$$

式中，h 为普朗克常数；k_B 为玻尔兹曼常数；c 为光速；λ 为波长。

物体对大气辐射的吸收率表达式为

$$P_{\mathrm{atm}}(T_{\mathrm{amb}}) = A \int_0^{2\pi} \cos\theta \mathrm{d}\Omega \int_0^{\infty} I_B(\lambda, T_{\mathrm{amb}}) \varepsilon(\lambda,\theta) \varepsilon_{\mathrm{atm}}(\lambda,\theta) \mathrm{d}\lambda \qquad (6.23)$$

式中，T_{amb} 为外界环境温度；$\varepsilon_{\mathrm{atm}}(\lambda,\theta)$ 为表面发射率。

物体对太阳直接辐射的吸收率表达式为

$$P_{\mathrm{sun}} = A \int_0^{\infty} \varepsilon(\lambda,\theta) I_{\mathrm{AM1.5}}(\lambda) \mathrm{d}\lambda \qquad (6.24)$$

式中，$I_{\mathrm{AM1.5}}(\lambda)$ 为太阳直接光谱辐照度。

根据基尔霍夫定律，辐射降温的吸收率可以用自身的发射率 $\varepsilon_{\mathrm{atm}}(\lambda,\theta)$ 代替大气的定向发射率，公式为

$$\varepsilon_{\mathrm{atm}}(\lambda,\theta) = 1 - t(\lambda)^{1/\cos\theta} \qquad (6.25)$$

式中，$t(\lambda)$ 为大气在垂直方向上的透射率；其中光照强度可以由 $I_{\mathrm{AM1.5}}(\lambda)$（AM1.5 光谱）代替，如果辐射降温物体是直面太阳，则 P_{sun} 不存在角积分，该结构的发射率可以用垂直方向上的值代替，即 $P_{\mathrm{sun}} = 0$。

热对流与热传导耦合以后的非辐射功率 $P_{\mathrm{cond+conv}}(T)$ 表达式为

$$P_{\mathrm{cond+conv}}(T, T_{\mathrm{amb}}) = A_c(T_{\mathrm{amb}} - T) \qquad (6.26)$$

由于辐射降温物体表面与环境相互接触，会产生热对流与热传导。式中，h_c 为热传导与热对流耦合的非辐射传热系数，表达式为

$$h_c = h_{\mathrm{cond}} + h_{\mathrm{conv}} \qquad (6.27)$$

由于地球表面的光辐射集中在可见光与近红外区，在 0.5μm 处达到辐射最大值，经过数值计算，0.3～1.4μm 波段的太阳辐射占总辐射的 88.28%，研究者一般在设计试验测试时，为减少热对流与热传导，制冷空间需要覆盖隔热层，如聚乙烯薄膜、隔热海绵等。

6.4 基于表面辐射控温涂料原材料优选

复合辐射降温材料结构与外界进行交换主要分为四个部分：太阳光的反射、吸收太阳光的直接辐射、向大气辐射能量、环境周围的对流与热传导之间的相互耦合。前三种方式与涂料对光谱的选择性相关，制备理想的复合辐射降温材料需要在可见光区与近红外区内具有高反射率，同时在"大气窗口"波段具有高发射率，在现实中很难同时实现。因此，复合辐射降温涂料通常由聚合物与反射金属薄膜组成，基于反射与辐射的光学性质不同，现将涂料设计成双层，分别由底面反射层与面层辐射层复合，并根据反射层与辐射层作用机理和影响因素不同，有针对性地将两层涂料分别进行研究，从基料与功能性颜填料的筛选中对比测试最优原材料[10]。复合辐射降温涂料热交换如图 6-4 所示。

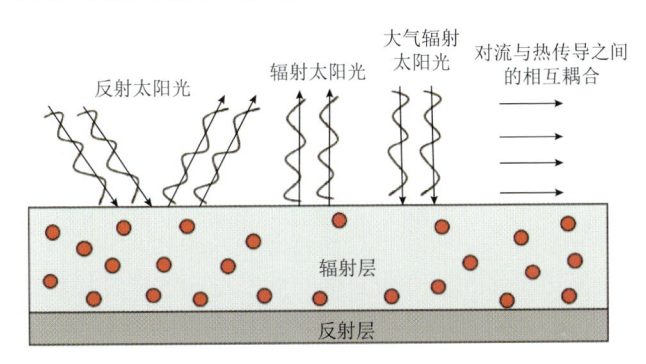

图 6-4 复合辐射降温涂料热交换

6.4.1 基料的优选

1. 选择依据

在进行辐射降温涂料基料的选择时，应结合实际工程环境与规范要求进行综合考虑，包括以下几个方面。

1) 物理性能

(1) 透明度：用于制备反射隔热的成膜物质一般选择透明度高的物质(透光率最好在 80%以上)。

(2) 耐户外老化性：用于户外涂料遭受太阳辐射、季节变换等不可控因素影响，耐户外老化性决定了涂料的实际使用期。

(3) 黏性：作为涂料成膜的主要物质，与结构面层的黏性决定了作为涂料的可行性。

(4) 耐沾污性：由于户外空气夹杂灰尘，涂料作为结构隔绝空气的保护层，沾污状况势必会影响涂料的发射率及反射率。

(5) 弹性：辐射降温涂料的应用属于湿法施工，所以成膜基料要有一定的弹性，否则涂料干燥后易产生裂缝，失去作用。

2) 化学性能

化学性质决定了涂料在户外使用环境的物质稳定性，对户外受光、热、冷、水等长期作用下基料本身具有一定的稳定性。

3) 经济环保

在桥梁工程结构中，涂料的基料供需量较大，对成本影响较大，所以要求基料生产量大、成本低，且对自然环境影响小，对操作人员影响小。

2. 反射层基料的优选

针对市面上反射介质的调研，如今介质膜的反射率可以达到 90%以上，其中深圳市富喆科技有限公司已经批量生产售卖的介质膜、金属膜的反射率高达 99%以上，但是售价高昂，若在实际工程中大量应用，则造价过高。而针对其他实际售卖的反射率超过 90%的介质膜，在桥梁工程中运用时需要裁剪，操作烦琐，施工的可行性不高，所以针对上述情况，本节调研相关文献，依据桥梁工程实际施工情况，制备可涂刷、喷涂的高反射涂料，通过文献调研分析对基料与功能性颜填料进行筛选，并采取控制变量法试验在室内模拟光源下进行降温研究。

用于制备反射隔热的成膜物质一般选择透明度高的物质，透光率最好在 80%以上，树脂分子尽量少含有—C—O—C—、C=O、—OH 等吸能基团，对可见光与近红外吸收较少。丙烯酸树脂对光的主要吸收峰在太阳光谱范围之外，所以丙烯酸树脂涂料最大的特点就是优良的耐光性与耐户外老化性，具有很强的热和化学稳定性，可以在 170℃下不分解、不变色，具有较好的耐酸、碱、盐、油脂等化学耐沾污性与化学耐腐蚀性。此外，丙烯酸树脂涂料因为酯基的存在可以防止涂料结晶，具备优良的施工性能。

文献中对几类常见树脂进行了研究，对它们的可见光与近红外平均发射率进行比较。余丽蓉等[11]发现丙烯酸树脂中纯丙与硅丙更加适合作为成膜基料。权衡等[12]对纯丙、硅丙、苯丙与弹性乳液混合制备反射涂料，发现耐腐蚀性和耐沾污性以及自清洁性都有不同程度提高。2017 年，Kou 等[13]证明聚二甲基硅氧烷在"大气窗口"波段具有较高的红外反射率。针对以上学者有关反射型降温涂料的基料研究，以及对材料涂刷操作的可行性，现选取纯丙弹性乳液、苯丙乳液、硅丙乳液、乙烯基树脂、聚二甲基硅氧烷进行研究。

1) 纯丙弹性乳液

纯丙弹性乳液是以纯丙乳液为基料制备的，涂膜具有良好的耐刮擦性、耐沾污性、低温弹性和表面滑爽性，是目前一种较为高档的水溶性乳液。

2) 苯丙乳液

苯乙烯-丙烯酸酯乳液简称苯丙乳液，是苯乙烯与丙烯酸酯单体经乳液共聚制备而成，其耐水性、耐洗擦性能好，而且由于耐户外老化，广泛应用在胶黏剂、涂料等领域，价格低廉，黏结力与硬度好，但是不耐黄，亮度与耐候性比纯丙弹性乳液差。

3) 硅丙乳液

有机硅改性丙烯酸酯弹性乳液简称硅丙乳液，可利用 Si—O 键能大、表面能低、分子键柔性大等特点，通过乳液聚合技术对丙烯酸酯进行改性，以提高涂层的耐高低温性、抗龟裂性、耐沾污性与耐老化性，最终提高外墙结构涂料的使用寿命。缺点就是价格较高。

4) 乙烯基树脂

乙烯基树脂是双酚型或酚醛型环氧树脂与甲基丙烯酸反应得到的一类变性环氧树脂，通常称为乙烯基树脂，也称环氧丙烯酸，为热固性树脂，其拥有较好的耐腐蚀性和改良的工艺特性。

5) 聚二甲基硅氧烷

聚二甲基硅氧烷(polydimethylsiloxane，PDMS)作为有机硅的一种，具有光学透明、成本低、操作简单等优点，同时具有良好的化学惰性，容易在空气界面上浓缩，使得材料结构表面有疏水自保护涂层，提高防污防垢性能。

聚二甲基硅氧烷在 162～500000g/mol 内为液态，黏度范围为 0.65～10^6mm^2/s。随着摩尔质量进一步提高，逐步进入黏滞的硅生胶范畴，后者可交联成弹性体。液态时的聚二甲基硅氧烷表现为黏稠液体，也被称为硅油，在不同聚合度链状结构的有机硅烷混合物中，其端基与侧基全部为羟基(如乙基、甲基、苯基)、无味、无色、不易挥发。固态时的聚二甲基硅氧烷是一种惰性硅胶，为具有惰性、不易燃的透明弹性体，其以 Si—O—Si 为主链，硅原子与甲基相连接的线型聚二甲基硅。分子间的作用力较小，分子呈螺旋状结构，甲基朝外排序并可以自由旋转，因而具有有机硅的性质。聚二甲基硅氧烷制作简单快捷，材料成本远低于市场同功能产品，透光性好、耐辐射、生物相容性极佳，不腐蚀金属，可以与多种材质室温结合。在实际应用中，聚二甲基硅氧烷在空气界面部分会产生浓缩，材料表面会形成具有疏水的自保护涂层，提高藏污纳垢性。

3. 辐射层基料的优选

1) 选择性红外辐射体

与传统的降温技术不同，常规降温技术必须投入新能源，并将多余的废热排放到大气中。而辐射降温不需要任何新能源的投入，其降温效果与辐射性能直接相关，若辐射体表面存在对光谱具有选择性吸收/辐射的涂层，尤其在 8～13.5μm "大气窗口"波段内，即可将辐射体等效为黑体，而在其余波段，辐射体又是理想的反射体，既不发射辐射能也不吸收辐射能。选择性红外辐射体就是发射率随波长变换，理想的红外辐射体在"大气窗口"波段的发射率为 100%，在其余波段的反射率为 100%。在自然界并不存在这种理想天然的选择性红外辐射体，目前国内外也无系统科学的方法报道。李戩洪等[14]提出了查阅萨德勒红外标准光谱图来选取合适的辐射降温材料，但是萨德勒红外标准光谱图数量高达 20 多万张，并没有明确指出如何准确高效查阅最优材料，也只是对其他相关文献调研提出某些优良的辐射制冷材料，并验证效果。针对如何筛选最优辐射降温材料无疑是巨大的挑战，不仅要对本专业深入研究，还需要其他跨专业领域的交流合作。

辐射降温材料最大的特性就是对光谱进行选择，从光谱分析角度去寻求理想的辐射降温材料是目前科学高效的方法。通过对大气红外辐射分布图有针对性地比较并对"大气窗口"波段进行拟合分析，选取最优基料，其中大气透射光谱如图 6-5 所示。

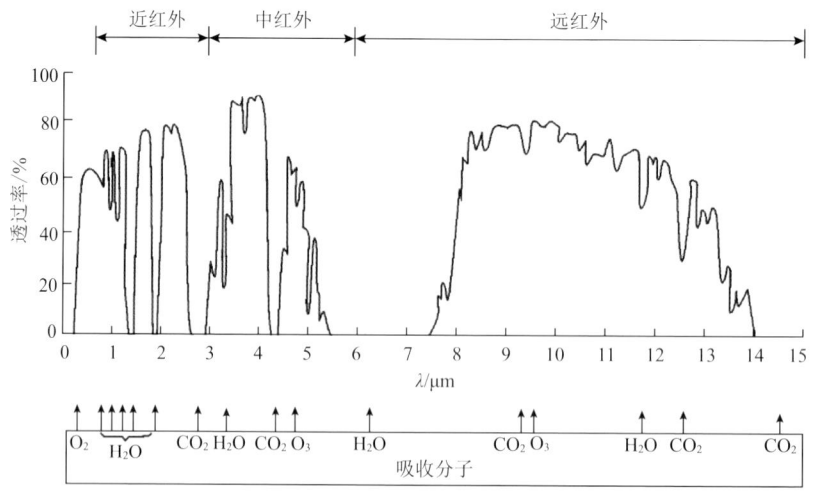

图 6-5 大气透射光谱

2) 红外光谱筛选

5 种基料红外光谱如图 6-6 所示。在上述 5 种材料的反射红外光谱中，明显可见聚二甲基硅氧烷在"大气窗口"外透过率高，在"大气窗口"内有两个较强的吸收峰，在其余能量传输较大波段透射率较小，故聚二甲基硅氧烷作为辐射降温涂料的基料较优。在之前做过的研究中，确定聚二甲基硅氧烷在 0.4～1.8μm 波段具有高透性，但是仅在 0.4～1.8μm 波段内报道过聚二甲基硅氧烷的折射率，之后聚二甲基硅氧烷在 3～13μm 波段内的吸收与辐射被报道。根据对聚二甲基硅氧烷在 2.5~16.7μm 波段的研究，通过沉积法将聚二甲基硅氧烷沉积在镀金硅基材板上，用傅里叶变换红外(Fourier transform infrared，FTIR)反射测量，注意到消光系数的值超过 8μm 波长时，测量聚二甲基硅氧烷薄膜的选择性发射行为，发现反射性基材上的聚二甲基硅氧烷薄膜在吸收率较低的区域内存在选择性发射行为，即 FTIR 反射测量证明了聚二甲基硅氧烷在 8~14μm 波段存在选择性发射，与"大气窗口"波段恰好吻合。

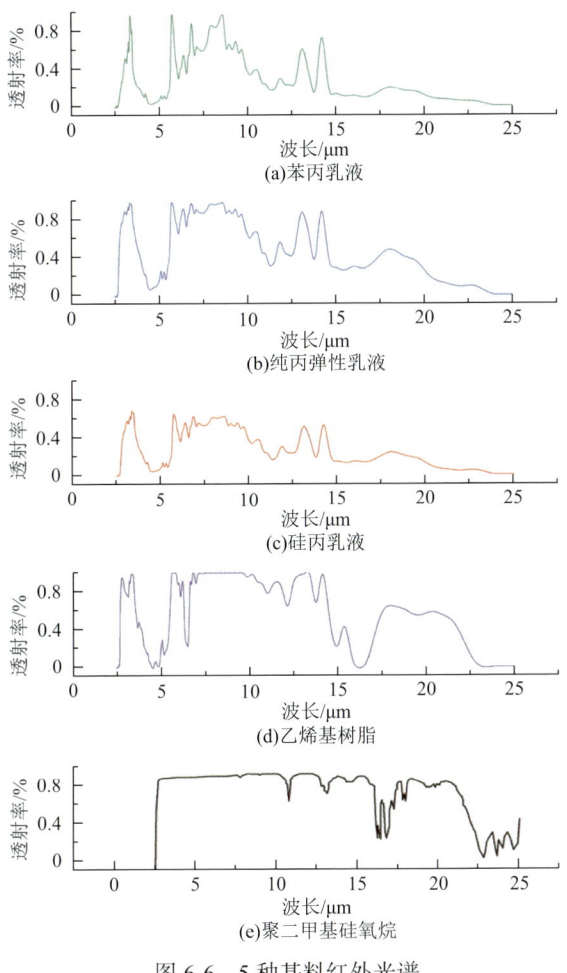

(a)苯丙乳液

(b)纯丙弹性乳液

(c)硅丙乳液

(d)乙烯基树脂

(e)聚二甲基硅氧烷

图 6-6　5 种基料红外光谱

6.4.2　功能性颜填料的优选

1. 选择依据

功能性颜填料作为辐射降温涂料不可或缺的一部分，对功能性涂料能否产生作用起着决定性的作用。作为反射层的功能性颜填料，其折光系数直接影响反射效率；而对辐射层的功能性颜填料的研究更为复杂，目前研究发现主要在基料中掺杂无机随机粒子，利用随机粒子之间相互产生的光学作用，使得通过"大气窗口"的辐射率增加，影响因素众多。

2. 反射层功能性颜填料的优选

反射层功能性颜填料具备对可见光具有高反射性与低吸收性，根据能带理论，入射光子的能量正好将功能性颜填料粒子中的电子带从已经充满电的成键轨道(价带)跃迁到反键轨道(导带)，便会发生光子吸收。

其中光量子能公式为

$$hc/\lambda = E_g \tag{6.28}$$

式中，E_g 为禁带宽度(导带最低能级与价带最高能级之间的能量差)；λ 为可见光波长，$0.4\sim2.5\mu m$；h 为普朗克常数，$h=6.62\times10^{-34}\mathrm{J\cdot s}$；$c$ 为光速，$c=299792458\mathrm{m/s}$。

计算推导出，E_g 在 $0.5\sim1.8\mathrm{eV}$ 吸收近红外辐射，在 $1.8\sim3.1\mathrm{eV}$ 吸收可见光。查阅相关资料，功能性颜填料的折光系数与禁带宽度如表6-4所示。

表6-4 功能性颜填料的折光系数与禁带宽度

功能性颜填料	TiO₂ 金红石型	TiO₂ 锐钛矿型	ZnO	Al₂O₃	SiO₂	Fe₂O₃
折光系数	2.76	2.52	2.20	1.76	1.46	2.30
E_g/eV	3.05	3.05	3.40	8.30	8.80	3.10

1) 金红石型 TiO_2

反射涂料一般以白色或者浅色系为主。金红石型 TiO_2 的折光系数为 2.76，是目前研究功能性颜填料中折光系数最高的白色材料，作为反射层功能性颜填料的首选，其近红外反射率可达到 60%。光谱仪测试证明其在可见光的反射率接近100%，近红外可见光区的反射率达到 85%以上，在 200~400nm 的近紫外区的吸收率达到 85%，不仅对太阳光起到阻隔作用，而且由于对紫外线具有良好的吸收作用，大大减少了紫外线照射对涂层造成的光热分解，提高了涂层的耐久性。

2) 铝银粉

金属单质铝由于电导率较大，对可见近红外区的反射率高达 90%以上，在近红外区的反射率甚至可以到 100%，铝银粉能够在集料中形成光滑的反射膜。

但是对于铝银粉作为功能性颜填料的粒径要有一定的要求，若粒径太小，极易由于氧化变成黑色，极大地降低反射率，最优功能性颜填料应为鳞片状，厚度为 2~5μm，直径为 30~50μm。同时应该现配现用，尽量避免铝银粉在空气中暴露时间过长。

3. 辐射层功能性颜填料的优选

目前，对于辐射层的研究主要利用添加随机粒子利用聚合光子学的原理，随机光子特异性材料与聚合物光子学材料相结合，可以高效实现白天辐射降温。聚合光子系统因为随机性光学粒子被激发，特定波长发出的红外辐射与材料产生谐振，从而使这个特定波长光所携带的热量被"大气窗口"尽可能吸收，实现辐射降温。在研究阶段发现新纳米光子器件可以有效抑制结构物对太阳辐射的吸收，但是纳米光子学需要的精度要求严格且成本高昂，阻碍了该技术的发展。但是 Zhai 等[15]将谐振的二氧化硅微球随机嵌入聚甲基戊基料中，底部涂有 200nm 的银层，制备出了对"大气窗口"波段透明的超性能材料，在正午阳光的直晒下可以达到 93W/m^2 的降温效率。更重要的是，这种薄膜型材料成本低廉，可以大规模生产。

有研究者模拟上述材料，将二氧化硅微球随机掺杂在聚合物中，分析其中产生的原理。由于声子增强共振的微球增加了材料"大气窗口"的穿透性，且底层银反射镀膜使得材料反射性增加，反射了总能量的 96%。太阳主要以红外线作为传热源，其中不均匀或者较大的材料颗粒极易造成光在传播过程中产生红外线散射，最终辐射就会偏离初始传播方向，从而使得红外辐射在垂直方向上减小，直接影响涂料的红外发射率，所以有效降低散射系数对提高材料的红外发射率十分有利，试验证明将材料中的功能性颜填料制备打磨成均匀微小颗粒，可直接有效地降低散射系数。由于二氧化硅微球随机分布，虽然难以满足均匀球形的条件，但是因为随机性，粒子表现出球形特征。对于透射到表面的太阳光粒子，除反射、吸收外，还有散射作用，且随机粒子散射过程复杂，其中包含衍射、透射、折射等过程。红外辐射本质是因为热引起的电子、原子的热运动，温度越高，涂料层中的原子、电子运动越剧烈，红外辐射率提高，对高温季节发挥其红外热辐射功能大有裨益。

综上所述，利用聚合光子学制备辐射降温材料兼具经济与推广价值。但是对于在户外的桥梁工程，存在较多的不可控因素，随机粒子的粒径、质量分数是辐射降温材料的决定性因素，所以本节将着重对这两个参数进行试验优化。

4. 微纳米的理论计算

1) 米氏理论

米氏理论是 Mie 在 1908 年提出的关于球形粒子的光散射理论，是对球形散射体与电磁波场之间的精确求解，并且由 Maxwell 进行推导简化。在求解方程以后，对于理论中的衰减因子、散射因子、吸收因子与相函数以无穷级数求和的形式给出，可以用公式[16]表示为

$$Q_{e\lambda} = \frac{C_{\text{ext}}}{\pi r^2} = \frac{2}{\chi^2} \sum_{n=1}^{\infty} (2n+1) \text{Re}(a_n + b_n) \tag{6.29}$$

$$Q_{s\lambda} = \frac{C_{\text{sca}}}{\pi r^2} = \frac{2}{\chi^2} \sum_{n=1}^{\infty} (2n+1) \left(|a_n|^2 + |b_n|^2 \right) \tag{6.30}$$

$$Q_{a\lambda} = Q_{e\lambda} - Q_{s\lambda} \tag{6.31}$$

$$\phi_\lambda(\theta) = \frac{2}{Q_{s\lambda} \chi^2} \left(|S_1|^2 + |S_2|^2 \right) \tag{6.32}$$

式中，r 为粒子半径；$\chi = \dfrac{\pi d}{\lambda}$ 为尺度参数；Re 为取实部的符号；a_n、b_n 为米氏散射系数；S_1、S_2 为散射函数；C_{sca}、C_{ext} 为散射与衰减截面；θ 为散射角。

米氏散射系数计算公式为

$$a_n = \frac{\psi_n'(m\chi)\psi(\chi) - m\psi_n(m\chi)\psi_n'(\chi)}{\psi_n'(m\chi)\xi_n(\chi) - m\psi_n(m\chi)\xi_n'(\chi)} \tag{6.33}$$

$$b_n = \frac{m\psi_n'(m\chi)\psi_n(\chi) - \psi_n(m\chi)\psi_n'(\chi)}{m\psi_n'(m\chi)\xi_n(\chi) - \psi_n(m\chi)\xi_n'(\chi)} \tag{6.34}$$

式中，m 为粒子相对于周围介质的负折射率。

$$\xi_n = \psi_n - i\eta_n \tag{6.35}$$

式中，ψ_n、η_n 为贝塞尔函数，公式为

$$\psi_{n+1}(\chi) = \frac{2n+1}{\chi}\psi_n(\chi) - \psi_{n-1}(\chi) \tag{6.36}$$

$$\psi_{-1}(\chi) = \cos\chi \tag{6.37}$$

$$\psi_0(\chi) = \sin\chi \tag{6.38}$$

$$\eta_{n+1}(\chi) = \frac{2n+1}{\chi}\eta_n(\chi) - \eta_{n-1}(\chi) \tag{6.39}$$

$$\eta_{-1}(\chi) = -\sin\chi \tag{6.40}$$

$$\eta_0(\chi) = \cos\chi \tag{6.41}$$

散射函数计算公式为

$$S_1 = \sum_{n=1}^{\infty} \frac{2n+1}{n(n+1)} \left[a_n \pi_n(\cos\varphi) + b_n \tau_n(\cos\varphi) \right] \tag{6.42}$$

$$S_2 = \sum_{n=1}^{\infty} \frac{2n+1}{n(n+1)} \left[a_n \tau_n(\cos\varphi) + b_n \pi_n(\cos\varphi) \right] \tag{6.43}$$

式中，π_n、τ_n 为散射角函数，表达式为

$$\pi_n(\cos\varphi) = \frac{p'_n(\cos\varphi)}{\sin\varphi} \tag{6.44}$$

$$\tau_n(\cos\varphi) = \frac{\mathrm{d}}{\mathrm{d}\varphi} \left[p'_n(\cos\varphi) \right] \tag{6.45}$$

2) Henyey-Greenstein 相函数

单光束照射到粒子上发生散射作用，如果将每一束光进行周向角 $\psi \in [0, 2\pi)$ 与散射角 $\theta \in [0, \pi)$ 的抽样统计，并且便于散射能量之间的方向性相对简化，有必要引入非对称因子 g 的概念，g 作为辐射能量传递的重要参量，反映了前、后方向之间的能量占比，可以表达为

$$g = \overline{\cos\theta} = \frac{1}{4\pi} \int_{4\pi} \phi_p(\theta) \cos\theta \mathrm{d}\Omega \tag{6.46}$$

对于均质球形粒子，考虑到周向散射的对称性，可以简化为

$$g = \overline{\cos\theta} = \frac{1}{2} \int_0^{\pi} \phi_p(\theta) \cos\theta \sin\theta \mathrm{d}\theta \tag{6.47}$$

式中，$g \in [-1, 1]$，$g > 0$ 时表示前向即前半球的散射能量占据主导，随着前半球散射不断增大，g 不断接近于 1；$g < 0$ 时表示后向即后半球的散射能量占据主导，随后半球散射不断增大，g 不断接近于 -1；$g = 0$ 时表示前后半球的散射能量相等[17]。

从上述公式汇总中可以看出，米氏散射相函数作为一种无穷级数的形式，计算相对困难，因此在计算有关散射能量时，大多数采用的是由天文学家 Henyey 与 Greenstein 在最初研究银河系散射时提出的 Henyey-Greenstein 相函数[18]，可以近似表示散射相函数：

$$\phi(\theta) = \frac{1-g^2}{2\left(1+g^2-2g\cos\theta\right)^{\frac{3}{2}}} \qquad (6.48)$$

值得注意的是，这里有关散射相函数的定义为 $\cos\theta$ 的概率密度函数。

目前针对有关稠密粒子系的研究仍然属于世界性难题，本节相关工作并未探讨关于独立粒子的散射问题，但对粒子群的辐射特性起到了一定的验证作用。

6.5 反射层模拟降温效果研究

1. 试验目的

对已筛选的辐射层基料与功能性颜填料进行控制变量法试验，利用自制保温结构对辐射层降温效果进行测试，与底层反射层复合，本试验的主要目的如下：

(1) 研发自制辐射层保温结构，减少不相干因素对试验的干扰。

(2) 对不同基料与功能性颜填料进行优化组合，制备降温效果最优的辐射层涂料。

2. 试验方案

1) 辐射层涂料制备

按照设计配比准备基料、功能性颜填料、各种辅助添加剂，在混合过程中，为保证涂料混合均匀，将基料均分 2 次加入，手动低速搅拌 5～10min。涂料坚持现配现用，具体流程如图 6-7 所示。

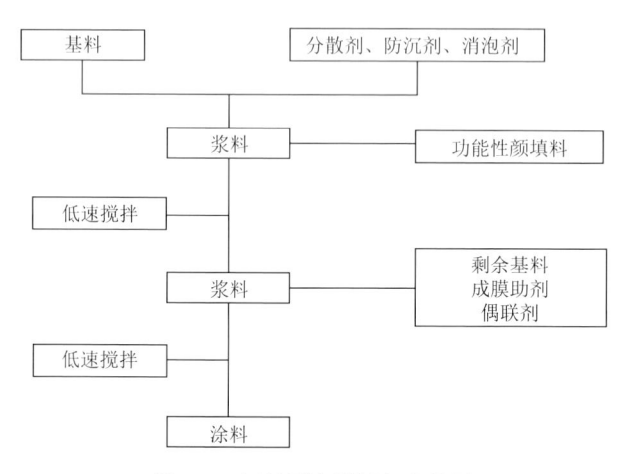

图 6-7　辐射层涂料制备流程图

2)试验材料及典型性能

(1)10μm 粒径 SiO$_2$ 微球。

厂家:广东省东莞市鑫惟进实业有限公司,典型性能如表 6-5 所示。

表 6-5 10μm 粒径 SiO$_2$ 微球典型性能

性能指标	性能参数
型号	XWJ-SQ50610
粒径分布/μm	10±1
球形率/%	>95
白度	>95
纯度(SiO$_2$)/%	99.99
密度/(g/cm^3)	>2.2
比表面积/(m^2/g)	<1.5
萃取率 pH	7.5±1
萃取液电导率/(μs/cm)	<10

(2)5μm 粒径 SiO$_2$ 微球。

厂家:广东省东莞市鑫惟进实业有限公司,典型性能如表 6-6 所示。

表 6-6 5μm 粒径 SiO$_2$ 微球典型性能

性能指标	性能参数
型号	XWJ-SQ50605
粒径分布/μm	5±0.5
球形率/%	>95
白度	>92
纯度(SiO$_2$)/%	99.99
密度/(g/cm^3)	>2.2
比表面积/(m^2/g)	<2.0
萃取率 pH	7.5±1
萃取液电导率/(μs/cm)	<10

(3)道康宁 SYLGARD 184 硅橡胶。

道康宁 SYLGARD 184 硅橡胶是由液体组分组成的双组分套件产品,包括基本组分与固化剂。基本组分与固化剂按照 10∶1 比例完全混合,中等黏度,混合液在 25～150℃范围内固化，无论厚薄都将固化成具有韧性的透明弹性体。表 6-7 为 SYLGARD 184 硅橡胶的典型性能。

表 6-7　SYLGARD 184 硅橡胶的典型性能

性能指标	性能参数
颜色	透明
绝缘率（100Hz）	2.72
绝缘强度/（V/m）	500
硬度	43HS
热固化	35min@100℃、20min@125℃、10min@150℃
混合比例	主剂和固化剂 10∶1 混合
室温固化时间/h	48
温度范围/℃	−45～200

3）试验仪器与设备

（1）PT100 推入式电阻温度计。

厂家：德科隆精密工业（德国）有限公司，典型性能如表 6-8 所示。

表 6-8　PT100 推入式电阻温度计典型性能

性能指标	性能参数
探头直径/mm	3
探头长度/m	30
测温范围/℃	−20～80
相应时间/s	10

（2）7 路 PT100 温度采集模块。

厂家：讯威电子科技有限公司，典型性能如表 6-9 所示。

表 6-9　7 路 PT100 温度采集模块典型性能

性能指标	性能参数
产品型号	SRND-CM-7PT
温度输入通道	7 通道

续表

性能指标	性能参数
温测范围/℃	−200～600
分辨率/℃	0.1
产品尺寸/mm	125×73×42
外部供电电源	DC12-24V
工作温度范围/℃	−10～60
传感器	支持2线/3线PT100
安装方式	标准DIN导轨安装

(3) 自制保温测温系统。

室外日照升温、降温能够直接反映辐射降温涂料对结构表面温度变化的影响，但是由于室外升温、降温测试时间长，并且受外界不可控因素干扰大，对于传感器采集升温、降温效率低。因此，试验采用保温测温系统对辐射降温涂料试件进行升温、降温试验，以提高试验准确度，缩短检测时间，提高检测效率。

保温测温系统主要组成部分有保温测温系统外包壳（材料为 2cm 厚酚醛泡沫）、0.3mm 厚聚乙烯透明风屏（聚乙烯薄膜在整个波段的透过性能好、防潮性能佳），制冷空间尺寸为 74cm×5cm×14cm，具体如图 6-8 所示。

图 6-8 保温测温系统

4) 试验试件制备

为了更好地测试温度变化的实际情况，采用 10mm×10mm×1mm 钢板作为结构底板，背面中心用导热硅连接温度传感器，再用 2cm 厚酚醛泡沫压实以阻隔传感器与空气之间的热传导。为增加导热性能，结构底板上涂抹定量碳粉，再根据功能性颜填料配比不同涂刷辐射降温涂料。试件制备如图 6-9 所示。

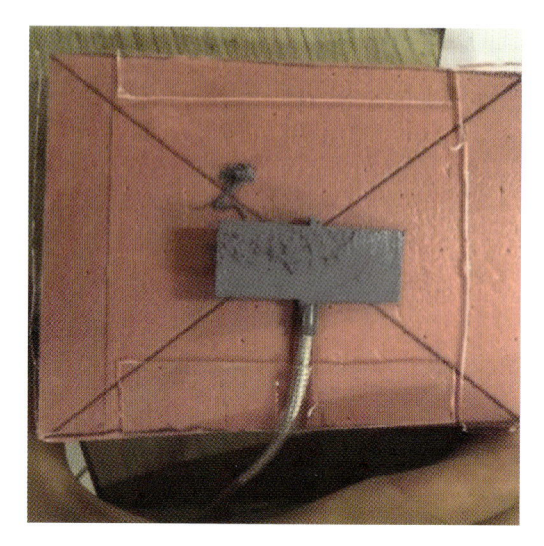

图 6-9　试件准备

3. 试验过程

按照功能性颜填料的配比不同，将试件组分别置于重庆交通大学南岸校区室外羽毛球场(北纬 N29°29′27.64″，东经 E106°34′1.51″)，在正午依据晴朗天气情况采集约 2h 试件表面温度数据，经过软件预处理后整理得到试件表面温度，提取待测面中心测点在感应加热-冷却阶段的温度数据，并相应绘制出该点的时间-温度变化曲线。通过对比试验降温效果，从而确定最佳配比。

4. 降温试验结果与相关因素分析

1) 质量分数

时间：2019 年 9 月 26 日 11:30 记录到 13:20，并在 19:50 记录到 21:20。

样本：对只涂水泥层铝板空白样本，0% SiO_2 辐射层样本，粒径为 5μm，质量分数分别为 6%、8%、10%、15%、20%的 SiO_2 微球辐射层样本进行户外监测试验，每秒记录一次数据。

9 月 26 日实时天空状况如图 6-10 所示。不同样本日间和夜间测温结果如图 6-11 和图 6-12 所示。

图 6-10　9 月 26 日实时天空状况

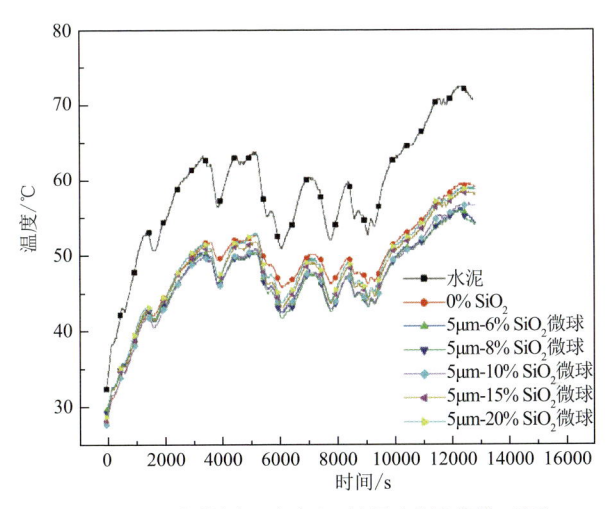

图 6-11　不同样本日间测温结果（质量分数不同）

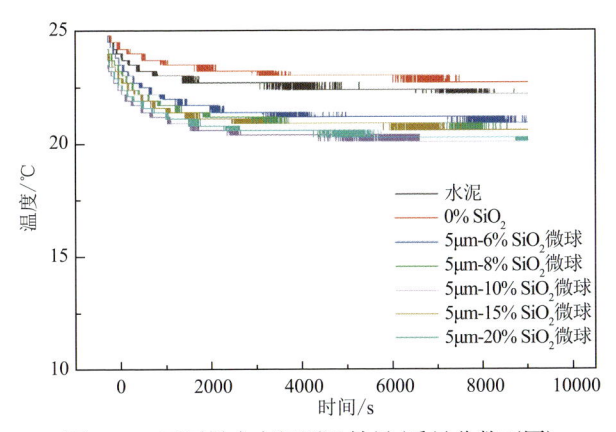

图 6-12　不同样本夜间测温结果（质量分数不同）

2)膜厚

时间：2019 年 9 月 23 日 11:47 记录到 13:20。

样本：只涂水泥铝板的空白样本 1 组。SiO_2 微球样本共 6 组，粒径均为 5μm，其中质量分数为 8%，膜厚分别为 170μm、300μm、500μm 的各 1 组；质量分数为 10%，膜厚分别为 170μm、300μm、500μm 的各 1 组。对所有样本进行户外监测试验，每秒记录一次数据。

9 月 23 日实时天空状况如图 6-13 所示。不同样本日间测温结果如图 6-14 所示。

图 6-13　9 月 23 日实时天空状况

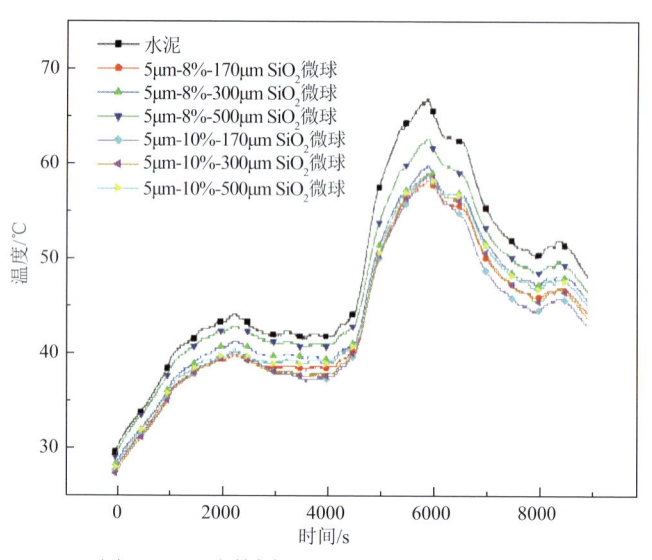

图 6-14　不同样本日间测温结果（膜厚不同）

3)粒径尺寸

时间：2019 年 9 月 3 日 11:00 记录到 14:00。

样本：只涂水泥铝板空白样本 1 组。0% SiO$_2$ 辐射层样本 1 组。SiO$_2$ 微球样本中，质量分数为 4%，粒径为 5μm、10μm 的各 1 组；质量分数为 10%，粒径为 5μm、10μm 的各 1 组。对所有样本进行户外监测试验，每隔 1min 记录一次数据。

9 月 3 日实时天空状况如图 6-15 所示。不同样本日间测温结果如图 6-16 所示。

图 6-15　9 月 3 日实时天空状况

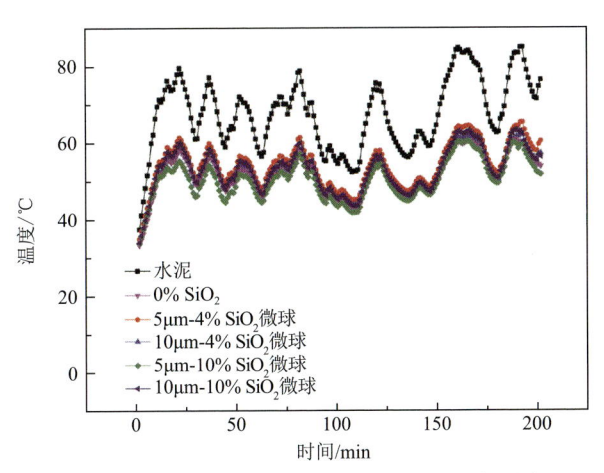

图 6-16　不同样本日间测温结果(粒径尺寸不同)

4)固化时间

通过后期复核之前做的试验数据，即重新将试验再完整做一遍，从而分析固化时间对辐射降温涂料的影响。因为前期的材料虽然已经固化，但是内部分子将持续固化。

时间：2019 年 10 月 18 日 11:42 记录到 13:37，并在 19:06 记录到 20:25。

样本：对只涂水泥层铝板空白样本，粒径为 5μm，质量分数分别为 2%、

4%、6%、8%、10%的 SiO$_2$ 微球辐射层样本进行户外监测试验，每秒记录一次数据。

10 月 18 日实时天空状况如图 6-17 所示。不同样本日间测温结果如图 6-18 所示。

图 6-17　10 月 18 日实时天空状况

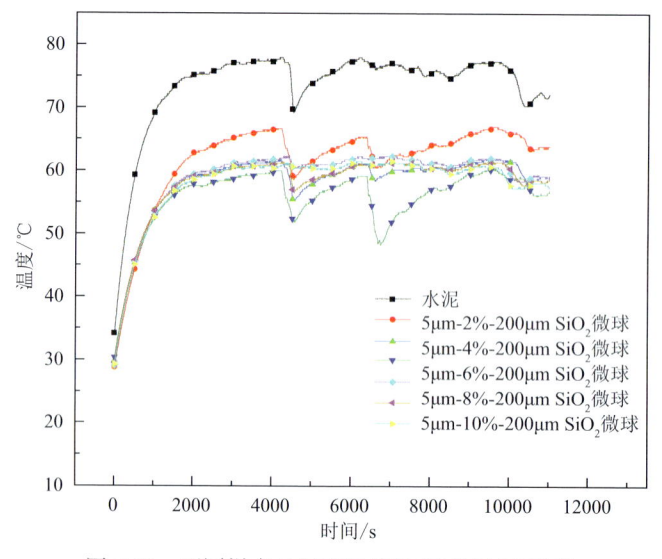

图 6-18　不同样本日间测温结果(固化时间不同)

5. 试验结论

依据定性定量的原则，SiO$_2$ 质量分数在 10%以内的样本，其降温效果明显优于 10%以上的，复合辐射降温层的降温效果明显优于只有反射层涂料的降温效果。在质量分数相同情况下，膜厚越薄，复合辐射降温效果越好。

依据定性定量原则，在质量分数相同的情况下，5μm 颗粒的降温效果要优于 10μm 颗粒。此外，9 月 26 日降温效果最好的是掺杂粒径为 5μm、质量分数为 10%的 SiO$_2$ 微球的降温涂料，在 10 月 18 日降温效果最好的是掺杂粒径为 5μm、质量分数为 4%的 SiO$_2$ 微球的降温涂料，所以固化时间对试验结果有一定的影响。固化时间越久，最佳配比效果出现偏移。

综上对辐射降温试验的研究，可以得出以下结论：
(1) 涂刷厚度对试验有一定的影响，即越薄降温效果越好。
(2) 固化时间对降温效果有一定的影响，最佳效果配比会出现一定的偏移。
(3) 定性定量对比中，掺杂粒径为 5μm、质量分数为 4%的 SiO$_2$ 微球的降温涂料降温效果最佳。

在进行复合辐射降温涂料的试验研究中，质量分数与膜厚均不能过大。一方面，质量分数过大会导致粒子之间的非独立散射，对辐射路径影响较大，且对于稠密粒子系的研究尚属于世界性难题；另一方面，随着质量分数的增加，降温量会呈现出明显的边际效应，光束被吸收的时间会逐渐延长，导致降温效果下降。对膜厚而言，随着膜厚增加到一定值，降温量会出现明显的边际效应，之后再持续增加会导致相关不利因素，如应用成本增加，应用价值降低。因此，为了获取更好的应用价值，研究的复合辐射降温涂料应尽可能达到最佳状态，具有一定的发热普适性。

6.6 结构控温仿真与实桥验证

6.6.1 混凝土箱体结构三维瞬态分析

1) 温度场模拟

为准确模拟箱梁结构在不同时间的温度分布，采取瞬态分析，准确获取大气温度的边界条件是模拟结构温度场分布的关键。因为日照辐射、空气对流与环境温度都是在时间和空间上的多维连续函数，所以全桥各个界面截面的温度分布情况获取困难，研究发现，桥梁结构本质上为空间中的细长结构，当太阳照射足够远时，桥梁跨径方向的温度分布便可以假设成均匀结构，最终简化计算难度。

桥梁结构对于温度场的模拟，需要确定混凝土的热力学参数，以及初始温度与边界条件。

2) 混凝土热力学参数定义

在本节试验中模拟使用实际的混凝土配合比，仿真所用的材料热力学参数如表 6-10 所示。

表 6-10　材料热力学参数

名称	数值	单位
普通混凝土导热系数	1.348	W/(m·K)
普通混凝土密度	2439	kg/m³
普通混凝土比热容	0.807	kJ/(kg·K)

3) 模型建立分析

重庆市嘉华轨道专用桥跨中箱梁采用标准截面尺寸，在有限元软件中导入长度为 10m 的箱梁三维模型，截面尺寸如图 6-19 所示，有限元模型及网格划分如图 6-20 和图 6-21 所示。

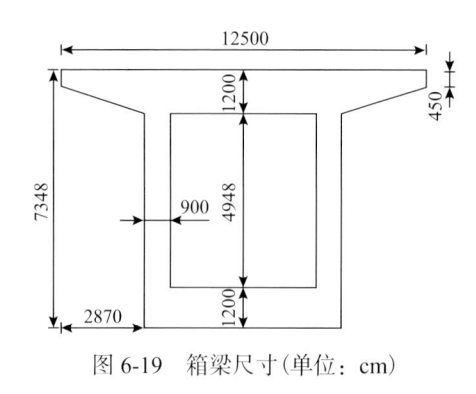

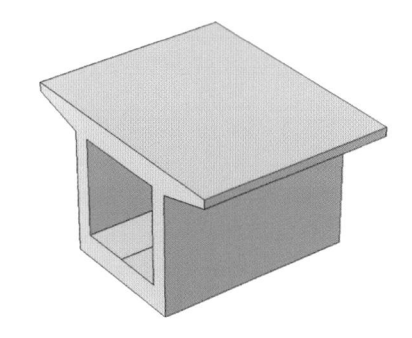

图 6-19　箱梁尺寸(单位：cm)

图 6-20　箱梁有限元模型

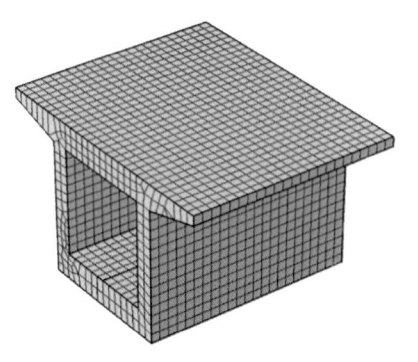

图 6-21　箱梁有限元模型网格划分

整个混凝土箱梁模型密度为 2439kg/m³，导热系数为 1.348W/(m·K)，恒压比热容为 0.925J/(kg·K)，定义环境温度为随时间变化的函数，平均温度为 27℃，最高温度为 37℃，最低温度为 15℃，环境热属性参数如表 6-11 所示，环境温度设置如图 6-22 所示。

表 6-11 环境热属性参数

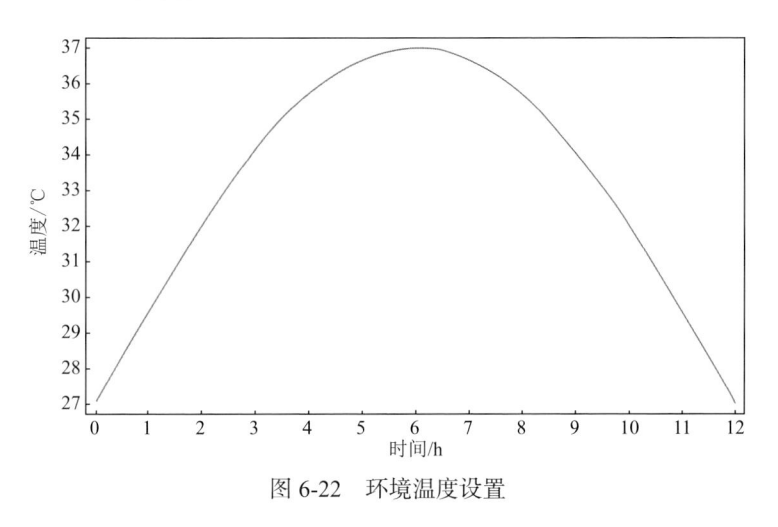

名称	数值	单位
环境温度	见图 6-22	℃
环境绝对压力	1	Pa
环境相对湿度	0	%
风速	5	m/s
正午晴空太阳法向辐照射	1000	W/m²
正午晴空水平散射辐照射	150	W/m²

图 6-22 环境温度设置

4) 边界条件

考虑太阳辐射的位置和辐射热通量与时间的变化关系，边界条件确定困难，整体采用 COMSOL 软件中自带的辐射传热模块，其中定义了太阳辐射、阳光漫反射与空气对流边界条件。查阅相关材料，混凝土表面辐射率一般为 0.95，因为辐射降温涂料在箱体表面的辐射率取决于其粗糙程度和自身材料，根据上述试验与相关资料，辐射降温涂料的表面辐射率为 0.2，同期空气对流传热系数取 20W/(m²·K)。

6.6.2 实测结果对比分析

模拟定义整个模型采用瞬态分析，环境大气温度作为混凝土箱梁初始温度，跟踪模拟一天的温度变化，从早上 6:00 开始，时间步长为 0.5h。储存每个计算步长结束时数据，因为数据存储篇幅较大，所以只显示每隔 2h 箱梁温度分布，如图 6-23 所示。

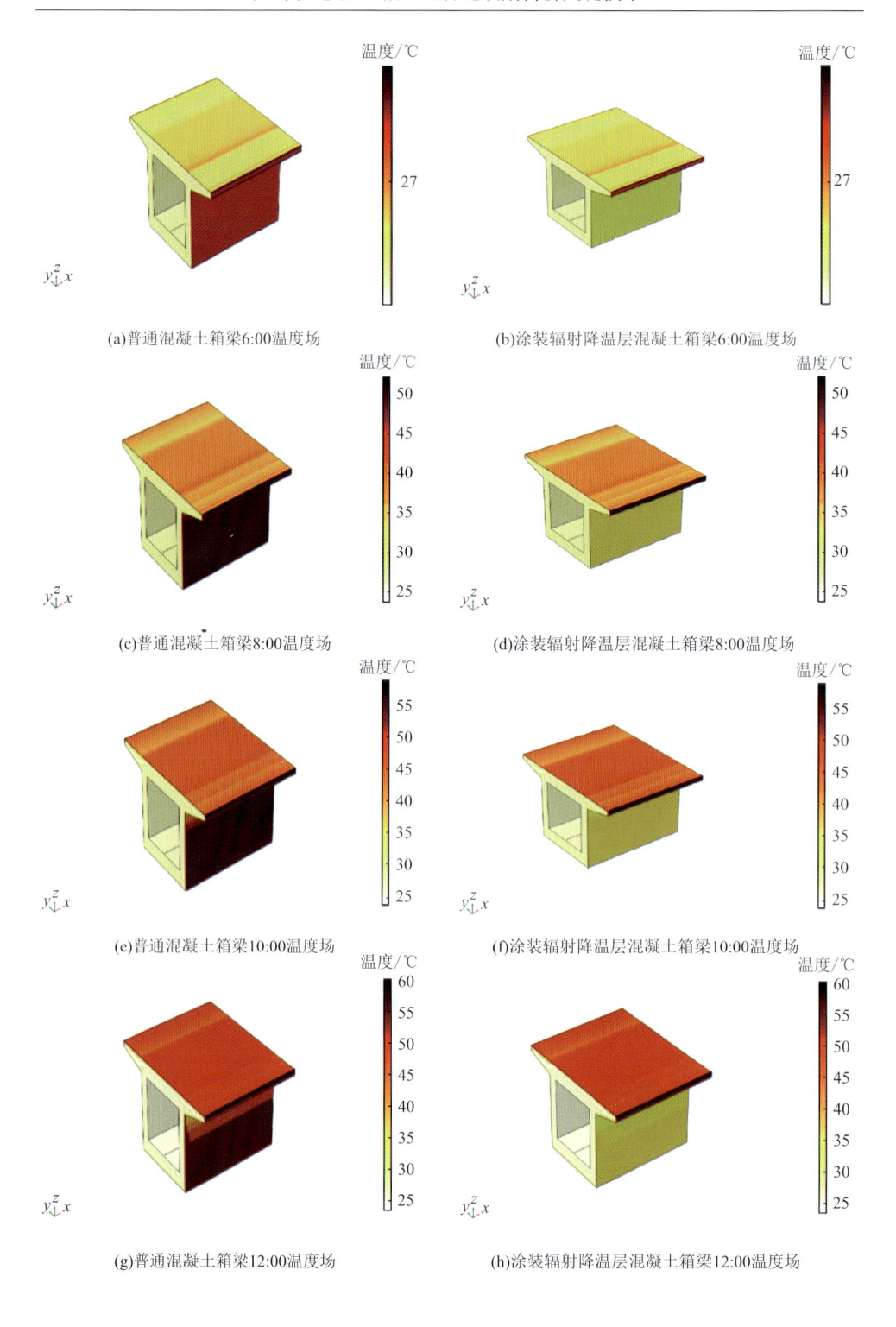

(a)普通混凝土箱梁6:00温度场　　(b)涂装辐射降温层混凝土箱梁6:00温度场

(c)普通混凝土箱梁8:00温度场　　(d)涂装辐射降温层混凝土箱梁8:00温度场

(e)普通混凝土箱梁10:00温度场　　(f)涂装辐射降温层混凝土箱梁10:00温度场

(g)普通混凝土箱梁12:00温度场　　(h)涂装辐射降温层混凝土箱梁12:00温度场

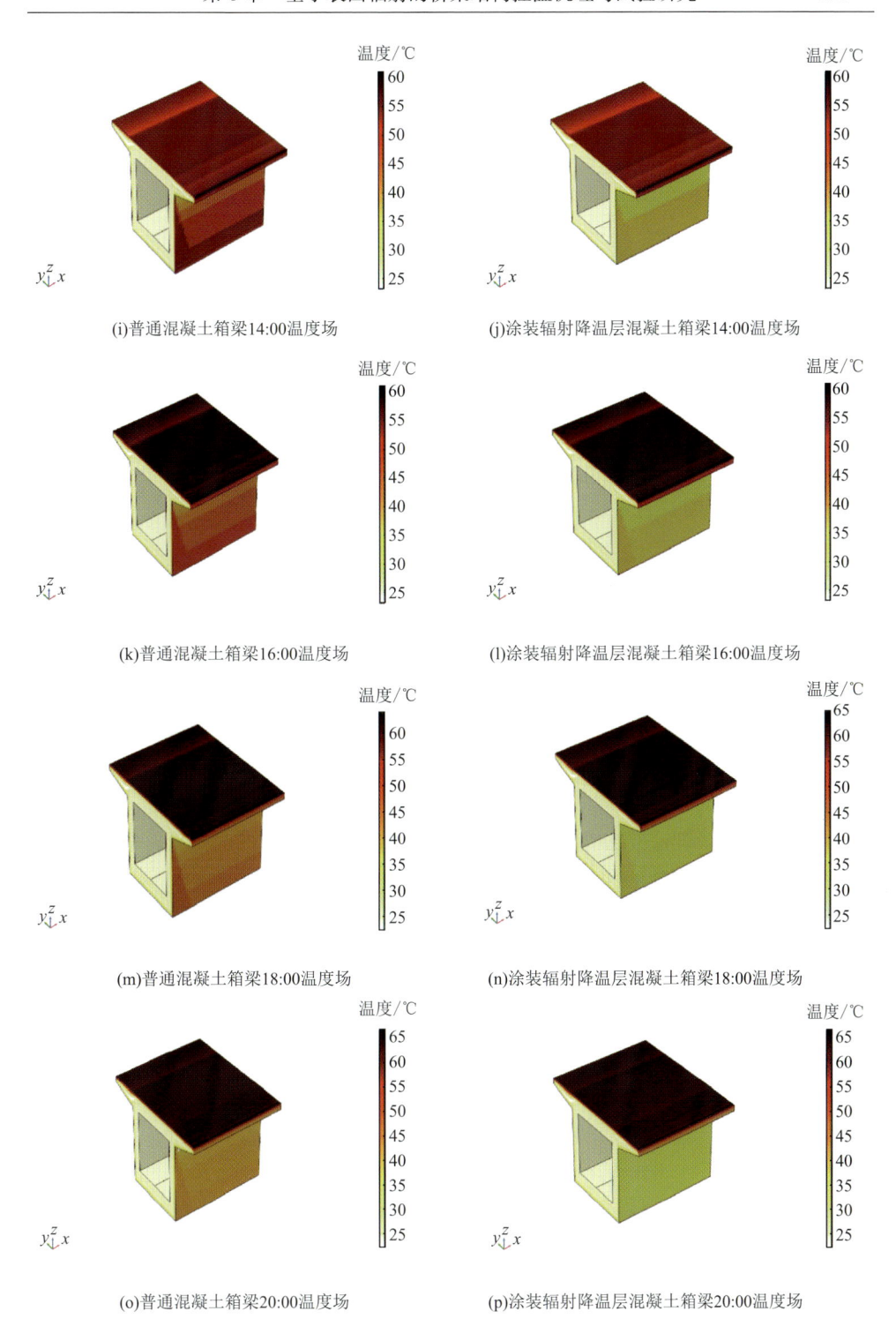

第6章 基于表面辐射的桥梁结构控温机理与试验研究 ·171·

(i)普通混凝土箱梁14:00温度场

(j)涂装辐射降温层混凝土箱梁14:00温度场

(k)普通混凝土箱梁16:00温度场

(l)涂装辐射降温层混凝土箱梁16:00温度场

(m)普通混凝土箱梁18:00温度场

(n)涂装辐射降温层混凝土箱梁18:00温度场

(o)普通混凝土箱梁20:00温度场

(p)涂装辐射降温层混凝土箱梁20:00温度场

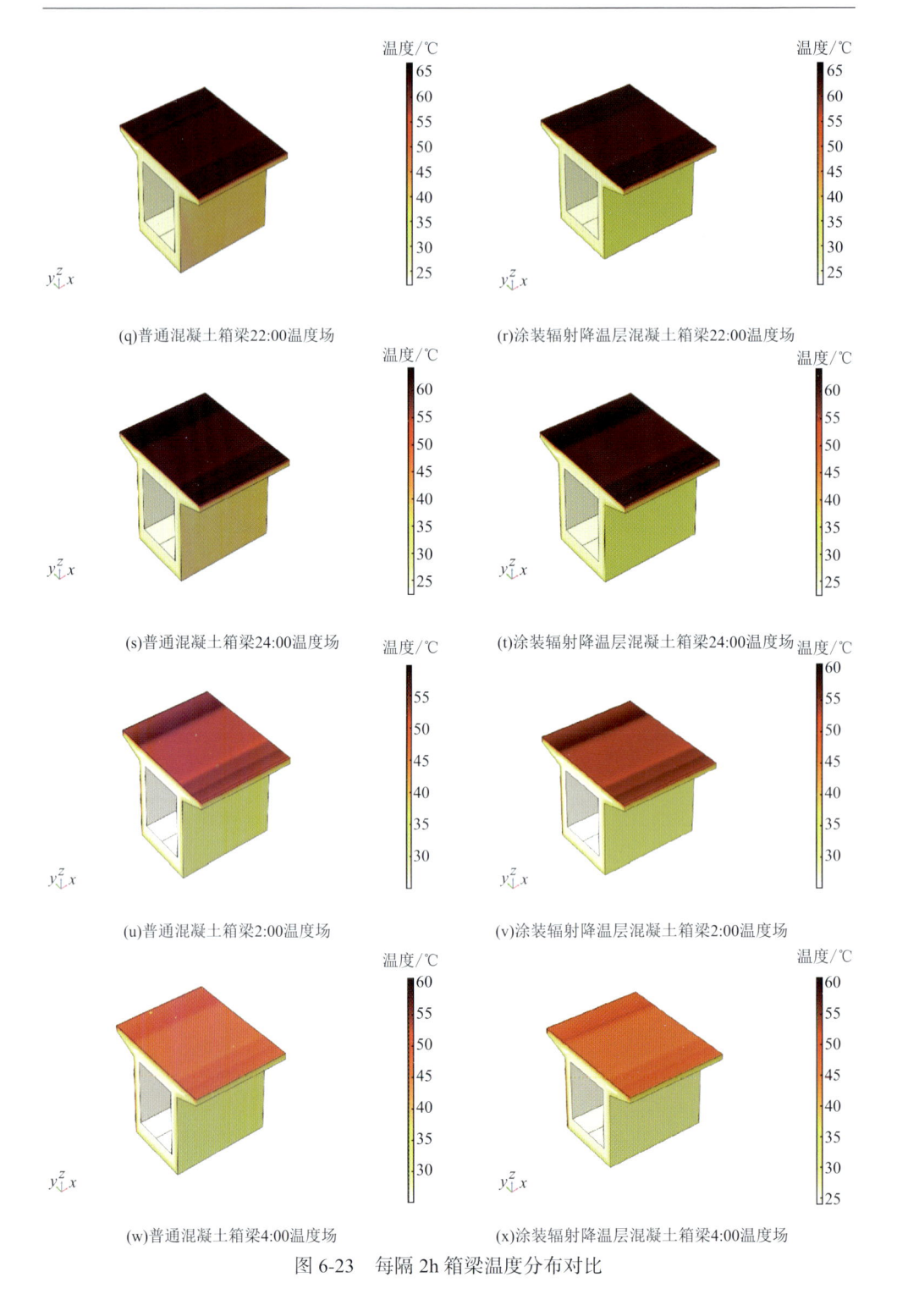

(q)普通混凝土箱梁22:00温度场　　　　　(r)涂装辐射降温层混凝土箱梁22:00温度场

(s)普通混凝土箱梁24:00温度场　　　　　(t)涂装辐射降温层混凝土箱梁24:00温度场

(u)普通混凝土箱梁2:00温度场　　　　　(v)涂装辐射降温层混凝土箱梁2:00温度场

(w)普通混凝土箱梁4:00温度场　　　　　(x)涂装辐射降温层混凝土箱梁4:00温度场

图 6-23　每隔 2h 箱梁温度分布对比

为研究混凝土右侧腹板表面的温度规律并与涂装辐射降温层表面温度规律进行对比，在模型右侧腹板中央取一个节点（图 6-24），提取此点的温度和应力变化，如图 6-25 和图 6-26 所示。

从图 6-25 可以看出，涂装辐射降温层与未涂装辐射降温层的表面温度最大相差 10.72℃。从图 6-26 可以看出，涂装辐射降温层的应力曲线变化平稳，未涂装辐射降温层的应力曲线波动较大。可见涂装辐射降温层可以对箱梁结构温度起到良好的控制作用。

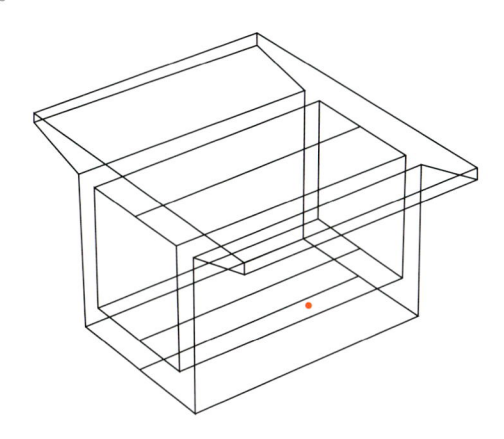

图 6-24 腹板分析点示意图

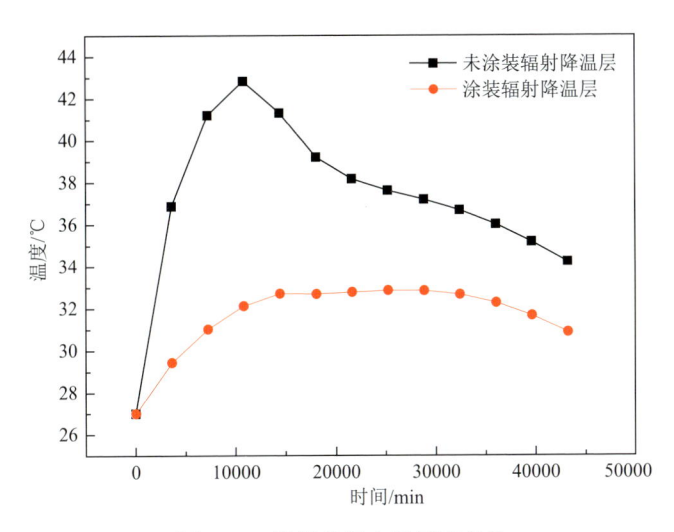

图 6-25 腹板分析点处温度变化

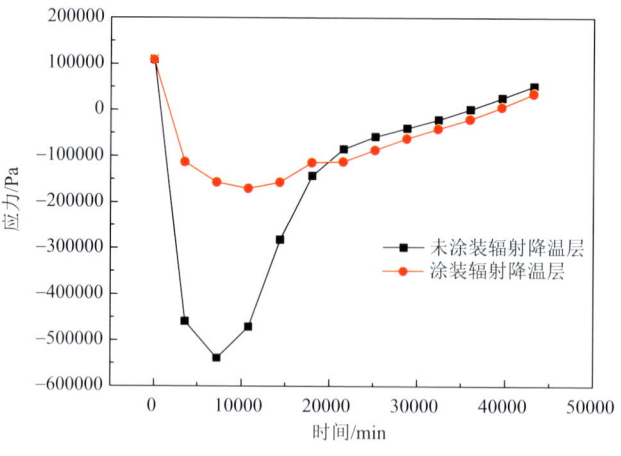

图 6-26 腹板分析点处应力变化

6.7 本章小结

本章基于表面辐射原理开展复合辐射降温涂料的理论分析，依据反射底层与辐射降温面层的具体要求，开展基料与功能性颜填料的筛选试验研究，对微纳米的理论计算做了初步概述。针对复合辐射降温涂料中分层研究的需求，开展了基于红外成像原理的反射底层的室内模拟降温试验，优化选取基料与功能性颜填料。利用软件模拟实际试验，验证复合辐射降温涂料的控温效果。

(1) 开展基于红外成像的反射层室内模拟降温研究试验，结果表明，基料中添加质量分数为 30%的铝银粉时，降温效果最优，之后继续增加铝银粉质量分数，降温效果反而下降；在基料中添加质量分数为 20%的 TiO_2 时，降温效果最优，之后继续增加 TiO_2 质量分数，降温效果反而下降。

(2) 开展基于表面辐射降温涂料的户外模拟降温研究试验，结果表明，涂刷厚度对试验有一定的影响，即涂料膜厚越薄，降温效果越好；固化时间对降温效果也有一定影响，即最佳效果配比会出现一定的偏移；定性定量对比中，掺杂直径为 5μm、质量分数为 4%的 SiO_2 微球的降温效果最佳。

(3) 从有限元模拟结果可知，涂装辐射降温涂料的试验组比未涂装辐射降温层的试验组升温减缓，未涂装辐射降温涂料的试验组应力波动更大，涂装辐射降温涂料对箱梁结构温度起到良好的控制作用。

参 考 文 献

[1] 陶翀. 混凝土箱梁温度场实测研究及概率统计分析[D]. 杭州: 浙江大学, 2014.

[2] 包立平, 李文彦, 吴立群. 热传导系数跳跃的三维非 Fourier 温度场分布的奇摄动双参数解[J]. 物理学报, 2019, 68(20): 169-178.
[3] 张文生. 科学计算中的偏微分方程有限差分方法[M]. 北京: 高等教育出版社, 2006.
[4] 尹飞鸿. 有限元法基本原理及应用[M]. 北京: 高等教育出版社, 2010.
[5] 曲通馨. 绝热材料与绝热工程实用手册[M]. 北京: 中国建材工业出版社, 1998.
[6] 张德信. 建筑保温隔热材料应用[M]. 北京: 化学工业出版社, 2006.
[7] 叶晓. 合成高分子材料应用[M]. 北京: 化学工业出版社, 2010.
[8] Zemenski M W, Dietman R H. 热学与热力学[M]. 刘皇风, 译. 北京: 科学出版社, 1987.
[9] 马本堃, 高尚惠, 孙煜编. 热力学与统计物理学[M]. 2 版. 北京: 高等教育出版社, 1995.
[10] 吴永权. 高温高辐射率红外辐射涂料的制备及其性能研究[D]. 杭州: 浙江大学, 2017.
[11] 余丽蓉, 陆春华, 赵石林, 等. 弹性薄层反辐射隔热涂料的研究[J]. 材料科学与工程学报, 2007, 25(2): 265-268.
[12] 权衡, 马小强, 王婷. 甲基丙烯酸缩水甘油酯制备工艺研究[C]//"浙江宏达"杯第三届全国印染新技术暨助剂新产品新成果学术交流会, 上虞, 2009: 279-283.
[13] Kou J, Jurado Z, Chen Z, et al. Daytime radiative cooling using near-black infrared emitters[J]. ACS Photonics, 2017, 4(3): 626-630.
[14] 李戬洪, 黄轶, 江晴. 一种被动式降温的新方法——辐射致冷[J]. 制冷, 1997, 16(2): 21-26.
[15] Zhai Y, Ma Y G, David S N, et al. Large scale random metamaterial for effective day-time radiative cooling[C]//Conference on Lasers and Electro-Optics, San Jose, 2017: 14-19.
[16] Rasskazov I L, Carney P S, Moroz A. Intriguing branching of the maximum position of the absorption cross section in Mie theory explained[J]. Optics Letters, 2020, 45(14): 4056-4059.
[17] Pandey A, Chakrabarty R K. Scattering directionality parameters of fractal black carbon aerosols and comparison with the Henyey-Greenstein approximation[J]. Optics Letters, 2016, 41(14): 3351-3354.
[18] Henyey L C, Greenstein J L. Diffuse radiation in the galaxy[J]. The Astrophysical Journal Letters, 1941, 93: 70-83.

第7章 混凝土收缩徐变对大跨轨道连续刚构桥线形控制的影响研究

作为一种长期效应，混凝土收缩徐变对大跨混凝土桥梁结构的性能安全具有显著影响，是引起桥梁建设和运营期变形的重要因素之一。尽管学术界、工程界针对混凝土收缩徐变已开展了数十年的研究和实践，提高了对收缩徐变的认识，并发展了收缩徐变结构的影响计算理论和方法，但是预测和控制混凝土的收缩徐变及其对结构性能的影响仍然是十分复杂而又难以获得精确答案的问题，特别是对于大跨轨道桥梁，若不能合理预测和计算混凝土的收缩徐变效应，则会导致施工期间的误差（如合龙误差等）偏大，甚至造成无法合龙和返工等后果。同时，对收缩徐变效应不合理的预测也将影响轨道桥梁运营的舒适性、安全性和耐久性，大大降低其使用寿命。因此，正确分析和预测混凝土收缩徐变效应，合理计算其对大跨轨道连续刚构桥合理线形控制的影响具有至关重要的意义。

7.1 混凝土收缩徐变机理及影响因素

7.1.1 混凝土收缩机理

混凝土收缩是由于混凝土体内水凝胶体中游离水的蒸发而引起的体积缩小现象。无论荷载、时间或气候是否变化，收缩都会发生。一般认为，混凝土的收缩包括干燥收缩、自生收缩、碳化收缩和塑性收缩四种[1,2]。

(1) 干燥收缩。干燥收缩是混凝土收缩的主要类型，是由混凝土内部吸收的水分蒸发到大气中引起的。与其他依附于时间的变形相似，设计中如果不能正确考虑干燥收缩，则边界上的约束力会引起结构裂缝等破坏。

(2) 自生收缩。自生收缩是由水泥水化产生的固有收缩。这种收缩多出现在水泥含量较高的材料中，如高强混凝土，而对于普通混凝土，自生收缩相对于干燥收缩而言显得微不足道。早期水泥水化产生的收缩较大，应予以考虑。

(3) 碳化收缩。碳化收缩是由混凝土中的水泥水化物与空气中的二氧化碳发生反应引起的。碳化收缩的速度取决于混凝土的含量、构件尺寸和环境湿度等因素，多出现于二氧化碳含量较高的环境中。在 50%的相对湿度环境中，混凝土的碳化收缩程度可以与干燥收缩相当，导致收缩达到原来的两倍。

(4)塑性收缩。塑性收缩出现在新浇筑混凝土中，是在凝结硬化前发生的体积变化。由于水分从混凝土表面蒸发，结构表面出现裂缝。相对湿度低、高温、强风、掺合料等因素会使塑性收缩程度增强。

由于上述四种类型收缩的存在，结构会出现收缩应变。收缩应变一般在早期增加较大，随着时间的推移，增量逐渐减小，如图 7-1 所示。

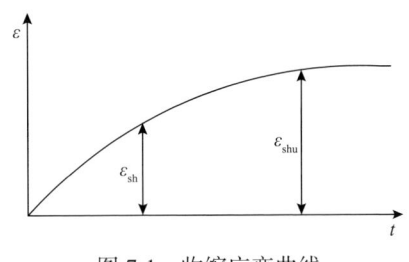

图 7-1 收缩应变曲线

7.1.2 混凝土徐变机理

徐变是指在持续荷载作用下，混凝土结构的变形将随时间不断增加的现象，一般徐变变形比瞬时弹性变形大 1～3 倍。混凝土的徐变主要由硬化水泥浆体(也称水泥石)产生，水泥石是由不同固相组成的毛细孔多孔体，固相主要是指具有胶体分散度的亚微观晶体，这些晶体可以吸附、渗透水，并在结构上保持(结合)一定数量的水。对于这些亚微观晶体的组成，目前国际上有两种看法，一种是由 Powers[3]提出的，他认为硬化后水泥浆由水泥凝胶、结晶水化物、未水化水泥颗粒、胶孔水、毛细孔水、胶体表面吸附水、空隙蒸发水等组成。另一种是 Сеицзинь 建议把水泥石划分成三种主要结构成分[4]：①水化铝酸钙、氢氧化钙、水泥硫铝酸钙和水化硫铁酸钙等晶体相互连生形成的结晶连生体；②托勃莫来石凝胶，其中的分散相就是水化硅酸钙亚微观晶体；③未水化完的水泥颗粒。

很多材料在荷载作用下会出现依附于时间的变形，但是与大部分材料相比，混凝土材料在荷载作用下的徐变尤为明显。国内外不少学者对徐变提出了各种假说和理论，但没有一种理论可以完全解释混凝土徐变的现象。美国混凝土协会(ACI)209 委员会在 1972 年的报告中将徐变的主要机理分为以下几种[5]：

(1)在应力和吸附水层的润滑作用下，水泥凝胶体滑动或剪切产生水泥石的黏稠变形。

(2)在应力作用下，由于吸附水渗流或层间水转移而导致混凝土紧缩。

(3) 水泥凝胶对骨架弹性变形的约束作用而引起滞后的弹性变形。

(4) 由局部破裂及重新结晶与新联结产生的永久变形。

解释混凝土徐变机理的理论很多，一般都是以水泥浆体的微观结构为基础。这些理论主要有黏弹性理论、渗出理论、黏性流动理论、塑性流动理论、微裂缝理论及内力平衡理论六种。

(1) 黏弹性理论[6]。将水泥浆体视为弹性的水泥胶凝骨架，其空隙中充满着黏弹性液体构成的复合体。该理论认为施加给水泥浆的荷载起初一部分被固体空隙中的水所承受，这样推迟了固体的瞬时弹性变形。当水从压力高处向压力低处流动时，固体承受的荷载就逐渐加大，增大了弹性变形即发生了徐变变形。荷载卸除后，水就流向相反方向，引起徐变恢复。与此过程有关的水仅包括毛细管空隙和凝胶空隙中的水，不包含胶凝表面的吸附水。

(2) 渗出理论。该理论认为混凝土徐变是由凝胶粒子表面吸附水和这些粒子之间的层间水(在荷载作用下)的流动引起的。水泥浆体承受压缩荷载后，凝胶微粒之间的吸附水和层间水缓慢排出而产生的变形即徐变变形。由于凝胶水被挤出，微粒之间的距离缩短，微粒间的表面能降低，而且引起一部分化学结合，这就增加了凝胶的稳定性。因此，在卸载后，凝胶不会恢复到加荷前的状态，由这种过程引起的徐变就是非恢复性徐变。

(3) 黏性流动理论。由 Thomas 于 1937 年首先提出，该理论认为混凝土可以分成两部分，一部分是在荷载作用下产生黏性流动的水泥浆体，另一部分是在荷载作用下不产生流动的惰性骨料[7]。当混凝土受荷载时，水泥浆体的流动受到骨料的阻碍，使骨料承受较高的应力，而水泥浆体承受的应力随时间而减小。由于水泥浆体的徐变与加荷应力成正比，随着加荷应力逐渐从水泥浆体转移到骨料来承受，徐变速率将随时间而逐渐减小。

(4) 塑性流动理论。该理论认为混凝土徐变类似于金属材料晶格滑动的塑性变形。当加荷应力超过金属材料的屈服点后，塑性变形就发生。实用的晶格滑动理论是由 Graville 等于 1939 年建立的，他们认为，在低应力作用下，混凝土徐变是黏性流动，而在高应力作用下，混凝土徐变是塑性流动(晶格滑动)[8]。

(5) 微裂缝理论。该理论认为在多相混凝土组成材料的界面上，受荷载前就存在黏结微裂缝。这种裂缝是由混凝土硬化过程中骨料沉降、拌合水析出以及干缩应力引起的。对于正常工作应力范围，裂缝界面通过摩擦连续传递荷载，微裂缝仅稍微增加一些徐变。而当荷载超过正常工作应力时，界面上黏结微裂缝就会扩展并逐渐产生新的微裂缝；荷载进一步增加，裂缝会迅速发展并逐渐贯通，从而对徐变产生比较明显的影响。有学者认为，只有当加荷应力大于抗裂强度时，微裂缝才会对混凝土的徐变有明显影响[9]。他用声学方法取得了一系列试验数据，结果表明，当加荷应力小于抗裂强度时，随时间的推移，声波脉冲在混凝土中的传播时间不断下降,说明混凝土结构继续变得密实;当加荷应力大于抗裂强度时,由于微裂缝的产生和发展,在长期荷载作用下产生了附加变形,使得混凝土徐变与应力间的关系表现为明显的非线性关系。

(6)内力平衡理论。该理论认为水泥浆体的徐变是由于荷载破坏了原本水泥浆中存在的内力平衡状态,并达到新的平衡的变化过程。此时,混凝土结构的内力包括凝胶微粒产生收缩的表面张力、凝胶微粒之间的力(主要是范德瓦耳斯力),还有广泛而均匀地分布于凝胶微粒表面上的吸附水、在胶粒切点分离作用的压力、静水压力等,其中以吸附水分离压力的作用最为重要。

从以上介绍的几种解释徐变机理的理论来看,没有一种理论能得到满意的结果,但把几种理论相结合可能会得到比较满意的结果。加荷初期,混凝土徐变速率很大,之后随时间减小,且产生可恢复徐变(滞后弹性变形),这可用黏弹性理论和黏性流动理论来解释。此期间还产生不可恢复徐变,这可用渗出理论来解释。继续加荷,主要产生不可恢复徐变,这可用黏性流动理论来解释。当加荷应力超过正常工作应力时,徐变速率又迅速增大,应力-应变呈非线性关系,这可用塑性流动理论和微裂缝理论来解释。不过,该阶段徐变在实际结构中很少发生,通常混凝土结构发生的徐变都是在应力小于强度的40%的情况下,应力-应变呈线性关系[10]。

尽管这些理论都不能很好地解释徐变规律,但可以明确的是,徐变是在外荷载作用下混凝土材料发生的依附于时间的变形。在外荷载作用下,徐变在持续应力的作用下增长。混凝土徐变应变曲线如图7-2所示。

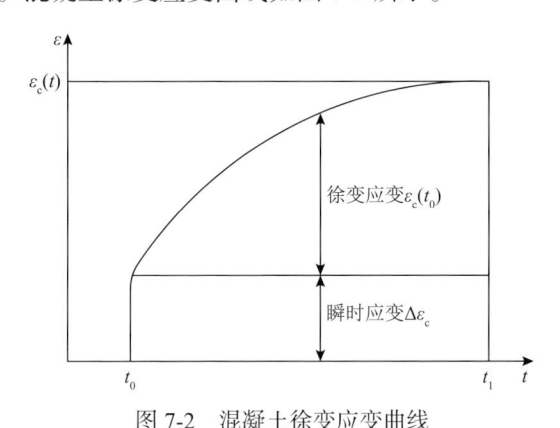

图7-2 混凝土徐变应变曲线

7.1.3 混凝土收缩徐变影响因素

由混凝土收缩徐变的机理可知,混凝土的收缩与应力无关,徐变则是在应力作用下产生的,它们都与混凝土内水化水泥浆的特性密切相关。对于化学成分不同的混凝土，其收缩徐变性能没有太大的差异，说明收缩徐变机理取决于混凝土材料的物理结构，而不在于化学性质。

1. 混凝土收缩影响因素

1) 水泥品种

Petzold 等[11]指出，水泥性质对混凝土收缩的影响很小，即使水泥浆表现出较大的收缩，也并不意味着由这种水泥制造的混凝土的收缩大。关于水泥细度，只是粒径大于 75μm 的水泥由于不易水化，对收缩起约束作用，除此之外，更细的水泥并不增加混凝土的收缩。一般情况下，水泥的化学成分对收缩并无影响，但石膏掺量不足则表现出较大的收缩，因为水化水泥浆在凝固时所建立的构架将影响其以后的结构，从而影响胶凝体的空隙率、强度和徐变。

2) 水灰比、水泥用量、含水量

水泥在水化时，超过化学反应以及填充凝胶体空隙所需要的那部分混合水以自由水的形式留在毛细孔内，正是这种自由水的蒸发将导致收缩的发生。因此，当单位体积混凝土的水泥用量相同时，水灰比越大，收缩也越大。但是水灰比对收缩的影响程度会受到骨料含量的影响，当骨料含量较大时，水灰比的影响将显著下降，单位体积混凝土的含水量越大，收缩也越大。另外，当用水量不变时，单位体积的水泥用量越大，收缩也越大。

3) 骨料

在混凝土内部，骨料对水泥石的收缩起约束作用。混凝土的收缩 ε_s 与净水泥浆收缩 ε_0 的比值取决于混凝土的骨料含量 v_a，骨料含量越大则收缩越小，并可近似用下列公式表示：

$$\varepsilon_s = \varepsilon_0 (1-v_a)^2 \tag{7.1}$$

骨料的弹性模量决定它所能提供的约束。例如，与普通骨料相比，钢骨料减小 1/3 的收缩，而膨胀岩骨料增大 1/3 的收缩。

4) 养护条件

养护条件对混凝土的收缩影响很大，养护 1 天的收缩比养护 3 天的收缩降低约 20%。环境的相对湿度越高，收缩越小，许多结构所处的环境湿度波动很大，如最低为 30%～40%，最高达 80%～90%。环境温度越高，风速越大时，混凝土收缩越大，因此高空浇筑混凝土容易引起开裂，如高大桥墩。

延长潮湿养护时间可以延滞收缩的进程。虽然养护对混凝土收缩的影响较小且颇为复杂，但是潮湿养护不足可能导致混凝土表面产生裂缝。就净水泥浆而言，水化越充分则阻凝收缩的未水化水泥就越少，所以延长养护时间会导致收缩加大。随着养护时间的增长，混凝土的强度和抗裂能力有一定的提高，强度的提高有利于减小徐变，那么徐变对收缩应力的缓解能力也将减小，最终在骨料的周围可能产生收缩微裂缝，微裂缝的产生又将使混凝土总的收缩减少(实际上是收缩应变的释放)。因此，关于养护时间对收缩影响的报道曾出现一些相互矛盾的结果，例如，Leonhardt[12]得出的结论为 3 天和 28 天标准养护对混凝土的收缩影响不大，而 3 个月或 1 年的养护时间则可使收缩显著降低。

蒸汽养护可以减少混凝土的收缩，高压蒸汽养护更能显著减少混凝土的收缩。

5) 工作环境的相对湿度与温度

周围介质的相对湿度对混凝土的收缩有显著影响。环境相对湿度越低，混凝土的干燥收缩越大。如果以混凝土在水中的膨胀标准为 1，则在相对湿度为 70%的空气中的收缩约为 6，在相对湿度为 50%的空气中的收缩约为 8。

周围介质的温度一般认为对混凝土收缩的影响不大。

6) 外加剂

外加剂有普通减水剂、促凝减水剂、超级减水剂等。当以木质磺酸盐为基材的普通减水剂用来提高工作度或减少用水量时，不会增加混凝土的收缩。以木质磺酸盐和氯化钙为基材的促凝减水剂一般会增加混凝土的收缩。超级减水剂理论上能大量减少用水量并提高水泥浆的水化程度，从而有利于减少混凝土的收缩，但目前这类试验数据并不充分，有待进一步试验验证。

2. 混凝土徐变影响因素

1) 水泥品种

水泥品种对混凝土徐变的影响在于它会影响混凝土加载时的强度。若加载龄期、应力及其他条件相同，则导致混凝土强度发展较快的水泥会引起较低的徐变。由早强水泥、普通水泥及低热水泥制造的混凝土徐变将依次递增；但若以"加载时应力和强度比相同"作为比较的基础，则徐变递增的次序将为低热水泥、普通水泥、早强水泥。

近年来，采用膨胀水泥生产无收缩混凝土的趋势日益增加。按照 Okamura 等[13]的意见，在膨胀水泥混凝土中，徐变及预应力损失均有减少。由于预应力筋在未施加预应力以前，对早期膨胀的约束产生了先期的徐变，从而降低了后期徐变的倾向。但是罗塞尔的试验结果却说明用膨胀水泥制造的钢筋混凝土在常应力作用下的徐变比普通水泥制造的钢筋混凝土要大得多，这和冈村等的意见正好相反。可见，关于膨胀水泥潮湿养护的时间以及加载时应力和强度比引起的徐变问题目前还没有能被普遍接受的结论。

2) 水灰比

混凝土水灰比是影响徐变的主要因素。在相同的水泥浆含量和初应力基础上，水灰比大的混凝土，水泥颗粒间距大、空隙多、毛细管孔径大、质松强度低，故徐变大。

一般情况下，当水灰比改变时，混凝土的水泥浆含量亦将改变。低的水灰比加上良好的振捣能够使水泥水化物中胶凝体的密度增加，胶凝体密实则混凝土的强度大，弹性模量高，徐变低。Petzold 等[11]曾提出徐变与加载时混凝土强度成反比，由此可以看出徐变、收缩、强度、刚度等的内在联系。假定混凝土的初应力与强度比值相同，试验结果表明，水灰比越小，徐变反而越大。这是因为具有低水灰比的混凝土的相对强度（即在荷载作用下，一定时间内的强度增量与初始强度的比值）发展速度小于具有高水灰比混凝土的相对强度发展速度，而在荷载作用下，相对强度增加率低者将导致较高的徐变。因此，当初应力与强度比值相同时，较低水灰比反而导致较大的徐变。

在水泥用量不变的情况下，有学者认为，混凝土极限徐变度与水灰比的平方成正比[4]。欧洲混凝土委员会与国际预应力联合会(CEB-FIP)建议的混凝土徐变估算方法中，对水灰比和水泥用量的修正系数的取值表明，当水泥用量不变时，混凝土徐变随水灰比的增大而增加。

3) 骨料

混凝土内骨料一般不发生收缩、徐变，其对水泥石的变形起约束作用，约束程度则取决于骨料的刚度及其所占混凝土的体积分数，混凝土徐变随骨料含量的增加而减少。骨料除弹性模量不同外，还可能具有不同的空隙率、吸水性、压缩性等。如图 7-3 所示，骨料所占混凝土的体积分数从 60%增加至 75%时，徐变可降低 50%左右。

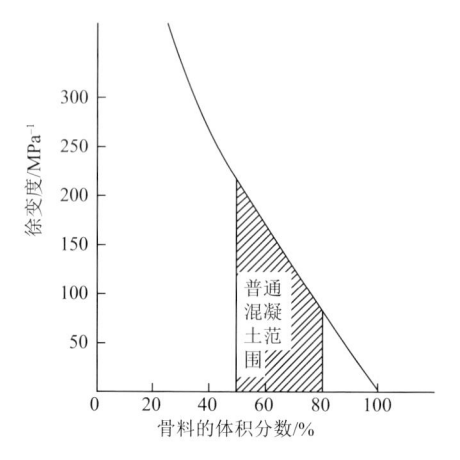

图 7-3 骨料的体积分数对混凝土徐变的影响

4) 养护条件与养护环境

养护条件是指养护环境的温度、相对湿度及时间。温度与相对湿度都能影响水泥的水化速度和水化程度。水化程度越高，水泥胶凝体的密度也越高，混凝土的强度和弹性模量也越高，则徐变越低。

养护环境的相对湿度对强度的影响随混凝土水灰比而异，水灰比越小则养护环境相对湿度的影响越大。此外，存放环境的温度和相对湿度能控制混凝土与空气之间水分的转移，从而影响加载时混凝土的潮湿状态，这也受到构件尺寸的影响。如果在加载以前所有水分转移都已停止，则混凝土的徐变将随混凝土内部水分含量的降低而降低。当养护温度异常高时（如蒸汽养护），则胶凝体的结构将发生改变，倾向于形成更多的晶体结构，导致徐变性能的改变（一般会减小徐变）。

5) 振捣

在正常情况下，混凝土总是充分捣实而没有离析，否则内部残存的空隙将使徐变加大，因此任何捣固不足都将反映为强度的下降。另外，空隙率高还将增加干燥速度，从而导致徐变增大。

6) 构件尺寸

构件尺寸将决定环境温度与相对湿度影响混凝土性能的程度，这种影响在混凝土干燥过程、水分转移时是相当显著的，但当混凝土与周围环境达到湿度平衡后，这种影响也将消失。一些试验资料指出，实测的徐变值随着试件尺寸的增加而减小，但是当试件尺寸超过 0.9m 时，尺寸影响可以忽略不计。

7) 工作环境的相对湿度和温度

工作环境的相对湿度是影响混凝土徐变的重要因素之一。试验结果表明，较低的相对湿度在加载的早期对徐变的影响较大，一旦混凝土与周围环境的相对湿度达到平衡，相对湿度的影响就趋于消失。混凝土的干燥及随之发生的徐变的增加只有在周围介质的相对湿度小于 90%或者混凝土温度提高使得表面蒸发率增加时才有可能发生。

环境温度对徐变的影响主要有两种方式：一种是在湿度稳定的条件下，混凝土的徐变将因温度升高而显著增加；另一种是假设允许混凝土干燥，则当温度升高时，徐变将显著增加，这时徐变随着混凝土内部水分的消失而增大。无论在常温还是高温条件下，徐变与水分损失都有类似的发展趋势。

8) 加载龄期

混凝土徐变随加荷龄期的增长而减小，加载龄期越小，水泥的水化越不充分，混凝土的强度越低，混凝土的徐变也越大，随着加载龄期的增长，水泥不断水化，强度不断提高，故晚龄期加载徐变小。

9) 作用应力

(1) 一般的徐变试验施加于试件的应力是低于混凝土强度 45%左右的单轴向

压应力，这时可以认为徐变应变与所施应力具有线性关系。超过这一应力，将出现非线性关系，这种现象是由骨料与凝固水泥浆交接面上出现的微裂缝所致。

(2) 在实际工程中，混凝土很有可能承受不同于上述单轴受压的应力状态，因此有必要考虑其他应力状态下的徐变，其他应力状态下的徐变主要包括承受拉力时的徐变、承受扭转时的徐变、承受黏结力时的徐变、高应力下的徐变。

(3) 周期荷载产生的徐变。一般来说，如果总作用时间相同，则由周期荷载产生的徐变将大于由周期荷载平均值的持续不变荷载所产生的徐变。在 σ_1 与 σ_2 之间变化的周期应力 σ 可表示为

$$\sigma = \sigma_M + \frac{\Delta}{2}\sin(2\pi\omega t) \tag{7.2}$$

式中，σ_M 为平均应力，$\sigma_M = \frac{1}{2}\sin(\sigma_1 - \sigma_2)$；$\Delta$ 为应力幅度，$\Delta = \sigma_1 - \sigma_2$；$\omega$ 为周期荷载的频率；t 为加载后时间。

如果周期应力的平均值 σ_M 限制在静力强度的 45%以下，应力幅度 Δ 限制在静力强度的 30%以下，则此周期应力不会引起混凝土内部微裂缝的发展和疲劳破坏。当满足上述条件时，在周期应力作用下的徐变可表示为平均应力 σ_M 产生的徐变与周期徐变之和。周期徐变 $\varepsilon_{c,cyc}$ 可按式(7.3)计算：

$$\varepsilon_{c,cyc} = 129\sigma_M(1+3.87\Delta)t^{1/8} \tag{7.3}$$

式中，t 表示加载后时间。

根据试验资料，周期徐变具有不可恢复的特性。随着周期次数的增加，周期应力下的泊松比从约 0.14 降低至约 0.10。

10) 外加剂

减水剂具有表面活性、分散水泥颗粒的反絮凝作用，可以在不增加用水量的情况下提高混凝土的工作度，或在保持同样工作度的情况下降低水灰比。试验结果表明，促凝剂将增大混凝土的徐变，引气剂对混凝土徐变的影响较大，掺引气剂将导致混凝土徐变增加。但实际上，当掺引气剂减小水灰比时，引气剂对徐变并没有显著影响。

除考虑上述作用应力对徐变的影响外，还有应变梯度的影响。一般来说，应变梯度能减缓砂浆的开裂，提高破坏前的应变，因此根据轴向压力试验的应力应变数据来确定挠曲强度是偏于保守的。

综上所述，混凝土收缩徐变主要影响因素及原因如表 7-1 所示[14]。

表 7-1 混凝土收缩徐变主要影响因素及原因

因素类型		影响因素	主要原因
内部因素	材料性质	骨料种类	不同骨料对收缩徐变的约束量不同
		水泥品种	不同品种水泥制成的混凝土加载时强度及加载后强度的增长速度不同,从而收缩徐变的程度不同
		配合比	水泥、骨料、水等配合比不同,收缩徐变的速度和情况不同
		水灰比	低水灰比和高水灰比的混凝土对初始强度的发展速度不同
		外加剂	不同种类和用量的添加剂对混凝土的强度和弹性模量会有影响
	几何性质	构件外形尺寸	不同形状和尺寸构件的湿度和温度的分布不同
	制造养护	搅拌捣固	不同的养护条件,混凝土的形成和水泥胶体的密度不同,水分转移的情况不同
		养护时间	
		养护湿度	
		养护温度	
外部因素	环境条件	环境相对湿度	不同的环境条件,混凝土水泥胶体内水分转移的情况不同
		环境温度	
		环境介质	
	加载历史	加载(或干燥)开始龄期	混凝土材料的力学性能与其加载龄期有关,对徐变的影响不同
		荷载持续时间	
		荷载循环次数	
		卸荷时间	
	荷载性质	应力分布	荷载条件下,材料的性质可能发生变化,并且出现微裂缝的状况不同
		应力大小	
		加荷速度	

7.2 混凝土收缩徐变预测模型及计算方法

7.2.1 混凝土收缩徐变预测模型

混凝土收缩徐变效应是复杂且尚未解决的问题,在介绍了混凝土收缩徐变的机理及影响因素后,如何采用合适的模型预测混凝土的收缩徐变效应具有重要的科研意义和工程应用价值。国内外学者在大量试验的基础上,结合理论分析得到诸多预测混凝土收缩徐变效应的模型,下面对几种常见的模型进行简要介绍,为各种模型进一步的对比分析奠定基础[15]。

1) 徐变系数定义

混凝土的徐变通常用徐变系数来描述。国际上对徐变系数有两种不同的定义,一种是 ACI 209 委员会所推荐的定义方式:

$$\varepsilon_c(t,\tau) = \frac{\sigma(\tau)}{E(\tau)}\varphi(t,\tau) \tag{7.4}$$

另一种是采用混凝土在 28 天时的瞬时弹性应变定义:

$$\varepsilon_c(t,\tau) = \frac{\sigma(\tau)}{E_c(28)}\varphi(t,\tau) \tag{7.5}$$

式中,$\varepsilon_c(t,\tau)$ 为加载至 t 时刻的徐变应变;$\sigma(\tau)$ 为 τ 时刻混凝土应力;$E(\tau)$ 和 $E_c(28)$ 分别为 τ 天和 28 天时的弹性模量;$\varphi(t,\tau)$ 为徐变系数。

ACI 209 委员会采用式(7.4)来定义徐变系数。CEB-FIP-90、GL 2000 及英国 BS 5400 采用式(7.5)来定义徐变系数。上述两式之间可以进行徐变系数的转换,建立统一的表达式:

$$\varphi(t,\tau) = \frac{E_c(\tau)\varphi_{28}(t,\tau)}{E_c(28)} \tag{7.6}$$

2) ACI 209 系列模型

ACI 209 系列模型是美国混凝土协会推荐使用的混凝土收缩徐变的预测模型。最常用的 ACI 209 预测模型是基于 Teng 等[16]的工作,将收缩徐变系数表达为时间相关的双曲线函数,考虑了混凝土的各种因素,但未区分弹性变形和塑性变形。徐变系数用来计算徐变应变,具体表达式为

$$\varphi(t,\tau) = \varphi(\infty)\frac{(t-\tau)^{0.6}}{10+(t-\tau)^{0.6}} \tag{7.7}$$

式中,τ 为加载龄期,要求不小于 7 天;t 为计算龄期;$\varphi(\infty)$ 为徐变系数终值,可表示为 $\varphi(\infty)=2.35\gamma_c$,为标准状态下徐变系数的终极值,$\gamma_c$ 为徐变各影响因素的修正系数,可进一步表达为

$$\gamma_c = K_1 K_2 K_3 K_4 K_5 K_6$$

其中,$K_1 = 1.25t^{-0.118}$,为混凝土加载龄期的影响系数;$K_2 = 1.27 - 0.0067\text{RH}$,

为环境相对湿度 RH 的影响系数；K_3 为混凝土构件平均厚度影响系数；$K_4 = 0.082 + 0.00264S$（S 为新鲜混凝土的坍塌度），为混凝土稠度影响系数；$K_5 = 0.088 + 0.0024f$，为细集料含量影响系数，f 为细集料占总集料的比例；$K_6 = 0.45 + 0.09A_c$，为空气含量影响系数，A_c 为新鲜混凝土中空气的体积分数。

ACI 209 系列模型中对收缩系数的定义也采用连乘的形式，具体表达式为

$$\varepsilon_{\text{sh}}(t, t_0) = \frac{t - t_0}{35 + t - t_0} \varepsilon_{\text{sh}}(\infty) \tag{7.8}$$

式中，$\varepsilon_{\text{sh}}(\infty)$ 为收缩应变终值，可表达为 $\varepsilon_{\text{sh}}(\infty) = 780 \times 10^{-6} \gamma_{\text{sh}}$；$780 \times 10^{-6}$ 为标准条件下收缩应变终值；γ_{sh} 为偏离标准条件下，影响混凝土收缩各因素的修正系数。在 ACI 209 系列模型中，混凝土收缩所考虑的影响因素包括养护条件、环境相对湿度、构件尺寸、混凝土稠度、细集料含量、空气含量等。若式中完成养护时混凝土的龄期 t_0 取 0，则收缩系数的表达式为

$$\varepsilon_{\text{sh}}(t, t_0) = \frac{t}{35 + t} \varepsilon_{\text{sh}}(\infty) \tag{7.9}$$

3）CEB-FIP 系列模型

CEB-FIP 系列模型是欧洲国际混凝土委员会和国际预应力联合会推荐使用的混凝土收缩徐变预测模型，包含 CEB-FIP(1978) 和 CEB-FIP(1990) 两种预测模式。

(1) CEB-FIP(1978) 预测模式。

CEB-FIP(1978) 预测模式对徐变的预测由可恢复的滞后弹性变形和不可恢复的后继流变及瞬时流变三部分组成，徐变系数表达式为

$$\varphi(t, \tau) = \varphi_d \beta_d(t, \tau) + \beta_a [\beta_f(t) - \beta_f(\tau)] \tag{7.10}$$

徐变应变表达式为

$$\varepsilon_c(t, \tau) = \frac{\sigma_0}{E_c(28)} \varphi(t, \tau) \tag{7.11}$$

式中，$\beta_d(t, \tau)$ 为随时间而增长的滞后弹性应变，$\beta_d(t, \tau) = 0.73[1 - e^{-0.019(t-\tau)}] + 0.27$；$\varphi_d = 0.4$；$\beta_a(\tau) = 0.8[1 - f_c(\tau) / f_c(\infty)]$，$f_c(\tau) / f_c(\infty) = \tau^{0.73} / (5.27 + \tau^{0.73})$ 表示混凝土龄期为 τ 时的强度与最终强度之比；β_f 为塑性系数。

CEB-FIP(1978) 预测模式中，收缩系数表达式为

$$\varepsilon_{\text{sh}}(t, t_0) = \varepsilon_{\text{sh}0}[\beta_{\text{sh}}(t) - \beta_{\text{sh}}(t_0)] \tag{7.12}$$

式中，$\varepsilon_{\text{sh}0}$ 表示基本收缩系数；$\beta_{\text{sh}}(t)$ 表示基于理论厚度影响的收缩发展时间函数。

(2) CEB-FIP(1990)预测模式。

CEB-FIP(1990)预测模式改变了 CEB-FIP(1978)预测模式的预测方法，采用了连乘的方式。与 ACI 209 预测模式类似，徐变系数是在加载特定时间的情况下计算的，其适用范围为环境相对湿度为 40%~100%、平均温度为 5~30℃，对混凝土 28 天抗压强度为 20~90MPa 的计算比较有效。

CEB-FIP(1990)徐变系数的表达式为

$$\varphi(t,\tau_0) = \varphi_{RH}\beta(f_c)\beta(t_0)\beta_c(t-t_0) \tag{7.13}$$

式中，$\beta(f_c)=16.76/\sqrt{f_c}$，为按混凝土抗压强度计算的参数，$f_c$ 为混凝土的圆柱体抗压强度；$\beta(t_0)=1/(0.1+t_0^{0.2})$，为取决于加载龄期的参数；$\varphi_{RH}=1+\left(1-\dfrac{RH}{100}\right)\Big/\left[0.1(0.2A_c/u)^{1/3}\right]$，为取决于环境的参数；$\beta_c(t-t_0)$ 为徐变随应力持续时间的变化系数，表达式为

$$\beta_c(t-t_0) = \left(\frac{t-t_0}{\beta_H + t-t_0}\right)^{0.3} \tag{7.14}$$

式中，β_H 为取决于环境相对湿度和构件尺寸的参数，按照式(7.15)计算：

$$\beta_H = 1.5\left[1+\left(1.2\frac{RH}{100}\right)^{18}\right]\frac{2A_c}{u} + 250 \leqslant 1500 \tag{7.15}$$

CEB-FIP(1990)计算函数为

$$\varepsilon_{cs}(t,t_s) = \varepsilon_{cs0}\beta_s(t-t_s) \tag{7.16}$$

式中，ε_{cs0} 为名义收缩系数，$\varepsilon_{cs0}=\beta_{RH}[160+\beta_{sc}(90-f_c)]\times 10^{-6}$，$\beta_{sc}$ 为取决于水泥品种的参数，β_{RH} 为取决于环境相对湿度的参数，其表达式为

$$\beta_{RH} = \begin{cases} -1.55\left[1-\left(\dfrac{RH}{100}\right)^3\right], & 40\% \leqslant RH \leqslant 99\% \\ 1.25, & RH > 99\% \end{cases} \tag{7.17}$$

$\beta_s(t-t_s)$ 为收缩应变随时间变化的系数，其表达式为

$$\beta_s(t-t_s) = \sqrt{\frac{t-t_s}{0.035\left(\dfrac{2A_c}{u}\right)^2 + (t-t_s)}} \tag{7.18}$$

式中，A_c 为构件的横截面面积；u 为构件与大气接触的截面周界长度。

4) BP 系列模型

Bažant 等[17]在 20 世纪 80 年代初发表了关于 BP 模式和 BP-KX 模式的相关论文，他们用大量的试验数据最优拟合得出了徐变函数的数学表达式，把徐变分为基本徐变和干燥徐变两类，不考虑滞后弹性变形和塑性变形。1995 年，他们又提出将弹性理论、黏弹性理论和流变理论相结合的固化理论，进一步提出了比 BP 模式和 BP-KX 模式更简单的 B3 预测模式。该模式比 ACI 209 预测模式、CEB-FIP(1990)预测模式考虑了更多参数的影响。其中柔度函数由初始柔度、基本徐变柔度和干燥徐变柔度三部分组成，徐变度的具体表达式为

$$J(t,\tau,t_0) = q_1 + C_0(t,\tau) + C_d(t,\tau,t_0) \tag{7.19}$$

式中，q_1 为初始柔度；$C_0(t,\tau)$ 为基本徐变柔度；$C_d(t,\tau,t_0)$ 为干燥徐变柔度。$C_0(t,\tau)$、$C_d(t,\tau,t_0)$ 可表示为

$$C_0(t,\tau) = q_2 Q(t,\tau) + q_3 \ln[(1+(t-\tau)^{0.1}] + q_4 \ln(t/\tau) \tag{7.20}$$

$$C_d(t,\tau,t_0) = q_5 [\mathrm{e}^{-8H(t)} - \mathrm{e}^{-8H(\tau)}]^{1/2} \tag{7.21}$$

式中，q_1、q_2、q_3、q_4、q_5 为与构件尺寸和材料组成有关的材料参数；t_0 为干燥龄期；$Q(t,\tau)$、$H(t)$ 为与环境相对湿度有关的时间函数。

根据式(7.19)得到徐变度后，其徐变系数可以按照式(7.22)计算：

$$\varphi(t,\tau,t_0) = \frac{J(t,\tau,t_0) - 1/E(\tau)}{1/E(\tau)} = E(\tau)J(t,\tau,t_0) - 1 \tag{7.22}$$

B3 系列模型是在众多混凝土收缩徐变预测模型中最新的模型之一，虽然采用了固化理论来解释和推导公式，但式中与材料相关的参数是经过大量的试验数据得到的，因而该模型也是半理论半经验模型。为了提高预测的精度，材料参数相关的计算公式有待进一步研究。

5) GL 2000 模型

GL 2000 模型是 Gardner 等于 1993 年在 Atlanta 97 模型基础上提出的[18]。GL 2000 模型受到 CEB-FIP 模型的影响，修正改善了 CEB-FIP 模型加载初期的负应力松弛以及不合理的徐变恢复的缺点。此模型考虑了加载前混凝土干燥对加载后徐变的影响，适合抗压强度在 16~82MPa 的混凝土。

在缺少试验数据的情况下，混凝土的弹性模量可按式(7.23)估算：

$$E_{cmt} = 3500 + 4300\sqrt{f_{cmt}} \tag{7.23}$$

式中，E_{cmt} 为混凝土的平均弹性模量；f_{cmt} 为混凝土的平均抗压强度，其随时间的变化关系为

$$f_{cmt} = f_{cm28} \frac{t^{3/4}}{a + b^{3/4}} \tag{7.24}$$

式中，f_{cm28} 为 28 天时混凝土的平均抗压强度；a、b 为系数，对于Ⅰ类混凝土，$a=2.8$，$b=0.77$，对于Ⅱ类混凝土，$a=3.4$，$b=0.72$，对于Ⅲ类混凝土，$a=1.0$，$b=0.92$。

下面给出 GL 2000 模型对于徐变的计算模式。徐变系数表达式为

$$\varphi_{28} = \varphi(t_c)\left\{2\frac{(t-t_0)^{0.3}}{(t-t_0)^{0.3}+14} + \left(\frac{7}{t_0}\right)^{0.5}\left(\frac{t-t_0}{t-t_0+7}\right)^{0.5} + 2.5(1-1.086h^2)\left[\frac{t-t_0}{t-t_0+0.15(V/S)^2}\right]^{0.5}\right\} \tag{7.25}$$

当 $t_0 = t_c$ 时，$\varphi(t_c)=1$；当 $t_0 > t_c$ 时，$\varphi(t_c)$ 表达式为

$$\varphi(t_c) = \left\{1 - \left[\frac{t_0-t_c}{t_0-t_c+0.15(V/S)^2}\right]^{0.5}\right\}^{0.5} \tag{7.26}$$

上述各式中，t 为混凝土计算龄期；t_0 为混凝土加载龄期；t_c 为混凝土开始干燥时（混凝土潮湿养护时）的龄期；V/S 为混凝土构件体表比；h 为环境相对湿度。

得到徐变系数后，徐变度计算公式为

$$\varepsilon_c = \frac{\varphi_{28}}{E_{cm28}} \tag{7.27}$$

GL 2000 预测模型中，收缩应变的表达式为

$$\varepsilon_{sh} = \varepsilon_{shu}\beta(h)\beta(t) \tag{7.28}$$

式中，

$$\beta(h) = 1 - 1.18h^4 \tag{7.29}$$

$$\varepsilon_{shu} = 1000K\left(\frac{30}{f_{cm28}}\right)^{0.5} \times 10^{-6} \tag{7.30}$$

$$\beta(t)=\left[\frac{t-t_{c}}{t-t_{c}+0.15(V/S)^{2}}\right]^{0.5} \tag{7.31}$$

式中，K 为与水泥类型有关的系数，对于Ⅰ类水泥取 1.0，对于Ⅱ类水泥取 0.70，对于Ⅲ类水泥取 1.1。

7.2.2 混凝土收缩徐变计算方法

1) 混凝土收缩应变计算方法

由于混凝土收缩与构件内部应力无关，只是关于时间的函数，其引起的应变可以表示为

$$\varepsilon_{sh}(t,t_0)=\varepsilon_{sh}(\infty)f(t-t_0) \tag{7.32}$$

式中，$\varepsilon_{sh}(\infty)$ 为收缩应变终值；$f(t-t_0)$ 为收缩应变随时间发展的函数。

2) 混凝土徐变计算方法

(1) Dischinger 法及改进的 Dischinger 法。

Dischinger 于 20 世纪 30 年代首先提出了超静定混凝土结构收缩徐变的分析方法，并将其应用于复杂结构问题中。Dischinger 法又被称为老化理论，是 Glanville 于 1930 年创立的，Whitney 在 1932 年建立了它的数学公式。

Glanville 从幼龄混凝土的试验得出结论：在不同龄期对所给混凝土施以常应力所得出的徐变系数(φ)-龄期(t)曲线，其在同一龄期 t 的徐变率($d\varphi/dt$)都相等。这意味着不同加载龄期的徐变系数-龄期曲线可以由通过原点的徐变系数-龄期曲线垂直平移而得到，如图 7-4 所示。

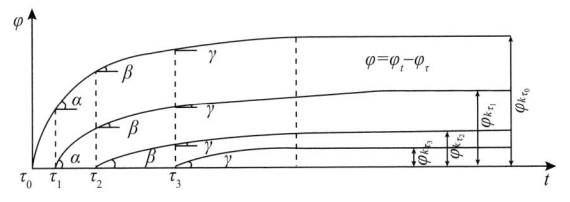

图 7-4 按老化理论表示不同加载龄期混凝土徐变增长特性

Dischinger 法假定混凝土徐变曲线具有"平行"（沿变形轴）的性质，即徐变速率与加载龄期无关（故称徐变率法），因此用该理论来计算徐变只需要一条徐变曲线。Dischinger 法及后来扩展的 Dischinger 法都属于解微分方程的方法，其表达形式为

$$\frac{d\varepsilon_{c}}{dt}=\frac{1}{E_{c}(t)}\frac{d\sigma_{c}(t)}{dt}+\frac{\sigma_{c}(t)}{E_{c}(t)}\frac{d\varphi(t)}{dt} \tag{7.33}$$

式中，ε_c 表示徐变应变；$E_c(t)$ 表示 t 时刻的有效模量；$\sigma_c(t)$ 表示 t 时刻的应力；$\varphi(t)$ 表示徐变塑性系数。

改进的 Dischinger 法考虑了瞬时弹性变形的影响，Rüsch 等[19]建议当加载持续时间大于 90 天时，取徐变弹性系数为 0.4。该方法既考虑了滞后弹性变形，又保留了 Dishcinger 法简明易算的优点，其基本表达式为

$$\frac{d\varepsilon_c}{dt} = \frac{1+\varphi_d}{E_c(t)}\frac{d\sigma_c(t)}{dt} + \frac{\sigma_c(t)}{E_c(t)}\frac{d\varphi_f}{dt} \qquad (7.34)$$

式中，φ_d 表示徐变弹性系数；φ_f 表示徐变塑性系数。

无论是 Dinchinger 法还是改进的 Dinchinger 法，徐变随龄期的增长很快减小，计算得到的旧混凝土(3~5 年)的徐变几乎为零，不符合实际，其把可恢复徐变缩小为零，忽略了卸载后的徐变恢复，无法反映早期加载时徐变迅速发展的特点。因此，在应力递增时低估了徐变变形，在应力递减时高估了徐变变形。该方法在用于计算超静定结构收缩徐变效应的计算中，计算过程十分复杂，求解结果的误差也较大，因此很少在收缩徐变效应的计算分析中使用。

(2)中值系数法。

我国陈水春于 1981 年用积分中值定理将混凝土应力-应变积分方程转化为代数方程，提出了中值系数法，并在 1987 年又进行了改进。最后在 1991 年，通过数值积分方法求解方程，得到了中值系数值[20]，其表达式为

$$\varepsilon_c(t) = \frac{\sigma_c(\tau_1)}{E_c(\tau_1)} + \sigma_c(\tau_1)c(t,\tau_1) + \left[K_2(t,\tau_1)\frac{1}{E_c(\tau_1)} + K_1(t,\tau_1)c(t,\tau_1)\right][\sigma_c(t) - \sigma_c(\tau_1)] \qquad (7.35)$$

式中，K_1 表示徐变系数的变化；K_2 表示弹性模量的变化；$\sigma_c(t)$ 表示 t 时刻的应力；$c(t,\tau_1)$ 表示徐变度。

(3)有效模量法。

有效模量法[21]是 Faber 根据他的试验成果于 1927 年建立的，其基本原理是将混凝土的徐变考虑为弹性应变，即将徐变问题转化为弹性力学问题来解决。设某一种混凝土在龄期 τ_0 时作用常应力 σ，到 t 时刻它的总应变为

$$\varepsilon(t,\tau_0) = \sigma\left[\frac{1}{E(\tau_0)} + c(t,\tau_0)\right] \qquad (7.36)$$

材料的有效模量 $E_c(t,\tau_0)$ 等于应力除以对应的应变，即

$$E_c(t,\tau_0) = \frac{\sigma}{\varepsilon(t,\tau_0)} = \frac{E(\tau_0)}{1 + E(\tau_0)c(t,\tau_0)} \qquad (7.37)$$

由式(7.37)可知，当时间 t 增大时，有效模量 $E_c(t,\tau_0)$ 减小，说明徐变增大导致构件刚度减小。在引入有效模量后，可以采用弹性状态分析法逐步计算各时刻的变形和应力。在以下两种情况下，以折减弹性模量的方法来计算混凝土的徐变影响与试验结果较为符合，一是应力无明显变化，二是混凝土龄期可以忽略不计(对于旧混凝土)。但该方法在应力递增时高估了徐变变形，在应力递减时低估了徐变变形，同时也低估了常应变下的松弛，偏离事实，计算精度不高。

(4) 按龄期调整的有效模量法(age-adjusted effective modulus method，AEMM)。
①基本原理。

1967 年，Trost[22]在他的论文中引入了松弛系数的概念，1972 年，Bažant 等[23]改为老化系数，Trost 提出徐变应力、应变关系的代数方程。此后，Bažant 对 Trost 给出的公式进行了证明，并将它推广到变化的弹性模量和无限界的徐变系数中。T-B(Trost-Bažant)法的应力-应变(不包括非应力-应变)关系表达式为

$$\varepsilon_c(t) = \frac{\sigma_c(\tau_0)}{E_c(\tau_0)}[1+\varphi(t,\tau_0)] + \frac{\sigma_c(t)-\sigma_c(t_0)}{E_c(\tau_0)}[1+\chi(t,\tau_0)\varphi(t,\tau_0)] \tag{7.38}$$

式中，$\varepsilon_c(t)$ 表示混凝土加载至 t 时刻的应变；$\sigma_c(t_0)$ 表示混凝土 t_0 时刻施加的瞬时应力；$\varphi(t,\tau_0)$ 表示混凝土加载至 t 时刻的徐变系数；$\sigma_c(t)$ 表示 t 时刻混凝土应力；$\chi(t,\tau_0)$ 表示混凝土的老化系数。

式(7.38)也可以表示为

$$\varepsilon_c(t) = \frac{\sigma_c(\tau_0)}{E_c(\tau_0)}[1+\varphi(t,\tau_0)] + \frac{\Delta\sigma_c(t,\tau_0)}{E_{c\varphi}(t,\tau_0)} \tag{7.39}$$

$$E_{c\varphi}(t,\tau_0) = \frac{E_c(\tau_0)}{1+\chi(t,\tau_0)\varphi(t,\tau_0)} \tag{7.40}$$

式中，$\Delta\sigma_c(t,\tau_0)$ 表示混凝土由 τ_0 时刻加载至 τ 时刻的应力增量；$E_{c\varphi}(t,\tau_0)$ 表示按龄期调整的有效弹性模量。

式(7.40)表明，混凝土由徐变引起的变形可以以模量的折减来实现，并且通过老化系数考虑混凝土老化对徐变的降低作用，从而克服有效模量法忽略材料老化而导致的对第一次加载后应力增量所引起的徐变的高估。由此可见，按龄期调整的有效模量法不仅保证了精度，还简化了计算。

对于老化系数，计算精度较高的公式根据继效流动理论推出，具体表达式为

$$\chi(t,\tau) = \frac{1}{1-0.91\mathrm{e}^{-0.68\varphi(t,\tau_0)}} - \frac{1}{\varphi(t,\tau_0)} \tag{7.41}$$

由此得出的混凝土应力松弛规律为

$$K_r(t,\tau_0) = 0.91e^{-0.686\varphi(t,\tau_0)} \tag{7.42}$$

按龄期调整的有效模量法计算精度较高，计算较为简化，并且徐变效应的计算可以采用任何形式的徐变系数，能够通过有限元程序实现超静定结构的计算。但是严格来讲，该方法只有在应变变化和徐变系数呈线性规律时才能得到精确解。

②基于龄期调整有效模量的逐步计算法。

对于受力过程复杂的问题，若外荷载不断变化，且结构内部不同收缩徐变特性混凝土相互影响，则会造成收缩徐变过程中发生体系转换以及混凝土收缩或基础下沉的发展速度与徐变相差较大的情况等。对于不同时间段的结构内力和变形，简化的基于按龄期调整的有效模量一步计算法已经不再适用，这种情况下均需采用逐步计算的方法分析。逐步计算法的计算步骤和相应的增量应力、应变（内力、变形）基本方程介绍如下。

首先用离散的时间点 $t_i(i=0,1,2,\cdots)$ 将整个计算时间划分为若干个间隔。对于桥梁结构施工过程的分析，时段间隔点为施工起止、结构体系转换或加卸载的时刻。实际结构中的应力与时间的关系如图 7-5 所示。

图 7-5 应力与时间的关系

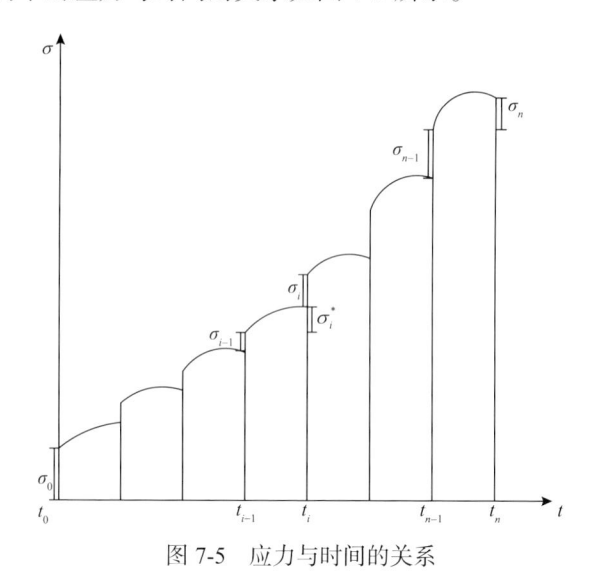

图中用 σ_i 表示 t_i 时刻的瞬时弹性应力，σ_i^* 表示 $t_{i-1} \sim t_i$ 时段的徐变应力增量。由此，可写出 t_n 时刻的徐变引起的应变为

$$\varepsilon_n = \sum_{i=0}^{n-1}\frac{\sigma_i}{E}\varphi(t_n,t_i) + \sum_{i=1}^{n}\int_{t_{i-1}}^{t_i}\frac{1}{E}\frac{d\sigma^*}{d\tau}[1+\varphi(t_n,\tau)]d\tau \tag{7.43}$$

第7章 混凝土收缩徐变对大跨轨道连续刚构桥线形控制的影响研究

在 t_{n-1} 时刻的徐变应变为

$$\varepsilon_{n-1} = \sum_{i=0}^{n-2} \frac{\sigma_i}{E}\varphi(t_{n-1},t_i) + \sum_{i=1}^{n-1}\int_{t_{i-1}}^{t_i} \frac{1}{E}\frac{\mathrm{d}\sigma^*}{\mathrm{d}\tau}[1+\varphi(t_{n-1},\tau)]\mathrm{d}\tau \tag{7.44}$$

因此，在第 n 个阶段的徐变应变为

$$\begin{aligned}\Delta\varepsilon_n^\sigma &= \varepsilon_n^\sigma - \varepsilon_{n-1}^\sigma \\ &= \sum_{i=0}^{n-1}\frac{\sigma_i}{E}[\varphi(t_n,t_i)-\varphi(t_{n-1},t_i)] + \sum_{i=1}^{n-1}\int_{i-1}^{i}\frac{1}{E}\frac{\mathrm{d}\sigma^*}{\mathrm{d}\tau}[\varphi(t_n,t_i)-\varphi(t_{n-1},t_i)]\mathrm{d}\tau \\ &\quad + \int_{n-1}^{n}\frac{1}{E}\frac{\mathrm{d}\sigma^*}{\mathrm{d}\tau}[1+\varphi(t_n,\tau)]\mathrm{d}\tau \end{aligned} \tag{7.45}$$

由积分中值定理得到

$$\begin{aligned}\Delta\varepsilon_n &= \sum_{i=0}^{n-1}\frac{\sigma_i}{E}[\varphi(t_n,t_i)-\varphi(t_{n-1},t_i)] + \sum_{i=1}^{n-1}\int_{i-1}^{i}\left\{\frac{1}{E}\frac{\mathrm{d}\sigma^*}{\mathrm{d}\tau}[\varphi(t_n,t_i)-\varphi(t_{n-1},t_\xi)]\right. \\ &\quad \left. + \frac{\sigma_n}{E}[1+\chi(t_n,t_{n-1})\varphi(t_n,t_{n-1})]\right\}\mathrm{d}\tau \end{aligned} \tag{7.46}$$

式中，$t_{n-1} \leqslant t_\xi \leqslant t_n$。

$$\chi(t_n,t_{n-1}) = \frac{\int_{n-1}^{n}\frac{\mathrm{d}\sigma^*}{\mathrm{d}\tau}\varphi(t_n,\tau)}{\sigma_n^*\varphi(t_n,t_{n-1})} \tag{7.47}$$

取 t_ξ 为 i 时段的中点时刻，即 $t_\xi = t_{(i-1)/2} = \frac{1}{2}(t_i+t_{i-1})$，则

$$\Delta\varepsilon_n = \sum_{i=0}^{n-1}\frac{\sigma_i}{E}[\varphi(t_n,t_i)-\varphi(t_{n-1},t_i)] + \sum_{i=1}^{n-1}\frac{\sigma_i^*}{E_\varphi(t_i,t_{i-1})}\gamma(t_i,t_{i-1})[\varphi(t_n,t_{(i-1)/2})-\varphi(t_{n-1},t_{(i-1)/2})]$$
$$+ \frac{\sigma_n^*}{E_\varphi(t_n,t_{n-1})} \tag{7.48}$$

式中，

$$E_\varphi(t_i,t_{i-1}) = \frac{E}{1+\chi(t_i,t_{i-1})\varphi(t_i,t_{i-1})} = \gamma(t_i,t_{i-1})E \tag{7.49}$$

式(7.48)中的前两项可表示为第 n 个时段内的徐变初应变，用 $\bar{\varepsilon}_n$ 表示，则式(7.48)进一步简化为

$$\sigma_n^* = E_\varphi(t_n,t_{n-1})(\Delta\varepsilon_n - \overline{\varepsilon}_n) \tag{7.50}$$

从式(7.50)可以看出,第 n 个时段内的徐变引起的应变增量和应力增量之间满足线性关系,因而可以通过拟弹性方法求解徐变的问题,这是逐步计算法的基本方程。在此方法的基础上,依据增量平衡理论,结合具体单元形式可以得出徐变效应分析的有限单元列阵。

假定在第 n 个时段内结构所受的外荷载保持不变,那么此时段内的增量平衡方程为

$$\int_V B^{\mathrm{T}} \sigma_n^* \mathrm{d}V = 0 \tag{7.51}$$

将式(7.50)代入式(7.51)得

$$\sum_e \int_{V_e} B^{\mathrm{T}} E_\varphi(t_n,t_{n-1}) \Delta\varepsilon_n \mathrm{d}V = \sum_e \int_{V_e} B^{\mathrm{T}} E_\varphi(t_n,t_{n-1}) \overline{\varepsilon}_n \mathrm{d}V \tag{7.52}$$

令 $\Delta\varepsilon_n = B\{\Delta\delta_n\}$,则方程(7.52)可表达为

$$[K]\{\Delta\delta_n\} = \{\Delta R_n\} \tag{7.53}$$

式中,

$$[K] = \sum_e \int_{V_e} B^{\mathrm{T}} E_\varphi(t_n,t_{n-1}) B \mathrm{d}V \tag{7.54}$$

$$\{\Delta R_n\} = \sum_e \int_{V_e} B^{\mathrm{T}} E_\varphi(t_n,t_{n-1}) \overline{\varepsilon}_n \mathrm{d}V \tag{7.55}$$

可以看出,第一时段内单元等效节点荷载由加载历史形成的徐变或收缩初应变形成,时段内刚度矩阵的形成需要考虑时段内折减的换算模量。

(5)先天理论。

Thomas 在 1933 年从徐变速率方面考虑,首先提出了指数函数表达式。随后 Henry 又在 1943 年提出以下假设:对混凝土施加荷载将会产生一定量的徐变,加载后任一时刻的徐变率与剩余的或将会产生的徐变量成正比。先天理论假定徐变增长规律不因加载龄期的不同而异,即徐变系数并不取决于加载时混凝土的龄期。对于同一混凝土,无论何时加载,其徐变系数终极值是一个常数,即混凝土的徐变曲线具有沿时间轴平行的性质,如图 7-6 所示。

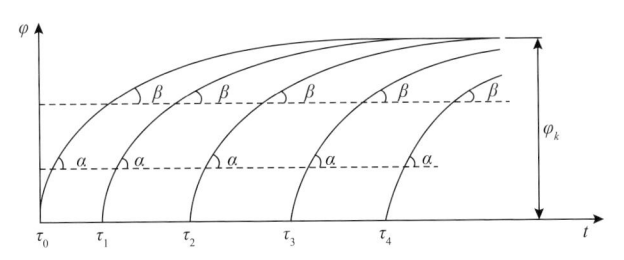

图 7-6 按先天理论表示不同加载龄期混凝土徐变增长特性

根据先天理论[24]沿时间轴平行的假设,有

$$\varphi(t,\tau) = \varphi(t-\tau) \tag{7.56}$$

先天理论指数形式的徐变系数表达式为

$$\varphi(t,\tau) = \varphi(\infty,0)\left[1-e^{-\beta(t-\tau)}\right] \tag{7.57}$$

由于先天理论便于应用,我国曾在 20 世纪 70 年代以前采用该理论。但先天理论假定徐变与加载龄期无关,因而对徐变的估计过高,这与实际情况不符合。此外,该理论还假定徐变是全部可恢复的,即在卸载后将全部恢复。当 t 趋近于 ∞ 时,不同加载龄期的徐变系数都趋近于同一值,不能反映加载龄期的影响,只能近似地适用于混凝土后期加载的情况。

美国的 ACI 209(1982)和《美国公路桥梁设计规范》采用的是该理论,但是徐变系数采用双曲线幂函数的形式。

(6) 叠加法。

叠加法(又称弹性徐变理论、混合理论)是由 Маслов 和 Арутунин 于 1952 年创立的,该方法假定徐变恢复曲线与加荷曲线相同,而且变形与应力之间呈线性关系[25]。

Арутунин 将 Dinchinger 公式用于弹性徐变理论,得到加载龄期为 τ、计算龄期为 t 的徐变系数,即

$$\varphi(t,\tau) = (A+Be^{-\beta\tau})[1-e^{-\beta(t-\tau)}] \tag{7.58}$$

式(7.58)实际上可分为两部分,一部分为老化理论形式:

$$\varphi'(t,\tau) = Be^{-\beta\tau}[1-e^{-\beta(t-\tau)}] \tag{7.59}$$

另一部分为先天理论形式:

$$\varphi''(t,\tau) = A[1-e^{-\beta(t-\tau)}] \tag{7.60}$$

显然，弹性徐变理论同时考虑早期加载和后期加载两种情况，早期加载反映了老化理论的特点，后期加载反映了先天理论的特点，故称为混合理论。

弹性徐变理论比老化理论更能反映徐变的基本特征——徐变恢复，其计算结果与试验结果基本相符，因此该方法在工程计算中得到了广泛的应用。但是，弹性徐变理论认为卸载后徐变恢复曲线与加载徐变曲线相同，得出了混凝土徐变可完全恢复的结论，这与实际不符合。与老化理论一样，弹性徐变理论不能很好地反映早期加载的混凝土徐变的迅速发展情况。另外，该方法要同时考虑早期和后期加载的情况，因此在计算时比前两种方法要求更多的试验资料。

(7) 流动率法。

流动率法又称弹性老化理论或 England-Illston 法。为了克服徐变率法低估旧混凝土的徐变和徐变恢复的不足，England 等[26]建议将徐变函数视为由弹性变形 ε_e、滞后弹性变形 ε_d（可恢复变形）和塑性流动变形 ε_f（不可恢复变形）三部分组成。试验结果表明，滞后弹性变形 ε_d 与加载龄期无关，且达到最终值的速度比流动变形快。塑性流动变形 ε_f 是不可恢复变形，与老化理论相似，假定不同加载龄期的流动变形曲线是平行的，即不同加载龄期在任意时间的流动速率是相同的。

利用这些假定，初始加载龄期 τ_0 的总变形（徐变函数）为

$$\Phi(t,\tau_0) = \frac{1}{E(\tau_0)} + C_d(t-\tau_0) + C_f(t) - C_f(\tau_0) \tag{7.61}$$

式中，$C_d(t-\tau_0)$ 表示单位应力下的滞后弹性变形；$C_f(t)$ 表示在龄期 t 的塑性流动变形；$C_f(\tau_0)$ 表示在龄期 τ_0 的塑性流动变形。

从式(7.61)可见，滞后弹性变形具有沿时间轴平行的性质（先天理论假设），而塑性流动变形具有沿变形轴平行的性质（老化理论假设）。因此，流动率法可认为是一种混合理论。例如，对于晚龄期混凝土，滞后弹性变形完全恢复，$C_d(t-\tau_0)=0$，则式(7.61)退化成

$$\Phi(t,\tau_0) = \frac{1}{E(\tau_0)} + C_f(t) - C_f(\tau_0) \tag{7.62}$$

式(7.62)实际上类似于先天理论公式。

流动率法能较好地描述早龄期混凝土在卸荷状态下徐变可部分恢复的性质，但是它把不可恢复徐变的减少归结为材料的老化并假定各龄期不可恢复流动变形曲线平行，因此它低估了旧混凝土的徐变。当应力递增时，该方法也将低估徐变；而在应力递减时，可获得较好的结果。

CEB-FIP(1978)、欧洲混凝土规范（如德国）以及我国《公路钢筋混凝土及预

应力混凝土桥涵设计规范》(JTG 3362—2018)实际上就是以该理论为基础的。

(8)继效流动理论。

继效流动理论也是把徐变分成可恢复徐变和不可恢复塑性流动变形两部分，而不再假定流动变形速率与加载龄期无关，这与弹性老化理论不同。

滞后弹性变形是加载龄期 τ_0、卸载龄期 τ 与观测时间 t 的函数，因为它在徐变变形中所占比例不大，与加载龄期 τ_0、卸载龄期 τ 之间的关系不明显，主要取决于观测时间与卸载龄期之差 $t-\tau$，此点与弹性老化理论一样。

用 $C_f(t,\tau_0)$ 表示塑性流动变形（不可恢复变形），由于 $C(t,\tau_0)=C_d(t-\tau)+C_f(t,\tau_0)$，所以塑性流动变形为

$$C_f(t,\tau_0)=C(t,\tau_0)-C_d(t-\tau) \tag{7.63}$$

徐变曲线和弹性后效曲线可由试验得出，所以由式(7.63)可计算出塑性流动变形 $C_f(t,\tau_0)$。混凝土单位应力的总变形为

$$\Phi(t,\tau_0)=\frac{1}{E(\tau_0)}+C_d(t-\tau_0)-C_f(t,\tau_0) \tag{7.64}$$

在应力部分减少和交替加卸载时，用继效流动理论计算出的变形值与试验值吻合较好，对应力衰减问题来说，所得结果更接近实际。

7.3 混凝土收缩徐变效应对轨道桥梁线形影响分析

总体来说，混凝土收缩徐变对桥梁结构的影响主要表现在以下几个方面：
(1)结构在受压区的收缩与徐变将引起变形的增加，对线形造成影响。
(2)偏压柱由于徐变，弯矩增加，增大了初始偏心，降低了其承载能力。
(3)预应力混凝土构件中，收缩与徐变将导致预应力损失。
(4)结构构件表面，如果为组合截面，收缩与徐变将引起截面应力重分布。
(5)对于超静定结构，将引起内力重分布。
(6)收缩将使较厚构件的表面开裂。

但混凝土的收缩徐变及其对结构性能影响的预测与控制是十分复杂又难以获得精确答案的问题，正如美国混凝土协会 1982 年的报告所指出的那样，几乎所有影响收缩与徐变的因素，连同它们所产生的结果本身就是随机变量，它们的变异系数也要达到 15%~20%。因此，针对混凝土收缩徐变效应对大跨轨道连续刚构桥线形的影响，可通过模型试验或实际测量的方法来校核计算中所用的参数，并选用合理的预测模型与合适的计算方法，以提高计算结果的精度。

7.3.1 混凝土收缩徐变预测

1. 混凝土收缩预测

混凝土收缩应变一般表达为收缩应变终值与时间函数的乘积，即

$$\varepsilon_{sh}(t,t_0) = \varepsilon_{sh}(\infty) \cdot f(t-t_0) \tag{7.65}$$

式中，$\varepsilon_{sh}(\infty)$ 表示收缩应变终值；$f(t-t_0)$ 表示收缩应变发展规律的时间函数，即从开始干燥或拆模时龄期 t_0 至龄期 t 所产生的收缩应变与 $\varepsilon_{sh}(\infty)$ 的比值，当 $t=t_0$ 时，$f(t-t_0)=0$，当 $t \to \infty$ 时，$f(t-t_0) \to 1$。

1) 收缩应变终值的预测

(1) 根据环境条件及构件尺寸等，可从相关规范的图表中查得，如 CEB-FIP 中的有关条款。

(2) 将收缩应变终值表示为若干系数的乘积。ACI 209 委员会建议将收缩应变终值表示为标准状态下的收缩应变终值(780×10^{-8})与 7 个偏离标准状态的校正系数的乘积。在英国桥梁规范 BS 5400 第四部分[27]中，收缩应变终值等于三个系数的乘积，这三个系数分别取决于环境相对湿度、混凝土成分和构件厚度。

2) 含收缩应变时间函数的表达式

收缩应变随时间变化的函数 $f(t-t_0)$ 可以根据规范现成图表确定，例如，在不要求十分精确时，我国《公路钢筋混凝土及预应力混凝土桥涵设计规范》(JTJ 023—1985)[28]认为收缩与徐变的发展规律是相同的，仅与时间和截面几何尺寸相关；$f(t-t_0)$ 也可采用公式进行计算，包括如下函数形式。

(1) 双曲函数表达式。

$$f(t-t_0) = \frac{t-t_0}{A+(t-t_0)} \tag{7.66}$$

ACI 209 委员会建议采用这种表达式，其中系数 A 由养护条件决定，若令 $t-t_0=A$，则 $f(A)=1/2$，因此 A 实际上是收缩完成一半的时间(从混凝土养护完毕开始干燥时计算的天数)。收缩完成一半的时间为 45 天左右，ACI 将潮湿养护 7 天后开始干燥的 A 值取为 35(天)，潮湿养护 3 天后开始干燥的 A 值取为 55(天)。

(2) 平方根双曲线函数。

$$f(t-t_0) = \sqrt{\frac{t-t_0}{A+(t-t_0)}} \tag{7.67}$$

1978 年，Bažant[29]提出的 BP 预测模式中收缩应变的时间函数即取以上形

式，其中常数 A 根据构件的形状、有效厚度及开始干燥的龄期等因素而定。同样可令 $t-t_0=A$，则 $f(A)=\sqrt{2}/2\approx 0.707$，因此 A 实际上是收缩完成约 71%时所需的时间。

(3) 指数函数表达式。

$$f(t-t_0) = 1 - e^{-\beta(t-\tau_0)} \tag{7.68}$$

式中，β 为反映收缩发展速度的系数。

该表达式实际上与先天理论徐变系数的时间函数表达式相同。若令 $t-t_0=1/\beta$，则有 $f\left(\dfrac{1}{\beta}\right)\approx 0.632$，因此 $1/\beta$ 代表收缩完成约 63%时所需的时间，根据相关文献，β 约为 1/90。

2. 混凝土徐变预测

1) 徐变系数数学表达式的分类

目前国际上徐变系数的数学表达式可分为三类，第一类是将徐变系数表达为若干系数的乘积，每一系数表示一个影响徐变值的重要因素；第二类则将徐变系数表达为若干性质互异的徐变分项系数之和；第三类是第一类和第二类的混合模式。

(1) 徐变系数表达为一系列系数乘积。

Trost[22]在 1967 年提出的关于徐变系数的一般表达式可写成

$$\varphi = \varphi(t,\tau_0) = k_0\varphi_N f(t,\tau_0) \tag{7.69}$$

式中，τ_0 为产生徐变的常应力 $\sigma(\tau_0)$ 开始引入(或开始加载)时混凝土的龄期，简称加载龄期；k_0 为加载龄期影响系数；$f(t,\tau_0)$ 为加载持续时间的函数，表示徐变随时间发展的进程。当 $t=\tau_0$ 时，$f(t,\tau_0)=0$；当 $t=\infty$ 时，$\varphi_N=\varphi_0 c_2 c_3$ 为徐变系数特征值，其中 φ_0 为取决于环境条件(如相对湿度)的系数，c_2 为取决于混凝土成分及稠度的系数，c_3 为取决于构件尺寸的系数。

故式(7.69)又可写成

$$\varphi(t,\tau_0) = k_0\varphi_0 c_2 c_3 f(t,\tau_0) \tag{7.70}$$

或者

$$\varphi(t,\tau_0) = \varphi(\infty,\tau_0) f(t-\tau_0) \tag{7.71}$$

式中，$\varphi(\infty,\tau_0) = k_0\varphi_N = k_0\varphi_0 c_2 c_3$ 为加载龄期为 τ_0 时徐变系数终值。

上面公式参加连乘的系数的多少视所考虑因素的多少而定，每一种系数一般可从现成的图表中查得，或按照一定的公式计算，采用这种表达式的有 BS 5400、ACI 209 委员会的建议、CEB-FIP 标准规范和我国《公路钢筋混凝土及预应力混凝土桥涵设计规范》(JTJ 023—1985)。

(2)徐变系数表达为若干分量之和。

我国 1985 年出版的《公路钢筋混凝土及预应力混凝土桥涵设计规范》(JTJ 023—1985)[28]将徐变系数表示为若干分量之和，即采用 CEB-FIP(1978)的徐变系数表达式，仅仅是分项系数的取值有所不同。

CEB-FIP(1978)的徐变系数表达式为

$$\varphi(t,\tau_0) = \beta_a(\tau_0) + \varphi_d(t,\tau_0) + \varphi_f(t,\tau_0) \tag{7.72}$$

式中，$\beta_a(\tau_0)$ 表示加载后最初几天产生的不可恢复的变形系数；$\varphi_d(t,\tau_0)$ 表示可恢复的滞后弹性变形系数，或徐弹系数；$\varphi_f(t,\tau_0)$ 表示不可恢复的流变系数，或徐塑系数。

1978 年，Bažant 等[30]经过对世界范围内的试验数据进行最优拟合，提出了不同于 CEB-FIP(1978)关于徐变组成部分的分类法，认为徐变由基本徐变和干燥徐变组成，称为 BP 模式。徐变系数表达式为

$$\varphi(t,\tau,\tau_0) = \frac{1}{E_c(\tau)} + c_0(t,\tau) + c_d(t,\tau,t_0) - c_p(t,\tau,t_0) \tag{7.73}$$

式中，t_0 表示开始干燥时的龄期；τ 表示加载龄期；t 表示加载后至计算徐变时的龄期；$\dfrac{1}{E_c(\tau)}$ 表示单位应力产生的初始弹性应变；$c_0(t,\tau)$ 表示单位应力产生的基本徐变，即无水分转移时的徐变应变；$c_d(t,\tau,t_0)$ 表示单位应力产生的干燥徐变，即有水分转移时的徐变应变；$c_p(t,\tau,t_0)$ 表示干燥以后减少的徐变。

2) 表示加载龄期和加载持续时间影响的徐变系数表达式

加载龄期和加载持续时间是决定徐变系数的两个重要因素，混凝土徐变随加载龄期的增长单调衰减，又随加载持续时间的增加单调增加，但增加的速度随时间的增加而递减。学术界对于徐变系数是否存在极值的问题有两种不同的意见，一种认为存在极值，一般用指数函数或双曲线函数作为 $f(t-\tau)$（即加载持续时间函数）的表达式；另一种认为不存在极值，多采用幂函数或对数函数作为 $f(t-\tau)$ 的表达式。

(1)指数函数表达式。

前面介绍的老化理论、先天理论和混合理论的徐变系数表达式均为指数函数

表达式，即

$$\varphi(t,\tau) = \varphi_\infty e^{-\beta\tau}\left[1-e^{-\beta(t-\tau)}\right] \tag{7.74}$$

$$\varphi(t,\tau) = \varphi_\infty\left[1-e^{-\beta(t-\tau)}\right] \tag{7.75}$$

$$\varphi(t,\tau) = \left(A+Be^{-\beta\tau}\right)\left[1-e^{-\beta(t-\tau)}\right] \tag{7.76}$$

(2) 双曲线函数表达式。

1937 年，Ross[31]提出了徐变度的双曲线函数表达式，即

$$c(t,\tau) = \frac{t-\tau}{a+b(t-\tau)} \tag{7.77}$$

式中，$c(t,\tau)$ 表示徐变度，即在时刻 τ 施加单位应力至时刻 t 所产生的徐变应变；a、b 为根据试验确定的常数，$1/b$ 为徐变终极值。

(3) 幂函数表达式。

1930 年，Straub[32]提出用幂函数描述常应力作用下的徐变系数发展规律，一般形式为

$$\varphi(t,\tau) = A(t-\tau)^B \tag{7.78}$$

式中，A、B 为取决于混凝土材料性质及环境条件的常数。

(4) 双曲线幂函数表达式。

1964 年，Branson[33]提出了双曲线幂函数的徐变系数表达式，即

$$\varphi(t,\tau) = \frac{(t-\tau)^d}{B+(t-\tau)^d}\varphi_\infty \tag{7.79}$$

式中，φ_∞ 表示徐变系数终值；B、d 为根据试验确定的常数。

7.3.2 混凝土收缩徐变预测模型分析

由混凝土收缩徐变预测的介绍和分析可知，主要的收缩徐变模型可以分为三种模式，即：①乘积模式，如英国的 BS 5400(1984)，美国的 ACI 209(1982)以及欧洲的 CEB-FIP(1990)都采用了类似的乘积模式；②和式模式，如欧洲的 CEB-FIP(1978)以及我国的 JTJ 023—1985 等采用了类似的和式模式；③乘积-和式混合模式，如国际材料与结构研究实验联合会(RILEM)推荐的 B3 模型(1995)和 BP 模型为类似的混合模式。无论哪种预测模式，都有各自的使用条件和范

围，也都存在一定的局限性。各种预测模型主要考虑因素及适用范围如表 7-2 和表 7-3 所示。

表 7-2 混凝土收缩徐变典型预测模型主要考虑因素

考虑因素	ACI 209 模型 收缩	ACI 209 模型 徐变	CEB-FIP(1990)模型 收缩	CEB-FIP(1990)模型 徐变	B3 模型 收缩	B3 模型 徐变	GL 2000 模型 收缩	GL 2000 模型 徐变
环境相对湿度	√	√	√	√	√	√	√	√
构件形状和尺寸	√	√	√	√	√	√	√	√
加载龄期		√		√		√		√
干燥龄期		√			√	√	√	
加载时混凝土强度		√						
混凝土强度(28d)			√	√	√	√		√
环境温度			√					
混凝土的水灰比					√			
混凝土中水泥含量		√			√			
混凝土的坍塌度	√	√						
混凝土中空气含量	√	√		√				
细骨料含量	√	√						
混凝土的密度	√							
水泥品种			√	√	√		√	√
弹性模量				√				
骨料与水泥重量比					√			
混凝土的养护条件	√	√						

表 7-3 混凝土收缩徐变典型预测模型适用范围

考虑因素	ACI 209 模型	CEB-FIP(1990)模型	B3 模型	GL 2000 模型
相对湿度/%	40~100	40~100	40~100	20~100
t_0 或 t_c（湿养）	≥7d	≤14d	$t_0 \geqslant t_c$	$t_0 \geqslant t_c \geqslant$ 1d
t_0 或 t_c（蒸养）	≥1d	≤14d	$t_0 \geqslant t_c$	$t_0 \geqslant t_c \geqslant$ 1d
水泥品种	Ⅰ、Ⅲ	Ⅰ、Ⅱ、Ⅲ	Ⅰ、Ⅱ、Ⅲ	Ⅰ、Ⅱ、Ⅲ
水灰比	—	—	0.35~0.85	0.40~0.60

续表

考虑因素	ACI 209 模型	CEB-FIP(1990)模型	B3 模型	GL 2000 模型
水泥含量/(kg/m³)	—	—	160~719	
骨料与水泥重量比	—	—	2.5~13.5	
混凝土28d平均抗压强度/MPa	—	20~90	17.2~62.9	16~82

表中水泥的品种Ⅰ、Ⅱ、Ⅲ是按照美国水泥的分类标准，分别对应欧洲的普通快硬水泥、慢硬水泥和高强快硬水泥。

由于各预测模型考虑的因素不同、适用范围不同，其对混凝土收缩徐变效应预测的效果也有差别，国内外诸多学者都通过试验对以上模型的预测精度做了比较分析，其中有一部分学者又对高强混凝土的预测进行了对比或进一步分析。

7.3.3 混凝土收缩徐变计算方法分析

与混凝土收缩徐变效应的预测模型相似，各种混凝土收缩徐变计算方法也有其优缺点，如表7-4所示。

表7-4 混凝土收缩徐变计算方法的对比分析

计算方法	优点	缺点
Dinchinger法及改进的Dinchinger法	Dinchinger法将积分型本构方程转化为微分型本构方程，简明易算。假定混凝土徐变曲线具有(沿变形轴)"平行"的性质，也就是徐变速率与加载龄期无关，计算徐变时只需要一条徐变曲线，改进的Dinchinger法进一步考虑了滞后弹性变形的影响	求解超静定结构非常复杂，假定不合理，计算结果与实际误差较大。徐变随龄期的增长很快减小，旧混凝土(3~5年)的徐变几乎为零，不符合实际；把可恢复徐变缩小为零，忽略了卸荷后的徐变恢复，无法反映早期加载时徐变迅速发展的特点；与有效模量法相反，应力递增低估了徐变变形，应力递减高估了徐变变形
中值系数法	用数值方法直接解微分方程	只适合满足积分中值定理条件的徐变计算
先天理论	该理论假定徐变与加载龄期无关，便于使用	对徐变的估计过高，这与实际不符合。此外，该方法不能反映加载龄期的影响，只能近似地适用于混凝土后期加载(即旧混凝土)的情况
流动率法	能较好地描述早龄期的混凝土在卸荷状态下徐变部分可恢复的性质	对旧混凝土徐变规律的描述无法令人满意，低估了旧混凝土的徐变
继效流动理论	精度较高，特别是应力衰减问题，能得到满意的结果	计算比较烦琐
有效模量法	引入有效弹性模量，可用拟弹性法分析。用折减弹性模量的方法来计入混凝土徐变的影响；在以下两种情况下与试验结果较为符合：一是应力无明显变化，二是混凝土龄期可以忽略不计	只在应力无明显变化、混凝土龄期可以不考虑的情况下效果较好，对于短龄期的混凝土长期加载时误差非常大；应力递增高估了徐变变形，应力递减低估了徐变变形

续表

计算方法	优点	缺点
叠加法	假定徐变恢复曲线与加载曲线相同而且变形与应力之间呈线性关系；能反映徐变的基本特征——徐变恢复，其计算结果与试验结果基本相符	认为混凝土徐变可完全恢复，与实际不符合，不能很好地反映早期加载的混凝土徐变迅速发展情况
按龄期调整的有效模量法	精度较高，并采用了应力-应变关系的代数方程，计算大为简化，同时徐变效应的计算可以采用任何形式的徐变系数。使超静定结构的徐变效应分析方法从一步法向更逼近实际的有限元逐步计算法转变	在应变变化与徐变系数呈线性关系或应力变化与松弛函数呈线性关系时，此方法可得到精确解

由计算方法的分析介绍及计算方法优缺点的比较可知，可以近似认为混凝土徐变与变形之间存在一定的线性关系，按龄期调整的有效模量法通过逐步计算分析，结合具体的单元形式以及增量平衡计算理论，可以得到徐变效应分析的有限元列阵。这种方法计算精度较高，易通过计算程序实现，因而后续混凝土收缩徐变效应的计算宜采用按龄期调整的有效模量法分析。

7.3.4 混凝土收缩徐变对桥梁线形的影响分析

1）收缩徐变对大跨轨道桥梁线形的影响

桥梁结构中的收缩、徐变无不与其对结构变形性能的影响有关，结构因混凝土收缩徐变引起的变形计算图示如图 7-7 所示。

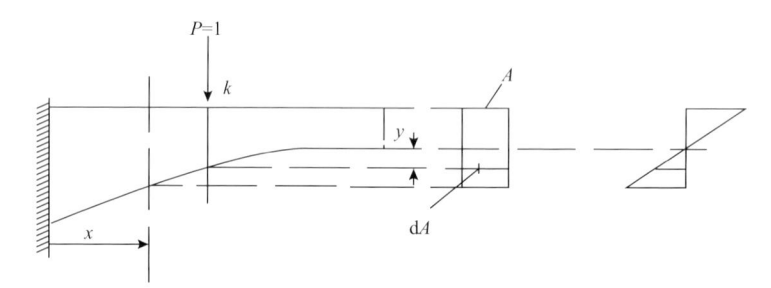

图 7-7 结构因混凝土收缩徐变引起的变形计算图示

由力学原理可知，在荷载作用下弹性位移的一般计算公式为

$$\Delta = \int \frac{\overline{M_k} M_P}{EI} \mathrm{d}x = \sum \int \frac{\overline{M} M_P}{EI} \mathrm{d}S + \sum \int \frac{\overline{F_N} F_{NP}}{EA} \mathrm{d}S + \sum \int \frac{k \overline{F_Q} F_{QP}}{GA} \mathrm{d}S \quad (7.80)$$

结构在外荷载 P 作用下，经过 $t-t_0$ 时间后，k 点的总变形计算公式为

$$\Delta_k = \int \frac{\overline{M_k} M_P}{EI} dx = \int_l \int_A \frac{\overline{M_k} \sigma_k y}{EI} dA dx = \int_l \int_A \varepsilon_k \overline{\sigma_k} dA dx \tag{7.81}$$

式中，$\overline{M_k}$ 为单位虚拟力作用在超静定结构 k 点上引起的弯矩；$\overline{\sigma_k} = \overline{M_k} y / I$ 为单位虚拟力作用于 k 点上引起结构上任意点的虚应力，求得应力变化条件下结构 k 点的总变形计算公式为

$$\Delta_k = \int_l \int_A \frac{\sigma_{(t_0)}}{E} \left(1 + \varphi_{(t,t_0)}\right) \frac{\overline{M_k}}{I} y dA dx + \int_l \int_A \left(\int_{t_0}^t \frac{\partial \sigma_{(t)}}{\partial \tau} \frac{1 + \varphi_{(t,t_0)}}{E_{(\tau)}} d\tau \right) \frac{\overline{M_k} y}{I} dA dx$$
$$+ \int_l \int_A \varepsilon_{\mathrm{sh}(t,t_0)} \frac{\overline{M_k}}{I} y dA dx \tag{7.82}$$

总变形计算公式中第一项：

$$\Delta_{k1} = \int_l \int_A \sigma_{(t_0)} y dA \frac{\overline{M_k}}{EI} \left(1 + \varphi_{(t,t_0)}\right) dx = \int_l \frac{M_0 \overline{M_k}}{E_{(t)} I} dx \tag{7.83}$$

式中，$E_{(t)} = \dfrac{E_{(\tau)}}{1 + \varphi(t,t_0)}$ 为有效弹性模量。

总变形计算公式中第二项运用积分 $\int_{t_0}^t \dfrac{\partial \sigma_{(t)}}{\partial \tau} d\tau = \sigma_{(t)} - \sigma_{(t_0)}$，可得

$$\Delta_{k2} = \int_l \int_A \sigma_{(t_0)} y dA \frac{\overline{M_k}}{E_{(\tau)} I} \left(1 + \varphi_{(t,t_0)}\right) dx = \int_l \frac{M_{(t)} \overline{M_k}}{E_{(t)} I} dx \tag{7.84}$$

式中，$M_{(t)}$ 为结构徐变引起的次内力。

因此，总变形为

$$\Delta_k = \int_l \frac{M_0 \overline{M_k}}{E_{(t)} I} dx + \int_l \frac{M_{(t)} \overline{M_k}}{E_{(t)} I} dx + \int_l \int_A \varepsilon_{\mathrm{sh}(t,t_0)} \overline{\sigma_k} dA dx \tag{7.85}$$

式(7.85)为超静定结构 k 点考虑混凝土收缩徐变影响的总变形计算公式，即在应力变化条件下的结构总变形(弹性变形与收缩徐变变形之和)的计算公式。公式第一项为结构初始力引起的变形，第二项为结构徐变次内力引起的变形，第三项为结构收缩引起的变形。

2)收缩徐变对大跨轨道桥梁线形影响分析步骤

在对混凝土收缩徐变的机理、影响因素、预测模型以及计算方法进行介绍分析，并得出本章选择的预测模型[CEB-FIP(1990)]和合理的计算方法(按龄期调整的有效模量法)后，通过有限元分析软件和实桥实测数据对选用的模型进行分

析和验证，进而明确混凝土收缩徐变效应对桥梁合理线形的影响，建立混凝土收缩徐变和桥梁合理线形控制的关系。具体可以结合所选择的混凝土收缩徐变预测模型、混凝土收缩徐变预测方法以及预应力混凝土梁基于位移法的时效分析的方法进行分析。某个时段内混凝土收缩徐变效应的计算分析步骤如下：

(1)由选用的混凝土收缩徐变预测模型(CEB-FIP(1990))计算混凝土收缩徐变的各个系数(徐变系数、收缩系数等)。

(2)根据受力钢筋的外形、数量、布置方式以及混凝土的龄期等，将结构划分为许多平面梁单元，建立直角坐标系，定出节点上配筋的坐标值及倾角。

(3)确定预应力筋有效预拉力，即扣除摩擦、锚固损失和预应力松弛损失(考虑收缩徐变影响)后的预拉力大小。

(4)根据普通钢筋布置方式，确定钢筋混凝土徐变换算截面的惯性矩、徐变换算截面面积和各层普通钢筋相对于钢筋混凝土的距离孔。

(5)确定单元的刚度矩阵，并建立单元的平衡方程，刚度矩阵表达式为

$$K_{11} = K_{44} = -K_{14} = \frac{1}{l}(\gamma_t E_c A_0^* + E_p A_p \cos^3 \theta_0) \tag{7.86}$$

$$K_{12} = K_{45} = -K_{15} = -K_{24} = \frac{1}{l} E_p A_p \cos^3 \theta_0 (b+c) \tag{7.87}$$

$$K_{13} = -K_{34} = \frac{1}{l} E_p A_p \cos^3 \theta_0 \left(a - \frac{c}{6}\right) \tag{7.88}$$

$$K_{16} = -K_{46} = \frac{1}{l} E_p A_p \cos^3 \theta_0 \left(a + b + \frac{5}{6}c\right) \tag{7.89}$$

$$K_{22} = K_{55} = -K_{25} = \frac{12}{l^3} \gamma_t E_c I_0^* + \frac{6}{5}\frac{H_0}{l} + \frac{12}{l^3} E_p A_p \cos^3 \theta_0 \left(a^2 + \frac{2}{5}b^2 + \frac{11}{35}c^2 + ab + \frac{7}{10}bc + \frac{4}{5}ac\right) \tag{7.90}$$

$$K_{23} = -K_{35} = \frac{6}{l^2} \gamma_t E_c I_0^* + \frac{1}{10} H_0 + \frac{1}{l^2} E_p A_p \cos^3 \theta_0 \left(6a^2 + \frac{7}{5}b^2 + \frac{34}{35}c^2 + 4ab + \frac{12}{5}bc + \frac{17}{5}ac\right) \tag{7.91}$$

$$K_{26} = -K_{56} = \frac{6}{l^2} \gamma_t E_c I_0^* + \frac{1}{10} H_0 + \frac{1}{l^2} E_p A_p \cos^3 \theta_0 \left(6a^2 + \frac{17}{5}b^2 + \frac{94}{15}c^2 + 8ab + 12bc + \frac{14}{5}ac\right) \tag{7.92}$$

$$K_{33} = \frac{4}{l} \gamma_t E_c I_0^* + \frac{2}{15} H_0 l + \frac{1}{l} E_p A_p \cos^3 \theta_0 \left(4a^2 + \frac{8}{15}b^2 + \frac{12}{35}c^2 + 2ab + \frac{4}{5}bc + \frac{16}{15}ac\right) \tag{7.93}$$

$$K_{36} = \frac{2}{l}\gamma_t E_c I_0^* - \frac{1}{30}H_0 l + \frac{1}{l}E_p A_p \cos^3\theta_0 \left(2a^2 + \frac{13}{15}b^2 + \frac{26}{35}c^2 + 2ab + \frac{8}{5}bc + \frac{26}{25}ac\right) \tag{7.94}$$

$$K_{66} = \frac{4}{l}\gamma_t E_c I_0^* + \frac{1}{30}H_0 l + \frac{1}{l}E_p A_p \cos^3\theta_0 \left(4a^2 + \frac{38}{15}b^2 + \frac{68}{35}c^2 + 6ab + \frac{22}{5}bc + \frac{76}{15}ac\right) \tag{7.95}$$

式中，$\gamma_t E_c$ 为按龄期调整的有效模量；A_0^* 为配筋混凝土截面的徐变换算截面积；I_0^* 为配筋混凝土截面的徐变换算截面惯性矩；E_p 为钢索的弹性模量；A_p 为钢索的截面积；L 为单元的长度；a、b、c 为预应力索的线型参数。

(6) 确定由收缩徐变引起的单元等效节点荷载，表达式为

$$\begin{aligned}&-\int\left\{[-E_{c\varphi}A_0^*\varepsilon_0(t)+\Delta N_s^*(t)]\delta\left(\frac{\mathrm{d}u}{\mathrm{d}x}\right)-[-E_{c\varphi}I_0\varphi_0(t)+\Delta M_s^*(t)]\delta\left(\frac{\mathrm{d}^2w}{\mathrm{d}x^2}\right)\right\}\mathrm{d}x\\&=\delta u_i\left\{\frac{1}{l}\int[-E_{c\varphi}A_0^*\varepsilon_0(t)+\Delta N_s^*(t)]\mathrm{d}x\right\}+\delta w_i\left\{\frac{1}{l^2}\int[-E_{c\varphi}I_0^*\varphi_0(t)+\Delta M_s^*(t)](-6+12\xi)\mathrm{d}x\right\}\\&+\delta\theta_i\left\{\frac{1}{l}\int[-E_{c\varphi}I_0^*\varphi_0(t)+\Delta M_s^*(t)](-4+6\xi)\mathrm{d}x\right\}+\delta u_j\left\{-\frac{1}{l}\int[-E_{c\varphi}A_0^*\varepsilon_0(t)+\Delta N_s^*(t)]\mathrm{d}x\right\}\\&+\delta w_j\left\{\frac{1}{l^2}\int[-E_{c\varphi}I_0^*\varphi_0(t)+\Delta M_s^*(t)](6-12\xi)\mathrm{d}x\right\}+\delta\theta_j\left\{\frac{1}{l}\int[-E_{c\varphi}I_0^*\varphi_0(t)+\Delta M_s^*(t)](-2+6\xi)\mathrm{d}x\right\}\end{aligned} \tag{7.96}$$

通过徐变换算截面特性法的定义，得出虚力和虚力矩的表达式，由收缩徐变引起的等效荷载的表达式为

$$R^{(m)} = \begin{cases} \dfrac{1}{l}\int\{K_1[N_{sc}\varphi(t,\tau_0)+E_c A_0\varepsilon_{sh}(t)]+K_2 M_{sc0}\varphi(t,\tau_0)\}\mathrm{d}x \\ \dfrac{1}{l^2}\int\{\lambda_1[N_{sc0}\varphi(t,\tau_0)+E_c A_0\varepsilon_{sh}(t)]+\lambda_2 M_{sc0}\varphi(t,\tau_0)\}(-6+12\xi)\mathrm{d}x \\ \dfrac{1}{l}\int\{\lambda_1[N_{sc0}\varphi(t,\tau_0)+E_c A_0\varepsilon_{sh}(t)]+\lambda_2 M_{sc0}\varphi(t,\tau_0)\}(-4+6\xi)\mathrm{d}x \\ -\dfrac{1}{l}\int\{K_1[N_{sc}\varphi(t,\tau_0)+E_c A_0\varepsilon_{sh}(t)]+K_2 M_{sc0}\varphi(t,\tau_0)\}\mathrm{d}x \\ -\dfrac{1}{l^2}\int\{\lambda_1[N_{sc0}\varphi(t,\tau_0)+E_c A_0\varepsilon_{sh}(t)]+\lambda_2 M_{sc0}\varphi(t,\tau_0)\}(-6+12\xi)\mathrm{d}x \\ \dfrac{1}{l}\int\{\lambda_1[N_{sc0}\varphi(t,\tau_0)+E_c A_0\varepsilon_{sh}(t)]+\lambda_2 M_{sc0}\varphi(t,\tau_0)\}(-2+6\xi)\mathrm{d}x \end{cases} \tag{7.97}$$

式中，

$$K_1 = \frac{\alpha_E \sum_{i=1}^{n} A_{st} - \gamma_t A_0^*}{A_0} \tag{7.98}$$

$$K_2 = \frac{\alpha_E \sum_{i=1}^{n} A_{st} z_{st}}{I_0} \tag{7.99}$$

$$\lambda_1 = \frac{\alpha_E \sum_{i=1}^{n} A_{st} z_{st}^*}{A_0} \tag{7.100}$$

$$\lambda_2 = \frac{\alpha_E \sum_{i=1}^{n} A_{st} z_{st} z_{st}^* - \gamma_t I_0^*}{I_0} \tag{7.101}$$

式中，$E_{c\varphi} = \gamma_t E_c$ 为按龄期调整有效模量；$\varepsilon_0(t)$ 为初应变；$\Delta N_s^*(t)$ 为收缩徐变初应变对应的各层钢筋的虚拟力之和；$\Delta M_s^*(t)$ 为收缩徐变初应变对应的各层钢筋的虚拟力对徐变换算截面重心的力矩之和；$\varphi_0(t)$ 为初始曲率；$\xi = \frac{x}{l}$；N_{sc0} 为配筋混凝土截面内的初始轴向力；M_{sc0} 为配筋混凝土截面内的初始弯矩。

在等效节点荷载列阵中，K_1、K_2、λ_1、λ_2 为四个系数，分别考虑普通钢筋对混凝土收缩徐变的约束作用。

(7) 通过坐标变换，将上述单元刚度矩阵合成为总体刚度矩阵，将各单元等效荷载列阵组合成结构整体等效荷载列阵，建立按整体坐标系计算的结构平衡方程。

(8) 求解上述线性方程组，得出收缩徐变引起的某时段内的全部节点位移增量 $\Delta\delta$。

(9) 通过坐标变换，将节点位移增量 $\Delta\delta$ 转换成按单元局部坐标系计算的各单元节点位移增量，单元 m 的节点位移增量用 δ^m 来表示。求出 δ^m 之后，可通过式(7.102)计算该时段内由收缩徐变引起的杆端力增量：

$$\Delta F^{(m)} = K^{(m)} \Delta \delta^{(m)} - \Delta R^{(m)} \tag{7.102}$$

式中，$\Delta F^{(m)} = [\Delta N_i \quad \Delta Q_i \quad \Delta M_i \quad \Delta N_j \quad \Delta Q_j \quad \Delta M_j]^T$，其中，$\Delta N_i$、$\Delta N_j$ 以向右为正，ΔQ_i、ΔQ_j 以向下为正，ΔM_i、ΔM_j 以顺时针为正。

(10) 根据节点位移求出预应力索的张力，预应力索的应变 ε_p 和轴向张力 ΔH 分别为

$$\varepsilon_p = \frac{1}{l}(u_j - u_i) - z\left[(-6+12\xi)\frac{w_i}{l^2} + (-4+6\xi)\frac{\theta_i}{l} + (6-12\xi)\frac{w_j}{l^2} + (-2+6\xi)\frac{\theta_j}{l}\right] \quad (7.103)$$

$$\Delta H = E_p A_p \varepsilon_p \cos\theta_0 \quad (7.104)$$

(11)计算普通钢筋混凝土梁所承受的弯矩,并作为后续时段时效分析的初始力。

经过以上步骤的计算和分析,结合收缩徐变的预测模型及按龄期调整的有效模量法,可以对大跨轨道连续刚构桥(预应力混凝土主梁)收缩徐变效应引起的内力和变形进行计算。通过对施工阶段和后期运营阶段混凝土收缩徐变对预应力混凝土主梁引起的线形预测、计算、分析和实测数据验证,进而得出在合理线形控制时混凝土收缩徐变的影响量。

7.4 本章小结

本章介绍了混凝土收缩徐变的机理、影响因素、预测模型和计算方法,通过对各预测模型适用范围的比较分析,结合实桥环境相对湿度实测值、环境温度实测值以及混凝土材料情况,采用CEB-FIP(1990)作为收缩徐变效应的预测模型。通过计算方法的对比分析,选用按龄期调整的有效模量法作为混凝土收缩徐变效应的计算方法。结合选用的预测模型、计算方法以及混凝土的时效分析法,计算收缩徐变效应引起的大跨轨道连续刚构桥主梁的内力和变形。本章的分析将为后续模型的有限元计算分析和现场实测数据验证以及考虑收缩徐变效应的大跨轨道连续刚构桥线形控制方法的计算、分析和验证奠定基础。

参 考 文 献

[1] 韩树亮. 混凝土收缩徐变对连续刚构桥施工及成桥的影响研究[D]. 合肥: 合肥工业大学, 2016.
[2] 韩宇栋, 张君, 岳清瑞, 等. 现代混凝土收缩研究评述[J]. 混凝土, 2019, (2): 1-12, 16.
[3] Powers T C. The mechanisms of frost action in concrete (Durability of Concrete, SP-8)[R]. Detroit: ACI, 1965.
[4] 谢依金等. 水泥混凝土的结构与性能[M]. 北京: 中国建筑工业出版社, 1984.
[5] 徐锦. 连续梁桥的混凝土收缩徐变试验研究及效应分析[D]. 重庆: 重庆交通大学, 2008.
[6] 周光泉, 刘孝敏. 粘弹性理论[M]. 合肥: 中国科学技术大学出版社, 1996.
[7] 刘杰. 预应力混凝土结构徐变效应的计算理论及计算方法研究[D]. 长沙: 中南大学, 2009.
[8] 林波. 混凝土收缩徐变及其效应的计算分析和试验研究[D]. 南京: 东南大学, 2006.

[9] 韩啸. 基于增量法对混凝土结构徐变的监测研究[D]. 武汉: 武汉理工大学, 2006.
[10] 黄国兴, 惠荣炎, 王秀军. 混凝土徐变与收缩[M]. 北京: 中国电力出版社, 2012.
[11] Petzold A, Röhrs M, Neville A M. Concrete for high temperatures: translated from the German by Phillips A B and Turner F M, Maclaren 1970, 235 pp. £6[J]. Building Science, 1971, 6(1): 33-34.
[12] Leonhardt F. 钢筋混凝土结构设计原理[M]. 程积高, 译. 北京: 人民交通出版社, 1991.
[13] Okamura H, Tsuji Y, Maruyama K. Application of expansive concrete in structural elements[J]. Journal of the Faculty of Engineering, Series B, 1978, 34(3): 481-507.
[14] 张清旭, 宁晓骏, 周兴林, 等. 基于均匀试验的混凝土收缩徐变影响因素分析[J]. 公路交通科技(应用技术版), 2020, 16(10): 32-34.
[15] 韩伟威. 混凝土收缩徐变预测模型试验研究[J]. 中南大学学报(自然科学版), 2016, 47(10): 3515-3522.
[16] Teng S, Branson D E. Initial and time-dependent deforation of progressively cracking nonprestressed and partially prestresse concrete beams[J]. ACI Structural Journal, 1993, 90(5): 480-488.
[17] Bažant Z P, Yunping X I. Drying creep of concrete: Constitutive model and new experiments separating its mechanisms[J]. Materials and Structures, 1994, 27(1): 3-14.
[18] 范洪军. 曲线预应力混凝土箱梁收缩徐变效应研究[D]. 西安: 长安大学, 2008.
[19] Rüsch H, Jungwirth D, Hilsdorf H K. Creep and Shrinkage: Their Effect on the Behavior of Concrete Structures[M]. Berlin: Springer Science & Business Media, 2012.
[20] 陈永春. 混凝土徐变问题的中值系数法[J]. 建筑科学, 1991, (2): 3-8.
[21] McDonald D B, Roper H. Accuracy of prediction models for shrinkage of concrete[J]. Materials Journal, 1993, 90(3): 265-271.
[22] Trost H. Auswirkungen des superpositionsprinzips auf Kriech-und relaxationsprobleme bei beton und spannbeton[J]. Beton-und Stahlbetonbau, 1967, 62(10): 230-238.
[23] Bažant Z P, Baweja S. Justification and refinements of model B3 for concrete creep and shrinkage 2. Updating and theoretical basis[J]. Materials and Structures, 1995, 28(8): 488-495.
[24] 徐梓宸. 收缩徐变对加劲钢桁连续刚构组合梁桥变形的影响研究[D]. 成都: 西南交通大学, 2018.
[25] 杜孟林. 斜拱塔斜拉桥成桥与施工阶段合理状态研究[D]. 南京: 东南大学, 2021.
[26] England G L, Illston J M. Methods of computing Stress in concrete from a history of measured strain[J]. Civil Engineering and Public Works Review, 1965, 60: 692-694.
[27] BS 5400. Steel, concrete and composite bridges. Part 4: Code of practice for desjgn of concrete bridges[S]. London: British Standard Institution, 1984.
[28] 中华人民共和国交通运输部. 公路钢筋混凝土及预应力混凝土桥涵设计规范(JTJ 023—1985)[S]. 北京: 人民交通出版社, 1985.
[29] Bažant Z P. Practical prediction of time-dependent deformations of concrete, Part V: Temperature effect on drying creep[J]. Material & Stuctures, 1979, 12(10): 169-174.
[30] Bažant Z P, Panula L. Modele de prevision pratique des deformations du beton en fonction du temps-partie Ⅲ: Fluage en sechage-partie Ⅳ Influage de la temperature sur le fluage de

base[J]. Transportation Research Board, 1978, 66(5): 415-434.

[31] Ross A D. The creep of portland blast-furnace cement concrete[J]. Journal of the Institution of Civil Engineers, 1938, 8(4): 43-52.

[32] Straub L G. Plastic flow in concrete arches[J]. Transactions of the American Society of Civil Engineers, 1931, 95(1): 613-678.

[33] Branson D E. Instantaneous and time-dependent deflections of simple and continuous reinforced concrete beams[R]. Alabama: State Highway Department, 1963.

第 8 章 列车-轨道-桥梁耦合效应对大跨轨道连续刚构桥线形影响研究

大跨轨道连续刚构桥的动力特性与一般的公路桥梁不同，桥梁所承受活荷载为列车荷载，其作用范围大、荷载激励大，结构响应明显，结构状态受活荷载影响较大。因此，在大跨轨道连续刚构桥合理线形控制时，需要考虑车桥耦合效应的影响。国内外诸多学者对车桥耦合效应开展了大量的研究，但是由于车桥耦合效应的复杂性以及计算方法的限制，未能被精确考虑。本章基于车桥耦合相互作用模型，通过模型分析，给出列车-轨道-桥梁耦合的运动方程，然后利用动载试验得到桥梁动力响应指标，并进行车桥耦合振动数值分析，建立车桥耦合短期效应和轨道桥梁预拱度设置之间的关系，为后续考虑车桥耦合效应的桥梁线形控制方法以及列车动载试验数据处理、线形控制数据预测值、计算值和实测值的比较分析奠定基础。

8.1 列车-轨道-桥梁耦合模型

8.1.1 列车、轨道、桥梁模型概述

1）六轴车辆模型

六轴车辆模型由车体、构架和轮对共九个刚体以及一、二系悬挂系统组成，如图 8-1 和图 8-2 所示。图中构件和轮对自由度定义与车体自由度类似，每一个刚体都考虑了横向、垂向、侧滚、摇头、点头五个自由度，因此每辆车共有 45 个自由度。六轴车辆动力学模型的自由度如表 8-1 所示。

六轴车辆动力学模型中，定义新增变量 K_{plx} 和 C_{plx} 为一系悬挂中间轴的纵向刚度和纵向阻尼；K_{ply} 和 C_{ply} 分别为一系悬挂中间轴的横向刚度和横向阻尼；K_{plz} 和 C_{plz} 分别为一系悬挂中间轴的垂向刚度和垂向阻尼；d_e 为构架质心与中间轴的纵向距离；K_{tz} 为二系悬挂垂向刚度；C_{tz} 为二系悬挂垂向阻尼；K_{pz} 为一系悬挂垂向刚度；C_{pz} 为一系悬挂垂向阻尼；K_{my} 为横向止挡刚度；C_{ty} 为二系悬挂横向阻尼；K_{ty} 为二系悬挂横向刚度；C_{tx} 二系悬挂纵向阻尼；K_{tx} 为二系悬挂纵向刚度；C_{sx} 为抗蛇行减振器阻尼；C_{px} 为一系悬挂纵向阻尼；K_{px} 为一系

悬挂纵向刚度；K_{py}为一系悬挂横向刚度；C_{py}为一系悬挂横向阻尼。

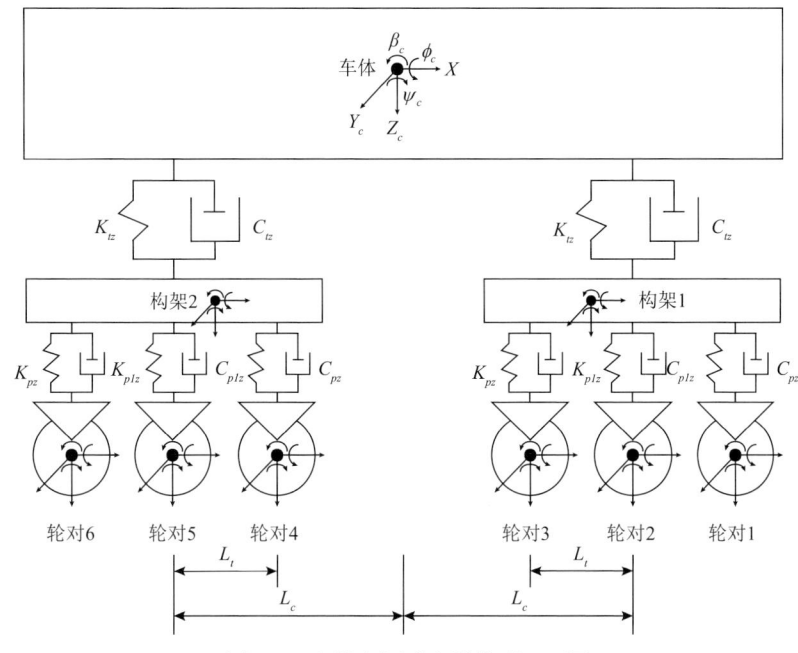

图 8-1 六轴车辆动力学模型立面图

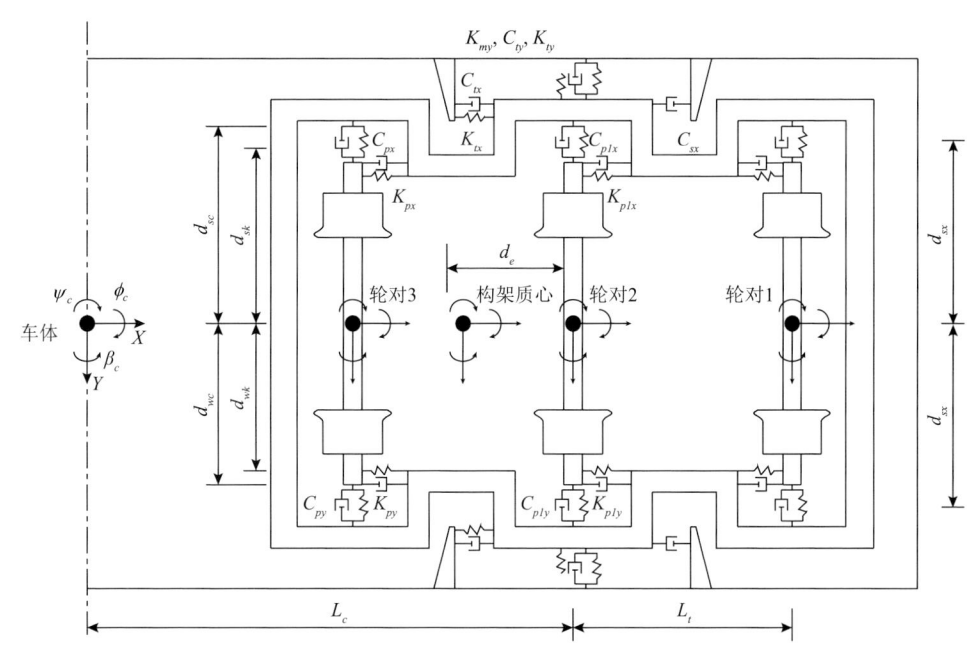

图 8-2 六轴车辆动力学模型俯视图

表 8-1　六轴车辆动力学模型的自由度

自由度	纵向	横向	垂向	侧滚	摇头	点头
车体	—	Y_c	Z_c	ϕ_c	ψ_c	β_c
构架 1	—	Y_{t1}	Z_{t1}	ϕ_{t1}	ψ_{t1}	β_{t1}
构架 2	—	Y_{t2}	Z_{t2}	ϕ_{t2}	ψ_{t2}	β_{t2}
轮对 1	—	Y_{w1}	Z_{w1}	ϕ_{w1}	ψ_{w1}	β_{w1}
轮对 2	—	Y_{w2}	Z_{w2}	ϕ_{w2}	ψ_{w2}	β_{w2}
轮对 3	—	Y_{w3}	Z_{w3}	ϕ_{w3}	ψ_{w3}	β_{w3}
轮对 4	—	Y_{w4}	Z_{w4}	ϕ_{w4}	ψ_{w4}	β_{w4}
轮对 5	—	Y_{w5}	Z_{w5}	ϕ_{w5}	ψ_{w5}	β_{w5}
轮对 6	—	Y_{w6}	Z_{w6}	ϕ_{w6}	ψ_{w6}	β_{w6}

六轴车辆模型给出后，车辆前转向构架上的受力示意图如图 8-3 所示。

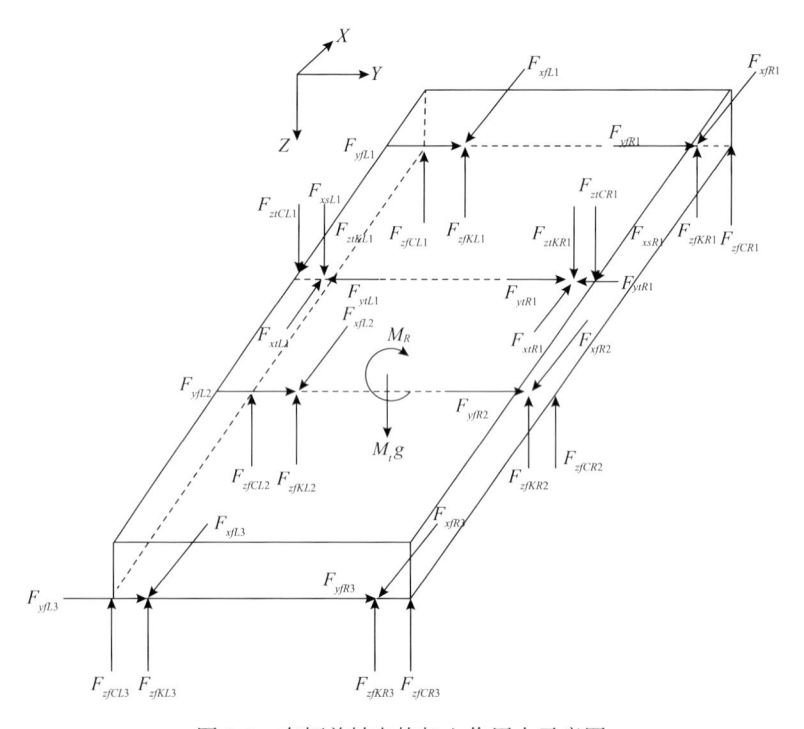

图 8-3　车辆前转向构架上作用力示意图

模型中：

F_{xfLi}、F_{xfRi} 分别为第 i 轮对左、右侧一系悬挂纵向力（$i=1,2,\cdots,6$）；

F_{yfLi}、F_{yfRi} 分别为第 i 轮对左、右侧一系悬挂横向力（$i=1,2,\cdots,6$）；

F_{zfKLi}、F_{zfKRi} 分别为第 i 轮对左、右侧一系悬挂弹簧垂向力（$i=1,2,\cdots,6$）；

F_{zfCLi}、F_{zfCRi} 分别为第 i 轮对左、右侧轴箱减震器垂向力（$i=1,2,\cdots,6$）；

F_{xtLi}、F_{xtRi} 分别为第 i 构架左、右侧二系悬挂纵向力（$i=1,2$）；

F_{ytLi}、F_{ytRi} 分别为第 i 构架左、右侧二系悬挂横向力（$i=1,2$）；

F_{ztKLi}、F_{ztKRi} 分别为第 i 构架左、右侧二系悬挂弹簧垂向力（$i=1,2$）；

F_{ztCLi}、F_{ztCRi} 分别为第 i 构架左、右侧二系悬挂减震器垂向力（$i=1,2$）；

F_{xsLi}、F_{xsRi} 分别为第 i 构架左、右侧抗蛇行减震器纵向力（$i=1,2$）；

F_{yRi} 为第 i 构架二系横向止挡的横向力（$i=1,2$）。

2）轨道结构振动模型

桥梁梁端路基上的轨道是车桥耦合系统中的重要组成部分，路基上的轨道结构类型以及动力响应将影响车辆和桥梁的相互作用。列车荷载通过桥上的轨道传递给桥梁使其产生振动和变形，桥梁的振动和变形又会影响车辆的动力性能。我国内地铁路多采用整体道床轨道、支承块承轨台轨道、弹性支承块轨道、梯形轨道、浮置板轨道，香港部分铁路采用弹性支承块式无砟轨道。

由相关研究资料可知，整体道床轨道主要由钢轨、预制的双块轨枕、扣件、混凝土床道板等组成。在此类轨道中，轨道的弹性主要靠轨下的胶垫来提供。振动主要体现为钢轨的振动，轨枕和床道板的作用可通过参振质量形式在桥梁动力学模型中考虑。在振动的分析中，左右两钢轨视为离散弹性点支撑基础上的无限长欧拉(Euler)梁，并考虑其垂向、横向及扭转自由度。图 8-4、图 8-5 分别为整体道床轨道振动模型侧视图和端视图[1]。图中，K_{pv} 和 C_{pv} 分别是钢轨扣件结点的垂向刚度和垂向阻尼；K_{ph} 和 C_{ph} 分别是钢轨扣件结点的横向刚度和横向阻尼。

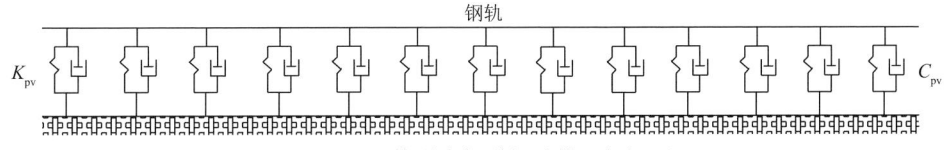

图 8-4 整体道床轨道振动模型侧视图

图 8-5 整体道床轨道振动模型端视图

3) 桥梁模型

列车-轨道-桥梁相互耦合系统中,对桥梁模型的分析一般采用有限元法,建立结构动力学方程时,常采用直接积分法和模态坐标法。有限元法的基本思路是把复杂结构离散成有限个单元的集合,然后在各自的单元内选择适当的模式,计算每个单元和整个结构的动能及势能,由动力学计算方法(Hamilton 原理)导出结构的振动方程[2]。

桥梁结构的基本单元包括空间杆单元、空间梁单元、板壳单元、带刚臂的空间杆单元、带刚臂的空间梁单元、空间梁段单元、空间曲梁单元、支座单元等,每一种单元都可以将节点的刚度矩阵、形状和位移等进行表达,并根据总体刚度矩阵和质量矩阵表达对应的阻尼矩阵。在对列车、轨道、桥梁结构各模型分析后,可以进一步对车、轨、桥之间的相互作用进行分析。

8.1.2 轨道-桥梁相互作用模型

对于本章涉及的整体道床轨道,由于轨枕和混凝土床道板完全联结在一起,轨下基础质量很大,床道板和混凝土底座之间几乎没有弹性,因而整体道床轨道的振动主要体现为钢轨的振动,而轨枕与道床板之间的作用可通过参振质量形式在桥梁动力学模型中体现。轨道与桥梁的相互作用可离散成一系列点和点之间的相互作用,轨道和桥梁的作用点之间由线性弹簧与阻尼连接。因此,只要轨道各部件的振动位移、振动速度及桥梁的振动位移、振动速度确定,就可以求得轨道和桥梁之间的相互作用力。虽然轨道结构形式有多种,但桥轨关系的分析方法是一样的,只是桥轨作用的计算表达式略有差异[3]。

轨道-桥梁相互作用模型示意图如图 8-6 所示。

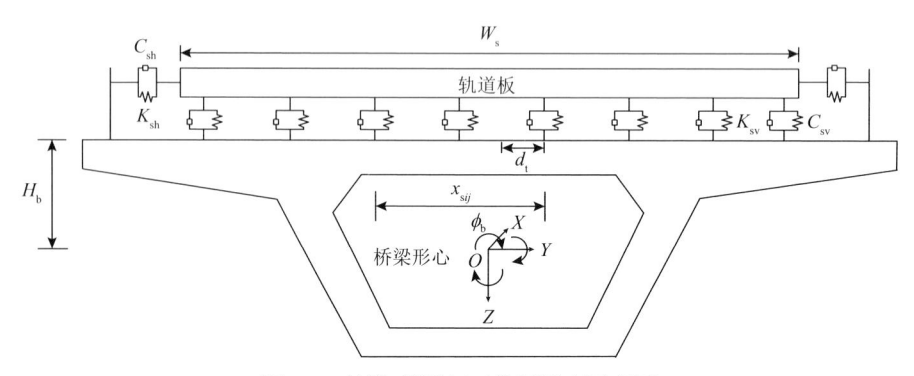

图 8-6 轨道-桥梁相互作用模型示意图

W_s 表示轨道板的宽度;H_b 表示桥梁形心到桥面的高度;d_t 表示轨道中心与桥梁形心的横向距离;C_{sh} 和 K_{sh} 分别表示轨道板的横向约束阻尼和横向刚度;C_{sv} 和 K_{sv} 分别表示轨道层的阻尼和刚度;x_{sij} 表示第 i 个支承截面轨道板下第 j 个支撑点和桥梁形心之间的距离

设某时刻第 i 个支撑截面处桥梁形心 O 横向位移、垂向位移及转角分别为 y_{bh}、z_{bv} 和 ϕ_b，轨道板横向位移为 y_{si}，轨道板第 j 个支撑节点的垂向距离为 z_{sij}，那么第 i 个支承截面处桥轨横向相互作用力 F_{shi}、轨道板第 j 个支撑点处桥轨垂向相互作用力 F_{svij} 可以表示为

$$\begin{cases} F_{shi} = K_{sh}(y_{si} - y_{bh} - \phi_b H_b) + C_{sh}(\dot{y}_{si} - \dot{y}_{bh} - \dot{\phi}_b H_b) \\ F_{svij} = K_{sv}(z_{sij} - z_{bv} + \phi_b x_{sij}) + C_{sv}(\dot{z}_{sij} - \dot{z}_{bv} + \dot{\phi}_b x_{sij}) \end{cases} \quad (8.1)$$

由于桥梁结构采用有限元模型，轨道板下面的离散支撑点不一定对应桥梁模型中的节点。轨道板支撑点处桥梁位移和速度应该根据桥梁节点位移和速度，采用三次样条函数插值。分析了轨道和桥梁之间的相互作用之后，可以分别作为轨道支承反力及桥梁的外荷载代入轨道系统和桥梁系统的运动方程。

8.1.3 列车轮-轨相互作用模型

大跨轨道连续刚构桥车桥耦合系统的动力学计算分析时，除使用车桥耦合相互作用模型外，列车轮-轨相互作用的分析同样需要明确。有了列车、桥梁、轨道各自的动力学模型后，以下将主要介绍轮-轨接触的几何关系、轮-轨法向力计算模型和轮-轨蠕滑力计算模型[4]。

在上述列车、轨道各自动力学模型分析时，由于考虑了轮对摇头、左右钢轨的横向位移、垂向位移和扭转位移，轮-轨接触问题是非对称空间接触问题。轮-轨空间接触几何关系的计算常采用迹线法，基于迹线法的轮-轨空间接触几何示意图如图 8-7 所示。

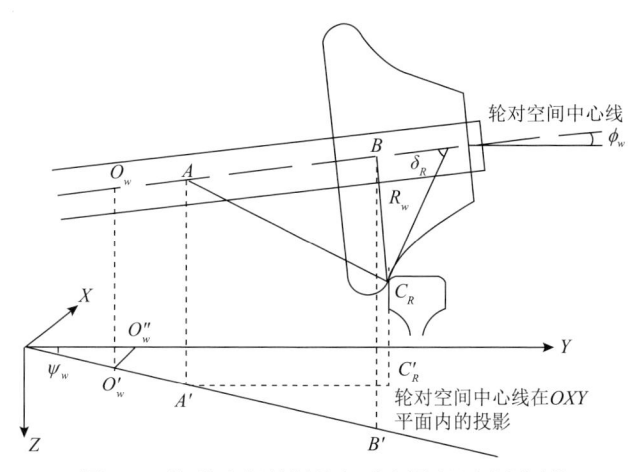

图 8-7 轮-轨空间接触几何示意图（以右侧为例）

根据图 8-7 所示的几何关系，推导得到轮-轨接触点 C_R 的坐标表达式为

$$\begin{cases} x_{C_R} = x_B + l_x R_w \tan\delta_R \\ y_{C_R} = y_B - \dfrac{R_w}{1-l_x^2}\left[l_x^2 l_y \tan\delta_R + l_z\sqrt{1-l_x^2(1+\tan^2\delta_R)}\right] \\ z_{C_R} = z_B - \dfrac{R_w}{1-l_x^2}\left[l_x^2 l_z \tan\delta_R - l_y\sqrt{1-l_x^2(1+\tan^2\delta_R)}\right] \end{cases} \quad (8.2)$$

式中，R_w 和 δ_R 分别为车轮滚动圆半径和右侧轮接触角；l_x、l_y 和 l_z 为轮对轴线的方向数；x_B、y_B 和 z_B 为车轮的滚动圆圆心坐标。有以下几何关系：

$$\begin{cases} l_x = -\cos\phi_w \sin\psi_w \\ l_y = \cos\phi_w \cos\psi_w \\ l_z = \sin\phi_w \end{cases} \quad (8.3)$$

$$\begin{cases} x_B = d_w l_x \\ y_B = d_w l_y + Y_w \\ z_B = d_w l_z \end{cases} \quad (8.4)$$

式中，ϕ_w、ψ_w 和 Y_w 分别为轮对侧滚角、摇头角和横向位移；d_w 为轮对坐标系中车轮踏面各离散点对应的滚动圆横向坐标。

在得到轮-轨接触的几何模型后，依据相关理论即可对轮-轨法向力、轮-轨蠕滑力(纵向和横向蠕滑力、旋转蠕滑力)进行计算。

蠕滑力与蠕滑率有关，轮-轨纵向、横向和旋转蠕滑率根据几何关系、Kalker 线性理论、Johnson-Vermeulen 理论计算得到，则轮-轨的纵向蠕滑力、横向蠕滑力、旋转蠕滑力(力矩)在线性范围内的表达式为

$$\begin{cases} F_x = -f_{11}\varepsilon_x \\ F_y = -f_{22}\varepsilon_y - f_{23}\varepsilon_\phi \\ M_z = f_{23}\varepsilon_z - f_{33}\varepsilon_\phi \end{cases} \quad (8.5)$$

式中，F_x、F_y 和 M_z 分别为纵向蠕滑力、横向蠕滑力、旋转蠕滑力矩；ε_x、ε_y、ε_z 分别为纵向、横向、旋转蠕滑率；f_{ij} 为蠕滑系数，其表达式为

$$\begin{cases} f_{11} = G(ab)C_{11} \\ f_{22} = G(ab)C_{22} \\ f_{23} = G(ab)^{3/2}C_{23} \\ f_{33} = G(ab)^2 C_{33} \end{cases} \quad (8.6)$$

式中，G 为轮-轨材料合成剪切模量；a、b 分别为轮-轨接触椭圆的长半轴与短半轴；C_{ij} 为系数，由 Kaller 于 1967 年计算得到。

上述 Kaller 线性蠕滑理论[5]只适用于小蠕滑率和小自转的情况，对于轮-轨接触的大蠕滑、大自转甚至完全滑动情况，蠕滑力将不再为线性关系，且随着蠕滑率的增大，最后趋于库仑摩擦力这一饱和极限，轮-轨蠕滑力(F)和蠕滑率(ξ)之间的关系如图 8-8 所示。

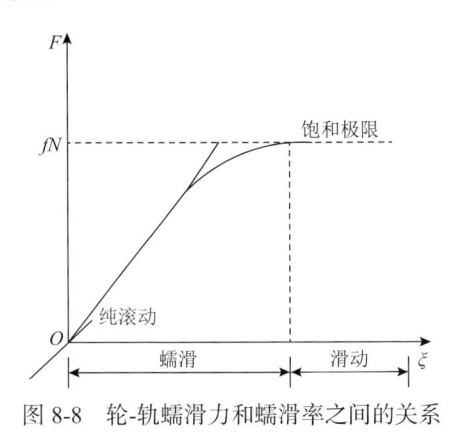

图 8-8 轮-轨蠕滑力和蠕滑率之间的关系

由以上关系可以对线形计算模型进行非线性修正，将纵向蠕滑力和横向蠕滑力合称为

$$F = \sqrt{F_x^2 + F_y^2} \tag{8.7}$$

令

$$F' = \begin{cases} fN\left[\dfrac{F}{fN} - \dfrac{1}{3}\left(\dfrac{F}{fN}\right)^2 + \dfrac{1}{27}\left(\dfrac{F}{fN}\right)^3\right], & F \leqslant 3fN \\ fN, & F > 3fN \end{cases} \tag{8.8}$$

式中，f 为轮-轨摩擦系数。

引入的修正系数表达式为

$$\varepsilon = \frac{F'}{F} \tag{8.9}$$

则修正后的蠕滑力/力矩表达式为

$$\begin{cases} F'_x = \varepsilon F_x \\ F'_y = \varepsilon F_y \\ M'_z = \varepsilon M_z \end{cases} \tag{8.10}$$

计算出轮-轨作用力后,即可将其代入车辆系统和轨道系统的动力学方程进行分析。

8.1.4 列车-轨道-桥梁耦合运动方程

在对列车、轨道和桥梁的模型及其对应的模型进行受力分析后,可得到如下对应的运动方程[6]。

1) 列车运动方程

(1) 轮对运动方程($i=1,2,\cdots,6$)。

横向运动:

$$M_w\left(\ddot{Y}_{wi}+\frac{V^2}{R_{wi}}+r_0\ddot{\phi}_{sewi}\right)=-F_{yfLi}-F_{yfRi}+F_{Fyi}+F_{Ryi}+N_{Lyi}+N_{Ryi}+M_w g\phi_{sewi} \quad (8.11)$$

垂向运动:

$$M_w\left(\ddot{Z}_{wi}-a_0\ddot{\phi}_{sewi}-\frac{V^2}{R_{wi}}\phi_{sewi}\right)=-F_{Lzi}-F_{Rzi}+F_{zfKLi}+F_{zfKRi}+F_{zfCLi}-N_{Lzi}-N_{Rzi}+M_w g$$

(8.12)

侧滚运动:

$$I_{wx}(\ddot{\phi}_{sewi}+\ddot{\phi}_{wi})-I_{wy}(\dot{\beta}_{wi}-\Omega)\left(\dot{\psi}_{wi}+\frac{V}{R_{wi}}\right)$$
$$=d_0(F_{Lzi}+N_{Lzi}-F_{Rzi}-N_{Rzi})-r_{Li}(F_{Lyi}+N_{Lyi})-r_{Ri}(F_{Ryi}+N_{Ryi})$$
$$+M_{Lxi}+M_{Rxi}+d_{wk}(F_{zfkRi}-F_{zfKLi})+d_{wc}(F_{zfCRi}-F_{zfCLi}) \quad (8.13)$$

摇头运动:

$$I_{wz}\left[\ddot{\psi}_{wi}+V\frac{\mathrm{d}}{\mathrm{d}t}\left(\frac{1}{R_{wi}}\right)\right]+I_{wy}(\dot{\phi}_{sewi}+\dot{\phi}_{wi})(\dot{\beta}_{wi}-\Omega)$$
$$=d_0(F_{Lxi}-F_{Rxi})+d_0\psi_{wi}(F_{Lyi}+N_{Lyi}-F_{Ryi}-N_{Ryi})$$
$$+M_{Lzi}+M_{Rzi}+d_{wk}(F_{xfLi}-F_{xfRi})+d_0(N_{Lxi}-N_{Rxi}) \quad (8.14)$$

旋转运动:

$$I_{wy}\ddot{\beta}_{wi} = r_{Ri}F_{Rxi} + r_{Li}F_{Lxi} + r_{Ri}\psi_{wi}(F_{Ryi} + N_{Ryi}) + r_{Li}\psi_{wi}(F_{Lyi} + N_{Lyi}) + M_{Lyi} + M_{Ryi}$$
$$+ N_{Lxi}r_{Li} + N_{Rxi}r_{Ri} \tag{8.15}$$

(2) 构架运动方程 ($i = 1, 2$)。

横向运动：

$$M_t\left[\ddot{Y}_{ti} + \frac{V^2}{R_{ti}} + (r_0 + H_{tw})\ddot{\phi}_{seti}\right] = F_{yfL(3i-2)} + F_{yfL(3i-1)} + F_{yfL(3i)} - F_{ytLi} + F_{yRi} + M_t g\phi_{seti}$$
$$+ F_{yfR(3i-2)} + F_{yfR(3i-1)} + F_{yfR(3i)} - F_{ytRi} \tag{8.16}$$

垂向运动：

$$M_t\left(\ddot{Z}_{ti} - d_0\ddot{\phi}_{seti} - \frac{V^2}{R_{ti}}\phi_{seti}\right) = F_{ztKLi} + F_{ztKRi} + F_{ztCLi} + F_{ztCRi} + M_t g$$
$$- F_{zfKL(3i-2)} - F_{zfKL(3i-1)} - F_{zfKL(3i)} - F_{zfCL(3i-2)} - F_{zfCL(3i-1)} - F_{zfCL(3i)} - F_{zfKR(3i-2)}$$
$$- F_{zfKR(3i-1)} - F_{zfKR(3i)} - F_{zfCR(3i-2)} - F_{zfCR(3i-1)} - F_{zfCR(3i)} \tag{8.17}$$

侧滚运动：

$$I_{tx}\left(\ddot{\phi}_{ti} + \ddot{\phi}_{seti}\right)$$
$$= -\left(F_{yfL(3i-2)} + F_{yfL(3i-1)} + F_{yfL(3i)}\right)H_{tw} - \left(F_{yfR(3i-2)} + F_{yfR(3i-1)} + F_{yfR(3i)}\right)H_{tw}$$
$$+ \left(F_{zfKL(3i-2)} + F_{zfKL(3i-1)} + F_{zfKL(3i)}\right)d_{wk} - \left(F_{zfKR(3i-2)} + F_{zfKR(3i-1)} + F_{zfKR(3i)}\right)d_{wk}$$
$$+ \left(F_{zfCL(3i-2)} + F_{zfCL(3i-1)} + F_{zfCL(3i)}\right)d_{wc} - \left(F_{zfCR(3i-2)} + F_{zfCR(3i-1)} + F_{zfCR(3i)}\right)d_{wc}$$
$$+ \left(F_{ztKRi} - F_{ztKLi}\right)d_{sk} + \left(F_{ztCRi} - F_{ztCLi}\right)d_{sc} - \left(F_{ytLi} + F_{ytRi} - F_{yRi}\right)H_{bt} + M_{Ri} \tag{8.18}$$

摇头运动：

$$I_{tz}\left[\ddot{\psi}_{ti} + V\frac{\mathrm{d}}{\mathrm{d}t}\left(\frac{1}{R_{ti}}\right)\right]$$
$$= \left(F_{yfL(3i-2)} + F_{yfR(3i-2)}\right)\left[l_t + (-1)^{i-1}d_e\right] + F_{yRi}(-1)^{i-1}d_e$$
$$+ \left(F_{yfL(3i-1)} + F_{yfR(3i-1)}\right)(-1)^{i-1}d_e + \left(F_{yfL(3i)} + F_{yfR(3i)}\right)\left[l_t - (-1)^{i-1}d_e\right]$$
$$+ \left(F_{xfR(3i-2)} + F_{xfR(3i-1)} + F_{xfR(3i)} - F_{xfL(3i-2)} - F_{xfL(3i-1)} - F_{xfL(3i)}\right)d_{wk}$$
$$+ \left(F_{xtLi} - F_{xtRi}\right)d_{sk} - \left(F_{xsLi} - F_{xsRi}\right)d_{sx} + \left(F_{ytLi} + F_{ytRi}\right)(-1)^{i-1}d_e \tag{8.19}$$

点头运动：

$$I_{ty}\ddot{\beta}_{ti} = \left(F_{zfKL(3i-2)} + F_{zfKR(3i-2)}\right)\left[l_t + (-1)^{i-1}d_e\right]$$
$$+ \left(F_{zfKL(3i-1)} + F_{zfKR(3i-1)}\right)(-1)^{i-1}d_e - \left(F_{zfKL(3i)} + F_{zfKR(3i)}\right)\left[l_t - (-1)^{i-1}d_e\right]$$
$$- \left(F_{xfL(3i-2)} + F_{xfR(3i-2)} + F_{xfL(3i-1)} + F_{xfR(3i-1)} + F_{xfL(3i)} + F_{xfR(3i)}\right)H_{tw}$$
$$- \left(F_{xtLi} + F_{xtRi}\right)H_{bt} - \left(F_{xsLi} + F_{xsRi}\right)H_{bt} + \left(F_{ztLi} + F_{ztRi}\right)(-1)^{i-1}d_e \quad (8.20)$$

(3) 车体运动方程。

横向运动：

$$M_c\left[\ddot{Y}_c + \frac{V^2}{R_c} + \left(r_0 + H_{tw} + H_{bt} + H_{cb}\right)\ddot{\phi}_{\text{sec}}\right]$$
$$= M_c g\phi_{\text{sec}} - F_{yR1} - F_{yR2} + F_{ytL1} + F_{ytL2} + F_{ytR1} + F_{ytR2} \quad (8.21)$$

垂向运动：

$$M_c\left(\ddot{Z}_c - d_0\ddot{\phi}_{\text{sec}} - \frac{V^2}{R_c}\phi_{\text{sec}}\right) = M_c g - F_{ztKL1} - F_{ztKR1} - F_{ztKL2} - F_{ztKR2}$$
$$- F_{ztCL1} - F_{ztCR1} - F_{ztCL2} - F_{ztCR2} \quad (8.22)$$

侧滚运动：

$$I_{cx}\left(\ddot{\phi}_c + \ddot{\phi}_{\text{sec}}\right) = -M_{R1} - M_{R2} - \left(F_{ytL1} + F_{ytR1} + F_{ytL2} + F_{ytR2}\right)H_{cb}$$
$$+ \left(F_{yR1} + F_{yR2}\right)H_{cb} + \left(F_{ztKL1} + F_{ztKL2} - F_{ztKR1} - F_{ztKR2}\right)d_{sk}$$
$$+ \left(F_{ztCL1} + F_{ztCL2} - F_{ztCR1} - F_{ztCR2}\right)d_{sc} \quad (8.23)$$

点头运动：

$$I_{cy}\ddot{\beta}_c = \left(F_{ztKL1} + F_{ztKR1} - F_{ztKL2} - F_{ztKR2}\right)l_c + \left(F_{ztCL1} + F_{ztCR1} - F_{ztCL2} - F_{ztCR2}\right)l_c$$
$$- \left(F_{xtL1} + F_{xtR1} + F_{xtL2} + F_{xtR2}\right)H_{cb} - \left(F_{xsL1} + F_{xsR1} + F_{xsL2} + F_{xsR2}\right)H_{cb} \quad (8.24)$$

摇头运动：

$$I_{cz}\left[\ddot{\psi}_c + V\frac{\mathrm{d}}{\mathrm{d}t}\left(\frac{1}{R_c}\right)\right] = \left(F_{ytL1} + F_{ytR1} - F_{ytL2} - F_{ytR2}\right)l_c + \left(F_{yR2} - F_{yR1}\right)l_c$$
$$+ \left(F_{xtR1} + F_{xtR2} - F_{xtL1} - F_{xtL2}\right)d_{sk} + \left(F_{xsR1} + F_{xsR2} - F_{xsL1} - F_{xsL2}\right)d_{sx}$$
$$(8.25)$$

2) 轨道结构运动方程

由轨道结构模型分析可知，考虑钢轨边界条件后，可以将钢轨有限长 Euler

梁模型简化成有限长的简支梁模型，钢轨在车辆荷载下的振动方程表示如下。

垂向振动：

$$E_r J_{ry} \frac{\partial^4 z_r(x,t)}{\partial x^4} + \rho_r A_r \frac{\partial^4 z_r(x,t)}{\partial t^2} = -\sum_{i=1}^{N_s} F_{rVi}(t)\delta(x-x_{Fi}) + \sum_{j=1}^{N_w} P_{Vj}(t)\delta(x-x_{Pj}) \quad (8.26)$$

横向振动：

$$E_r J_{rz} \frac{\partial^4 y_r(x,t)}{\partial x^4} + \rho_r A_r \frac{\partial^4 y_r(x,t)}{\partial t^2} = -\sum_{i=1}^{N_s} F_{rHi}(t)\delta(x-x_{Fi}) + \sum_{j=1}^{N_w} P_{Hj}(t)\delta(x-x_{Pj}) \quad (8.27)$$

扭转振动：

$$\rho_r J_{r0} \frac{\partial^2 \phi_r(x,t)}{\partial t^2} + G_r J_{rt} \frac{\partial^2 \phi_r(x,t)}{\partial x^2} = -\sum_{i=1}^{N_s} F_{rTi}(t)\delta(x-x_{Fi}) + \sum_{j=1}^{N_w} P_{Tj}(t)\delta(x-x_{Pj}) \quad (8.28)$$

式中，G_r 和 E_r 分别为钢轨的剪切模量和弹性模量；ρ_r 和 A_r 分别为钢轨的质量密度和截面积；J_{ry} 和 J_{rz} 分别为钢轨截面对水平轴和垂向轴的惯性矩；J_{r0} 和 J_{rt} 分别为钢轨截面极惯性矩和抗扭惯性矩；N_s 与 N_w 分别为钢轨计算长度范围内的扣件节点数与轮轴数；F_{rVi}、F_{rHi} 与 F_{rTi} 分别为钢轨第 i 支点垂向反力、横向反力与扭转反力；P_{Vj}、P_{Hj}、P_{Tj} 分别为第 j 个车轮作用于钢轨的垂向力、横向力与扭转力；x_{Fi} 与 x_{Pj} 分别为钢轨第 i 个支点 x 坐标及第 j 个轮对的 x 坐标。

用 Ritz 法[7]将上述四阶偏微分方程转化为二阶常微分方程组，得到

$$\ddot{q}_{zk}(t) + \frac{E_r I_y}{\rho_r A_r}\left(\frac{k\pi}{l}\right)^4 q_{zk}(t) = -\sum_{i=1}^{N_s} F_{rVi} Z_k(x_{Fi}) + \sum_{j=1}^{N_w} P_{Vj} Z_k(x_{Pj}), \quad k=1,2,\cdots,N_Z \quad (8.29)$$

$$\ddot{q}_{yk}(t) + \frac{E_r I_z}{\rho_r A_r}\left(\frac{k\pi}{l}\right)^4 q_{yk}(t) = -\sum_{i=1}^{N_s} F_{rHi} Y_k(x_{Fi}) + \sum_{j=1}^{N_w} P_{Hj} Y_k(x_{Pj}), \quad k=1,2,\cdots,N_Y \quad (8.30)$$

$$\ddot{q}_{tk}(t) + \frac{G_r J_{rt}}{\rho_r J_{r0}}\left(\frac{k\pi}{l}\right)^2 q_{tk}(t) = -\sum_{i=1}^{N_s} F_{rTi} \Phi_k(x_{Fi}) + \sum_{j=1}^{N_w} P_{Tj} \Phi_k(x_{Pj}), \quad k=1,2,\cdots,N_T \quad (8.31)$$

式中，

$$Z_k(x) = \sqrt{\frac{2}{\rho_r A_r l}} \sin\frac{k\pi x}{l} \quad (8.32)$$

$$Y_k(x) = \sqrt{\frac{2}{\rho_r A_r l}} \sin\frac{k\pi x}{l} \quad (8.33)$$

$$\varPhi_k(x) = \sqrt{\frac{2}{\rho_r J_{r0} l}} \sin\frac{k\pi x}{l} \tag{8.34}$$

式中，l 为钢轨的计算长度；N_Z 为钢轨垂向振型截止模态阶数；N_Y 为钢轨横向振型截止模态阶数；N_T 为钢轨扭转振型截止模态阶数；Z_k、Y_k 和 $\varPhi_k$ 分别为钢轨垂向、横向和扭转的振型。

由以上分析可以得到，在 t 时刻，x 坐标处钢轨的实际振动位移、速度和加速度分别表示为

$$z_r(x,t) = \sum_{k=1}^{N_Z} Z_k(x) q_{zk}(t) \tag{8.35}$$

$$y_r(x,t) = \sum_{k=1}^{N_Y} Y_k(x) q_{yk}(t) \tag{8.36}$$

$$\phi_r(x,t) = \sum_{k=1}^{N_T} \varPhi_k(x) q_{tk}(t) \tag{8.37}$$

$$\dot{z}_r(x,t) = \sum_{k=1}^{N_Z} Z_k(x) \dot{q}_{zk}(t) \tag{8.38}$$

$$\dot{y}_r(x,t) = \sum_{k=1}^{N_Y} Y_k(x) \dot{q}_{yk}(t) \tag{8.39}$$

$$\dot{\phi}_r(x,t) = \sum_{k=1}^{N_T} \varPhi_k(x) \dot{q}_{tk}(t) \tag{8.40}$$

$$\ddot{z}_r(x,t) = \sum_{k=1}^{N_Z} Z_k(x) \ddot{q}_{zk}(t) \tag{8.41}$$

$$\ddot{y}_r(x,t) = \sum_{k=1}^{N_Y} Y_k(x) \ddot{q}_{yk}(t) \tag{8.42}$$

$$\ddot{\phi}_r(x,t) = \sum_{k=1}^{N_T} \varPhi_k(x) \ddot{q}_{tk}(t) \tag{8.43}$$

(1) 钢轨的运动方程。

钢轨垂向运动：

$$M_s \ddot{z}_{si} = F_{rVLi} + F_{rVRi} - F_{sVLi} - F_{sVRi} \tag{8.44}$$

钢轨横向运动：

$$M_s \ddot{y}_{si} = F_{rHLi} + F_{rHRi} - F_{sHLi} - F_{sHRi} \tag{8.45}$$

钢轨转动：

$$J_s \ddot{\phi}_{si} = F_{rTLi} + F_{rTRi} + d_r(F_{rVRi} - F_{sVRi}) - d_r(F_{rVLi} - F_{sVLi}) \tag{8.46}$$

式中，F_{rVLi} 与 F_{rVRi} 分别为左、右轨作用在第 i 根轨枕上的垂向力；F_{rHLi} 与 F_{rHRi} 分别为左、右轨作用在第 i 根轨枕上的横向力；F_{rTLi} 与 F_{rTRi} 分别为左、右轨作用在第 i 根轨枕上的力矩；F_{sVLi} 和 F_{sVRi} 分别为左、右轨下道床作用在第 i 根轨枕上的垂向反力；F_{sHLi} 和 F_{sHRi} 分别为左、右轨下道床作用在第 i 根轨枕上的横向反力；d_r 表示左、右轨中心距离之半；J_s 为轨枕转动惯量，$J_s = M_s L_s^2 / 12$，M_s 与 L_s 分别为钢轨的质量和长度。

(2) 道床的运动方程。

左轨下道床的垂向运动：

$$M_b \ddot{z}_{bLi} = F_{sVLi} + F_{bWL(i-1)} - F_{bVLi} - F_{bWLi} - F_{bWSi} \tag{8.47}$$

右轨下道床的垂向运动：

$$M_b \ddot{z}_{bRi} = F_{sVRi} + F_{bWR(i-1)} - F_{bVRi} - F_{bWRi} + F_{bWSi} \tag{8.48}$$

式中，M_b 为道床板质量；F_{bWSi} 表示第 i 根轨枕左、右轨下床道块之间的剪切作用力；F_{bWLi} 和 F_{bWRi} 分别为左、右轨下第 i 和 $i+1$ 根轨枕下床道块之间的剪切作用力；$F_{bWL(i-1)}$ 和 $F_{bWR(i-1)}$ 分别是左、右轨下第 $i-1$ 和 i 根轨枕下床道块之间的剪切作用力；F_{bVLi} 和 F_{bVRi} 分别表示第 i 根左、右轨下基础对床道的垂向反力。

(3) 混凝土支承的运动方程。

左轨下混凝土支承的垂向运动：

$$M_{bs} \ddot{z}_{bLi} = F_{rVLi} - F_{bVLi} \tag{8.49}$$

左轨下混凝土支承的横向运动：

$$M_{bs} \ddot{y}_{bLi} = F_{rHLi} - F_{bHLi} \tag{8.50}$$

右轨下混凝土支承的垂向运动：

$$M_{bs} \ddot{z}_{bRi} = F_{rVRi} - F_{bVRi} \tag{8.51}$$

右轨下混凝土支承的横向运动：

$$M_{bs} \ddot{y}_{bRi} = F_{rHRi} - F_{bHRi} \tag{8.52}$$

式中，M_{bs} 为混凝土支承块的质量，其余符号与前面所述相同。

(4)轨道板的运动方程。

轨道板横向运动：

$$\rho_s L_s W_s h_s \ddot{y}_s = \sum_{i=1}^{N_P} P_{rHi} - 2\sum_{j=1}^{N_L} F_{sHj} \tag{8.53}$$

轨道板转动：

$$J_{sz} \ddot{\phi}_s = \sum_{i=1}^{N_P} P_{rHi} d_{Pi} - 2\sum_{j=1}^{N_L} F_{sHj} d_{Fj} \tag{8.54}$$

式中，J_{sz} 为轨道板绕垂直轴的转动惯量；d_{Pi} 为轨道板上第 i 个钢轨接头与轨道板中心的纵向距离，右侧为正；d_{Fj} 为轨道板下第 j 个支承截面与轨道板中心纵向距离，左侧为正；ρ_s 为轨道板的质量密度；L_s 为轨道板的长度；W_s 为轨道板的宽度；h_s 为轨道板的厚度；P_{rHi} 为轨道板上第 i 个钢轨扣结点的横向力；F_{sHj} 为轨道板下第 j 个支承点的横向反力；$\ddot{y}$ 为轨道板的横向加速度。

3) 桥梁结构运动方程

由车桥耦合模型中对桥梁模型的概述可知，桥梁结构的运动方程可以采用有限元法实现。具体可以将复杂结构离散成有限个单元的集合，在各自的单元内选择适当的位移模式，计算结构和单元的动能及势能，再由 Hamilton 原理导出结构的运动方程。

对于桥梁结构离散后的单元，有

$$\begin{cases} u = N u_b \\ \dot{u} = N \dot{u}_b \\ \varepsilon = B u_b \\ \sigma = D\varepsilon \end{cases} \tag{8.55}$$

式中，u_b 为单元节点位移向量；N 为单元形函数矩阵；B 为单元应变矩阵；u 为单元位移向量；$\dot{u}$ 为单元速度向量；$\dot{u}_b$ 为单元节点速度向量；ε 为单元应变；D 为单元弹性矩阵。对于不同单元形式，上述矩阵形式有一定差别。

依据 Hamilton 原理公式，经运算可以得到

$$\int_{t_1}^{t_2} \left(\delta u_b^{\mathrm{T}}\right)\left(M_b \ddot{u}_b + C_b \dot{u}_b + K_b u_b - R_b\right) \mathrm{d}t = 0 \tag{8.56}$$

式中，M_b 表示单元质量矩阵；C_b 表示单元阻尼矩阵；K_b 表示单元刚度矩阵；R_b 表示单元的时变节点力向量；δ 为指定时段内所取的变分；$\ddot{u}$ 为单元加速度

向量。

$$M_b = \iiint_V \rho N^T N dV \tag{8.57}$$

$$C_b = \iiint_V c N^T N dV \tag{8.58}$$

$$K_b = \iiint_V B^T D B dV \tag{8.59}$$

由于单元节点位移 u_b 的变分是任取的，由式(8.57)～式(8.59)可以得到单元在局部坐标系下的动力学方程为

$$M_b \ddot{u}_b + C_b \dot{u}_b + K_b u_b = R_b \tag{8.60}$$

将局部坐标系与总体坐标系变换后，根据单元位移和总体位移的对应关系，得到整个桥梁结构的动力学方程为

$$M\ddot{u} + C\dot{u} + Ku = R \tag{8.61}$$

式中，M 表示结构的总质量矩阵；C 表示结构的总阻尼矩阵；K 表示结构的总刚度矩阵；R 表示时变节点力向量。它们的表达式为

$$M = \sum_b M_b^s \tag{8.62}$$

$$C = \sum_b C_b^s \tag{8.63}$$

$$K = \sum_b K_b^s \tag{8.64}$$

$$R = \sum_b R_b^s \tag{8.65}$$

4) 列车-轨道-桥梁系统动力学方程

上述分别给出了列车、轨道及桥梁结构的运动方程，可以将其写成统一的形式，即

$$M_v \ddot{u}_v + C_v \dot{u}_v + K_v u_v = R_v \tag{8.66}$$

$$M_t \ddot{u}_t + C_t \dot{u}_t + K_t u_t = R_t \tag{8.67}$$

$$M_b \ddot{u}_b + C_b \dot{u}_b + K_b u_b = R_b \tag{8.68}$$

式中，M_v、M_t 和 M_b 分别为列车、轨道和桥梁系统的质量矩阵；C_v、C_t 和 C_b 分别为列车、轨道和桥梁系统的阻尼矩阵；K_v、K_t 和 K_b 分别为列车、轨道和桥梁系统的刚度矩阵；u_v、u_t 和 u_b 分别为列车、轨道和桥梁系统的广义位移向量；$\dot{u}_v$、$\dot{u}_t$ 和 $\dot{u}_b$ 分别为列车、轨道和桥梁系统的广义速度向量；$\ddot{u}_v$、$\ddot{u}_t$ 和 $\ddot{u}_b$ 分别为列车、轨道和桥梁系统的广义加速度向量；R_v、R_t 和 R_b 分别为列车、轨道和桥梁系统的广义荷载向量。

8.2 车桥耦合振动效应试验研究和数值分析

8.2.1 轨道桥梁动载试验

轨道桥梁结构在运营过程中要承受轨道列车荷载，其作用范围大、荷载激励大，结构响应明显，加之轨道桥梁逐渐趋向轻型、大跨，结构振动成为轨道桥梁的重要问题。参考相关文献，存在轨道桥梁由振动过大导致过度开裂或结构局部失效的情形，有许多因动力引起的振动异常、疲劳损伤、稳定等问题需要不断探索研究。轨道桥梁动载试验就是利用试验方法对受列车动荷载的桥梁结构进行动力参数测试，并据此对行车、抗疲劳、抗震、抗风性能以及结构在特定环境下的适应性进行试验分析的过程。

轨道桥梁动载试验振动分析涉及振源（输入）、结构系统特性（系统）和结构响应（输出）等方面的研究。振源是指作用在结构上的各类动荷载输入，响应是指结构在振动激励作用下的各类动力参数，如动挠度、动应力、冲击系数、加速度响应等都是评价结构动力性能的重要指标。显然，由于振源特性和激励强度不同，即使结构相同，其响应输出也不同；反之，对于相同的激励，结构特性不同，其响应可能有很大差异。

对轨道桥梁进行动载试验，需要解决的主要问题包括以下几个方面。

（1）轨道桥梁结构系统特性分析。通过各种激励手段，测定轨道桥梁结构的自振频率、阻尼比、振型等模态参数，进行结构整体刚度及运营性能等的分析评价，也是研究结构车桥耦合振动的基础。

（2）轨道桥梁结构动力响应分析。通过测定轨道桥梁结构在实际动荷载作用下的振动响应，如动位移、动应力、振动加速度、冲击系数等，研究受振动作用的结构是否安全可靠以及存在的主要问题，疲劳试验、风洞试验、桥梁行车试验等都属于该范畴。

（3）振源分析。通过测定和研究振源的频率特性、荷载特性、作用时间等，可以在理论上求解结构在动荷载作用下的动力响应，也是指导结构抗震、减震设计的主要依据。在轨道桥梁结构抗震、抗风试验中进行振源特性分析研究,并较为真实地模拟这些振源是试验成败的关键。

本节研究主要是针对大跨轨道连续刚构桥动载试验,计算动位移,得到车桥耦合效应对线形的影响,以便合理地进行线形控制。

8.2.2 极值分布理论

通过轨道桥梁结构动载试验,可以得到各工况下的数据,获得的各工况的加速度数据庞大,每个工况有上万个数据,且其动力特性相关的时程曲线会出现诸多峰值,如图 8-9 所示。

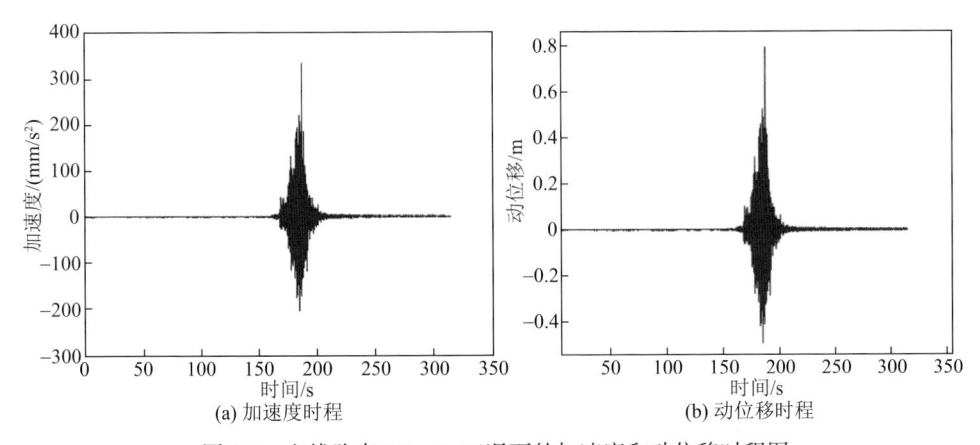

图 8-9 左线跑车 80km/h 工况下的加速度和动位移时程图

由图 8-9 可知,每个峰值出现的时间非常短,如果仅仅选取峰值作为最大动位移,那么与实际最大动位移会有较大差异,因而考虑用极值分布理论的方法,引入峰值因子的概念,对获得的加速度数据进行处理,得到合理的最大动位移。

首先,对极值和极值分布进行简要介绍。假设存在随机变量序列 $X_t(t=1, 2,\cdots,n)$,独立同分布于分布函数 $F(X)$,均值为 μ,方差为 σ^2,定义极值样本序列,将其按照从大到小顺序排列:

$$X(1) \leqslant X(2) \leqslant \cdots \leqslant X(n) \tag{8.69}$$

式中,$X(1) \leqslant X(2) \leqslant \cdots \leqslant X(n)$ 为次序统计量。

定义 $X(1) = \min(X_1, X_2, \cdots, X_n)$、$X(n) = \max(X_1, X_2, \cdots, X_n)$ 分别为极小值和极大值样本,那么它们的分布称为极值分布[8]。

在轨道桥梁结构动载试验的加速度和动位移等时程数据中,大多服从正态分

布，正态分布的概率密度函数为

$$f(x) = \frac{1}{\sqrt{2\pi}\sigma} \exp\left[-\frac{(x-\mu)^2}{2\sigma^2}\right] \qquad (8.70)$$

这种随机变量的分布就称为正态分布，记为 $X \sim N(\mu,\sigma^2)$，μ 为均值，σ^2 为方差。若随机变量服从正态分布，则遵循 3σ 准则，即 $P(\mu-\sigma<X\leqslant\mu+\sigma)=68.3\%$，$P(\mu-2\sigma<X\leqslant\mu+2\sigma)=95.4\%$，$P(\mu-3\sigma<X\leqslant\mu+3\sigma)=99.7\%$。

得到加速度及动位移极值分布后，引入峰值因子，峰值因子是和波形有关的无因次量，为波形的振幅除以波形均方根 (root mean square，RMS) 所得到的值，峰值因子表达式为

$$c = \frac{|x|_{\text{peak}}}{x_{\text{rms}}} \qquad (8.71)$$

得到动位移极值分布（正态分布）及峰值因子后，动位移的最大值可表示为

$$\text{def}_{\max} = \mu + c\sigma^2 \qquad (8.72)$$

式中，μ 为 3σ 区间内动位移的平均值；σ^2 为动位移方差。

最大动位移数据处理流程图如图 8-10 所示。

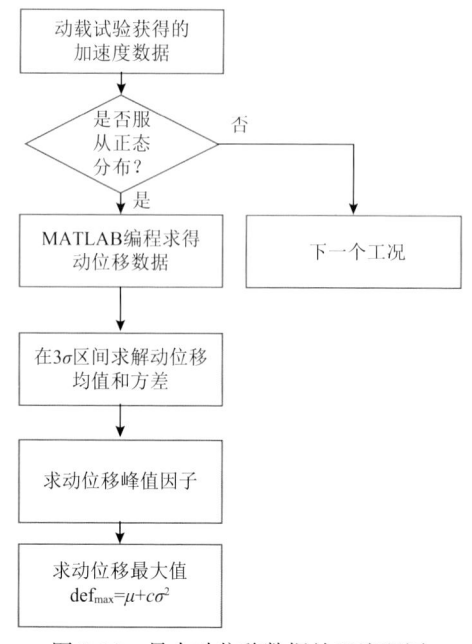

图 8-10 最大动位移数据处理流程图

8.2.3 基于振动响应的预拱度设置

通过荷载试验获得主梁振动响应的时程数据，并依据极值理论得到主梁振动最大动位移后，最大动位移与最大静位移之比即为冲击系数，即

$$\lambda = 1 + \mu = \frac{f_{d,max}}{f_{s,max}} \tag{8.73}$$

式中，λ 表示冲击系数；μ 表示应力的动态增量；$f_{d,max}$ 表示各工况下最大动位移；$f_{s,max}$ 表示最大静位移。

将冲击系数 λ 考虑到活载中结合式(8.73)，得到车桥耦合引起的预拱度表达式为

$$f_{9i} = \lambda f_{7i} - f_{7i} = \left(\frac{f_{d,max}}{f_{s,max}} - 1\right) f_{7i} \tag{8.74}$$

式中，f_{9i} 表示车桥耦合引起的预拱度；f_{7i} 表示活载引起的预拱度。

8.2.4 车桥耦合振动效应数值分析

轨道不平顺是指沿轨道长度方向的实际轨道接触面几何尺寸与理论平顺轨道面之间的偏差。轨道不平顺是一种随机现象，大量研究表明，它在数学上就无限长的轨道来说，属于各态历经的弱平稳随机过程，准确地说是可以处理为各态历经的平稳随机过程，具有不确定性。平稳随机过程是指统计特性不随时间推移的随机过程，具有在任何时刻都可以用它的样本函数集合的平均来描述的特点。轨道不平顺根据其在轨道断面的不同方向，可分为高低不平顺、水平不平顺、轨道不平顺和轨向不平顺。根据其形成原因可分为两类：一类是在有缝线路上，由于钢轨接头处鱼尾板的抗弯刚度较低，在车轮冲击下产生的弹性下沉和钢轨接头部分的磨耗而形成的以轨长为波长的周期性不平顺，周期性不平顺可以用确定性函数来描述；另一类是在有缝和无缝线路上都存在的随机性不平顺，它只能用统计函数来描述，主要是不平顺功率谱密度函数。轨道不平顺功率谱密度函数又称为均方谱密度函数，是用均方值的谱密度来对随机数据频率结构进行描述，它反映了轨道不平顺幅值相对于不平顺波长的分布特征。轨道不平顺功率谱可以用功率谱图来表示，功率谱图是以空间频率或波长为横坐标、功率谱密度值为纵坐标的连续曲线，可以清楚地表现出组成轨道不平顺随机波形中各个波长的成分，轨道功率谱曲线和横坐标所围的面积即为其不平顺在所有频带宽度内的均方值。轨道不平顺通常用空间波数 Ω 来描述，它表示单位时间 2π 米内的空间波长数，反映

了不平顺沿轨道长度的分布变化规律，其值越大说明单位长度出现的轨道越不平顺[9]。

周期次数越多，即轨道不平顺空间波长就越小。关于轨道不平顺统计特性的确定，在国外早已引起重视。英国、日本、德国、美国、印度、捷克等国家都已确定了各自轨道不平顺的谱密度，我国也在这方面做了不少的研究工作，20 世纪 90 年代末，铁道科学研究院对我国轨道不平顺进行了深入细致的研究，在我国东南西北各主要干线约 4 万公里轨道检车检测数据和部分地面测量数据的基础上，经筛选、分类处理、统计分析，提出了我国主要干线高低、水平、轨向三种轨道不平顺和部分轨道长波长不平顺的功率谱密度。

已有的研究表明，对于较长区段线路，其轨道不平顺可看成沿轨道全长的近似平稳的各态历经的随机过程，通常采用功率谱密度函数来表示。美国联邦铁路局根据大量实测资料，将代表平稳随机过程的功率谱密度(power spectral density，PSD)连续曲线拟合成一个以截断频率和粗糙度常数表示的偶次函数，垂向、方向、水平及轨道不平顺的 PSD 模型表达式如下。

垂向不平顺：

$$S_v(\Omega) = \frac{kA_v\Omega_c^2}{\Omega^2(\Omega^2+\Omega_c^2)} \tag{8.75}$$

方向不平顺：

$$S_a(\Omega) = \frac{kA_a\Omega_c^2}{\Omega^2(\Omega^2+\Omega_c^2)} \tag{8.76}$$

水平不平顺及轨道不平顺：

$$S_c(\Omega) = S_g(\Omega) = \frac{4kA_v\Omega_c^2}{(\Omega^2+\Omega_c^2)(\Omega^2+\Omega_s^2)} \tag{8.77}$$

式中，$S(\Omega)$ 为功率谱密度函数；$S_v(\Omega)$ 为轨道高低不平顺功率谱密度；$S_a(\Omega)$ 为轨道方向不平顺功率谱密度；$S_c(\Omega)$ 和 $S_g(\Omega)$ 分别为轨道水平和轨距不平顺功率谱密度；Ω 为空间频率；A_v、A_a 为粗糙度常数；Ω_c、Ω_s 为截断频率；k 为系数，一般取 0.25。

已有研究表明，国内铁路轨道不平顺状况与美国基本相当，本节研究采用美国 6 级线路谱模拟轨道不平顺记录，将模拟的轨道不平顺作为激励输入，美国轨道几何不平顺平稳随机过程相关参数如表 8-2 所示。

表 8-2 美国轨道几何不平顺平稳随机过程相关参数

参数	线路等级					
	6	5	4	3	2	1
$A_v(10^{-4}\text{cm}^2\cdot\text{rad/m})$	0.0339	0.2095	0.5376	0.6816	1.0181	1.2107
$A_a(10^{-4}\text{cm}^2\cdot\text{rad/m})$	0.0339	0.0762	0.3027	0.4128	1.2107	3.3634
$\Omega_s(\text{rad/m})$	0.4380	0.8209	1.1312	0.8520	0.9308	0.6046
$\Omega_c(\text{rad/m})$	0.8245	0.8245	0.8245	0.8245	0.8245	0.8245

轨道不平顺密度函数是频域上的函数,在用时域法分析桥梁动力响应时,必须将轨道不平顺的输入激励用时域样本来表示,这种样本通常可以通过实际线路采集获得,但需要大量地采集样本,工作量大,成本高。因此,一般是对轨道不平顺功率谱进行数值模拟来得到对应的时域样本,这种方法效率高,而且成本低,主要过程是根据实测轨道不平顺的统计特征,确定不同等级铁路的轨道不平顺功率谱密度函数,然后通过数值方法得到轨道不平顺的模拟量。由于轨道不平顺随机函数是一个平稳高斯随机过程,通过给定的轨道不平顺功率谱产生不平顺样本有多种方法,一般可以用三角级数法、二次滤波法、白噪声滤波法、逆傅里叶变换法等来模拟得到轨道不平顺样本。下面简单介绍由空间域轨道谱向时间域轨道谱转化的三角级数法[10]的原理。为了能从本质上反映轨道不平顺和运行速度对系统的影响,常将空间域轨道功率谱转换到时间域轨道功率谱,现以美国轨道高低不平顺功率谱为例说明其转换的方法。根据相关的随机振动理论,两种谱密度在对应谱带宽度内的均方值应相等,故有

$$S_v(\Omega)\mathrm{d}\Omega = S_v(\omega)\mathrm{d}\omega \tag{8.78}$$

当车辆以速度 v 通过空间频率为 Ω 的一个波时,将产生频率为 ω 的一次激励,即 $\omega=v\Omega$,可得

$$S_v(\omega) = S_v(\Omega)\frac{\mathrm{d}\Omega}{\mathrm{d}\omega} = S_v\left(\frac{\omega}{v}\right)\mathrm{d}\left(\frac{\omega}{v}\right)\frac{1}{\mathrm{d}\omega} \tag{8.79}$$

对于美国轨道高低不平顺功率谱,有

$$S_v(\omega) = \frac{kA_v(\omega_c/v)^2}{v(\omega/v)^2\left[(\omega/v)^2+(\omega_c/v)^2\right]} = \frac{kA_v\omega_c^2}{v\omega^2(\omega^2+\omega_c^2)} \tag{8.80}$$

式中,ω 为时间域频率;ω_c 为时间域截断频率。

另外，根据 $2\pi f = v\Omega$，同样可以得到

$$S_v(f) = S_v(\omega)\frac{d\Omega}{df} = \frac{kA_v f_c^2 v}{2\pi f^2 (f^2 + f_c^2)} \tag{8.81}$$

式中，f 为频率；f_c 为与 Ω 相对应的截止频率，采用三角级数叠加法时，轨道不平顺的样本可表示为

$$\eta(x) = \sqrt{2}\sum_{k=1}^{n}\sqrt{S(\omega_k)\Delta\omega}\cdot\cos(\omega_k x + \phi_k) \tag{8.82}$$

式中，$\eta(x)$ 为轨道不平顺样本；$S(\omega_k)$ 为轨道不平顺功率谱密度函数；ω_k 为考虑的频率，$\omega_k = \omega_1 + (k-1)\Delta\omega$；$\Delta\omega$ 为频率间隔带宽，$\Delta\omega = (\omega_u - \omega_1)/N$，$\omega_u$、$\omega_1$ 分别为频率上、下限；ϕ_k 为响应第 k 个频率的相位，一般可按 $0\sim2\pi$ 均匀分布取值。

采用三角级数法，通过编程计算可得美国六级轨道三个方向不平顺谱函数的时域样本，如图 8-11～图 8-13 所示。

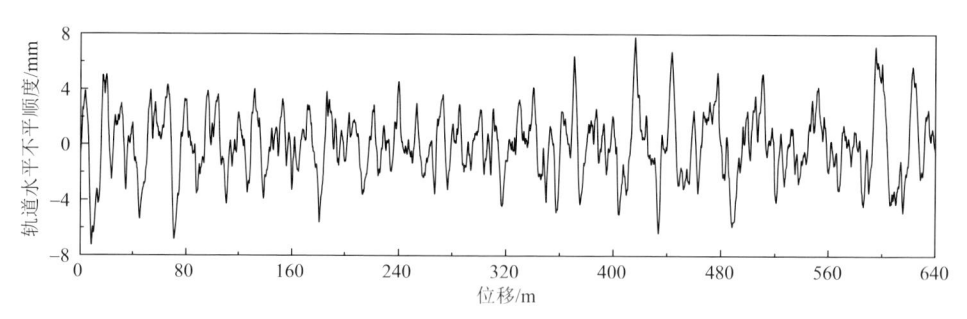

图 8-11 轨道水平不平顺样本

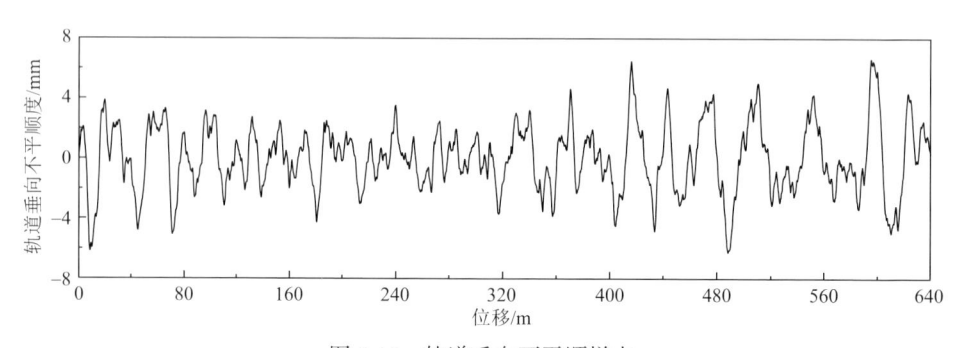

图 8-12 轨道垂向不平顺样本

图 8-13 轨道方向不平顺样本

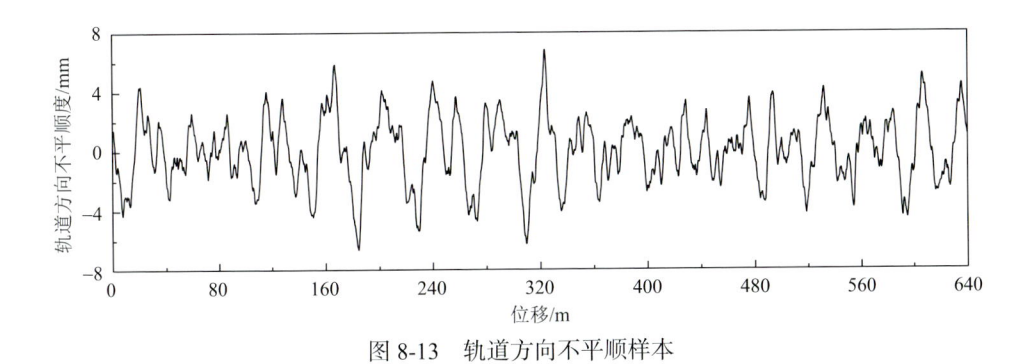

图 8-14～图 8-16 为三个方向样本的模拟功率谱与目标功率谱对比。从图中可以看出，模拟功率谱与目标功率谱吻合良好。

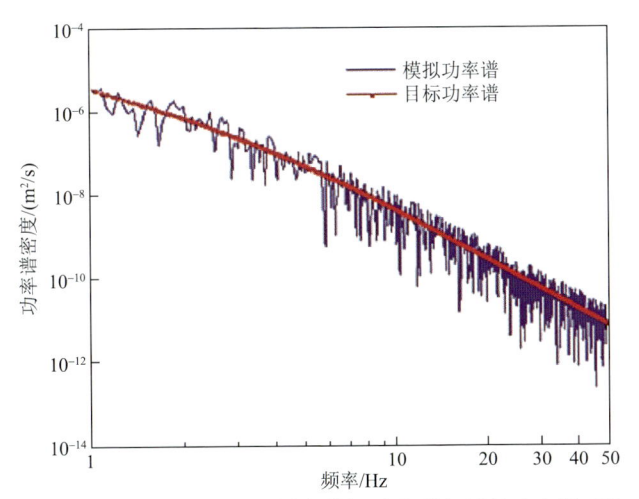

图 8-14 轨道水平不平顺样本模拟功率谱与目标功率谱对比

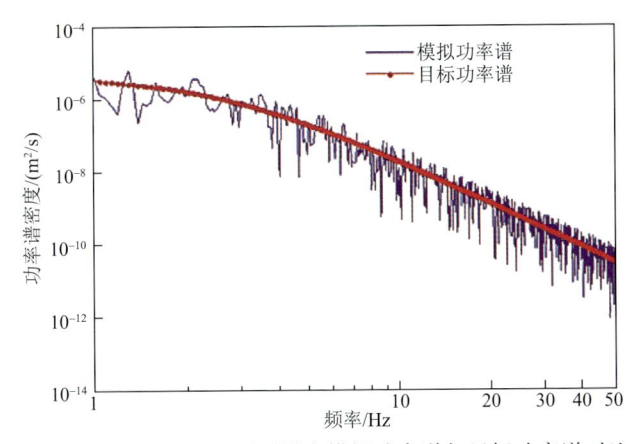

图 8-15 轨道垂向不平顺样本模拟功率谱与目标功率谱对比

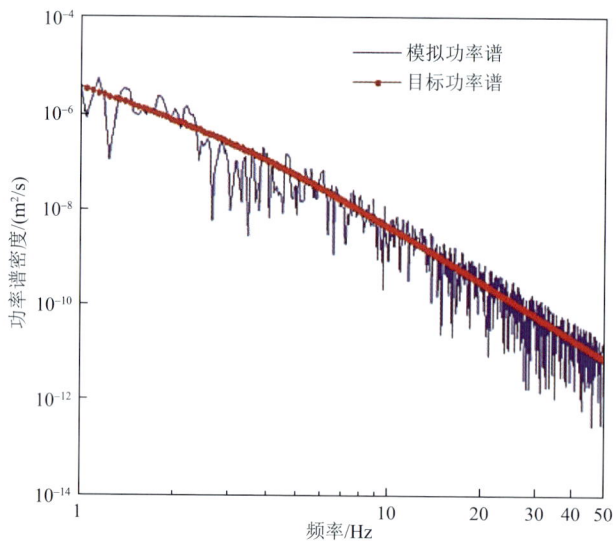

图 8-16 轨道方向不平顺样本模拟功率谱与目标功率谱对比

8.3 桥梁线形对列车-轨道-桥梁耦合效应的影响分析

8.3.1 分析思路

列车运动方程与轨道运动方程通过列车轮-轨相互作用模型进行耦合，轨道运动方程与桥梁运动方程通过桥-轨相互作用模型进行耦合，这样就构成了列车-轨道-桥梁相互耦合的系统，该系统的动力学方程为大型、复杂的动力学方程组，属于复杂非线性动力学系统。求解这种大系统的复杂方程组，目前翟婉明[11]给出了数值积分及使用的数值仿真法等较为高效和精确的求解法。除数值求解方法外，也可以通过实桥的动载试验获得桥梁的响应指标，如速度、加速度、动位移等，进而通过数学手段处理找到车桥耦合效应与桥梁合理线形的关系。列车-轨道-桥梁耦合作用对桥梁线形控制影响的分析步骤如图 8-17 所示，具体的分析步骤如下：

(1) 建立列车、轨道、桥梁动力学分析模型，详见 8.1 节内容。

(2) 分析桥轨、车轨之间的相互作用，并得出桥轨、车轨之间的相互作用力。

(3) 建立列车、轨道、桥梁各系统的动力学方程，并得到列车-轨道-桥梁系统的动力学方程。

(4) 在理论分析后，选择桥梁动力特性的合理求解方法，本章采用实桥动载试验方法得到。

(5)动载试验可以得到列车-轨道-桥梁耦合作用下桥梁的动力响应指标(动位移、速度、加速度等)。

(6)根据列车-轨道-桥梁耦合作用下引起的桥梁位移之间的关系得到其与变形之间的关系。

(7)根据列车-轨道-桥梁耦合作用引起的桥梁之间的变形,依据线形控制相关理论,得到变形与桥梁线形控制之间的关系。

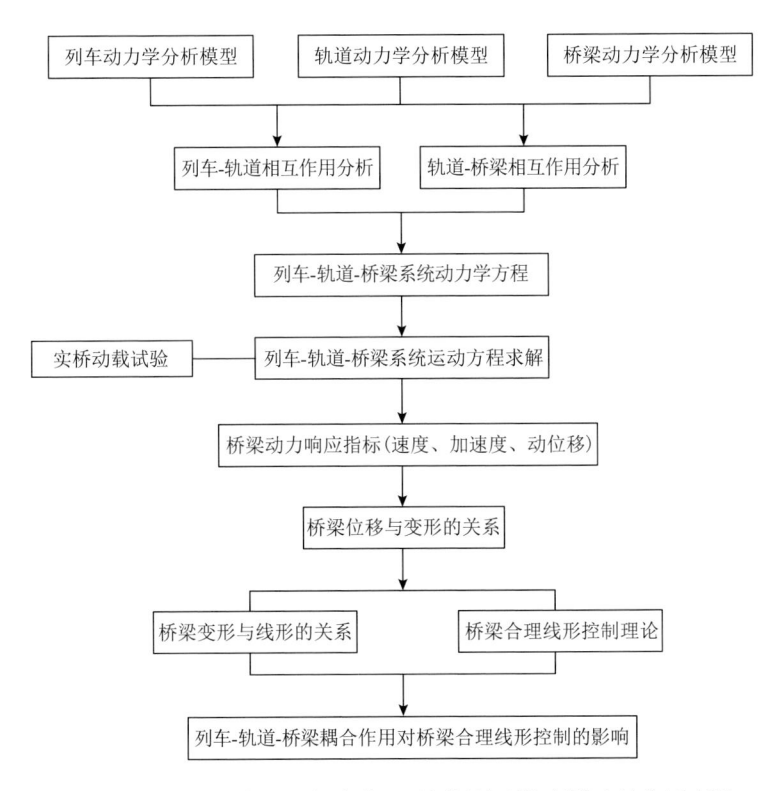

图 8-17 列车-轨道-桥梁耦合作用对桥梁线形控制影响的分析步骤

通过以上步骤,从理论上可以实现对大跨轨道连续刚构桥车桥耦合对线形控制影响的计算分析。除上述理论分析外,实桥的动力响应指标也可以通过动载试验得到。后续分析中将采用动载试验的方式得到桥梁的动力特性(加速度),将加速度数据进行 MATLAB 编程求解得到动位移,求得的动位移通过极值分布理论方法处理,得到最大动位移,进而找到车桥耦合短期效应和大跨轨道连续刚构桥合理线形控制之间的量值。

8.3.2 桥面线形对车辆振动响应的影响

为考察大跨轨道连续刚构桥预拱度对车辆振动响应的影响,分别设置以下 16 个工况。

工况 1:恒载产生的挠度,$-f_G$;
工况 2:恒载和 1/10 活载产生的挠度,$-(f_G+0.1f_Q)$;
工况 3:恒载和 2/10 活载产生的挠度,$-(f_G+0.2f_Q)$;
工况 4:恒载和 3/10 活载产生的挠度,$-(f_G+0.3f_Q)$;
工况 5:恒载和 4/10 活载产生的挠度,$-(f_G+0.4f_Q)$;
工况 6:恒载和 5/10 活载产生的挠度,$-(f_G+0.5f_Q)$;
工况 7:恒载和 6/10 活载产生的挠度,$-(f_G+0.6f_Q)$;
工况 8:恒载和 7/10 活载产生的挠度,$-(f_G+0.7f_Q)$;
工况 9:恒载和 8/10 活载产生的挠度,$-(f_G+0.8f_Q)$;
工况 10:恒载和 9/10 活载产生的挠度,$-(f_G+0.9f_Q)$;
工况 11:恒载和活载产生的挠度,$-(f_G+1.0f_Q)$;
工况 12:恒载和 1.1 倍活载产生的挠度,$-(f_G+1.1f_Q)$;
工况 13:恒载和 1.2 倍活载产生的挠度,$-(f_G+1.2f_Q)$;
工况 14:恒载和 1.3 倍活载产生的挠度,$-(f_G+1.3f_Q)$;
工况 15:恒载和 1.4 倍活载产生的挠度,$-(f_G+1.4f_Q)$;
工况 16:恒载和 1.5 倍活载产生的挠度,$-(f_G+1.5f_Q)$。

采用自编车-桥-风有限元分析软件 VBWD 计算车体通过桥梁时的响应,并利用极值分布理论提取车体竖向和横向最大振动加速度,结果如图 8-18 所示。从图中可以看出,大跨轨道连续刚构桥预拱度的改变将影响列车的行车舒适性,且随着预拱度设置中考虑的活载比例增高,车体振动加速度呈现先减小后增大的趋势;采用恒载+活载产生的挠度作为预拱度设置时,车体振动加速度最小,舒适性最好;当设置的预拱度 $f<-(f_G+0.7f_Q)$ 或 $f>-(f_G+1.4f_Q)$ 时,通过改变桥梁预拱度可以较为明显地改善车体行车舒适性,但是当设置的预拱度 $f>-(f_G+0.7f_Q)$ 时,预拱度的改变对行车舒适性的改善不再明显。由此可见,对于大跨轨道连续刚构桥,将预拱度设置为 $-(f_G+0.7f_Q)$,列车行车舒适性较好。

实际工程中经常将预拱度设置为 $-(f_G+0.5f_Q)$,桥梁结构线形较为合理,行车舒适性较好,但针对大跨轨道连续刚构桥,若在一定程度上提高预拱度的设置标准,则可进一步改善列车的走形性。

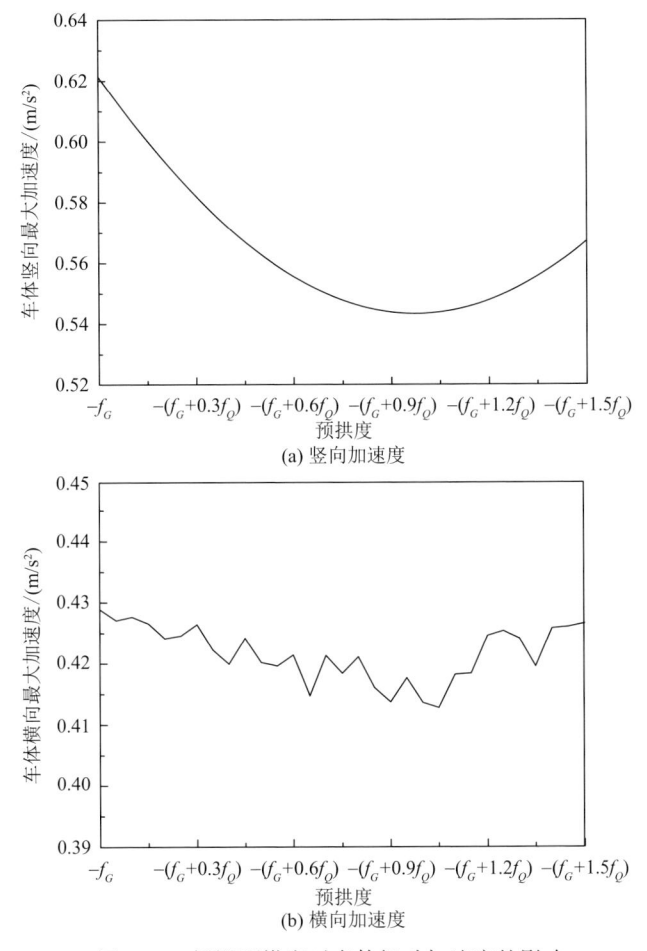

图 8-18 桥梁预拱度对车体振动加速度的影响

8.3.3 考虑列车振动响应的预拱度设置

首先分析桥轨、车轨之间的相互作用，然后得出桥轨、车轨之间的相互作用力，最终依据作用力计算得到的活载作用下全桥的挠曲变形，综合考虑更高标准的行车舒适性，选择$-0.7f_Q$作为考虑活载效应的预拱度，抵消活载变形设置的预拱度，如图 8-19 所示。

抵消活载变形设置的预拱度并结合恒载产生的挠曲变形和收缩徐变产生的变形，即可得到全桥需设置的预拱度。图 8-20 给出了在设置预拱度为$-(f_G+0.7f_Q)$时，列车通过桥梁车体中心位置处加速度变化历程。

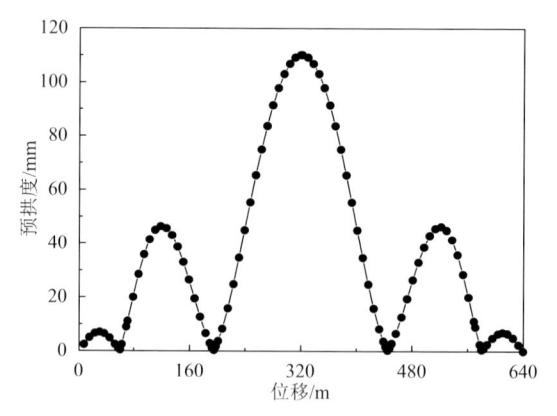

图 8-19 抵消活载变形设置的预拱度 ($-0.7f_Q$)

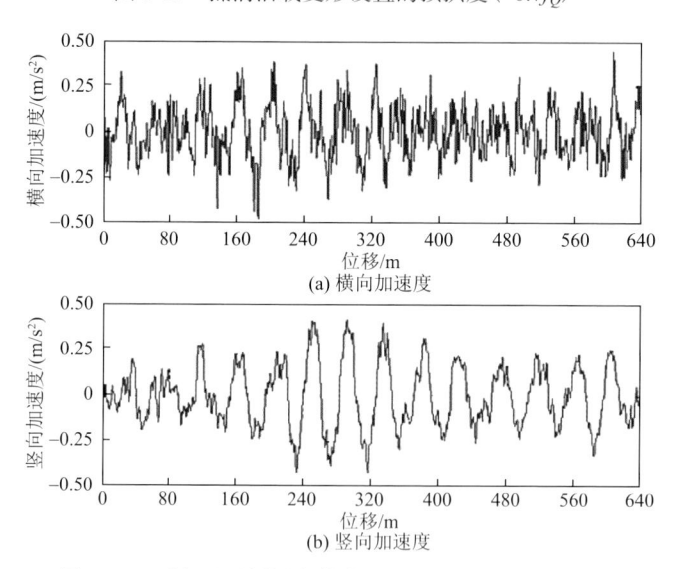

(a) 横向加速度

(b) 竖向加速度

图 8-20 列车通过桥梁车体中心位置处加速度变化历程

由图 8-20 可知，列车横向加速度和竖向加速度均在列车运行舒适性限值范围内，故列车运行舒适性较优，验证了预拱度设置的合理性。

8.4 本章小结

本章首先对列车、轨道、桥梁动力学分析模型进行了概述，然后对桥轨、车轨相互作用进行了分析，结合各自的动力学模型及相互作用模型，得到了车轨桥系统的运动方程。随后，进行车桥耦合振动响应试验和数值分析，给出了车桥耦合效应对桥梁线形控制影响的分析步骤，分析了桥面线形对列车振动效应的影响及考虑列车振动响应的预拱度设置，进一步为车桥耦合效应与轨道桥梁合理线形控制之间的关系奠定了基础。

参 考 文 献

[1] 王好奎, 曹东兴, 刘彦琦, 等. 列车运行下环形轨道模型振动试验分析[J]. 应用力学学报, 2020, 37(2): 701-705, 937.

[2] 张亚辉, 林家浩. 结构动力学基础[M]. 大连: 大连理工大学出版社, 2007.

[3] 陈鹏, 高亮, 马鸣楠. 空间钢桁梁桥上无缝线路梁轨相互作用耦合模型[J]. 钢结构, 2007, 22(9): 28-30.

[4] 程潜, 张楠, 夏禾, 等. 轮对蛇形运动及对车-桥耦合振动的影响[J]. 北京交通大学学报, 2013, 37(1): 95-101.

[5] 程潜. 考虑列车纵向作用的高架车站动力分析[D]. 北京: 北京交通大学, 2014.

[6] 翟婉明, 蔡成标, 王开云. 高速列车-轨道-桥梁动态相互作用原理及模型[J]. 土木工程学报, 2005, 38(11): 132-137.

[7] Dhurvey P, Patidar A K, Soni S. Design optimization of composite plate under transverse loading using Ritz method[J]. Materials Today: Proceedings, 2020, 24(3): 1147-1156.

[8] 史道济. 实用极值统计方法[M]. 天津: 天津科学技术出版社, 2006.

[9] 周正华, 钟康明, 陈柳, 等. 轨道随机不平顺数值模拟及对环境振动的影响分析[J]. 应用基础与工程科学学报, 2020, 28(6): 1410-1419.

[10] 黄迪山, 张月月. 参数振动自由响应的指数三角级数逼近[J]. 应用力学学报, 2016, 33(6): 936-941, 1113.

[11] 翟婉明. 车辆-轨道耦合动力学[M]. 北京: 科学出版社, 2015.

第 9 章　基于混凝土收缩徐变和车桥耦合效应的轨道桥梁线形控制方法研究

预应力混凝土连续刚构桥通常采用悬臂施工法建造,为了保证成桥后结构的线形达到设计要求,必须在整个施工过程中对线形进行监控。影响桥梁合理线形控制的因素有很多,但混凝土收缩徐变效应和车桥耦合效应对桥梁线形控制的影响至今仍未完全解决和掌握,国内外也没有明确的桥梁合理线形控制的规范。本章在收缩徐变效应和车桥耦合效应对大跨轨道连续刚构桥线形控制影响研究的基础上,对基于混凝土收缩徐变和车桥耦合效应的大跨轨道连续刚构桥合理线形控制方法进行探究,以期为今后同类桥梁线形控制方法的研究及实桥应用提供一定的依据。

9.1　线形控制方法研究

在实际的大跨轨道连续刚构桥合理线形控制过程中,某一个节段的施工往往会受到随机干扰而造成此节段的误差,如果不考虑此节段的误差并对下一个节段进行预测和控制,误差会累积,影响桥梁的合理线形,造成不能够顺利合龙或影响运营期间的行车舒适性,甚至会影响结构的寿命。卡尔曼滤波控制方法、最小二乘法、灰色预测控制方法等可以根据已施工信息建立观测方程,来预测出即将施工节段需要控制的状态,从而使施工误差得到调整,保证桥梁的合理线形。

9.1.1　卡尔曼滤波线形控制方法

1)离散系统卡尔曼滤波方法

1960 年,美国学者 Kalman[1]最早提出数学结构上比较简单的最优线性递推滤波法,实质上是一种数据处理的方法,卡尔曼滤波是递推滤波,由递推方程可以随时给出新的状态估计,在工程上得到了大量的应用。在实际项目中,如悬臂对称施工大跨轨道连续刚构桥,当结构某一节段施工完毕后,无论结构处于什么样的状态(如线形),基本上没有有效的手段来改变已成型的结构状态,也就是基本上没有行之有效的办法来改变本施工阶段的结构线形,我们所能做的就是依据本阶段的施工误差来预测或估计出下一阶段的状态,这就是基本离散系统卡尔曼滤波的实际意义。基本离散系统的控制过程可以表达为

$$x(k+1) = \Phi(k+1,k)x(k) + G(k+1,k)u(k) + \Gamma(k+1,k)w(k) \tag{9.1}$$

$$z(k) = H(k)x(k) + v(k) \tag{9.2}$$

式中,$x(k)$ 为控制系统的 n 维状态向量;$u(k)$ 为 m 维控制向量;$\Phi(k+1,k)$ 为 $n \times n$ 矩阵,$G(k+1,k)$ 为 $n \times m$ 矩阵;$\Gamma(k+1,k)$ 为 $n \times p$ 矩阵;$z(k)$ 为 l 维观测向量;$H(k)$ 为 $l \times n$ 矩阵;$w(k)$ 为假定的均值为零的 p 维白噪声向量序列;$v(k)$ 为均值为零的 l 维白噪声向量序列。$w(k)$ 和 $v(k)$ 相互独立,在采样时间间隔内均为常值,则有以下统计特性:

$$\begin{cases} E[w(k)] = E[v(k)] = 0 \\ E[w(k)w^{\mathrm{T}}(j)] = Q_k \delta_{kj} \\ E[v(k)v^{\mathrm{T}}(j)] = R_k \delta_{kj} \\ E[w(k)v^{\mathrm{T}}(j)] = 0 \end{cases} \tag{9.3}$$

式中,Q_k 为非负矩阵;R_k 为正定矩阵;δ_{kj} 为 Kronecker(克罗内克)函数,表示为

$$\delta_{kj} = \begin{cases} 1, & k = j \\ 0, & k \neq j \end{cases} \tag{9.4}$$

对于上述卡尔曼滤波系统,离散系统的卡尔曼滤波方程可推导得到,滤波估计值为

$$\hat{x}(k+1|k+1) = \hat{x}(k+1|k) + K(k+1)[z(k+1) - H(k+1)\hat{x}(k+1|k)] \tag{9.5}$$

$$\hat{x}(k+1|k) = \Phi(k+1,k)\hat{x}(k|k) \tag{9.6}$$

式中,$K(k+1)$ 为滤波增益矩阵,可表示为

$$K(k+1) = P(k+1|k)H^{\mathrm{T}}(k+1)[H(k+1)P(k+1|k)H^{\mathrm{T}}(k+1) + R_{k+1}]^{-1} \tag{9.7}$$

滤波估值误差协方差为

$$\begin{aligned} P(k+1|k+1) = {} & P(k+1|k) - P(k+1|k)H^{\mathrm{T}}(k+1) \\ & \cdot [H(k+1)P(k+1|k)H^{\mathrm{T}}(k+1) + R_{k+1}]^{-1} H(k+1)P(k+1|k) \end{aligned} \tag{9.8}$$

预测估值误差协方差为

$$P(k+1|k) = \Phi(k+1,k)P(k|k)\Phi^{\mathrm{T}}(k+1,k) + \Gamma(k+1,k)Q_k\Gamma^{\mathrm{T}}(k+1,k) \quad (9.9)$$

$\hat{x}(0|0)$ 为预测的初始状态值,在初始时刻没有观测值 $z(0)$; $P(0,0)$ 为对初始状态滤波的均方误差阵,可取为 $x(0)$ 的均方差阵,因而初值取为

$$\hat{x}(0|0) = E[x(0)] = m_0 \quad (9.10)$$

$$P(0|0) = E\left\{[x(0) - \hat{x}(0|0)][x(0) - \hat{x}(0|0)]^{\mathrm{T}}\right\} \quad (9.11)$$

离散系统卡尔曼滤波的方块图(循环图)如图 9-1 所示。

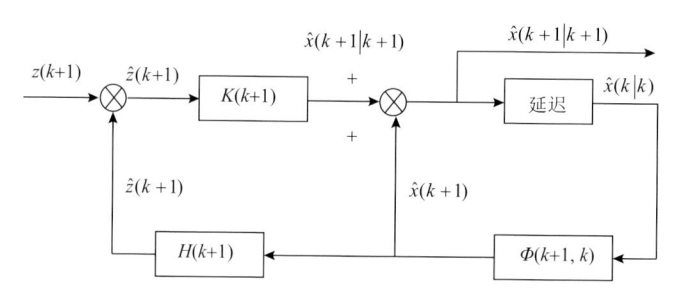

图 9-1 离散系统卡尔曼滤波的方块图(循环图)

以上为离散系统的卡尔曼滤波基本方程,如前面所述,观测方程一般为相互独立的非线性方程。

2) 离散系统非线性卡尔曼滤波方法

对于卡尔曼非线性滤波[2],理论上还没有严密的滤波公式,一般先将非线性方程线性化,然后应用卡尔曼滤波的基本方程。

离散非线性系统状态方程为

$$x(k+1) = \Phi[x(k),k] + \Gamma[x(k),k]w(k) \quad (9.12)$$

离散非线性系统观测方程为

$$z(k+1) = H[x(k+1),k+1] + v(k+1), \quad k=1,2,\cdots \quad (9.13)$$

式中,x 为控制系统的 n 维状态向量;Φ 为 n 维向量状态方程,是 $x(k)$ 和 k 的非线性函数;H 为 l 维向量方程,是 $x(k+1)$ 和 $k+1$ 的非线性函数。其统计特性为

$$\begin{cases} E[w(k)] = E[v(k)] = 0 \\ E[w(k)w^{\mathrm{T}}(j)] = Q_k \delta_{kj} \\ E[v(k)v^{\mathrm{T}}(j)] = R_k \delta_{kj} \\ E[w(k)v^{\mathrm{T}}(j)] = 0 \end{cases} \qquad (9.14)$$

将上述非线性方程线性化，把状态方程的非线性函数 $\Phi(\cdot)$ 围绕标称状态 $x^*(k)$ 进行泰勒级数展开，略去二次及以上高阶项，可以得到状态方程近似的线性化方程：

$$\delta x(k+1) = \frac{\partial \Phi}{\partial x_k^{*\mathrm{T}}}[x(k) - x^*(k)] + \Gamma[x^*(k), k]w(k) \qquad (9.15)$$

式中，

$$\frac{\partial \varphi}{\partial x_k^{*\mathrm{T}}} = \frac{\partial \Phi[x(k), k]}{\partial x^{\mathrm{T}}(k)}\bigg|_{x(k)=x^*(k)} = \begin{bmatrix} \dfrac{\partial \Phi^{(1)}}{\partial x^{(1)}(k)} & \cdots & \dfrac{\partial \Phi^{(1)}}{\partial x^{(n)}(k)} \\ \vdots & & \vdots \\ \dfrac{\partial \Phi^{(n)}}{\partial x^{(1)}(k)} & \cdots & \dfrac{\partial \Phi^{(n)}}{\partial x^{(n)}(k)} \end{bmatrix}_{x(k)=x^*(k)} \qquad (9.16)$$

式中，$\dfrac{\partial \Phi}{\partial x_k^{*\mathrm{T}}}$ 为 $n \times n$ 矩阵，称为向量 $\Phi(\cdot)$ 的雅可比矩阵。

对观测方程的非线性函数 $H(\cdot)$ 围绕标称状态 $x^*(k+1)$ 进行泰勒级数展开，略去二次及以上高阶项，得到观测方程的线性化方程为

$$\delta z(k+1) = \frac{\partial H}{\partial x^{*\mathrm{T}}(k+1)}[x(k+1) - x^*(k+1)] + v(k+1) \qquad (9.17)$$

式中，

$$\frac{\partial H}{\partial x^{*\mathrm{T}}(k+1)} = \frac{\partial H[x(k+1), k+1]}{\partial x^{\mathrm{T}}(k+1)}\bigg|_{x(k+1)=x^*(k+1)} = \begin{bmatrix} \dfrac{\partial H^{(1)}}{\partial x^{(1)}(k+1)} & \cdots & \dfrac{\partial H^{(1)}}{\partial x^{(n)}(k+1)} \\ \vdots & & \vdots \\ \dfrac{\partial H^{(l)}}{\partial x^{(1)}(k+1)} & \cdots & \dfrac{\partial H^{(l)}}{\partial x^{(n)}(k+1)} \end{bmatrix}_{x(k+1)=x^*(k+1)}$$
$$(9.18)$$

式中，$\dfrac{\partial H}{\partial x_k^{*\mathrm{T}}}$ 为 $l \times n$ 矩阵，称为向量 $H(\cdot)$ 的雅可比矩阵。

得到线性化方程后，利用离散系统的卡尔曼滤波理论基本方程可以得到离散系统非线性卡尔曼滤波理论的递推方程组：

$$\delta x(k+1|k+1) = \delta \hat{x}(k+1|k) + K(k+1)\left[\delta z(k+1) - \frac{\partial H}{\partial x^{*\mathrm{T}}(k+1)}\delta \hat{x}(k+1|k)\right] \quad (9.19)$$

$$\delta \hat{x}(k+1|k) = \frac{\partial \varphi}{\partial x_k^{*\mathrm{T}}}\delta \hat{x}(k|k) \quad (9.20)$$

$$K(k+1) = P(k+1|k)\left(\frac{\partial H}{\partial x^{*\mathrm{T}}(k+1)}\right)^{\mathrm{T}}\left\{\left[\frac{\partial H}{\partial x^{*\mathrm{T}}(k+1)}P(k+1|k)\frac{\partial H}{\partial x^{*\mathrm{T}}(k+1)}\right]^{\mathrm{T}} + R_{k+1}\right\}^{-1}$$
$$(9.21)$$

$$P(k+1|k) = \frac{\partial \varphi}{\partial x^{*\mathrm{T}}(k+1)}P(k|k)\left(\frac{\partial}{\partial x^{*\mathrm{T}}(k+1)}\right)^{\mathrm{T}} + \Gamma[x^*(k),k]Q_k\Gamma^{\mathrm{T}}[x^*(k),k] \quad (9.22)$$

$$P(k+1|k+1) = \left[I - K(k+1)\frac{\partial H}{\partial x^{*\mathrm{T}}(k+1)}\right]P(k+1|k) \quad (9.23)$$

式中，滤波值中滤波误差方阵的初值为

$$\delta \hat{x}_0 = E[\delta x_0] = 0, \quad P_0 = \mathrm{var}\,\delta x_0 = \mathrm{var}\,x_0 \quad (9.24)$$

系统状态的滤波值为

$$\hat{x}(k+1|k+1) = x^*(k+1) + \delta \hat{x}(k+1|k+1) \quad (9.25)$$

在大跨桥梁线形控制中，卡尔曼滤波法是近年来常用的反馈控制法，并取得了良好成果，因而在大跨轨道连续刚构桥合理线形控制中仍然适用，在介绍了离散系统卡尔曼滤波及离散系统非线性卡尔曼滤波理论后，下面结合 Sage 自适应滤波对离散非线性系统自适应卡尔曼滤波桥梁线形控制理论进行应用。

3）离散系统自适应卡尔曼滤波线形控制方法递推公式

(1) 线形控制状态方程及观测方程的建立。

大跨轨道连续刚构桥合理线形控制的效果最终归结在混凝土收缩徐变、车桥耦合、立模、混凝土浇筑等引起的挠度偏差准确预测上，且各影响因素之间具有独立性。根据前面的分析，以某一节段混凝土浇筑为例，建立该节段两悬臂端挠度的状态方程：

$$x(k+1) = \Phi(k+1,k)x(k) + w(k) \quad (9.26)$$

式中，$x(k+1)$ 为待施工 $k+1$ 节段的梁端挠度值；$x(k)$ 为已施工 k 节段的梁端挠度值；$w(k)$ 为已施工 k 节段的立模误差；$\Phi(k+1,k)$ 为变换系数，在线形控制中表示 $k+1$ 节段悬臂端挠度计算值与 k 节段悬臂端挠度计算值之比，表达式为

$$\Phi(k+1,k) = \frac{x(k+1)}{x(k)} \tag{9.27}$$

该节段两悬臂端挠度的观测方程为

$$z(k) = x(k) + v(k) \tag{9.28}$$

式中，$z(k)$ 为已施工 k 节段挠度测量值；$v(k)$ 为已施工 k 节段挠度测量误差。

标准离散卡尔曼滤波假定 $w(k)$、$v(k)$ 均属于统计特性已知的独立高斯随机系列（均值为零），协方差分别为 $Q(k)$ 和 $R(k)$，但对大跨轨道连续刚构桥合理线形控制而言是难以满足的，标高误差及测量误差具有统计特性不明确的特点。如果继续按照均值为零来建模，容易引起滤波的发散，使预测不准确。同时，由于施工过程中的线形控制是一个动态过程，如果动态噪声（施工误差等）的方差、协方差估计误差较大，也容易使滤波发散，导致线形的预测不可信。此外，对于实际施工过程，$Q(k)$ 和 $R(k)$ 较难确定，依据统计特性，将 $w(k)$ 和 $v(k)$ 视为独立的正态白噪声，得到

$$\begin{cases} E[w(k)] = q(k) \\ E[v(k)] = r(k) \\ E[w(k)w^{\mathrm{T}}(j)] = Q(k)\delta_{kj} \\ E[v(k)v^{\mathrm{T}}(j)] = R(k)\delta_{kj} \\ E[w(k)v^{\mathrm{T}}(j)] = 0 \end{cases} \tag{9.29}$$

式中，$q(k)$ 和 $Q(k)$ 分别为系统噪声的均值和协方差矩阵；$r(k)$ 和 $R(k)$ 分别为观测噪声的均值和协方差矩阵；δ_{kj} 为 Kronecker 函数。

(2) 线形控制自适应卡尔曼滤波递推公式。

针对大跨轨道连续刚构桥施工线形控制过程中系统误差和测量误差的特点，用离散系统的卡尔曼滤波理论，结合 Sage 自适应滤波方法进行施工阶段的线形估计。基于以上建立的桥梁合理线形控制的状态方程和观测方程，自适应卡尔曼滤波理论的递推公式推导如下。

由于测量误差均值不为零，结合滤波的估计值，则真实挠度状态的滤波值为

$$\hat{x}(k+1) = \tilde{x}(k+1) + K(k+1)\varepsilon(k+1) \tag{9.30}$$

$$\varepsilon(k+1) = z(k+1) - \tilde{x}(k+1) - \hat{r}(k) \tag{9.31}$$

式中，$\tilde{x}(k+1)$ 为确定性一步预测值，系统的误差均值不为零，结合滤波的一步预测值，得到真实挠度状态的一步预测值为

$$\tilde{x}(k+1) = \Phi(k+1,k)\hat{x}(k) + \hat{q}(k) \tag{9.32}$$

同时，滤波增益矩阵表达式可以写为

$$K(k+1) = P(k+1|k)[P(k+1|k) + R(k)]^{-1} \tag{9.33}$$

预测误差协方差矩阵表达式可以写为

$$P(k+1,k) = \Phi(k+1,k)P(k|k)\Phi^{T}(k+1,k) + Q(k) \tag{9.34}$$

滤波误差协方差矩阵表达式可以写为

$$P(k+1|k+1) = [I - K(k+1)]P(k+1|k) \tag{9.35}$$

在自适应卡尔曼滤波方法中，引入了遗忘因子 b，范围为 $0 < b < 1$，b 可以限制滤波器的记忆长度，加重新观测的数据对现实估计的作用。系统误差与测量误差传递关系表示为

$$d_k = (1-b)/(1-b^{k+1}) \tag{9.36}$$

$$\hat{q}(k+1) = (1-d_k)\hat{q}(k) + d_k[\hat{x}(k+1) - \Phi(k+1,k)\hat{x}(k)] \tag{9.37}$$

$$\begin{aligned} Q(k+1) = &(1-d_k)Q(k) + d_k[K(k+1)\varepsilon(k+1)\varepsilon^{T}(k+1)K^{T}(k+1) \\ &+ P(k+1|k+1) - \Phi(k+1,k)P(k|k)\Phi^{T}(k+1,k)] \end{aligned} \tag{9.38}$$

$$\hat{r}(k+1) = (1-d_k)\hat{r}(k) + d_k[z(k+1) - \tilde{x}(k+1)] \tag{9.39}$$

$$R(k+1) = (1-d_k)R(k) + d_k[\varepsilon(k+1)\varepsilon^{T}(k+1) - P(k+1|k)] \tag{9.40}$$

通过以上步骤，即可实现对某节段施工中合理线形的预测。以某一节段混凝土浇筑为例，将悬臂端挠度作为状态变量，对于大跨轨道连续刚构桥，施工初始阶段主梁挠度偏差较小，可以选取施工初始阶段的某施工阶段作为自适应卡尔曼滤波的初始时刻，施工过程中离散系统的自适应卡尔曼滤波理论对某节段线形预测的流程图如图9-2所示。

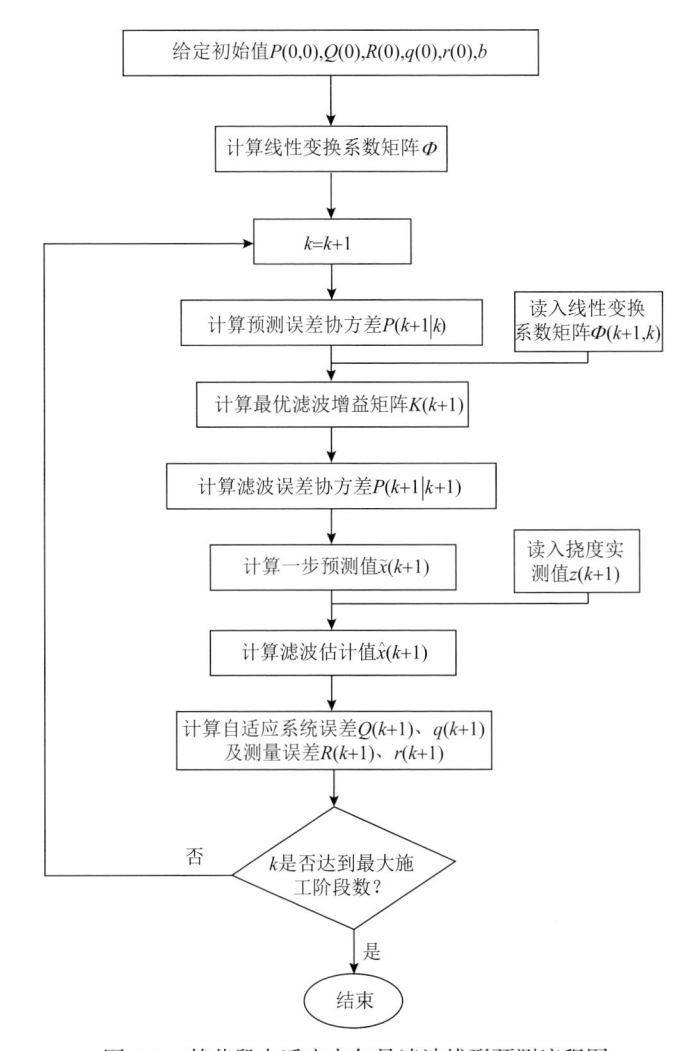

图 9-2 某节段自适应卡尔曼滤波线形预测流程图

选取 $\hat{x}(0)$ 为该施工节段梁端的理论挠度值，$P(0|0)$ 为该施工节段梁端理论挠度与实测挠度差值的平方。根据经验，遗忘因子取值为 0.7。$Q(0) = Q_0$ 时，为初始阶段系统误差均方差，此处 $Q(0)$ 是系统理论挠度与实际挠度之差的均方差，初始阶段的误差很小时可以取为 0。$R(0)$ 为测量误差的均方差，与测量仪器和测量人员有关，可以按照具体情况和经验确定。施工阶段的各种参数确定后，即可按照图 9-2 中的流程对大跨轨道连续刚构桥合理线形进行编程计算。

4) 卡尔曼滤波法在桥梁施工控制中的应用

卡尔曼滤波法最早应用在动态系统中，而桥梁结构的施工控制实际上属于静态系统，卡尔曼滤波法应用于这一领域始于 20 世纪 80 年代。从近几年的工程实践来看，在多阶段悬臂施工的大跨度桥梁施工控制中，卡尔曼滤波原理可以用来预测和调整施工误差[3]。然而，在设计参数识别和修正方面的应用还只处于理论研究阶段，具体的工程实践未见报道。关于卡尔曼滤波法在大跨桥梁施工控制中的应用，在以下几个方面还可以进一步研究。

(1) 卡尔曼滤波原理在非线性离散系统中的算法还有待进一步研究。现在大多将非线性状态方程或非线性观测方程通过线性化来求解，如何减小由此带来的误差是今后的研究方向。

(2) 将卡尔曼滤波原理应用于设计参数的辨别和修正方面，还有待工程实践的检验。

(3) 如何提高卡尔曼滤波法在少数据系统中的精度还需进一步研究。因为在动态系统中，可以得到大量的观测值，卡尔曼滤波法的预测精度和滤波精度是能得到保证的，但在桥梁结构的施工控制中，每个施工阶段一般只能得到一组观测数据，卡尔曼滤波法的精度就受到了影响。

(4) 在国内现阶段的桥梁施工控制中，主要以线形控制为主，这主要是因为线形容易观测，也较稳定，所以在卡尔曼滤波状态方程中多以位移作为状态变量。但是，桥梁结构受力状态的控制也同样重要，如何以结构内力作为状态变量来建立状态方程和观测方程，是今后需进一步研究的课题。

(5) 在施工控制软件方面还需要做大量的工作。国内完整的施工控制软件未见报道，尚需在这方面进一步努力。

9.1.2 最小二乘法

在桥梁设计及施工控制的前期计算中，使用的结构参数一般采用规范推荐值或国内外工程经验值[4]。但是对于每一座不同的桥梁，特别是大跨桥梁，这些参数与规范值都有一定的差距，若不进行修正而直接采用各种规范推荐值或国内外工程经验值，对于分段施工的桥梁，特别是大跨分段施工桥梁，在桥梁施工过程中及施工完成后，无论是在结构几何线形还是结构内力状态上，都会与原设计形成一定的误差，甚至影响结构的安全和正常使用。因此，必须在桥梁结构施工控制的过程中对计算参数进行适当的修正，以保证实际控制计算的准确性，并最优地逼近于结构理想控制目标。

从现代控制理论的观点来看，实际桥梁结构可以看成一个受随机干扰影响的系统，不仅对于该系统的实际状态存在识别过程，而且对于该系统的实际构成也存在一个系统辨识过程。一般认为桥梁结构的力学模型和数学模型是已知的、确定的，因此系统辨识可以归结为系统参数识别问题：只有通过系统状态识别，估计出系统的真实状态，才能得出系统理论计算状态和实际状态的差异，从而通过这个差异估计出系统某些控制参数的偏差,可以认为消除这种偏差后的系统更接近实际的桥梁结构。这就是进行结构参数识别与调整的主要目的。

1)参数估计准则

参数估计[5]从数学方法上讲是一个最优问题,追求估计值越接近真实值越好,但这是一种不严格的提法。为了进行最优估计,必须确定估计准则,即估计目标或要求。最优估计是指在某一估计准则条件下求得的最优估计值,若换一个估计准则,则不一定是最优估计值。估计准则可以是多种多样的,选择不同的估计准则,就对应不同的估计方法,估计方法和估计准则是密切相关的,常用的估计准则主要有五种,即最小方差准则、极大似然准则、极大验后准则、线性最小方差准则和最小二乘准则,这里主要介绍最小二乘准则。

最小二乘准则认为,如果不知道 X 和 Z 的确切概率分布密度,也不知道它们的一、二阶矩,这样就只能采用高斯提出的最小二乘估计法进行参数估计。最小二乘估计法是将残差平方最小作为最优估计的准则。

2)最小二乘估计原理

最小二乘法开始于 1795 年,其本质是:未知量最可能是这样一个值,它使实际值和计算值的差的平方乘以测量精度后所求得的和最小。最小二乘法在国内桥梁工程中的应用始于 20 世纪 80 年代后期,并取得了不错的成果,广泛应用于系统的参数估计中。下面简要介绍最小二乘法的原理[6]。

有一单输入单输出系统,可用如下随机差分方程描述,设

$$y_k + a_1 y_{k-1} + \cdots + a_n y_{k-n} = b_1 u_{k-1} + b_2 u_{k-2} + b_n u_{k-n} + \xi_k \quad (9.41)$$

式中,$\{u_k\}$ 与 $\{y_k\}$ 为系统的输入与输出矩阵;$\{\xi_k\}$ 为独立同分布的随机序列,具有零均值和方差 σ^2。

若根据系统方程(9.41)的输入、输出矩阵数据 $\{u_k\}$、$\{y_k\}$(k=1, 2, …),在已知系统阶数 n、不知道系统参数 a_i 和 b_i 的情况下进行参数估计,得到相应的参数估计值 $\hat{a}_i$ 和 $\hat{b}_i$,则可得到系统的近似模型为

$$y_k + \hat{a}_1 y_{k-1} + \cdots + \hat{a}_n y_{k-n} = \hat{b}_1 u_{k-1} + \hat{b}_2 u_{k-2} + \cdots + \hat{b}_n u_{k-n} + e_k \quad (9.42)$$

即

$$y_k = \varphi_k^T \hat{\theta} + e_k \quad (9.43)$$

式中,

$$\varphi_k^T = [-y_k \ \cdots \ -y_{k-n} \ -u_{k-1} \ -u_{k-2} \ -u_{k-n}] \quad (9.44)$$

e_k 为模型残差,它包含测量误差、参数估计误差及系统误差。

当有 $N+n$ 对已知输入、输出数据时，采用式(9.44)可以写出 N 个描述系统输入输出之间相互关系的方程组。

$$Y_N = \phi_N^T \hat{\theta} + E_N \tag{9.45}$$

式中，

$$Y_N = \begin{bmatrix} Y_{N+1} & Y_{N+2} & \cdots & Y_{N+n} \end{bmatrix}^T$$

$$E_N = \begin{bmatrix} E_{N+1} & E_{N+2} & \cdots & E_{N+n} \end{bmatrix}^T$$

$$\phi_N = \begin{bmatrix} \phi_{N+1} & \phi_{N+2} & \cdots & \phi_{N+n} \end{bmatrix}^T$$

$$= \begin{bmatrix} -y_n & -y_{n-1} & \cdots & -y_1 & u_n & u_{n-1} & \cdots & u_1 \\ -y_{n+1} & -y_n & \cdots & -y_2 & u_{n+1} & u_n & \cdots & u_2 \\ \vdots & \vdots & & \vdots & \vdots & \vdots & & \vdots \\ -y_{n+N-1} & -y_{n+N-2} & \cdots & -y_N & u_{n+N-1} & u_{n+N-2} & \cdots & u_N \end{bmatrix} \tag{9.46}$$

用估计的参数向量 $\hat{\theta}$ 代替原来的参数向量 θ，并要求它对系统输入、输出数据按照残差最小的原则进行拟合，而残差可正可负，因此使残差平方和最小即可达到较好的拟合效果。

$$J = \sum_{K=1}^{N} e_{n+k}^2 = E^T E \tag{9.47}$$

式中，J 为标量。

式(9.47)即为参数估计准则，称为最小二乘估计。

J 取得最小值的必要条件是

$$\frac{\partial J}{\partial \hat{\theta}} = \frac{\partial \left(E_N^T E_N \right)}{\partial \hat{\theta}} = \frac{\partial}{\partial \hat{\theta}} \left[\left(Y_N - \phi_N^T \hat{\theta} \right)^T \left(Y_N - \phi_N^T \hat{\theta} \right) \right] = -2\phi_N^T \left(Y_N - \phi_N \hat{\theta} \right) \tag{9.48}$$

从而可得

$$\hat{\theta} = \left(\phi_N^T \phi_N \right)^{-1} \phi_N^T Y_N \tag{9.49}$$

J 取得最小值的充分条件是

$$\frac{\partial}{\partial \hat{\theta}} \left(\frac{\partial J}{\partial \hat{\theta}} \right) = 2\phi_N^T \phi_N > 0 \tag{9.50}$$

由此可见，$\phi_N^T \phi_N$ 为正定矩阵时，式(9.50)才能成立，且式(9.50)所示的估计 $\hat{\theta}$ 是唯一的极小估计值。因此，$\hat{\theta}$ 就是所求的参数 θ 的最小二乘估计，式(9.50)

就是所求的参数 θ 的最小二乘估计公式。

求解式(9.50)的方法很多,如高斯消元法、平方根法、Cholesky(楚列斯基)分解法等求解线性方程组的方法。

系统参数估计的精度依赖于模型残差 e_k 的方差(也叫噪声污染)的大小,e_k 的方差越大(即噪声污染越厉害),精确度就越差,反之,则有较为理想的精确度。

这种利用所有量测数据组成线性方程组,并一次求解线性方程组而得到模型参数估计的方法,称为一次完成的最小二乘法,还有递推最小二乘法、辅助变量法、广义最小二乘法、增广矩阵法、多步最小二乘法。

3) 最小二乘法在桥梁施工控制中的应用

最小二乘法[7]是一种传统的优化方法,它的理论体系和计算方法都很完善。在桥梁施工控制中主要用于设计参数的识别和修正,具体修正方法如下。

设某一施工阶段测得主梁 m 个节段的挠度为

$$S = [S(1) \ S(2) \ \cdots \ S(m)]^T \tag{9.51}$$

设原定理想状态的理论计算挠度为

$$U = [U(1) \ U(2) \ \cdots \ U(m)]^T \tag{9.52}$$

则误差向量为

$$Y = [Y(1) \ Y(2) \ \cdots \ Y(m)]^T \tag{9.53}$$

$$Y = U - S \tag{9.54}$$

若记待识别的参数误差为

$$Q = [Q(1) \ Q(2) \ \cdots \ Q(m)]^T \tag{9.55}$$

由 θ 引起的各节段挠度误差为

$$y = [y(1) \ y(2) \ \cdots \ y(m)]^T = \phi\theta \tag{9.56}$$

式中,

$$\phi = \begin{bmatrix} \phi(1,1) & \phi(1,2) & \cdots & \phi(1,n) \\ \phi(2,1) & \phi(2,2) & \cdots & \phi(2,n) \\ \vdots & \vdots & & \vdots \\ \phi(m,1) & \phi(m,2) & \cdots & \phi(m,n) \end{bmatrix} \tag{9.57}$$

式中,ϕ 为参数误差 θ 到 y 的线性变换矩阵,由结构性能给定。

残差为

$$\varepsilon = Y - y = Y - \phi\theta \tag{9.58}$$

$$Y = \phi\theta + \varepsilon \tag{9.59}$$

方差为

$$J = \varepsilon^{\mathrm{T}}\varepsilon = (Y - y)^{\mathrm{T}}(Y - y) = (Y - \phi\theta)^{\mathrm{T}}(Y - \phi\theta) \tag{9.60}$$

当 $\dfrac{\partial J}{\partial \theta} = 0$，即 $\theta(\phi^{\mathrm{T}}\phi)^{-1}\phi^{\mathrm{T}}Y = 0$ 时，J 达到最小，因此 θ 的最小二乘估计为

$$\hat{\theta} = \left(\phi^{\mathrm{T}}\phi\right)^{-1}\phi^{\mathrm{T}}Y \tag{9.61}$$

引入加权矩阵：

$$\rho = \begin{bmatrix} \rho_1 & 0 & \cdots & 0 \\ 0 & \rho_2 & \cdots & 0 \\ \vdots & \vdots & & \vdots \\ 0 & 0 & \cdots & \rho_n \end{bmatrix} \tag{9.62}$$

$$\hat{\theta} = \left(\phi^{\mathrm{T}}\rho\right)^{-1}\phi^{\mathrm{T}}\rho Y \tag{9.63}$$

在实际应用中，可预先计算 ϕ，定义 ρ，现场测量 S，由式(9.54)得到 Y，最后由式(9.63)得到参数误差估计值 $\hat{\theta}$。根据参数误差，即可对参数进行调整，用调整后的参数对系统做前进与倒退分析，可得到各个阶段控制目标的理想状态，进而可以实现施工阶段的预测。

9.1.3 灰色预测控制方法

1) 灰色系统基本原理[8]

(1) 差异信息原理。

"差异"是信息，凡是信息则必有差异。"事物甲不同于事物乙"，即含有事物甲相对于事物乙之特殊性的相关信息。客观环境中的万事万物之间的差异提供了认识世界的基本信息。

(2) 解的非唯一性原理。

在信息不确定、不完全的情况下，解不是唯一的。"解的非唯一性原理"是信息可补充、关系可协调、目标可接近、方案可完善、认识可深化、思维可多向、途径可优化的具体体现。在面对多种可能的解时，能够通过对信息的定性分

析和补充,确定出某几个满意解。因此,定性分析与定量分析相结合是"非唯一解"的求解途径。

(3) 最少信息原理。

灰色系统分析理论的特点是充分开发利用已占有的"最少信息"。最少信息原理中的"少"与"多"是辩证统一的,灰色系统理论的特点是研究"小样本"、"贫信息"不确定性问题,其立足点是"有限信息空间","最少信息"是灰色系统的基本准则。所能获得的信息"量"是判别灰与非灰的分水岭,充分开发利用已占有的"最少信息"是灰色系统理论解决问题的基本思路。

(4) 认知根据原理。

信息是认知的根本,只有以信息为基本,才能进行认知。当以完全、确定的信息为根据时,就可获得完全确定的认知;反之,当以不完全、不确定的信息为根据时,只能得到不完全、不确定的灰认知。

(5) 新信息优先原理。

新信息对认知的作用大于老信息。"新信息优先原理"是灰色系统分析理论的基本观点,赋予新信息较大的权重可提高灰色建模、灰色预测、灰色分析等功效。"新陈代谢"模型就是"新信息优先原理"的具体体现,此原理是信息时效性的具体表现。

(6) 灰性不灭原理。

信息的灰性是绝对的,信息具有不完全、不确定的普遍性,一切信息的完全都是相对的,原有的确定性会随着新的不确定性的出现而随之消失。人类对客观世界的认识,在信息的不断补充中一次次升华。信息以及对信息的认知是无穷尽的,信息的灰性永不消失。

2) 灰色系统主要内容

经过 20 年的发展,灰色系统理论已经建立起一门新兴学科的结构体系,其内容主要包括以下几个方面:灰色哲学思想体系,灰色代数、方程、矩阵等系统理论体系,灰色关联空间分析体系,灰色序列生成方法体系,灰色模型体系,以及系统分析、评估、建模、预测、控制、决策、优化为主体的技术体系。

灰色序列的生成主要包括缓冲算子、均值生成算子、级比生成算子、累加和累减生成算子等;灰色系统分析除灰色关联分析外,还包括灰色聚类和灰色统计评估等方面的内容;灰色模型按照五步建模的思想构建,通过灰色生成和序列算子的作用来弱化随机性,挖掘其中含有的潜在规律性,通过差分微分方程之间的转换,实现利用离散数据序列建立连续的动态微分方程模型的飞跃;灰色预测是基于灰色模型(grey model,GM)做出的数组序列预测,按其预测功能类型可分成数列、灾变、波形和系统预测等几种主要的类型;灰色组合模型主要包括灰色经济计量学(gray econometric,G-E)模型、灰色马尔可夫(gray Markov,G-M)模型、灰色生产函数(grey Cobb-Douglass，G-C-D)模型和灰色时序组合模型等；灰色决策主要包括灰色统计、灰靶决策、灰关联决策、聚类决策、灰色局势决策和灰色层次决策等。

连续刚构桥施工线形控制以灰色序列生成为基础，以线形原始数据为基本序列建立灰色系统模型，并基于此模型进行定量的灰色预测。由于 GM(1,1) 模型具有计算量小、拟合精度高、误差易于调整且具有预测功能等特点，以下简要介绍这种模型的基本理论及建模预测原理。

3) GM(1,1)模型

设 $x^{(0)}=(x^{(0)}(1),x^{(0)}(2),\cdots,x^{(0)}(n))$，$x^{(1)}=(x^{(1)}(1),x^{(1)}(2),\cdots,x^{(1)}(n))$，称 $x^{(0)}(k)+ax^{(1)}(k)=b$ 为 GM(1,1) 模型的原始形式。

在符号 GM(1,1) 中，G 代表灰色，M 代表模型，两个 1 分别代表一阶方程和一个变量。

若存在如下序列：

$$z^{(1)}=\left(z^{(1)}(1),z^{(1)}(2),\cdots,z^{(1)}(n)\right) \tag{9.64}$$

其中，$z^{(1)}(k)=\frac{1}{2}\left[x^{(1)}(k)+x^{(1)}(k-1)\right]$，则原微分方程变为

$$x^{(0)}(k)+az^{(1)}(k)=b \tag{9.65}$$

该式称为 GM(1,1) 模型的基本形式。

若存在非负序列 $x^{(0)}=(x^{(0)}(1),x^{(0)}(2),\cdots,x^{(0)}(n))$，其中 $x^{(0)}(k)>0$，$k=1,2,\cdots,n$，则 $x^{(1)}=(x^{(1)}(1),x^{(1)}(2),\cdots,x^{(1)}(n))$ 为 $x^{(0)}$ 的一次累加序列，即

$$x^{(1)}(k)=\sum_{i=1}^{k}x^{0}(i),\quad k=1,2,\cdots,n \tag{9.66}$$

式中，$z^{(1)}=(z^{(1)}(1),z^{(1)}(2),\cdots,z^{(1)}(n))$ 为 $x^{(1)}$ 的紧邻均值生成序列，其中

$$z^{1}(k)=\frac{1}{2}\left[x^{(1)}(k)+x^{(1)}(k-1)\right],\quad k=2,3,\cdots,n \tag{9.67}$$

若参数列 $\hat{a}=[a,b]^{\mathrm{T}}$ 且有

$$Y=\begin{bmatrix}x^{(0)}(2)\\x^{(0)}(3)\\\vdots\\x^{(0)}(n)\end{bmatrix},\quad B=\begin{bmatrix}-z^{(1)}(2)&1\\-z^{(1)}(3)&1\\\vdots&\vdots\\-z^{(1)}(n)&1\end{bmatrix} \tag{9.68}$$

则 GM(1,1)模型 $x^{(0)}(k)+az^{(1)}(k)=b$ 的最小二乘估计参数列满足

$$\hat{a}=\left(B^{\mathrm{T}}B\right)^{-1}B^{\mathrm{T}}Y \tag{9.69}$$

由此可得 GM(1,1)模型的白化微分方程为

$$\frac{\mathrm{d}x^{(1)}}{\mathrm{d}t}+ax^{(1)}=b \tag{9.70}$$

此方程也称为 GM(1,1)模型的影子方程。

GM(1,1)模型的白化本质上就是差分方程与微分方程之间的转换，是实现利用离散数据序列建立连续动态微分方程模型的飞跃，利用这种方法将离散序列转化为微分方程即可得出其白化微分方程解。对式(9.70)中的白化微分方程求解，可得其解的时间响应函数为

$$x^{(1)}(t)=\left(x^{(1)}(1)-\frac{b}{a}\right)\mathrm{e}^{-at}+\frac{b}{a} \tag{9.71}$$

GM(1,1)模型 $x^{(0)}(k)+az^{(1)}(k)=b$ 的时间响应式为

$$\hat{x}^{(1)}(k+1)=\left(x^{(0)}(1)-\frac{b}{a}\right)\mathrm{e}^{-ak}+\frac{b}{a} \tag{9.72}$$

还原值为

$$\hat{x}^{(0)}(k+1)=x^{(1)}(k+1)-\hat{x}^{(1)}(k)=\left(1-\mathrm{e}^{a}\right)\left(x^{(0)}(1)-\frac{b}{a}\right)\mathrm{e}^{-ak} \tag{9.73}$$

在 GM(1,1)模型中，定义参数 $-a$ 为发展系数，b 为灰色作用量，$-a$ 反映的是 $x^{(1)}$ 和 $x^{(0)}$ 的发展态势。在一般情况下，系统作用量应是前定的或者外生的，而 GM(1,1)模型是由单序列数组建立的，只用到系统的行为序列(又称背景值)，而没有外作用序列(或称驱动量)。

4) 残差 GM(1,1)模型

当 GM(1,1)模型的精度不符合要求时，可以计算出残差序列建立残差 GM(1,1)模型，对原来模型进行修正以提高精度。

存在序列 $\varepsilon^{(0)}=(\varepsilon^{(0)}(1),\varepsilon^{(0)}(2),\cdots,\varepsilon^{(0)}(n))$，其中 $\varepsilon^{(0)}(k)=x^{(1)}(k)-x^{(1)}=1$，$x^{(1)}(k)$ 为 $x^{(1)}$ 的残差序列。若存在 k_0 满足 $\forall k\geqslant k_0, \varepsilon^{(0)}(k)$ 的符号保持一致，$n-k_0\geqslant 4$ 时，则称

$$\left(\left|\varepsilon^{(0)}(k_0)\right|,\left|\varepsilon^{(0)}(k_0+1)\right|,\cdots,\left|\varepsilon^{(0)}(n)\right|\right) \tag{9.74}$$

为可建模残差尾段，仍记为

$$\varepsilon^{(0)} = \left(\varepsilon^{(0)}(k_0),\varepsilon^{(0)}(k_0+1),\cdots,\varepsilon^{(0)}(n)\right) \tag{9.75}$$

设 $\varepsilon^{(0)} = (\varepsilon^{(0)}(1),\varepsilon^{(0)}(2),\cdots,\varepsilon^{(0)}(n))$ 为可建模残差尾段，其一次累加序列可记为 $\varepsilon^{(1)} = (\varepsilon^{(1)}(1),\varepsilon^{(1)}(2),\cdots,\varepsilon^{(1)}(n))$，则 GM(1,1) 模型的时间响应式为

$$\varepsilon^{(1)}(k+1) = \varepsilon^{(0)}(k_0) - \frac{b_\varepsilon}{a_\varepsilon}\exp[-a_\varepsilon(k-k_0)] + \frac{b_\varepsilon}{a_\varepsilon} \tag{9.76}$$

则残差尾段模拟序列还原值为

$$\hat{\varepsilon}^{(0)}(k+1) = -a_\varepsilon\left(\varepsilon^{(0)}(k_0) - \frac{b_\varepsilon}{a_\varepsilon}\right)\exp[-a_\varepsilon(k-k_0)], \quad k \geqslant k_0 \tag{9.77}$$

若用 $\hat{\varepsilon}^{(0)}$ 修正 $x^{(0)}$，则修正后的时间响应式为

$$x^{(0)}(k+1) = x^{(0)}(k_0) - \frac{b}{a}\exp[-a_\varepsilon(k-k_0)] + \frac{b}{a} + \delta(k)\left\{a_\varepsilon\left[\varepsilon^{(0)}(k_0) - \frac{b_\varepsilon}{a_\varepsilon}\right]\exp[-a_\varepsilon(k-k_0)]\right\} \tag{9.78}$$

其中，$\delta(k) = \begin{cases} 0, & k < 2 \\ 1, & k \geqslant 2 \end{cases}$。

式(9.78)为残差修正模型 GM(1,1)，其中残差修正值为

$$\varepsilon^{(0)}(k+1) = a_\varepsilon\left(\varepsilon^{(0)}(k_0) - \frac{b_\varepsilon}{a_\varepsilon}\right)\exp[-a_\varepsilon(k-k_0)] \tag{9.79}$$

残差修正值符号应与残差尾段的符号保持一致。

若用 $x^{(0)}$ 与 $\hat{x}^{(0)}$ 的残差尾段建模修正 $x^{(0)}$ 的模拟值 $\hat{x}^{(0)}$，则根据由 $\hat{x}^{(1)}$ 到 $\hat{x}^{(0)}$ 的不同还原方式，可得到不同的残差修正时间响应式。

若

$$\hat{x}^{(0)}(k) = \hat{x}^{(1)}(k) - \hat{x}^{(1)}(k-1) = (1-e^a)\left(\hat{x}^{(0)}(1) - \frac{b}{a}\right)e^{-a(k-1)} \tag{9.80}$$

则相应的残差修正时间响应式为

$$\hat{x}^{(0)}(k+1) = \begin{cases} (1-\mathrm{e}^a)\left(x^{(0)}(1) - \dfrac{b}{a}\right)\mathrm{e}^{-a(k-1)} & k < k_0 \\ (1-\mathrm{e}^a)\left(x^{(0)}(1) - \dfrac{b}{a}\right)\mathrm{e}^{-ak} \pm a_\varepsilon \left(\varepsilon^{(0)}(k_0) - \dfrac{b_\varepsilon}{a_\varepsilon}\right)\mathrm{e}^{-a(k-k_0)}, & k \geqslant k_0 \end{cases} \quad (9.81)$$

该式称为累减还原式的残差修正模型。

若 $\hat{x}^{(0)}(k) = -a\left(x^{(0)}(1) - \dfrac{b}{a}\right)\mathrm{e}^{-ak}$，则相应的残差修正时间响应式为

$$\hat{x}^{(0)}(k+1) = \begin{cases} -a\left(x^{(0)}(1) - \dfrac{b}{a}\right)\mathrm{e}^{-ak}, & k < k_0 \\ -a\left(x^{(0)}(1) - \dfrac{b}{a}\right)\mathrm{e}^{-ak} \pm a_\varepsilon\left(\varepsilon^{(0)}(k_0) - \dfrac{b_\varepsilon}{a_\varepsilon}\right)\mathrm{e}^{-a(k-k_0)}, & k \geqslant k_0 \end{cases} \quad (9.82)$$

该式称为导数还原式的残差修正模型。

上述各种残差 GM(1,1)模型中的残差模拟项均取导数还原式，亦可取累减还原式，只要 $|a_\varepsilon|$ 充分小，取不同残差还原式对修正值 $\hat{x}^{(0)}(k+1)$ 的影响较小。

残差模型的分析是在建模后模型拟合误差较大时采用的减小误差方法，因此当原模型本身误差较小时，不需进行残差模型的叠加。除残差检验 GM(1,1)模型外，还需进行关联度检验和均方差检验。

5) GM(1,1)模型适用范围

通过 GM(1,1)模型对数据序列进行拟合与预测具有一定的适用范围，数据是否适用 GM(1,1)模型进行拟合主要取决于模型的发展系数$-a$。由 GM(1,1)模型的表达式

$$x^{(0)}(k) = \left(\dfrac{1-0.5a}{1+0.5a}\right)^{k-2}\left(\dfrac{b-ax^{(0)}(1)}{1+0.5a}\right), \quad k = 2,3,\cdots,n \quad (9.83)$$

可知：

(1) 当 $a = -2$ 时，$x^{(0)}(k) \to \infty$。

(2) 当 $a = 1$ 时，$x^{(0)}(k) \to \infty = 0$。

(3) 当 $|a| > 2$ 时，$\dfrac{b-ax^{(0)}(1)}{1+0.5a}$ 为常数，而 $\left(\dfrac{1-0.5a}{1+0.5a}\right)^{k-2}$ 随着 k 的奇偶性不同而改变符号，因此 $x^{(0)}(k)$ 随着 k 的奇偶性不同而变号。

由上可知，$(-\infty,-2] \cup [2,+\infty)$ 是 GM(1,1)模型发展系数$-a$ 的禁区。当 $|a| \geqslant 2$

时，GM(1,1)模型将失去意义。

当$|a|<2$时，根据模拟分析，可得如下几条结论：

(1)当$-a\leqslant 0.3$时，GM(1,1)模型可用于中长期预测。

(2)当$0.3<-a\leqslant 0.5$时，GM(1,1)模型可用于短期预测，中长期预测慎用。

(3)当$0.5<-a\leqslant 0.8$时，用GM(1,1)模型用于短期预测应谨慎。

(4)当$0.8<-a\leqslant 1$时，应采用残差修正GM(1,1)模型。

(5)当$-a>1$时，不宜采用GM(1,1)模型。

9.2 基于混凝土收缩徐变和车桥耦合效应的线形控制方法

依据大跨轨道连续刚构桥实际情况，考虑观测方程包含混凝土收缩徐变和车桥耦合效应，各物理量是复杂且相互独立的，呈现非线性的关系，加之施工条件的限制，再结合卡尔曼滤波控制方法、最小二乘法、灰色预测控制方法的适用情况及取得的项目成果，经综合考虑，大跨轨道连续刚构桥线形拟采用自适应卡尔曼非线性滤波法进行控制。

9.2.1 预拱度的设置

1) 预拱度设置的影响因素

在大跨轨道连续刚构桥合理线形控制中，要设置预拱度来抵消施工和运营过程中产生的下挠，影响预拱度设置的因素主要包括结构自重、预应力、二期恒载、施工临时荷载、其他因素、1/2活载、混凝土的收缩徐变、车桥耦合等[9,10]。

(1)结构自重。结构自重的计算方法是本阶段块件生成后及以后各阶段对本阶段挠度累计值，特点是先浇阶段已完成本身自重变形，不再对后浇阶段产生影响。

(2)预应力。本阶段纵向钢束及后浇阶段纵向钢束张拉对该点挠度影响值。

(3)二期恒载。二期恒载即桥面铺装、承轨台、钢轨等作用在成桥结构上，将计算所得挠度值反向设置。

(4)施工临时荷载。即施工过程荷载，如挂篮支架等，在后续阶段予以卸除，因临时荷载引起的挠度应计入预拱度中。

(5)其他因素。包括温度、挂篮变形、结构体系转换(如合龙段配重、顶推)等，其中温度对几何线形的测量影响较大，尽管测量时间选择在温度较稳定的时段，如深夜或凌晨，但是很难避免日照温差的复杂影响。一般的，大气升温时，悬臂端下挠；大气降温时，悬臂端上升。日照温差对悬臂端挠度的影响可以通过各施工阶段温度敏感性分析得到结构随温度改变的变形曲线，根据实际温度变化进行插值计算,对结构变形进行修正。大跨轨道连续刚构桥施工过程中,还应进一步摸清箱梁截面温度及温度在截面上的分布规律,有必要每月选择有代表性的天气、晴、雨、阴、寒流,进行 24h 连续观测,以准确掌握温度变化规律,然后根据测量结果进行温度修正。

(6) 1/2 活载。列车荷载作用产生的挠度,参照规范取其一半。

(7) 混凝土的收缩徐变。包括施工阶段及运营阶段混凝土收缩徐变,参照规范、模型试验、工程经验等综合确定。

(8) 车桥耦合。大跨轨道连续刚构桥所承受荷载为列车荷载,其作用范围大、荷载激励大,结构响应明显,结构状态受活荷载影响较大。在进行预拱度设置时,应充分考虑车桥耦合作用。

大跨轨道连续刚构桥预拱度设置的主要影响因素及设置方向和方法如表 9-1 所示。

表 9-1 大跨轨道连续刚构桥预拱度设置的主要影响因素及设置方向和方法

主梁线形	影响因素	预拱度设置方向	预拱度设置方法
施工阶段	结构自重	向上	正装分析,模拟施工过程,逐段叠加分析
	预应力	向下	
	二期恒载	向上	
	收缩徐变	向上/向下	
	施工临时荷载(挂篮、湿重等)	向上	
	其他因素(如温度、结构体系转换等)	向上/向下	
运营阶段	1/2 活载	向上	相关规范、理论计算、模型试验及工程经验相结合
	收缩徐变	向上/向下	
	车桥耦合	向上/向下	

2) 预拱度设置

结合上述影响预拱度设置的因素,第 i 节段预拱度的组成及计算可以由以下公式计算。

施工阶段预拱度表达式为

$$f_{si} = f_{1i} + f_{2i} + f_{3i} + f_{4i} + f_{5i} \tag{9.84}$$

运营阶段预拱度表达式为

$$f_{yi} = f_{6i} + f_{7i} + f_{8i} \tag{9.85}$$

施工阶段和运营阶段总的预拱度表达式为

$$f_i = f_{si} + f_{yi} = f_{1i} + f_{2i} + f_{3i} + f_{4i} + f_{5i} + f_{6i} + f_{7i} + f_{8i} \tag{9.86}$$

式中，f_{1i} 为第 i 节段（施工阶段）结构自重引起的预拱度；f_{2i} 为第 i 节段预应力引起的预拱度；f_{3i} 为第 i 节段二期恒载引起的预拱度；f_{4i} 为第 i 节段施工临时荷载引起的预拱度；f_{5i} 为第 i 节段其他因素引起的预拱度；f_{6i} 为第 i 节段 1/2 活载引起的预拱度；f_{7i} 为第 i 节段收缩徐变引起的预拱度（含施工阶段和运营阶段）；f_{8i} 为第 i 节段车桥耦合引起的预拱度。

在得到各影响因素引起的预拱度大小后，可以得到第 i 节段设计标高和立模标高的关系为

$$H_{lm} = H_{ds} + f_i \tag{9.87}$$

式中，H_{lm} 表示立模标高；H_{ds} 表示设计标高。

除收缩徐变和车桥耦合以外的效应引起的预拱度均可通过理论计算、有限元软件计算或现场实测获得（如挂篮变形值可通过挂篮试验获取等），收缩徐变效应和车桥耦合效应引起的预拱度需结合有限元分析理论计算或试验获取。该预拱度的组成和计算可为非线性卡尔曼滤波线形控制理论的观测方程提供依据。

9.2.2 混凝土收缩徐变效应和车桥耦合效应对预拱度设置的影响

1) 混凝土收缩徐变效应

根据混凝土收缩徐变的预测模型及计算分析，本节选用 CEB-FIP(1990) 作为混凝土收缩徐变效应的预测模型，收缩徐变效应的计算选用按龄期调整的有效模量法，后续将采用有限元计算软件和现场实测数据对预测模型进行计算、分析和验证，进而得到混凝土收缩徐变效应对大跨轨道连续刚构桥合理线形控制的影响。

混凝土收缩徐变是长期效应，通过上述方法得到混凝土收缩徐变对桥梁变形的影响后，可将此部分的影响代入预拱度设置的计算公式，由观测方程、预拱度设置的目标值和卡尔曼滤波理论方法的预测值之间存在的关系，得到考虑混凝土收缩徐变效应的卡尔曼滤波合理线形控制方法，将该理论方法通过实桥数据进行 MATLAB 编程分析，并通过计算值和实测值对其进行分析、验证。

2) 车桥耦合效应

虽然车桥耦合效应为短期效应，但由于轨道桥梁动力特性比公路桥梁更加敏感、行车要求更高，在合理线形的控制中应予以考虑[11]。根据列车、轨道、桥梁的模型及相互间的作用，建立系统的运动方程，并给出了求解方法。除理论求

解外,也可通过现场动载试验得到桥梁动力特性值,如加速度。通过 MATLAB 编程分析可以得到动位移数据,对动位移采用极值分布理论方法进行求解后得到最大动位移。由最大动位移和最大静位移之比可以得到动位移系数,将该系数考虑到活载引起的预拱度设置中,即得到车桥耦合效应对大跨轨道连续刚构桥预拱度设置(线形控制)的影响。

在得到车桥耦合效应引起的预拱度后,通过观测方程、预拱度设置的目标值与卡尔曼滤波线形控制理论方法建立关系,进而可以得到基于车桥耦合效应的卡尔曼滤波线形控制方法,并可应用于实桥的计算分析中。

3) 考虑混凝土收缩徐变和车桥耦合效应的线形控制方法

用离散系统的自适应卡尔曼滤波理论可以对施工过程中桥梁的线形进行合理的预测控制,虽然影响大跨轨道连续刚构桥合理线形控制的因素较多,但除收缩徐变和车桥耦合效应外,其他影响因素在线形控制中可以精确得到。因此,本章着重考虑基于混凝土收缩徐变和车桥耦合效应的线形控制理论。状态转移矩阵 $\varPhi(k+1,k)$ 为第 $k+1$ 梁段与第 k 梁段的预拱度计算值之比,即

$$\varPhi(k+1,k) = \frac{x(k+1)}{x(k)} = \begin{bmatrix} \varPhi_{k+1,k}^1 & 0 \\ 0 & \varPhi_{k+1,k}^2 \end{bmatrix} = \begin{bmatrix} f_{k+1}^1/f_k^1 & 0 \\ 0 & f_{k+1}^2/f_k^2 \end{bmatrix} \quad (9.88)$$

结合式(9.86), f_{k+1}/f_k 可表达为

$$\frac{f_{k+1}}{f_k} = \frac{f_{1,k+1}+f_{2,k+1}+f_{3,k+1}+f_{4,k+1}+f_{5,k+1}+f_{6,k+1}+f_{7,k+1}+f_{8,k+1}}{f_{1,k}+f_{2,k}+f_{3,k}+f_{4,k}+f_{5,k}+f_{6,k}+f_{7,k}+f_{8,k}} \quad (9.89)$$

式中, $f_{7,k+1}$、$f_{7,k}$ 分别为收缩徐变效应引起的第 $k+1$ 梁段和第 k 梁段的预拱度(挠度反向)计算值; $f_{8,k+1}$、$f_{8,k}$ 分别为车桥耦合效应引起的第 $k+1$ 梁段和第 k 梁段的预拱度(挠度反向)计算值。

上述收缩徐变效应和车桥耦合效应引起的预拱度可以由公式及后续的数据处理部分计算得到。这样,通过状态转移矩阵 $\varPhi(k+1,k)$ 和预拱度计算公式即可将混凝土收缩徐变效应和车桥耦合效应与离散系统的自适应卡尔曼滤波线形控制方法相结合。将考虑混凝土收缩徐变效应和车桥耦合效应后的状态转移矩阵代入离散系统的自适应卡尔曼滤波线形控制方法即可求解。具体的分析流程如图 9-3 所示。

根据以上理论和流程即可对桥梁合理线形进行预测,后续分析中将应用以上理论方法和流程对大跨轨道连续刚构桥合理线形的控制进行分析,并通过计算值、实测值与预测值的对比分析对本章选用的线形控制方法进行验证。

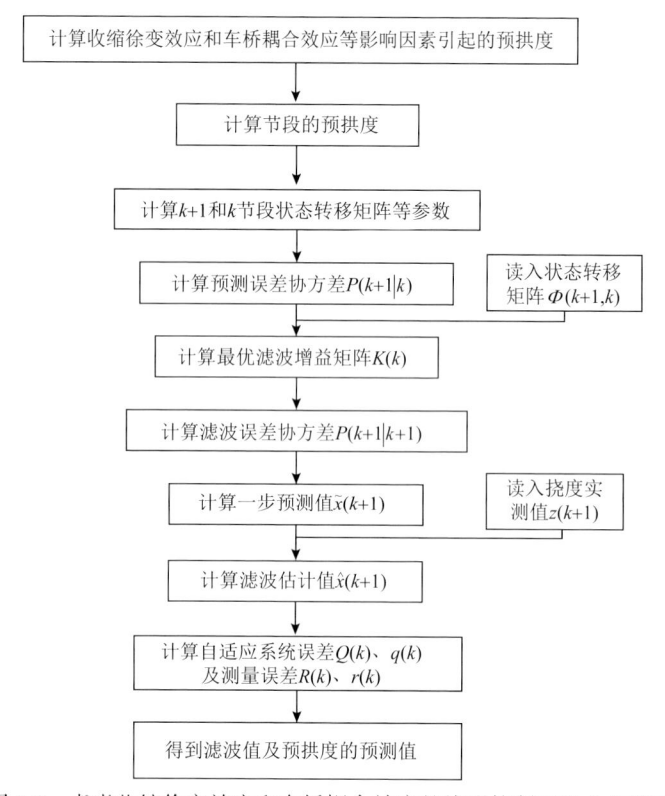

```
┌─────────────────────────────────────┐
│ 计算收缩徐变效应和车桥耦合效应等影响因素引起的预拱度 │
└─────────────────────────────────────┘
                  ↓
      ┌─────────────────────┐
      │   计算节段的预拱度    │
      └─────────────────────┘
                  ↓
  ┌─────────────────────────────────┐
  │ 计算k+1和k节段状态转移矩阵等参数 │
  └─────────────────────────────────┘
                  ↓
  ┌──────────────────────────┐      ┌──────────────────┐
  │ 计算预测误差协方差P(k+1|k) │ ←──  │ 读入状态转移     │
  └──────────────────────────┘      │ 矩阵Φ(k+1,k)     │
                  ↓                  └──────────────────┘
  ┌──────────────────────────┐
  │ 计算最优滤波增益矩阵K(k)  │
  └──────────────────────────┘
                  ↓
  ┌──────────────────────────┐
  │ 计算滤波误差协方差P(k+1|k+1)│
  └──────────────────────────┘
                  ↓
  ┌──────────────────────────┐      ┌──────────────────┐
  │ 计算一步预测值x̄(k+1)     │ ←──  │ 读入挠度实       │
  └──────────────────────────┘      │ 测值z(k+1)       │
                  ↓                  └──────────────────┘
  ┌──────────────────────────┐
  │ 计算滤波估计值x̂(k+1)     │
  └──────────────────────────┘
                  ↓
  ┌──────────────────────────────┐
  │ 计算自适应系统误差Q(k)、q(k) │
  │ 及测量误差R(k)、r(k)         │
  └──────────────────────────────┘
                  ↓
  ┌──────────────────────────┐
  │ 得到滤波值及预拱度的预测值 │
  └──────────────────────────┘
```

图 9-3 考虑收缩徐变效应和车桥耦合效应的线形控制理论分析流程

9.3 本章小结

本章在介绍卡尔曼滤波控制方法、最小二乘法、灰色预测控制方法的基础上，确定采用自适应卡尔曼滤波法对大跨轨道连续刚构桥线形进行控制。同时，对大跨轨道连续刚构桥合理线形控制的影响因素进行分析，着重阐述了收缩徐变效应和车桥耦合效应对预拱度设置的影响，得到了预拱度的组成，给出了预拱度计算的表达式；随后，通过状态转移矩阵将混凝土收缩徐变效应和车桥耦合效应作为影响预拱度的因素考虑到卡尔曼滤波线形控制的方法中，从而得到了基于混凝土收缩徐变效应和车桥耦合效应的桥梁合理线形控制方法，该理论方法为后续大跨轨道连续刚构桥合理线形控制的应用、分析和验证奠定了基础。

参 考 文 献

[1] Kalman R E. Contributions to the theory of optimal control[J]. Boletin de la So-ciedad Matematica, 1960, 5(2): 102-119.

- [2] 朱佳佳. 广义的未知激励下扩展卡尔曼滤波方法及其在子结构识别与振动控制的结合[D]. 厦门: 厦门大学, 2017.
- [3] 胡祥坤. 大跨度桥梁施工监控的自适应系统研究[D]. 合肥: 合肥工业大学, 2017.
- [4] 中华人民共和国交通运输部. 公路桥涵设计通用规范(JTG D60—2015). [S]. 北京: 人民交通出版社, 2015.
- [5] 同济大学数学系. 概率论与数理统计[M]. 北京: 人民邮电出版社, 2017.
- [6] 许君一. 方向控制最小二乘法理论[M]. 北京: 测绘出版社, 2010.
- [7] 王新亮. 铁路客运专线大跨径连续刚构桥施工控制技术研究[D]. 西安: 长安大学, 2018.
- [8] 刘思峰, 郭天榜, 党耀国. 灰色系统理论及其应用[M]. 北京: 科学出版社, 2010.
- [9] 曹洪亮, 陈亮, 姜竹昌, 等. 钢-混组合连续箱梁施工预拱度设置影响因素研究[J]. 世界桥梁, 2020, 48(3): 53-57.
- [10] 周浩. 连续刚构桥运营期下挠及合理预拱度研究[D]. 西安: 长安大学, 2018.
- [11] 雷晓燕, 张新亚, 罗锟. 高架轨道桥梁结构振动与噪声预测方法及控制研究进展[J]. 铁道学报, 2020, 42(12): 150-161.

第 10 章　依托工程实施

嘉华轨道专用桥是重庆轨道交通 9 号线上唯一一座跨江大桥，也是全线的控制性工程，该桥全长 618.915m，主跨 252m，跨越嘉陵江，南接渝中区，北至江北区，是迄今为止世界上最大跨度的轨道连续刚构桥。它的建设既可以促进多个产业的发展，又可以串联多个区域的进步，对重庆沿线城区的经济发展具有十分重要的意义。

10.1　工程概况

嘉华轨道专用桥位于重庆轨道交通 9 号线一期工程化龙桥站和李家坪站区间，连接渝中区和江北区。它位于嘉华嘉陵江大桥上游约 100m 处，是重庆轨道交通 9 号线一期工程跨越嘉陵江的关键控制工程，大桥起止桩号为 YCK9+220.917～YCK9+839.832。

主桥为六跨钢-预应力混凝土组合连续刚构桥（中跨跨中设置 92m 钢箱梁段），双线轨道桥梁，如图 10-1 所示。主跨跨中截面梁高 5.0m，墩顶截面梁高 15.7m，按 1.5 次抛物线变化，桥墩为箱型单墩；边跨截面梁高由 2.0m 变化到 5.0m，桥墩为箱型单墩；基础为承台接群桩基础形式。

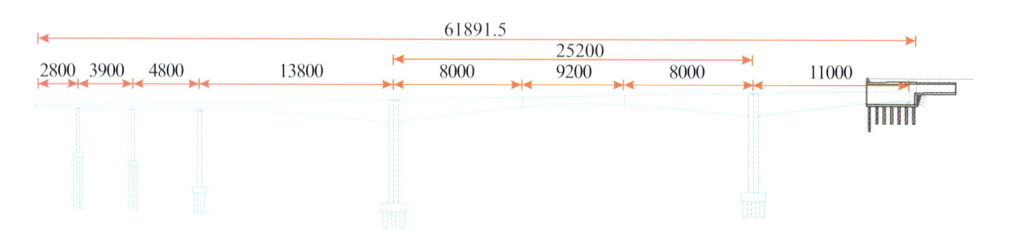

图 10-1　嘉华轨道专用桥桥型布置图（单位：cm）

10.2　技 术 标 准

(1)使用年限：桥梁主体结构使用年限为 100 年；其他损坏、修复不影响轨道交通正常运营的结构设计使用年限为 50 年，钢结构防腐体系使用年限为 20 年。

(2) 建筑界限：直线地段应满足最小线间距要求，同时考虑桥上其他专业的管线、设备的设置预留位置。

(3) 桥下净空：跨越城市主干道及一、二级公路的桥梁桥下净空不小于 5.0m；跨越城市次干道的桥梁桥下净空不小于 4.5m；跨越高速公路的桥梁桥下净空不小于 5.5m；跨越城市非机动车道的桥梁桥下净空不小于 3.0m。

通航净空：按照《内河通航标准》的规定，Ⅲ级航道水上过河建筑物通航净高标准为 10m。

拟建大桥要求的通航净宽尺度如下。

单孔单向通航净宽：$B_{m1} = 55+34 = 89m$；

单孔双向通航净宽：$B_{m2} = 110+2×34 = 178m$。

(4) 正线数目及线间距：双线；标准段线间距 5.2m。

(5) 车型：车辆形式采用国标 As 型车，列车编组为 6 辆（远期 7 列）。车辆最大轴重 150kN，最小轴重 80kN。

(6) 轨道：全线设计标准按一次铺设无缝线路，区间高架供电采用架空接触网方式。

(7) 最大设计时速：100km/h。

(8) 最大纵坡：19‰。

(9) 最小曲线半径：桥梁范围均为直线。

(10) 桥梁抗震设防烈度：桥梁抗震设防烈度为 6 度，场地类别为Ⅰ类。地震力的作用根据《重庆市轨道交通 9 号线一期工程场地地震安全性评价报告》、现行国家标准《城市轨道交通结构抗震设计规范》（GB 50909—2014）和《城市轨道交通桥梁设计规范》（征求意见稿）来计算。

按现行国家标准《城市轨道交通结构抗震设计规范》（GB 50909—2014），本线高架桥抗震设防类别为特殊设防，抗震设防措施等级为 7 级。

(11) 拟建大桥设计洪水标准为 300 年一遇，桥位处考虑三峡水库淤积平衡后 300 年一遇洪水水位为 196.7m，拟建大桥梁底最小高程为 213.6m，远远高于 300 年一遇洪水水位，满足防洪标准要求。在考虑三峡水库运行 100 年泥沙淤积的基础上，根据计算分析得到桥位处最高通航水位为 195.95m。

(12) 主要技术参数及荷载类型：按照《地铁设计规范》（GB 50157—2013）中相关规定执行；其中活载参数按照《As 型轨道交通车辆主要技术要求用户需求书》取值。

(13) 后期徐变拱度：预应力混凝土梁的后期徐变拱度或挠度应严格限制。

(14) 布梁方式：主跨采用支架悬臂现浇施工，引跨采用支架现浇，主跨跨中钢结构采用工厂加工现场吊装施工。

(15)刚度要求:采用无缝线路的区间简支梁高架桥结构桥墩墩顶纵向水平线刚度 K 应满足下述规定:

①桥上铺设无缝线路且无钢轨伸缩调节器的双线及多线简支梁桥,当不作计算时,其桥墩的墩顶纵向最小水平线刚度限值可按表 10-1 的规定取值;单线桥梁桥墩纵向水平线刚度取表中值的 60%。

表 10-1 桥墩墩顶纵向水平线刚度限值

跨度 L/m	最小水平线刚度/(kN/cm)
$L \leq 20$	190
$20 < L \leq 30$	240
$30 < L \leq 40$	320

注:不设钢轨伸缩调节器的连续梁,当联长小于列车编组长度时,可以联长为跨度,按跨度与 30m 相比增大的比例来增大刚度;当联长大于列车编组长度时,可以列车编组长度为跨度,按跨度与 30m 相比增大的比例来增大刚度。对于连续刚构桥,计算其刚度时可取刚构墩的纵向合成刚度。

②高架结构桥墩墩顶弹性水平位移应满足: $\Delta \leq 5\sqrt{L}$(顺桥向)、$\Delta \leq 4\sqrt{L}$(横桥向)。

(16)竖向挠度要求。钢筋混凝土及预应力混凝土梁式桥跨结构在列车静活载作用下,其竖向挠度满足下列规定:当跨度 $L \leq 30$m,挠度 $f < L/2000$;当跨度 30m $< L \leq 60$m,挠度 $f < L/1500$;当跨度 60m $< L \leq 80$m,挠度 $f < L/1500$;当跨度 $L > 80$m,挠度 $f < L/1000$。

(17)横向挠度要求在列车横向摇摆力、离心力、风力和温度力作用下,桥跨结构梁体的横向水平挠度不宜大于计算跨度的 1/4000。当不能满足时,应根据风-车-桥系统耦合振动分析的结果确定。在各种荷载最不利组合下,桥墩处横向折角小于 1.0‰。

(18)高架结构墩台基础沉降:应按恒载计算。

对于外静定结构,其总沉降量与施工期间沉降量之差不应超过下列容许值:相邻墩台沉降量之差 10mm;

对于外静不定结构,其相邻墩台不均匀沉降量之差的容许值还应根据沉降对结构产生的附加影响来确定。

(19)在列车静活载作用下,有砟轨道桥梁梁单端竖向转角不应大于 5‰,无砟轨道桥梁梁单端竖向转角不应大于 3‰。无砟轨道桥梁梁单端竖向转角大于 2‰时,应验算梁端处轨道扣件的上拔力。

(20)坐标、高程及里程系统:坐标系统采用重庆市独立坐标系;高程系统采用 1956 年黄海高程系统;里程系统为设计独立里程,从南向北为里程增加方向。

10.3 桥梁设计

1）桥跨布置

桥梁总长：618.915m；

跨径布置：28m+39m+48m+138m+252m+110m。

2）横断面布置

主桥桥宽：12.5m，双线轨道通行；

横向布置：1.25m（检修道）+5.00m（轨道）+5.00m（轨道）+1.25m（检修道）。

3）结构形式

主桥结构形式为六跨钢-预应力混凝土组合连续刚构桥，P5 与 P6 桥墩采用墩梁固结，P2、P3 与 P4 桥墩和主梁之间设置支座。

4）箱梁结构

箱梁分别由预应力混凝土箱梁和钢箱梁组成，均采用单箱单室变高度带双悬臂的箱形断面。箱底板宽 6.7m，双侧对称悬臂 2.9m，顶板全宽 12.5m。

5）桥墩及基础

P2 与 P3 桥墩的桩基直径为 2.0m，其平面布置为 2×2=4 根。承台尺寸为 7.8m×7.8m×3m。

P4 桥墩的桩基直径为 2.0m，其平面布置为 2×3=6 根。承台尺寸为 12m×8.6m×3m。

P5、P6 桥墩的桩基直径为 3.0m，其平面布置为 3×3=9 根。承台尺寸为 18m×18m×6m。

主梁和桥墩横断面布置图如图 10-2 所示。

6）桥台及基础

A7 桥台采用重力式桥台接桩基础，桩基直径为 2.0m，其平面布置为 2×2=4 根。承台尺寸为 7.8m×7.8m×3m。

7）轨道

采用无缝线路设计，为满足桥梁纵向温度伸缩，仅在桥梁两端设伸缩缝。

10.4 建设历程

嘉华轨道专用桥从 2017 年开工至 2021 年竣工验收，共计历时 50 个月，主要建设历程如下：

(a) 主墩横断面图

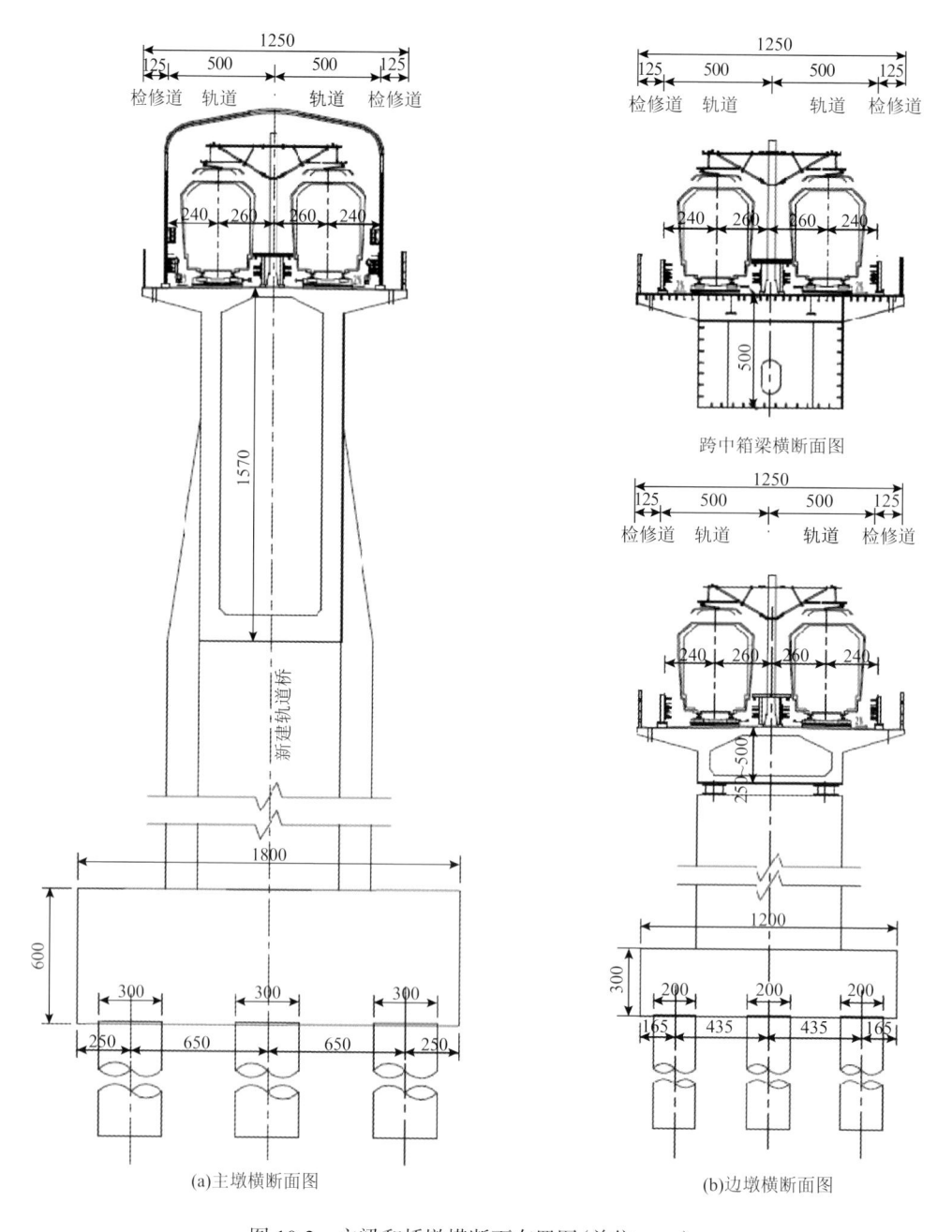

(b) 边墩横断面图

图 10-2 主梁和桥墩横断面布置图(单位：cm)

(1) 2017 年 11 月，嘉华轨道专用桥开工建设；

(2) 2018 年 7 月，嘉华轨道专用桥 P5 桥墩第 1 节段浇筑完成；

(3) 2018 年 8 月，嘉华轨道专用桥 P5 桥墩第 2 节段浇筑完成；

(4) 2018 年 9 月，嘉华轨道专用桥 P5 桥墩第 3、4 节段浇筑完成；

(5) 2018 年 10 月，嘉华轨道专用桥 P5 桥墩第 5、6 节段浇筑完成，P6 桥墩第 1、2 节段浇筑完成；

(6) 2018 年 11 月，嘉华轨道专用桥 P5 桥墩第 7 节段浇筑完成，P6 桥墩第 3、4、5 节段浇筑完成；

(7) 2018 年 12 月，嘉华轨道专用桥 P6 桥墩第 6、7 节段浇筑完成；

(8) 2019 年 1 月，嘉华轨道专用桥 P6 桥墩第 8 节段浇筑完成；

(9) 2019 年 2 月，嘉华轨道专用桥 P5 桥墩第 8 节段浇筑完成，P6 桥墩第 9 节段浇筑完成；

(10) 2019 年 3 月，嘉华轨道专用桥 P5 桥墩第 9、10 节段浇筑完成；

(11) 2019 年 4 月，嘉华轨道专用桥 P5 桥墩 0#块施工支架搭设及底模放样完成，P6 桥墩 0#块第一层浇筑完成；

(12) 2019 年 5 月，嘉华轨道专用桥 P5 桥墩 0#块第一层浇筑完成，P6 桥墩 0#块第二层浇筑完成；

(13) 2019 年 6 月，嘉华轨道专用桥 P6 桥墩 6T0 主梁节段浇筑完成；

(14) 2019 年 7 月，嘉华轨道专用桥 P5 桥墩 5T0 主梁节段浇筑完成；

(15) 2019 年 8 月，嘉华轨道专用桥 P5 桥墩侧主梁挂篮拼装完成，P6 桥墩侧主梁挂篮拼装完成；

(16) 2019 年 9 月，嘉华轨道专用桥 P5 桥墩 5T1、5T1′主梁节段浇筑完成，P6 桥墩 6T1、6T1′主梁节段浇筑完成；

(17) 2019 年 10 月，嘉华轨道专用桥 P5 桥墩 5T2、5T2′主梁节段浇筑完成，P6 桥墩 6T2、6T2′主梁节段浇筑完成；

(18) 2019 年 11 月，嘉华轨道专用桥 P5 桥墩 5T3、5T3′主梁节段浇筑完成，P6 桥墩 6T3、6T3′主梁节段浇筑完成，南岸支架现浇段 1 第一部分浇筑完成；

(19) 2019 年 12 月，嘉华轨道专用桥 P5 桥墩 5T4、5T4′和 5T5、5T5′主梁节段浇筑完成，P6 桥墩 6T4、6T4′和 6T5、6T5′主梁节段浇筑完成；

(20) 2020 年 1 月，嘉华轨道专用桥 P5 桥墩 5T6、5T6′主梁节段浇筑完成，P6 桥墩 6T6、6T6′主梁节段浇筑完成，南岸支架现浇段 1 第二部分浇筑完成；

(21) 2020 年 3 月，嘉华轨道专用桥 P5 桥墩 5T7、5T7′和 5T8、5T8′主梁节段浇筑完成，P6 桥墩 6T7、6T7′和 6T8、6T8′主梁节段浇筑完成；

(22) 2020 年 4 月，嘉华轨道专用桥 P5 桥墩 5T9、5T9′、5T10、5T10′和 5T11、5T11′主梁节段浇筑完成，P6 桥墩 6T9、6T9′、6T10、6T10′和 6T11、

6T11′主梁节段浇筑完成；

(23)2020 年 5 月，嘉华轨道专用桥 P5 桥墩 5T12、5T12′和 5T13、5T13′主梁节段浇筑完成，P6 桥墩 6T12、6T12′主梁节段浇筑完成；

(24)2020 年 6 月，嘉华轨道专用桥 P5 桥墩 5T16、5T16′主梁节段和 P5 桥墩 5T17、5T17′主梁节段浇筑完成，P6 桥墩 6T15、6T15′主梁节段和 P6 桥墩 6T16、6T16′主梁节段浇筑完成；

(25)2020 年 7 月，嘉华轨道专用桥 P5 桥墩 5T18、5T18′主梁节段浇筑完成，P6 桥墩 6T17、6T17′主梁节段和 P6 桥墩 6T18、6T18′主梁节段浇筑完成；

(26)2020 年 8 月，嘉华轨道专用桥 P5 桥墩 5T19、5T19′主梁节段浇筑完成，P6 桥墩 6T19、6T19′主梁节段浇筑完成；

(27)2020 年 9 月，嘉华轨道专用桥 P5 桥墩 5T20、5T20′主梁节段浇筑完成，P6 桥墩 6T21、6T21′主梁节段浇筑完成；

(28)2020 年 10 月，嘉华轨道专用桥 P5 桥墩侧主梁边跨合龙段浇筑完成；

(29)2020 年 11 月，嘉华轨道专用桥 P5 桥墩 5T21′主梁节段施工的准备工作；

(30)2020 年 12 月，嘉华轨道专用桥 P6 桥墩 6T21′主梁节段施工的准备工作；

(31)2021 年 1 月，嘉华轨道专用桥 P5 桥墩侧钢-混凝土结合段吊装与浇筑完成，P6 桥墩侧钢-混凝土结合段吊装与浇筑完成；

(32)2021 年 2~4 月，嘉华轨道专用桥主跨钢箱梁合龙完成；

(33)2021 年 5~8 月，嘉华轨道专用桥桥面铺装施工阶段。

部分施工照片如图 10-3~图 10-16 所示。

图 10-3　桥墩施工

图 10-4　桥墩 0#块挂篮拼装

图 10-5　主梁节段浇筑后养护 　　　　图 10-6　混凝土主梁悬臂施工

图 10-7　钢-混凝土结合段预制 　　　　图 10-8　钢-混凝土结合段吊装

图 10-9　钢-混凝土结合段预应力张拉 　　图 10-10　主跨跨中钢箱梁到达现场

图 10-11　主跨跨中钢箱梁吊装　　　　图 10-12　钢箱梁腹板切割

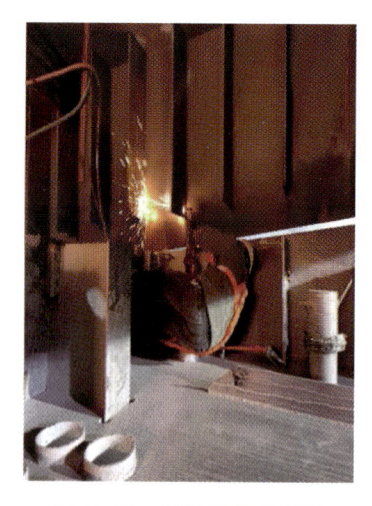

图 10-13　主桥合龙　　　　图 10-14　体外预应力张拉

图 10-15　桥面基础设施施工　　　　图 10-16　桥面轨道施工

第11章 结论与展望

11.1 结 论

针对当前轨道交通建设大浪潮对大跨连续刚构桥的重大需求，结合世界最大跨径轨道连续刚构桥——重庆市嘉华轨道专用桥建设过程中面临的诸多关键科学问题，本书开展了大跨轨道连续刚构桥建设关键技术研究，攻克了大跨轨道连续刚构桥主梁跨中下挠、主梁开裂以及基于收缩徐变效应和车桥耦合效应的轨道桥梁合理线形控制等技术难题，保障了大跨轨道连续刚构桥梁的建设质量。通过开展相关技术难题的科学研究，得出以下结论：

(1)通过对嘉华轨道专用桥钢-混凝土结合段静力性能开展精细化数值模拟与试验研究，探讨了钢-混凝土结合段在静力荷载作用下的应力分布规律和传力机理影响因素。结果表明，在试验加载过程中，结构应力均随荷载增大呈线性增长，且试验测试值与理论计算值的变化规律吻合良好；在不同静力荷载作用下，混凝土结构和结合段钢结构的最大压应力均在可控范围内，说明钢-混凝土结合段具有足够的安全储备，可有效解决轨道连续刚构桥跨中下挠的技术难题。

(2)针对轨道连续刚构桥主梁防开裂问题，基于连续刚构桥结构受力机理，分别开展了桥用超高性能混凝土(UHPC)材料研究和混凝土箱体结构自调温控制技术研究。结果表明，将 UHPC 运用在轨道连续刚构桥预应力齿块锚固区域，能够有效提高锚固区的整体承压能力和抗裂性能，采用 UHPC 预应力锚固齿块的整体性好，具有明显的屈服平台；采用研发制备的"结构+功能"一体化功效的相变混凝土可以对混凝土箱梁结构温度起到良好的控制作用，能够有效避免箱梁结构由于温度应力不均而产生裂缝。

(3)通过对大跨轨道连续刚构桥合理线形控制的影响因素进行研究，重点探讨了收缩徐变效应和车桥耦合效应对预拱度设置的影响，并给出了预拱度计算的理论解析式；然后，利用状态转移矩阵将预拱度影响因素考虑到卡尔曼滤波线形控制方法中，从而得到了基于混凝土收缩徐变效应和车桥耦合效应的轨道连续刚构桥合理线形控制方法，该理论方法可为今后轨道桥梁合理线形控制的应用、分析和验证奠定基础。

11.2　展　　望

本书依托重庆市嘉华轨道专用桥对大跨轨道连续刚构桥的主梁跨中下挠、主梁开裂以及桥梁合理线形控制等关键科学问题开展了科技攻关研究，取得了一些研究成果，但限于时间和水平，仍存在诸多不足和有待进一步研究的方面，主要包括以下几点：

(1)大跨轨道连续刚构桥主梁跨中长期下挠影响因素研究尚不全面。轨道连续刚构桥主梁跨中下挠的影响因素众多，主要包括混凝土收缩徐变效应等，本书的依托工程主梁跨中采用钢-混凝土结合段，因此仅从钢-混凝土结合段的构造形式、特点及传力机理等方面开展相关研究，但研究发现钢箱梁的吊装以及体外预应力的设置均会对主梁下挠产生较大影响，应在后续研究中一并考虑。

(2)主梁防开裂技术需要进一步拓展研究。本书揭示了主梁裂缝的空间分布规律及发展成因，并从预应力锚固齿块和混凝土箱体结构控温两方面研发了桥用新型材料以达到主梁防开裂目的，除此之外，还可以对连续刚构桥的上部结构形式进行改进，以减小主梁的自重弯矩，进而减少主梁产生的裂缝。

(3)大跨轨道连续刚构桥的线形控制影响因素仍需进一步探究。连续刚构桥成桥线形不仅对结构设计参数、混凝土收缩徐变等因素的变化较为敏感，还与钢-混凝土结合段中钢箱梁的合理设置长度紧密相关，因此下一步研究中还需要考虑不同钢箱梁设置长度对轨道连续刚构桥成桥线形的影响，以期得到更加全面、完善的轨道连续刚构桥合理线形控制方法。